DUMONT

WANDERZEIT IN DER SÄCHSISCHEN SCHWEIZ

Herrlich entspannte Touren zum Abschalten & Genießen

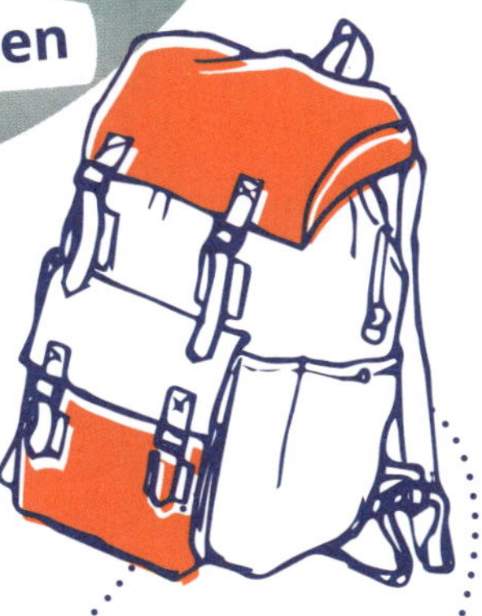

Jenny Menzel

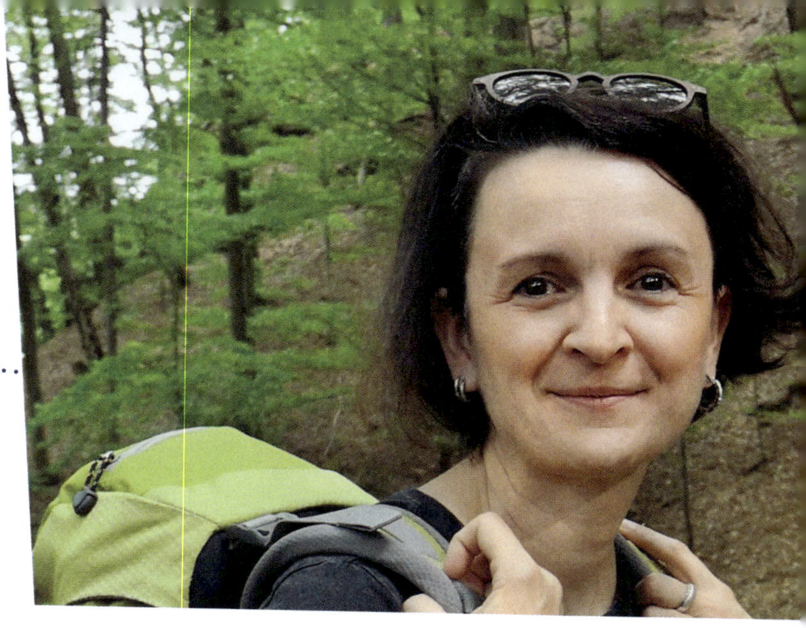

JENNY MENZEL

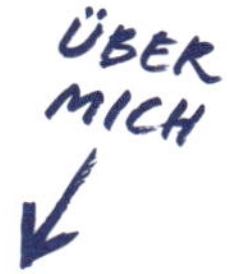

Obwohl gebürtige Dresdnerin, habe ich die Felsenwelt der Sächsischen Schweiz erst als Teenager entdeckt. Viel spannender als Wandern fand ich es da, mit Freunden zu biwakieren (auf Sächsisch: »boofen«) oder über Kletterstiegen zu kraxeln. Auch heute erkunde ich noch am liebsten neue Pfade und entdecke meine eigenen Highlights im Elbsandsteingebirge. Und so fahre ich nach jeder Tour schon mit dem Finger über die Wanderkarte – um die nächste Route zu planen.

Meine persönliche Wanderweisheit:

» **Gute Planung ist die Basis jeder Tour, aber Neugier macht sie zum Abenteuer.**

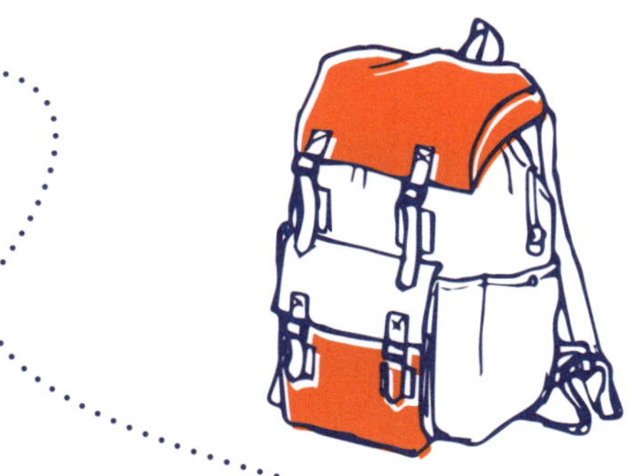

LIEBE LESERIN, LIEBER LESER,

am besten gebe ich es gleich zu: Was Sie und ich unter »gemütlich« verstehen, ist vielleicht nicht ganz dasselbe. Entspanntes Schlendern über gepflegte Wege, immer sanft bergab – das geht in der Sächsischen Schweiz nicht, tut mir leid. Will man deren fantastisch geformte Felsen und Tafelberge erkunden, muss man erst einmal hinauf. Ein bisschen Schnaufen gehört beim Wandern im Elbsandsteingebirge dazu. Aber ich verspreche: Die Touren in diesem Buch geben auch reichlich Gelegenheit zum Verschnaufen. Und während Sie das tun, werden Sie Ausblicke genießen, die jeden Tropfen Schweiß wert sind.

Eine herrlich entspannte Wanderzeit wünscht

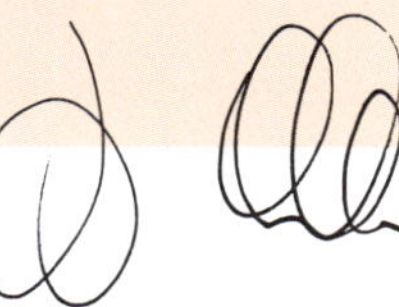

INHALT

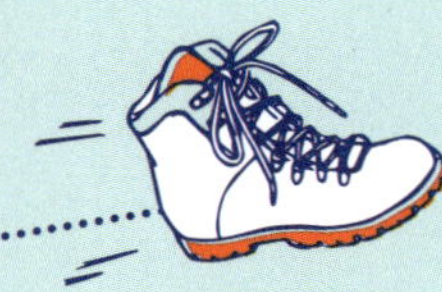

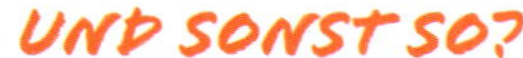
UND SONST SO?

UNTERWEGS AUF DEN SCHÖNSTEN STRECKEN ...

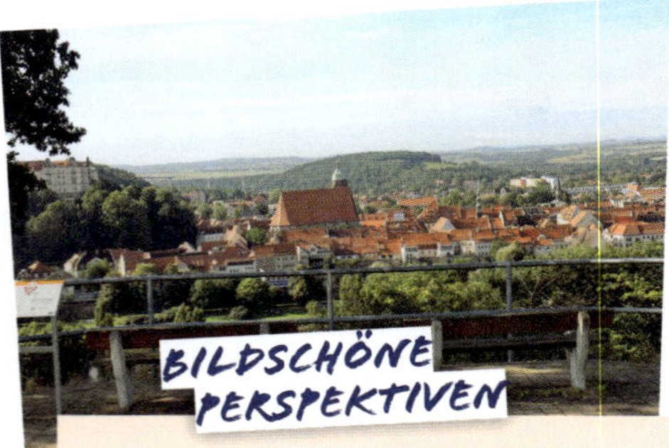

BILDSCHÖNE PERSPEKTIVEN

» Hoch über Pirna spaziert es sich sehr gemütlich, während man immer wieder Postkartenmotive der hübschen Altstadt am anderen Elbufer bewundert. Tour 2, Burglehnpfad zwischen Pirna und Canalettoblick, Seite 28

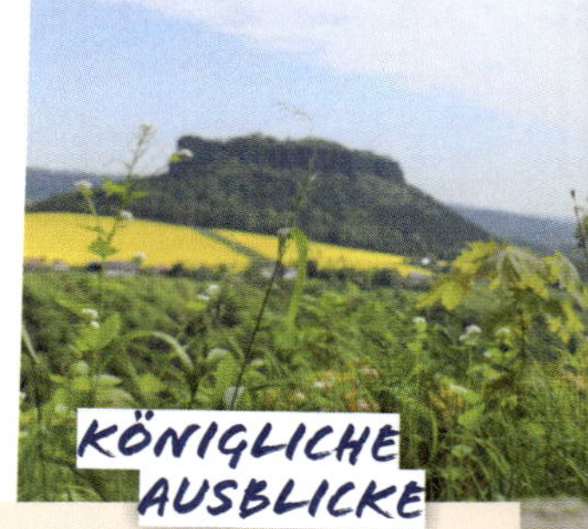

KÖNIGLICHE AUSBLICKE

» Beneidenswert die Aussicht, die die Soldaten der Festung Königstein hatten, die auf dem Patrouillenweg nach Feinden Ausschau halten mussten! Tour 8, zwischen Abratzky-Kamin und Festung Königstein, Seite 88

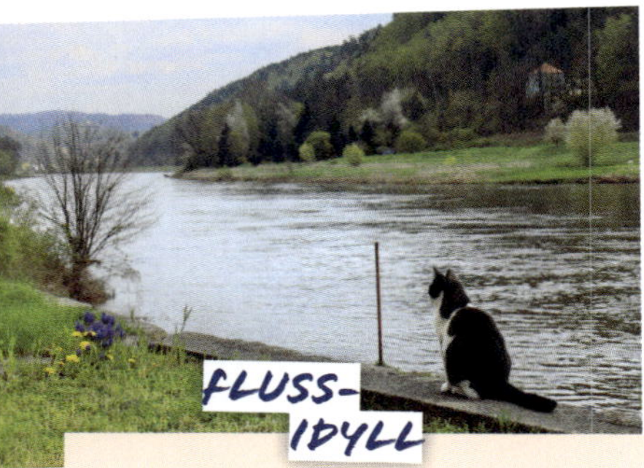

FLUSS-IDYLL

» Träge fließt die Elbe zwischen den hoch aufragenden Felsen, eingebettet in sanfte Uferwiesen; die Häuser von Wehlen sind das i-Tüpfelchen der Idylle. Tour 3, zwischen Schwarzberg und Burg Wehlen, Seite 41

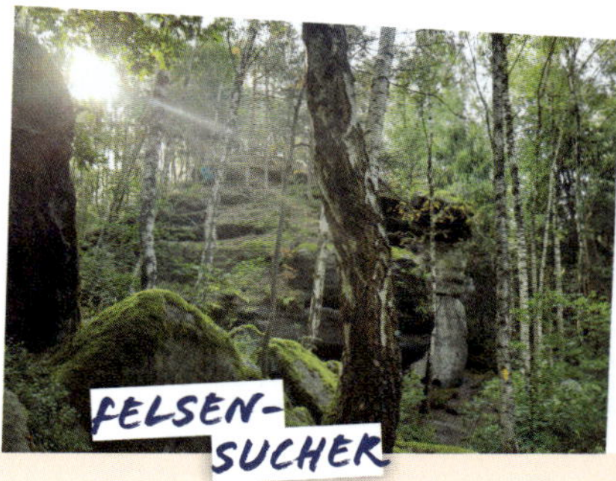

FELSEN-SUCHER

» Der Forststeig führt auf schmalen Pfaden »hinter den Kulissen« durch die Sächsische Schweiz; dabei fühlt man sich wie ein echter Entdecker. Tour 9, an den Nikolsdorfer Wänden zwischen Naturbühne Leupoldishain und Felsenlabyrinth, Seite 99

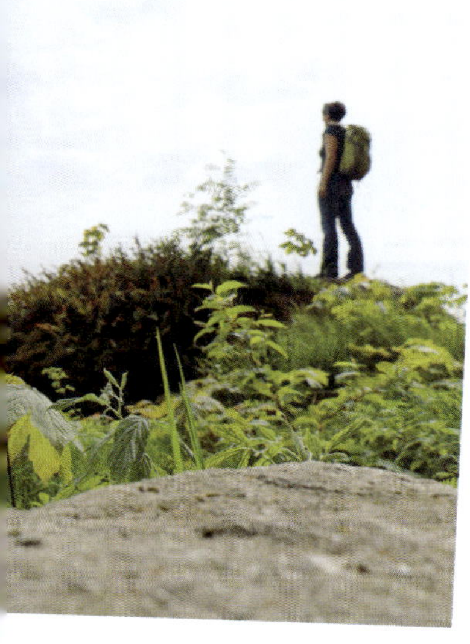

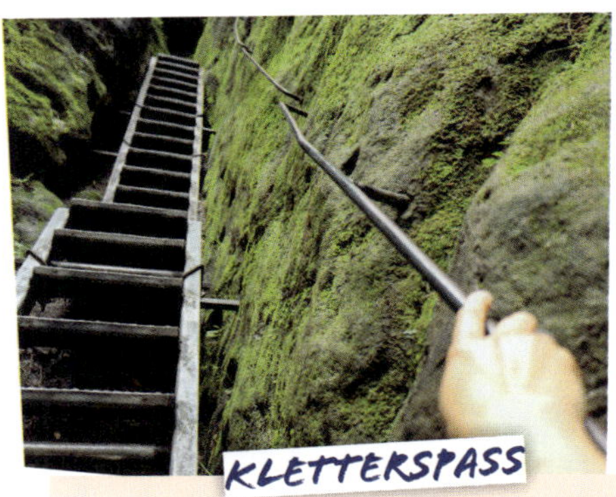

KLETTERSPASS

» Die Wilde Hölle ist eine der einfachsten Klettersteigen in der Sächsischen Schweiz. Felsbrocken und Eisenleitern zu bezwingen, macht richtig Spaß! Tour 17, zwischen Beuthenfall und Carolafelsen, Seite 178

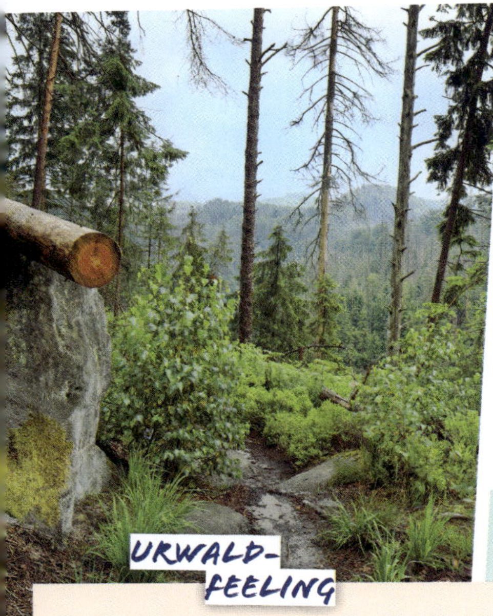

URWALD-FEELING

» Niemand begegnet einem hier im tiefen Wald, wo sich der Neue Weg durch Farndickichte windet; dabei ist die Straße tief unten im Tal nicht weit! Tour 20, zwischen Buschmühle und Sturmbauers Eck, Seite 208

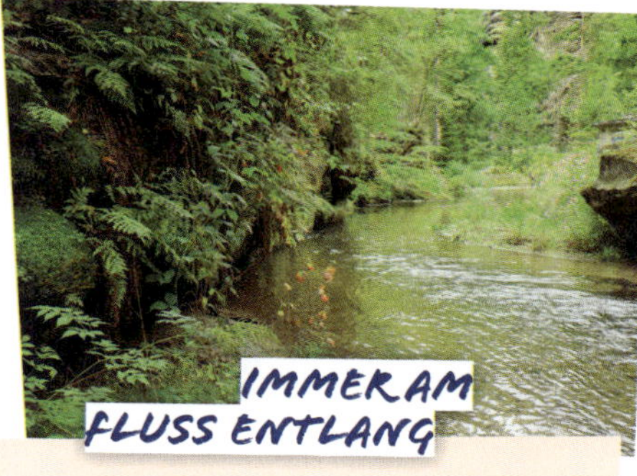

IMMER AM FLUSS ENTLANG

» Der Flößersteig begleitet die sanft dahinfließende Kirnitzsch durch lichten Wald und grüne Wiesen; jede Flussbiegung bietet neue herrliche Eindrücke. Tour 18, zwischen Beuthenfall und Altes Mühlenwehr, Seite 190

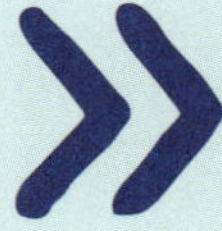

ALLE TOUREN IM ÜBERBLICK

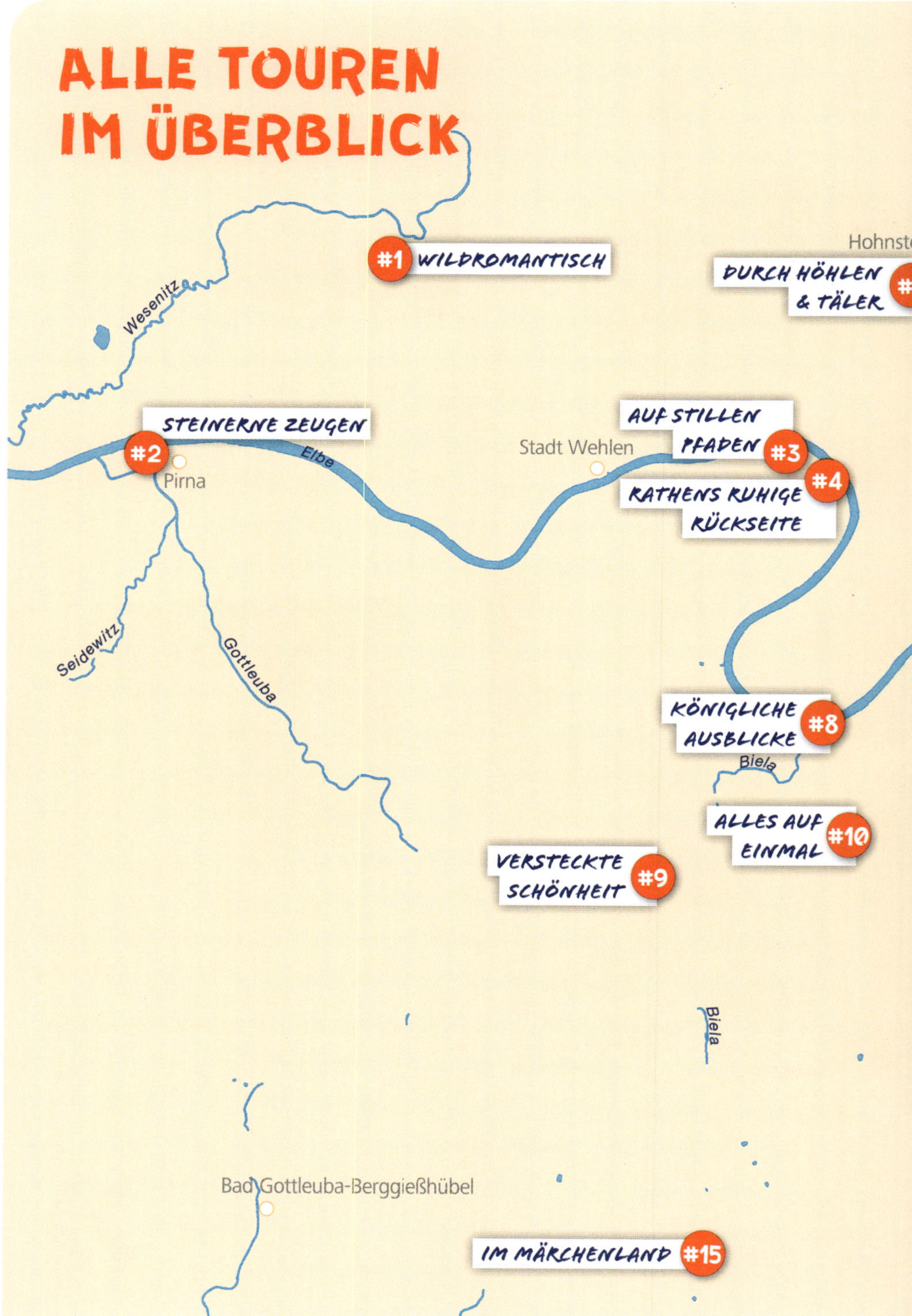

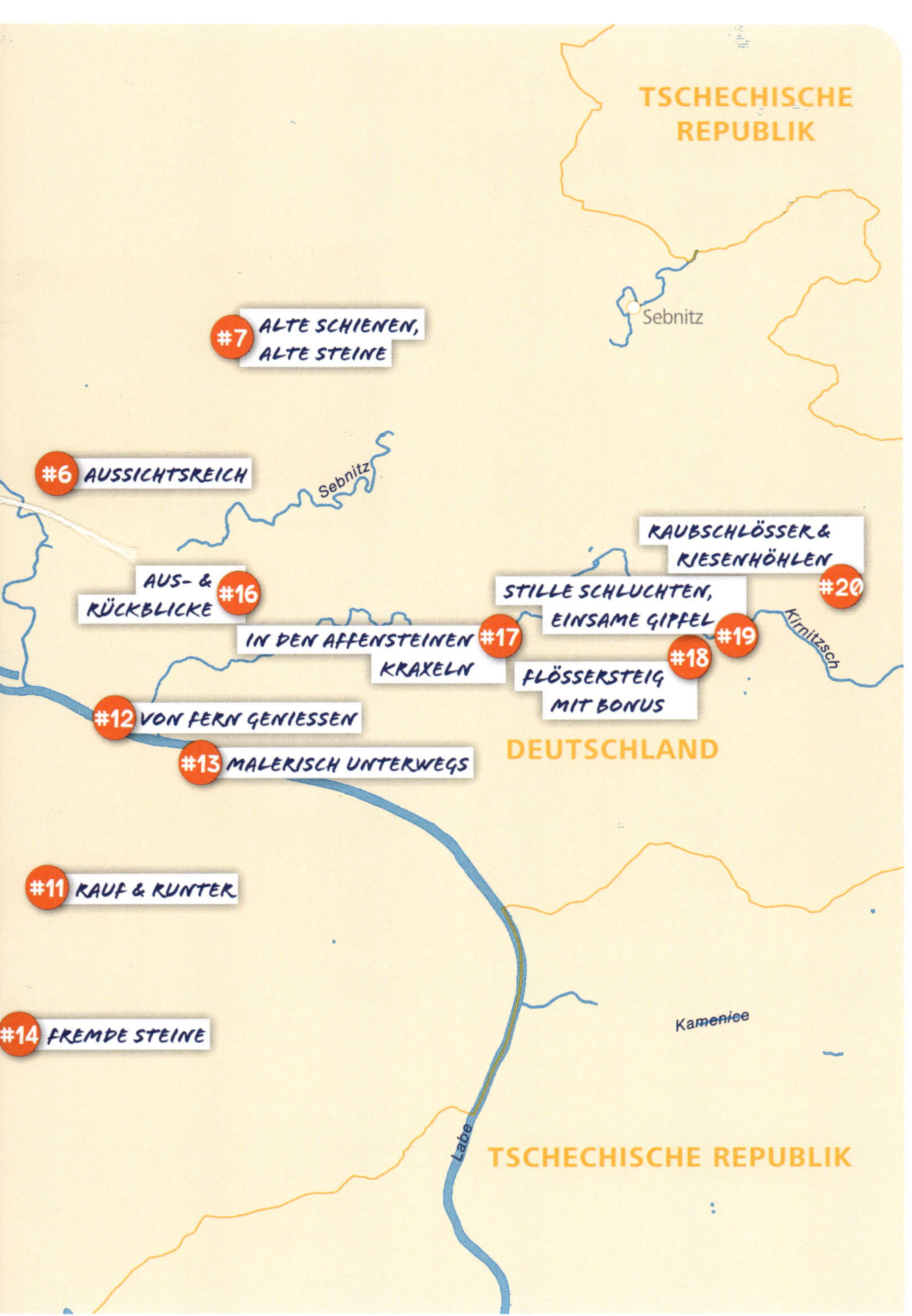
TSCHECHISCHE
REPUBLIK
Sebnitz
#7 ALTE SCHIENEN,
ALTE STEINE
#6 AUSSICHTSREICH
Sebnitz
RAUBSCHLÖSSER &
RIESENHÖHLEN
#20
AUS- &
RÜCKBLICKE
#16
STILLE SCHLUCHTEN,
EINSAME GIPFEL
#19
Kirnitzsch
IN DEN AFFENSTEINEN
KRAXELN
#17
#18
FLÖSSERSTEIG
MIT BONUS
#12 VON FERN GENIESSEN
#13 MALERISCH UNTERWEGS
DEUTSCHLAND
#11 RAUF & RUNTER
Kamenice
#14 FREMDE STEINE
Labe
TSCHECHISCHE REPUBLIK

… UND AUCH PAUSE MACHEN NICHT VERGESSEN

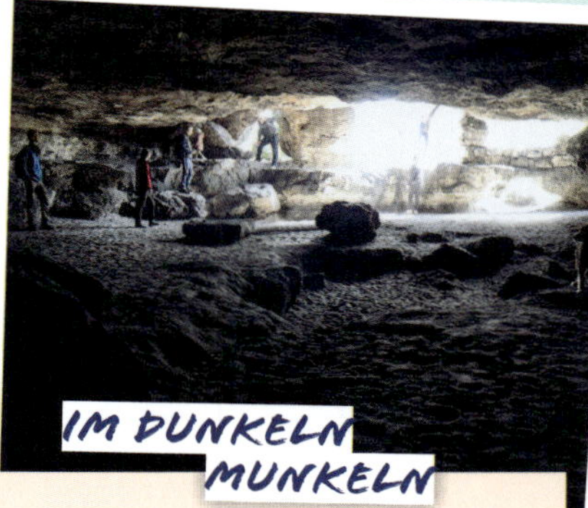

IM DUNKELN MUNKELN

» Die riesige Lichterhöhle bietet vor allem an kälteren Tagen einen gemütlichen Picknickplatz. In der Adventszeit sind hier manchmal Kerzen aufgestellt. Tour 11, Stopp 3, Lichterhöhle, Seite 119

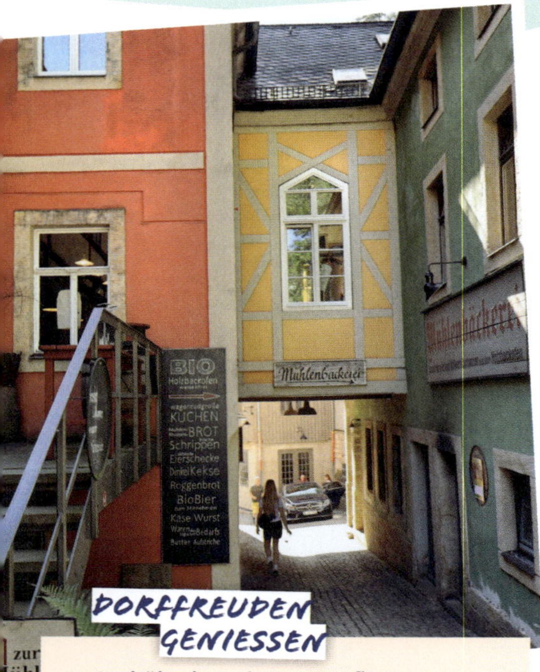

DORFFREUDEN GENIESSEN

» Im hübsch sanierten Dorfkern von Schmilka reihen sich Cafés, Biergärten und Restaurants an der einzigen Straße aneinander. Da fällt die Wahl schwer. Tour 19, Stopp 6, Biodorf Schmilka, Seite 201

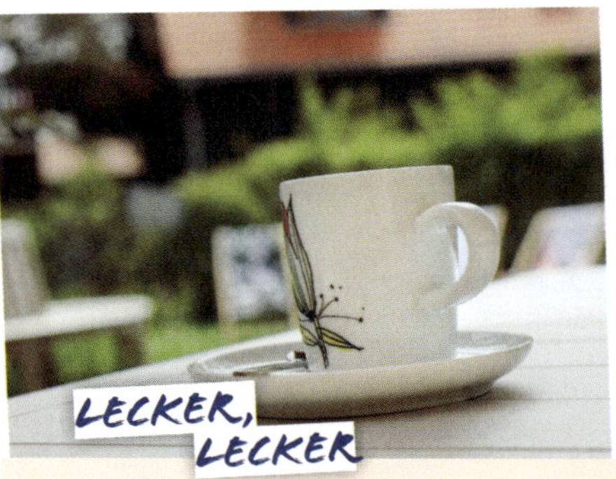

LECKER, LECKER

» Die Kaffeekreationen der Schokoladenmanufaktur Adoratio sind genauso verlockend wie der verwunschene Park von Schloss Thürmsdorf gleich daneben. Tour 8, Stopp 3, Adoratio Schokoladenkunst, Seite 89

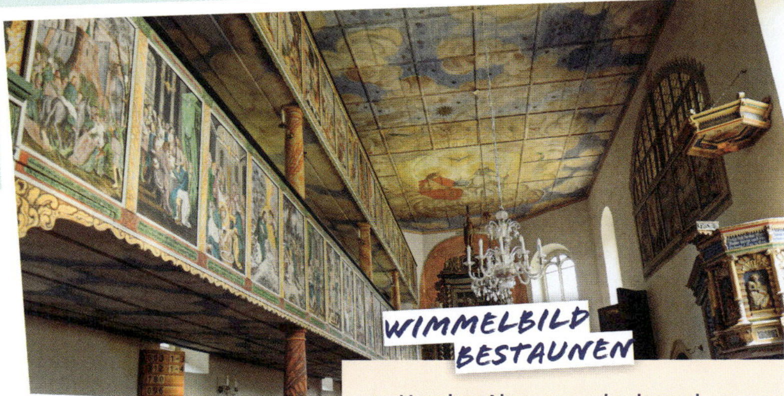

WIMMELBILD BESTAUNEN

» Um den Altarraum der barocken Kirche mit seinen 50 Bibelszenen in Ruhe anzuschauen, sollte man durchaus eine längere Pause einplanen. Tour 13, Stopp 3, Barockkirche Reinhardtsdorf, Seite 139

FÜSSE IM WASSER

» Nach der Stärkung im Biergarten der Waltersdorfer Mühle gönnt man den müden Füßen Erholung im kalten Wasser der Polenz und wer ganz still ist, sieht mit etwas Glück einen Eisvogel. Tour 5, Stopp 3, Waltersdorfer Mühle, Seite 59

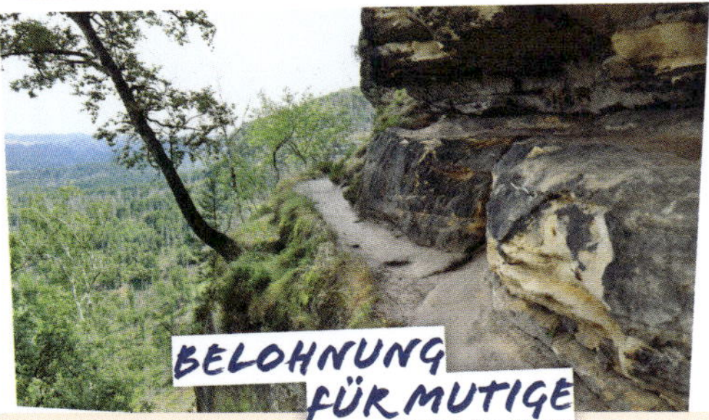

BELOHNUNG FÜR MUTIGE

» Nach der Überquerung eines haarsträubend schmalen Felsenbands lädt die riesige Idagrotte zum Ausruhen ein – bevor es auf demselben Weg zurück geht. Tour 17, Stopp 5, Idagrotte, Seite 181

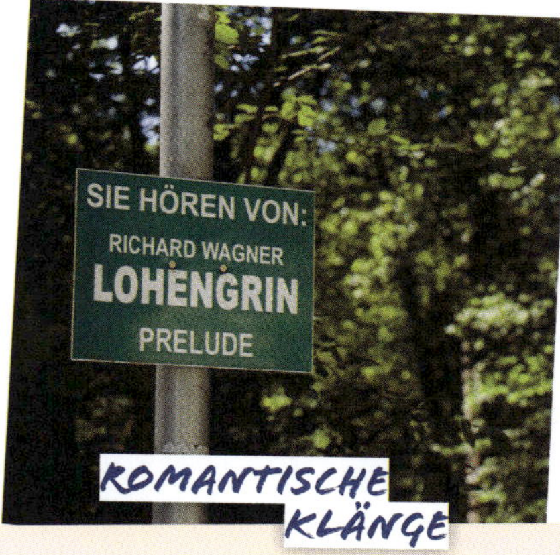

ROMANTISCHE KLÄNGE

» Mit Blick auf das monumentale Richard-Wagner-Denkmal picknicken, während die Ouvertüre von »Lohengrin« über den Fluss schallt – bombastisch! Tour 1, Stopp 5, Richard-Wagner-Denkmal, Seite 20

EINFACH LOSWANDERN

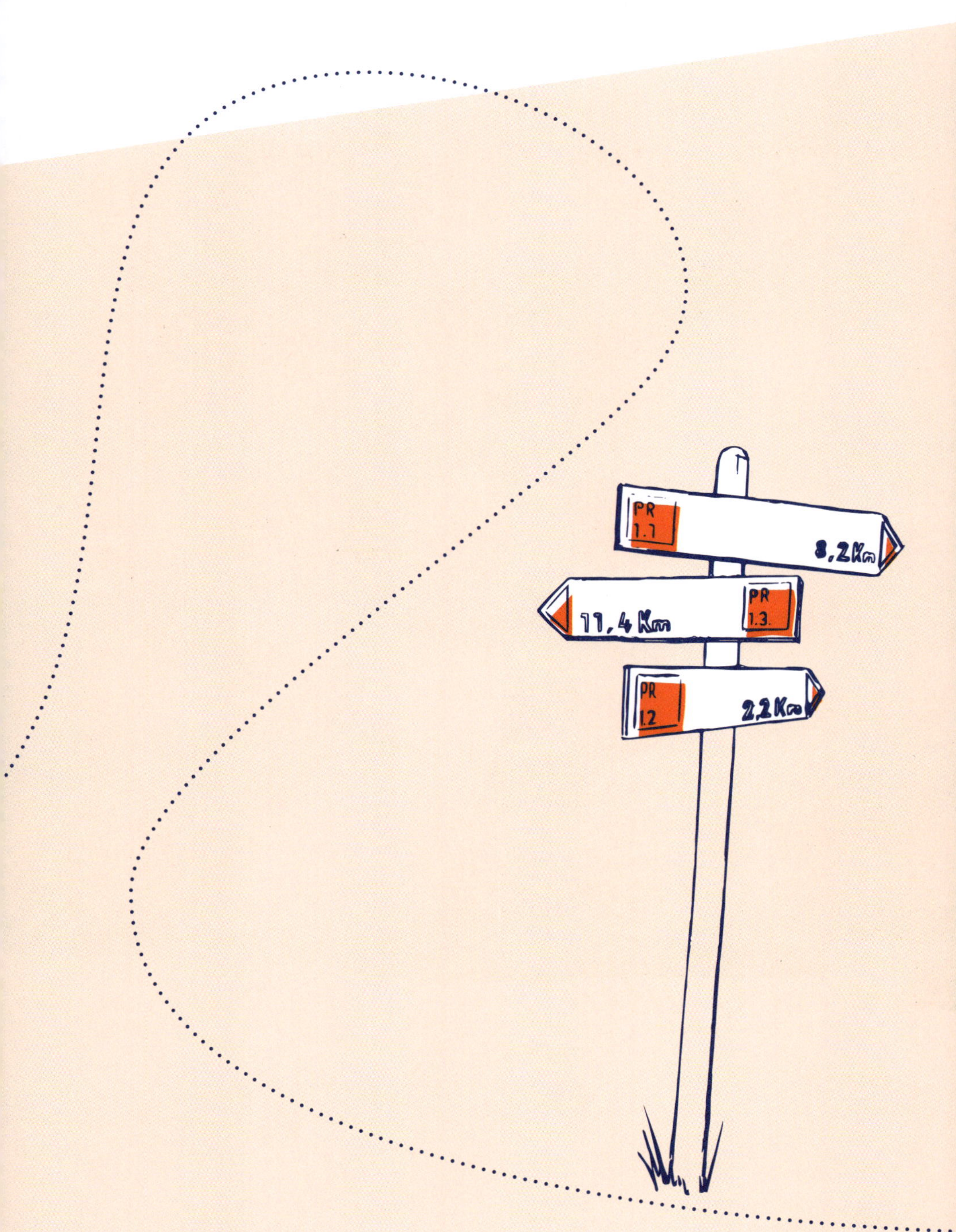
PR
1.1
8,2Km
PR
1.3.
11,4 Km
PR
1.2
2,2Km

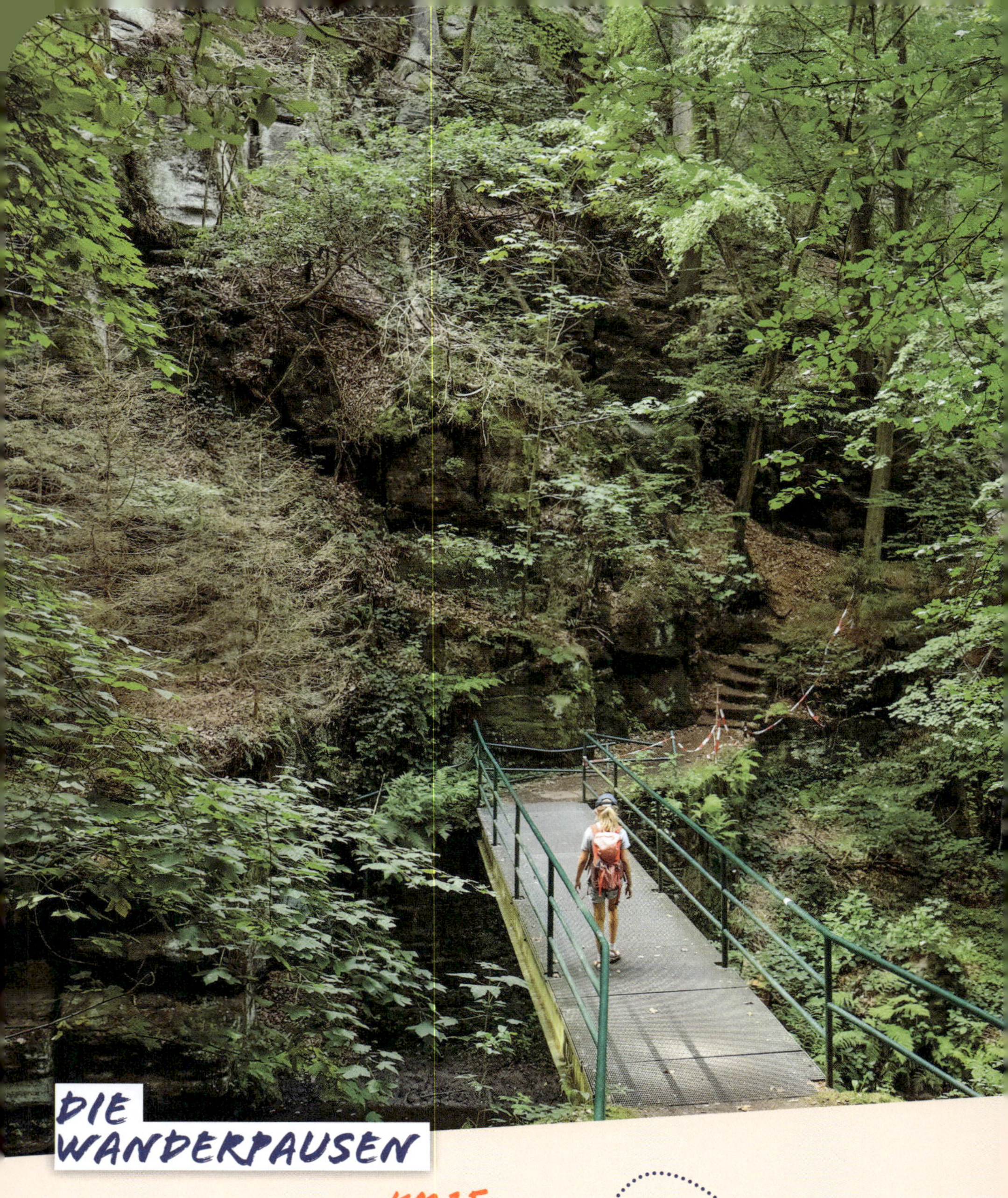

DIE WANDERPAUSEN

»START
Bahnhof Lohmen

KM 0,6
1 Schloss Lohmen
Aus- und Überblick

KM 1,5
2 Sandsteinbruch
Explosives Handwerk

KM 2
3 Wasserwerk Niezelgrund
Feuchtes Vergnügen

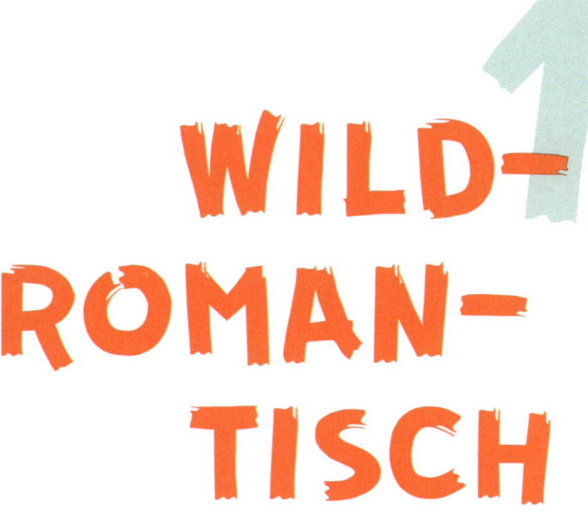

Von Lohmen entlang der Wesenitz

Das Elbsandsteingebirge beginnt dort, wo man noch gar keine Sandsteinfelsen sieht – oder eben nur, wenn man in das tief eingeschnittene Tal der Wesenitz hinabsteigt. Auf den Spuren der Dichter und Maler wandelt man hier durch imposant-idyllische Felsschluchten.

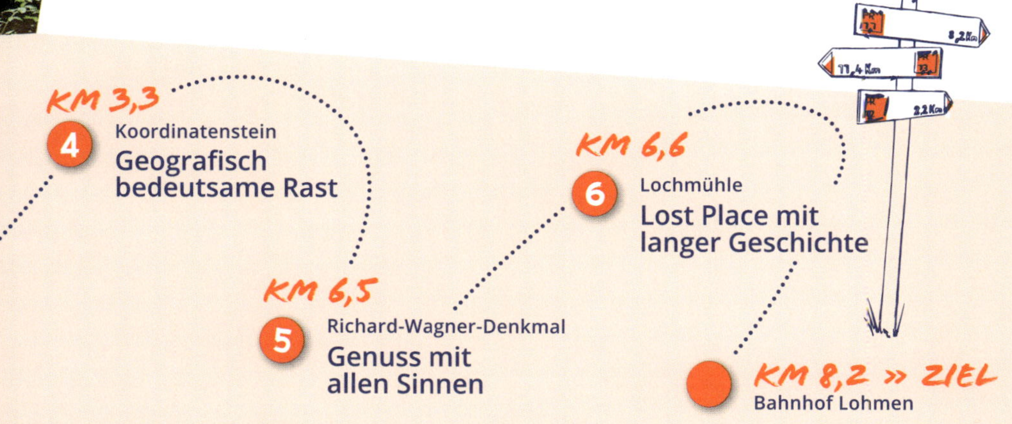

DIE ÜBERRASCHUNG STEHT WANDERNDEN …

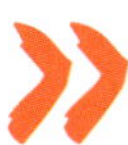

… ins Gesicht geschrieben, wenn sie aus dem beschaulichen Dorf mit dem **Schloss Lohmen** hinab ins Tal der Wesenitz steigen – als hätte man einen Schalter umgelegt, wandelt sich die Szenerie innerhalb von Minuten. Wo eben noch die Sonne auf hübsch restaurierte Häuser und herrlich blühende Bauerngärten schien, fließt nun im kühlen Halbdunkel die Wesenitz mit sanftem Murmeln in ihrem Bett, eingerahmt von spektakulären Steinformationen samt **Sandsteinbruch.**

In diesem Tal beginnt die Sächsische Schweiz sozusagen »im Untergrund« und nicht umsonst nimmt der bekannte Malerweg hier seinen Anfang. Die erste Etappe passt nicht ganz zum Namen des Weitwanderwegs, folgt er doch hier vor allem den Spuren von Richard Wagner. Der Komponist, der mehrere Sommer im nahen Graupa verbrachte und dort seine Oper »Lohengrin« schrieb, soll regelmäßig mit Hund Peps Wanderungen in der Sächsischen Schweiz unternommen und dabei auch den Weg durch das tief eingeschnittene Tal der Wesenitz genommen haben. Kein Wunder, angesichts der atemberaubenden Eindrücke, die entlang des Flusslaufs warten und hinter dem **Wasserwerk Niezelgrund** in der Lohmener Klamm ihren Höhepunkt finden, wo das Wasser nicht mehr ruhig fließt, sondern schäumend über Felsstufen springt.

EINTAUCHEN IN DIE TAUSEND GRÜNTÖNE DES KÜHLEN TALGRUNDS, WO DER FLUSS SANFT RAUSCHT

Auf- und Abstiege sind auf dieser Runde leider unvermeidbar, denn der Wesenitztalweg führt nicht durchgängig unten am Flussufer entlang. Das eröffnet im zweiten Teil der Wanderung einen erneuten Szenenwechsel mit schönen Fernsichten auf die Tafelberge der Vorderen Sächsische Schweiz, zum Beispiel vom Rastplatz am **Koordinatenstein.** Wenn der DichterMusikerMaler-Weg, aus Dresden-Loschwitz kommend, auf den in Liebethal beginnenden Malerweg trifft, folgt die Route mal dem einen, mal dem anderen Fernwanderweg und pickt sich die schönsten Szenerien heraus. Das Crescendo wartet kurz nach dem erneuten Abstieg ins Dunkelgrüne: Wo das (ästhetisch wie historisch durchaus streitbare) **Wagnerdenkmal** im Liebethaler Grund thront, bietet sich die einzigartige Möglichkeit, mit musikalischer Untermalung zu wandern. Und das auf Knopfdruck! An der leerstehenden **Lochmühle** vorbei geht es zurück zum Ausgangspunkt. «

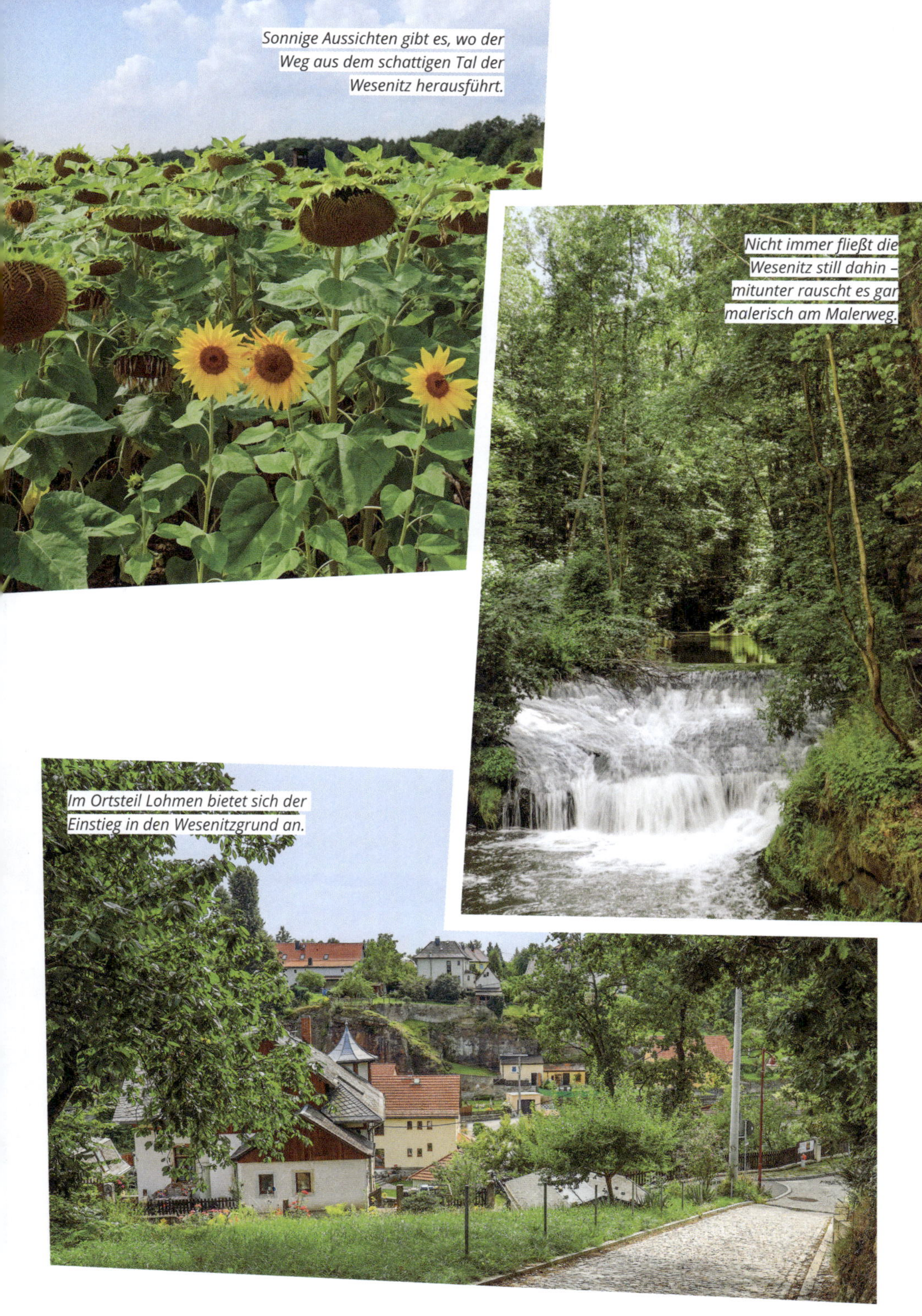

Sonnige Aussichten gibt es, wo der Weg aus dem schattigen Tal der Wesenitz herausführt.

Nicht immer fließt die Wesenitz still dahin – mitunter rauscht es gar malerisch am Malerweg.

Im Ortsteil Lohmen bietet sich der Einstieg in den Wesenitzgrund an.

WANDERN & GENIESSEN

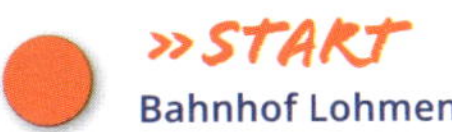

Bahnhof Lohmen

Vom Bahnhof oder der Bushaltestelle Lohmen-Bahnhofstraße (Linien 226, 236 und 254) geht es durch die ruhigen Straßen des Ortes in wenigen Minuten vorbei am Erbgericht und dem Kirchhof in Richtung Schloss und Wesenitztal (das von hier oben nicht zu erahnen ist). Wer mit dem Wagen anreist, kann vor dem Schloss Lohmen parken.

KM 0,6

1 **Schloss Lohmen**

Aus- und Überblick

30 Meter hoch thront das frisch sanierte Schloss mit seinem Gutshofflügel über der Wesenitz. Der alte Herrschersitz ist kaum noch als solcher zu erkennen: Wo früher Ritter und Wettinerfürsten residierten, leben mittlerweile alte Menschen in Betreuung. Von der glorreichen Vergangenheit zeugt heute vor allem ein kleiner Erker hinter einem Gittertor; den Mini-Balkon mit Ausblick sollte man allein schon deshalb betreten, um das originelle Dankesgedicht zu lesen, das ein offensichtlich mit Schutzengel gesegneter Mensch hier vor über 100 Jahren hinterlassen hat.

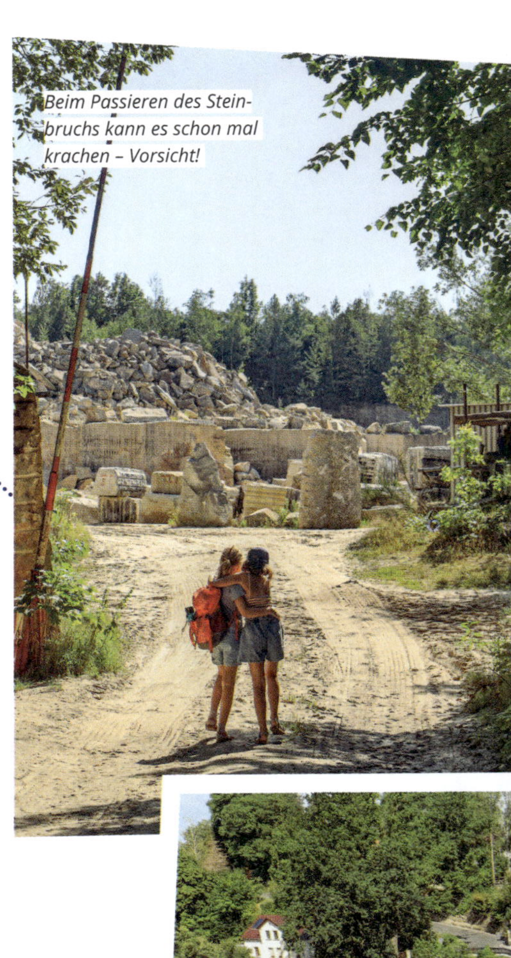

Beim Passieren des Steinbruchs kann es schon mal krachen – Vorsicht!

Am Schlossparkplatz rechts auf die Dorfstraße, dann der rechts abzweigenden Treppe Am Schwarzen Berg folgen. An ihrem Ende wieder rechts hinab zur Furt an der Wesenitz, an deren Ufer sich der Weg von nun an entlangzieht, immer flußaufwärts.

KM 1,5

2 Sandsteinbruch
Explosives Handwerk

Die wachsende Zahl steinerner Kunstwerke am Wegrand stimmt auf das Kommende ein: Die Strecke passiert einen aktiven Steinbruch der Sächsischen Sandsteinwerke; es ist einer der letzten im Elbsandsteingebirge, wo es früher bis zu 644 Steinbrüche gab (deren Spuren man beim Wandern sehr häufig sieht). Was zu tun ist, wenn gerade eine Sprengung ansteht, erläutert hilfreich das Hinweisschild, das vor tödlicher Gefahr warnt und gleichzeitig zum Weitergehen auffordert – eine interessante Erfahrung allemal, egal ob Angst oder Neugier überwiegen. Aber keine Sorge: Der Weg führt hinter schützenden Steinblöcken am Gelände vorbei.

Nun sind es nur noch wenige Minuten, bis der Wesenitzgrundweg an einen seiner Höhepunkte gelangt; der kündigt sich durch verstärktes Rauschen und eine Lampe an, die mit einem Mal hell aufflammt.

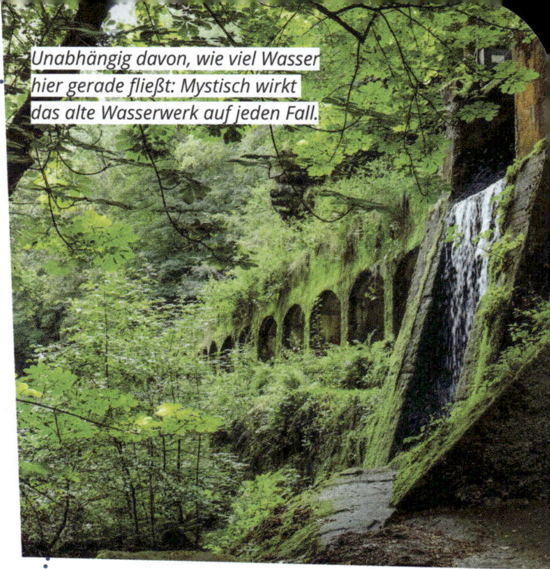

Unabhängig davon, wie viel Wasser hier gerade fließt: Mystisch wirkt das alte Wasserwerk auf jeden Fall.

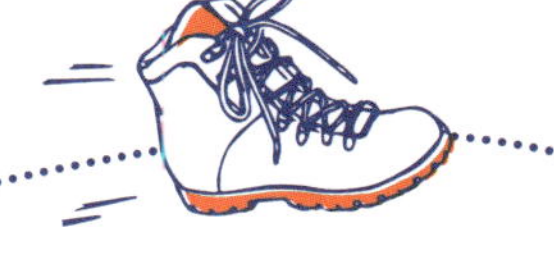

KM 2

3 Wasserwerk Niezelgrund
Feuchtes Vergnügen

Wie oft man dieses faszinierende technische Bauwerk auch besucht, es sieht jedesmal ein wenig anders aus; je nach den Regenmengen der Vorwochen kann das Wasser hier aus allen Viadukten schäumen und tosen oder auch nur als einzelner Wasserstrahl recht zahm zu Boden tröpfeln. Das Wasserwerk Niezelgrund zeigt, dass sich Ingenieure schon vor über 100 Jahren Gedanken um erneuerbare Energien machten. Wer mehr über die Funktionsweise der hier laufenden Kaplanturbine lernen möchte, liest die Infotafel. Die im Jahr 2000 instandgesetzte Anlage lädt aber auch zum Erkunden und Beklettern ein (Vorsicht, die nassen Steine und Stege sind glatt!).

Weiter geht's an der Wesenitz entlang in die Lohmener Klamm und über die Försterbrücke, das gegenüberliegende Ufer wird über eine steile Steintreppe erklommen. Von hier führt der Malerweg zurück nach Westen.

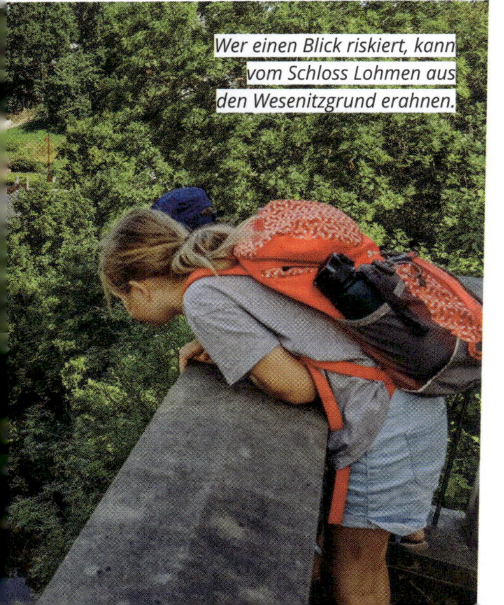

Wer einen Blick riskiert, kann vom Schloss Lohmen aus den Wesenitzgrund erahnen.

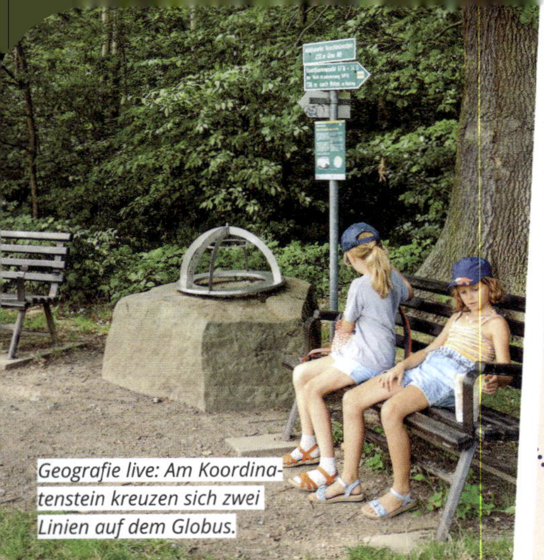

Geografie live: Am Koordinatenstein kreuzen sich zwei Linien auf dem Globus.

KM 3,3

4 Koordinatenstein
Geografisch bedeutsame Rast

Dass der Globus von einem Netz aus Längen- und Breitengraden überzogen ist, weiß jeder; aber wo genau führen diese imaginären Linien eigentlich entlang? Genau einen Kilometer nördlich von Mühlsdorf und damit fast genau am Wegrand kreuzt der 14. Längengrad den 51. Breitengrad, woran der 2004 errichtete Koordinatenstein erinnert. Fun fact: Wenn man hier den Rastplatz erreicht hat, ist man am tatsächlichen Kreuzungspunkt rund 150 Meter vorher bereits vorbeigelaufen – seit 2006 wird nämlich anders gemessen. Der Blick über die Felder nach Süden bis hin zu den ersten Tafelbergen der Sächsischen Schweiz ist auch ganz ohne Messfehler im Hinterkopf eine Augenweide und die beiden Sitzbänke bieten die perfekte Gelegenheit für eine entspannte Rast auf halbem Wege.

Am Feldrand mit spannenden Blicken hinab ins Tal nach Lohmen geht es weiter nach Westen in Richtung Liebethal, bis der DichterMusikerMaler-Weg links abzweigt nach Süden. Unten auf die Richard-Wagner-Straße rechts abbiegen, die bald Bei der Liebethaler Kirche heißt.

KM 6,5

5 Richard-Wagner-Denkmal
Genuss mit allen Sinnen

Betrachtet man diese Wanderung weniger unter dem Gesichtspunkt des Naturgenusses, sondern als kulturelle Unternehmung, folgt nun die Krönung: Nach dem kurzen, steilen Abstieg von der Straße Bei der Liebethaler Kirche in den Liebethaler Grund führt der schmale Weg entlang der Wesenitz flußaufwärts nach Osten, passiert dabei die Ruine eines der ersten Elektrizitätswerke Sachsens und erreicht nach 400 Metern ein ganz besonderes Monument: Hier thront Richard Wagner vor einer Kulisse aus 12 Meter hohen Sandsteinfelsen. Dieses weltgrößte Wagnerdenkmal wurde bereits 1911 konzipiert und sollte eigentlich im Großen Garten in Dresden stehen. Das besonderes Schmankerl ist allerdings die Hörstation, aus der auf Knopfdruck die Ouvertüre von »Lohengrin« ertönt; für einen Genuss mit allen Sinnen sozusagen.

Weiter führt die Kombination aus Maler-, DichterMusikerMaler-und Wesenitztalweg am Fluss entlang, der hier aufgeregt schäumend über ein Wehr fließt.

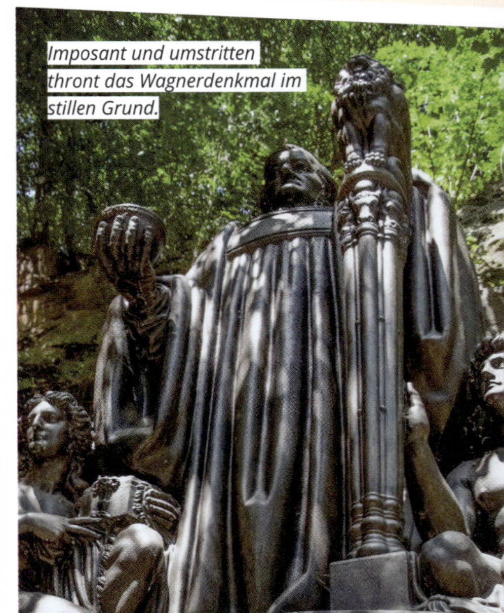

Imposant und umstritten thront das Wagnerdenkmal im stillen Grund.

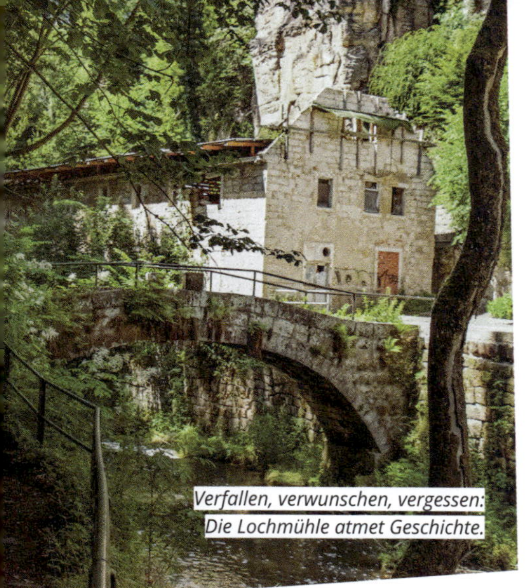
Verfallen, verwunschen, vergessen: Die Lochmühle atmet Geschichte.

EXTRA INFOS:

Eine nette Gelegenheit für Sammellustige sind die Stempelstellen des DichterMusikerMaler-Wegs, die man entlang der Wanderung passiert: ● **Stempelstelle 9** wartet am Start der Route, ● **Stempelstelle 8** nahe dem Ziel, oberhalb der Daubemühle. Wer häufiger in der Sächsischen Schweiz unterwegs ist, findet schnell weitere Möglichkeiten, das Stempelheft zu füllen – dafür muss man nicht unbedingt dem Wegverlauf dieses Fernwanderwegs folgen, der über 91 km vom Blauen Wunder in Dresden-Loschwitz bis nach Schmilka führt – mit einem Abstecher nach Tschechien ans Prebischtor (www.dwbv.org). Das Stempelheft erhält man im Café Wippler am Körnerplatz in Dresden-Loschwitz (www.konditorei-wippler.de).

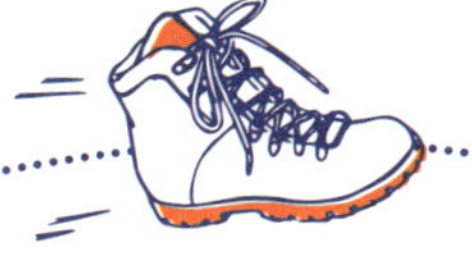

KM 6,6

6 Lochmühle

Lost Place mit langer Geschichte

Lost Places zu erkunden, ist immer spannend – wenigstens ein paar Minuten der Erkundung sollte man hier also einplanen. Dass die großzügige und offensichtlich über lange Zeit erfolgreich betriebene Mühle mit Gastwirtschaft seit Jahren als Ruine hier steht, ist traurig. Als der Wesenitzgrund trotz des steilen und engen Zugangs noch das Tor zur Sächsischen Schweiz war, stellte die Lage an diesem touristischen »Flaschenhals« einen Glücksfall dar; später erwies sich das »Loch« als wirtschaftliche Hürde, die zu groß wurde für alle Mühlenbetreiber. Ob die neuen Pläne, ein Hotel namens »Walhalla« zu errichten, fruchten werden – man darf gespannt sein.

Hinter der Lochmühle geht es über die Brücke weiter am Fluss entlang zur Daubemühle. Hier ist Schluss mit der Romantik: Es geht bergauf und über Daubaer Straße und Fabrikstraße zurück zum Startpunkt.

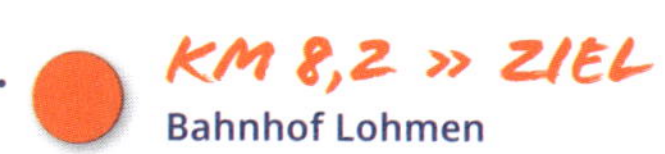

KM 8,2 » ZIEL

Bahnhof Lohmen

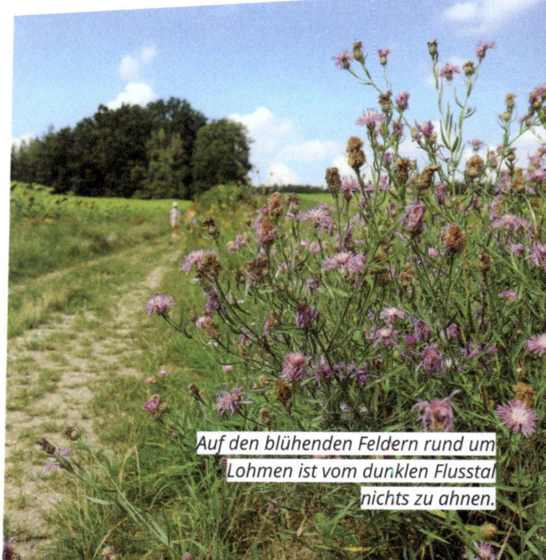
Auf den blühenden Feldern rund um Lohmen ist vom dunklen Flusstal nichts zu ahnen.

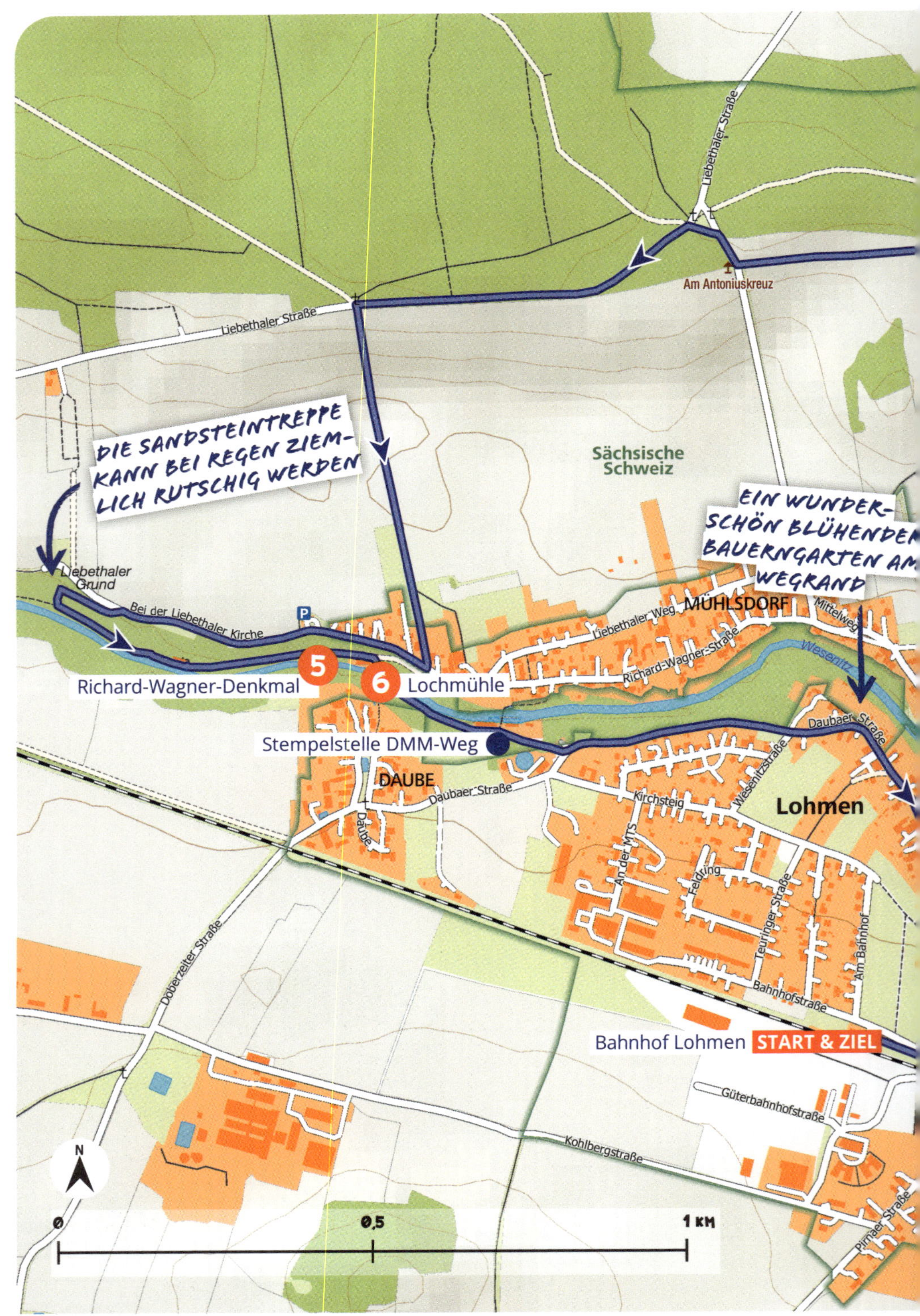

DIE SANDSTEINTREPPE KANN BEI REGEN ZIEMLICH RUTSCHIG WERDEN
EIN WUNDERSCHÖN BLÜHENDER BAUERNGARTEN AM WEGRAND
Liebethaler Straße
Am Antoniuskreuz
Sächsische Schweiz
Liebethaler Grund
Bei der Liebethaler Kirche
MÜHLSDORF
Liebethaler Weg
Mittelweg
Richard-Wagner-Straße
Wesenitz
5
Richard-Wagner-Denkmal
6
Lochmühle
Stempelstelle DMM-Weg
Daubaer Straße
DAUBE
Daube
Kirchsteig
Wesenitzstraße
Lohmen
An der MTS
Feldring
Teuringer Straße
Am Bahnhof
Bahnhofstraße
Bahnhof Lohmen
START & ZIEL
Doberzeiter Straße
Güterbahnhofstraße
Kohlbergstraße
Pirnaer Straße
N
0
0,5
1 KM

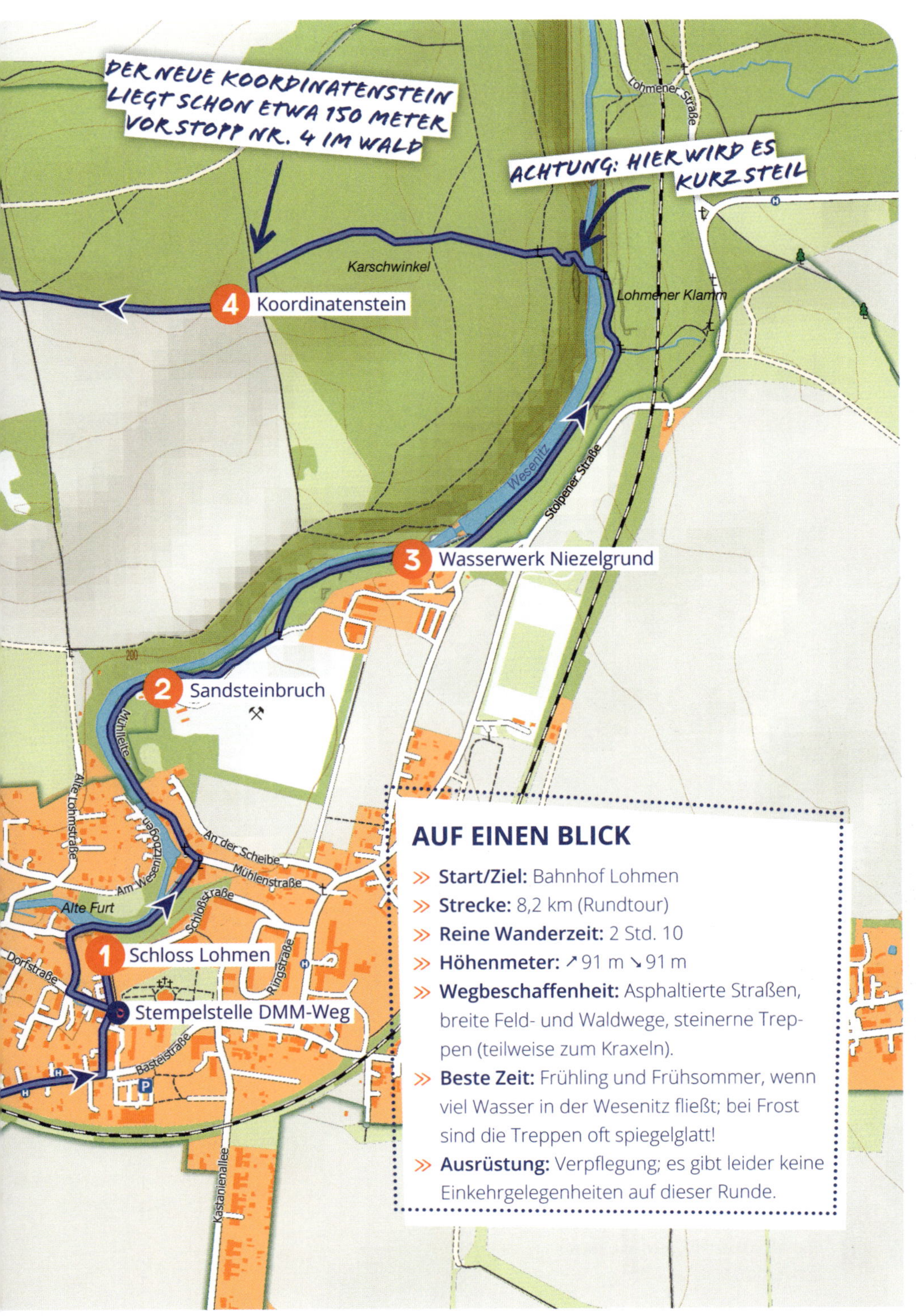

AUF EINEN BLICK

- **Start/Ziel:** Bahnhof Lohmen
- **Strecke:** 8,2 km (Rundtour)
- **Reine Wanderzeit:** 2 Std. 10
- **Höhenmeter:** ↗91 m ↘91 m
- **Wegbeschaffenheit:** Asphaltierte Straßen, breite Feld- und Waldwege, steinerne Treppen (teilweise zum Kraxeln).
- **Beste Zeit:** Frühling und Frühsommer, wenn viel Wasser in der Wesenitz fließt; bei Frost sind die Treppen oft spiegelglatt!
- **Ausrüstung:** Verpflegung; es gibt leider keine Einkehrgelegenheiten auf dieser Runde.

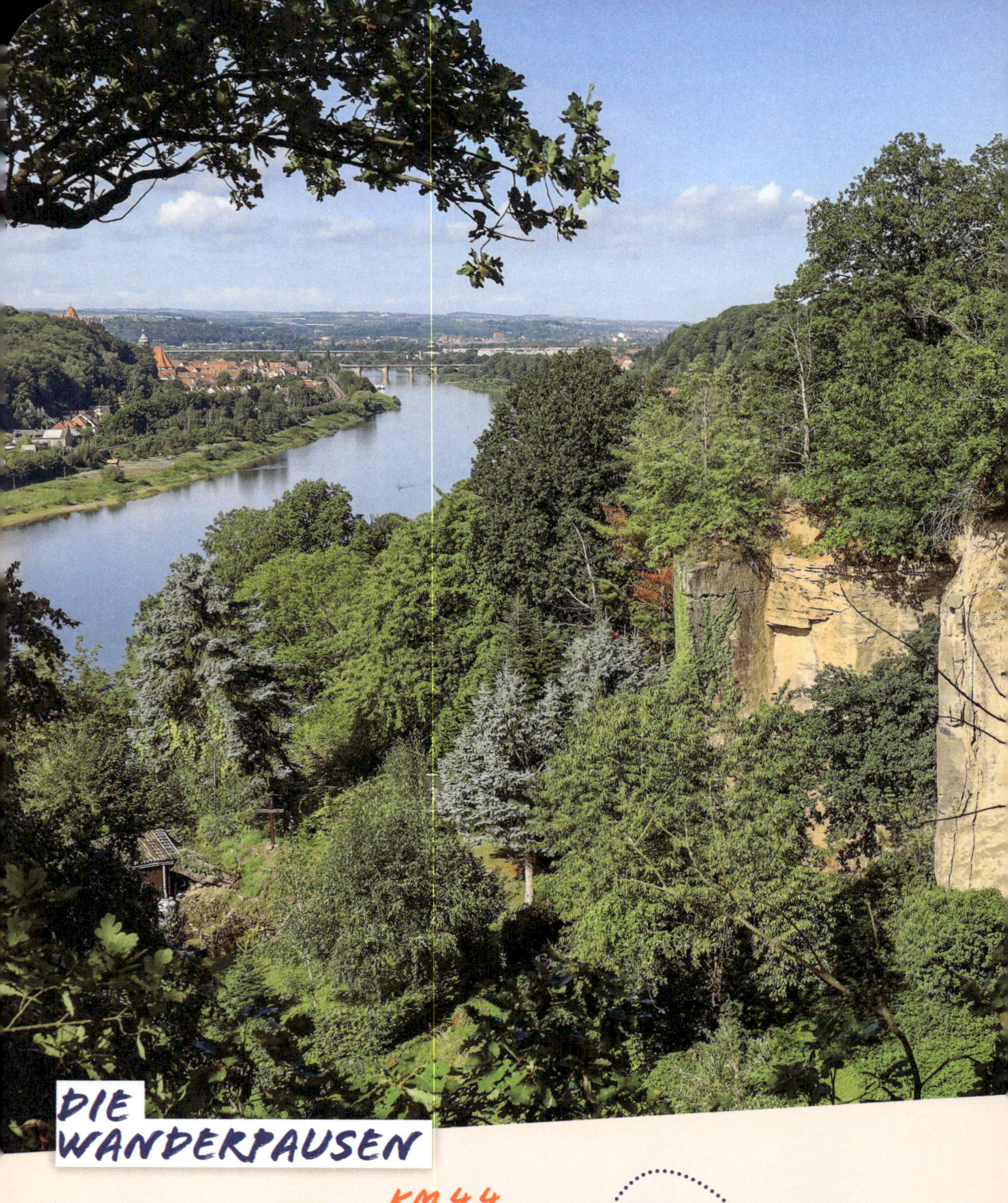

DIE WANDERPAUSEN

» START
S-Bahnhof Pirna

KM 3,5
1 Canalettoblick von Niederposta
So schön wie 1753

KM 4,4
2 Postakegel
Mit Vorsicht genießen!

KM 6,5
3 Aussicht auf Obervogelgesa
Klippenpicknick

2

STEINERNE ZEUGEN

Auf dem Steinbruchpfad von Pirna nach Wehlen

Der einfache Weg von Pirna nach Wehlen entlang der Elbe ist eine Einführung in das, was das Elbsandsteingebirge so spannend und beliebt macht: viel Geschichte, aufregende Eindrücke und Aussichten, die das Herz höher schlagen lassen.

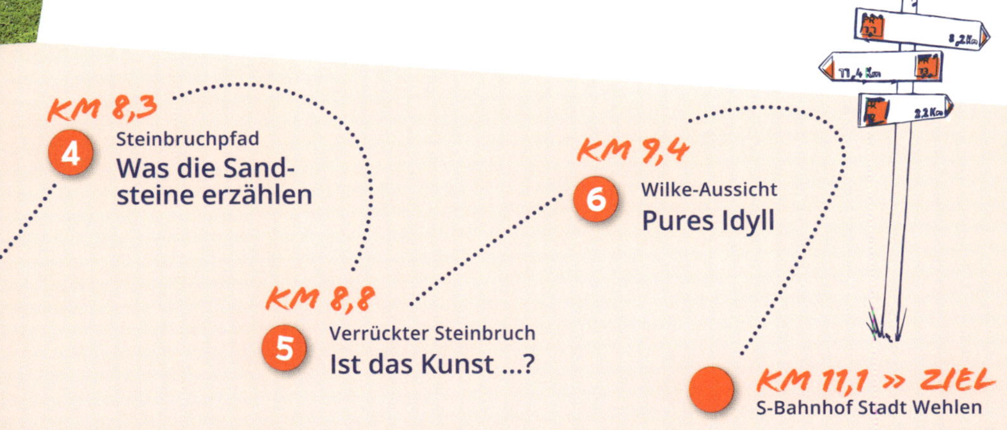

BERNARDO BELLOTTO ODER BESSER CANALETTO ...

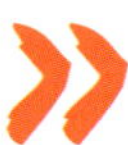

... wird vor allem mit der Stadt Dresden verbunden. Doch der venezianische Maler fertigte nicht nur von der Residenzstadt detailgetreue Stadtbilder (sogenannte Veduten) an, sondern auch vom nahegelegenen Pirna – der einzigen Kleinstadt, der diese Ehre zuteilwurde. Entsprechend stolz ist man in Pirna und entsprechend viele Canalettoblicke auf das großteils unveränderte Stadtpanorama kann man aus diversen Perspektiven genießen. Einige der schönsten bieten sich vom Burglehnpfad, der sich am der Altstadt gegenüberliegenden Elbufer entlangzieht – am besten vergleicht man hier einen nach dem anderen. Und wenn man glaubt, man habe seinen Favoriten gefunden, bietet sich von einer unscheinbaren Ecke am Waldrand der »echte« **Canalettoblick.** Er ist so abgelegen, dass man hier ganz in Ruhe seine Staffelei aufstellen könnte.

IM DICHTEN WALD UNVERSEHENS IN DAS FELSENRUND EINES VERFALLENEN STEINBRUCHS STOLPERN

Der Weg von Pirna nach Wehlen mag auf der Karte langweilig aussehen, weil er immer geradeaus führt; tatsächlich ist er das genaue Gegenteil. Die aussichtsreiche Tour, die hoch über dem Ufer immer dem Lauf der Elbe folgt, bietet viel Ortsgeschichte: Nach dem Taleinschnitt des Vororts Mockethal führt die Strecke ab dem Vorort Posta mit dem flachen **Postakegel** immer auf der Bruchkante alter Sandsteinbrüche entlang. Wer schon einmal mit der S-Bahn in die Sächsische Schweiz gefahren ist, hat die hell gefärbten, glatten Abbruchflächen an den Felswänden gesehen und sich wohl gefragt, warum die Felsen hier (noch) nicht schwarz verwittert sind und wie es hier wohl früher aussah. Das kommt darauf an, wann: Schon seit 800 Jahren wird Sandstein in Pirna und Wehlen abgebaut, man findet ihn im Meißner Dom, an der Dresdner Augustusbrücke und vielen anderen Bauwerken. Die Elbe bot günstige Transportbedingungen für die Steinbrecher, die das Antlitz der Felswände hier nachhaltig veränderten.

Der schmale Pfad hoch über dem Elbufer öffnet immer wieder Blicke in schwindelerregende Tiefen – wie die **Aussicht auf Obervogelsang** – und führt durch die Ruinen ehemals emsiger Betriebsstätten, aber auch vorbei an aktiven Steinbrüchen, wo heute noch die Sägen ertönen. Genauso wie die orange leuchtenden Bruchflächen, die durch den nachgewachsenen Wald leuchten, blitzt entlang des **Steinbruchpfads** zwischen Zeichen und Wehlen auch neue Kunst auf, z. B. am **Verrückten Steinbruch.** Zum Abschluss lockt noch die grandiose **Wilke-Aussicht** auf Stadt Wehlen, an der man am liebsten selbst die Pinsel auspacken würde, wenn man doch nur so malen könnte wie Canaletto ... «

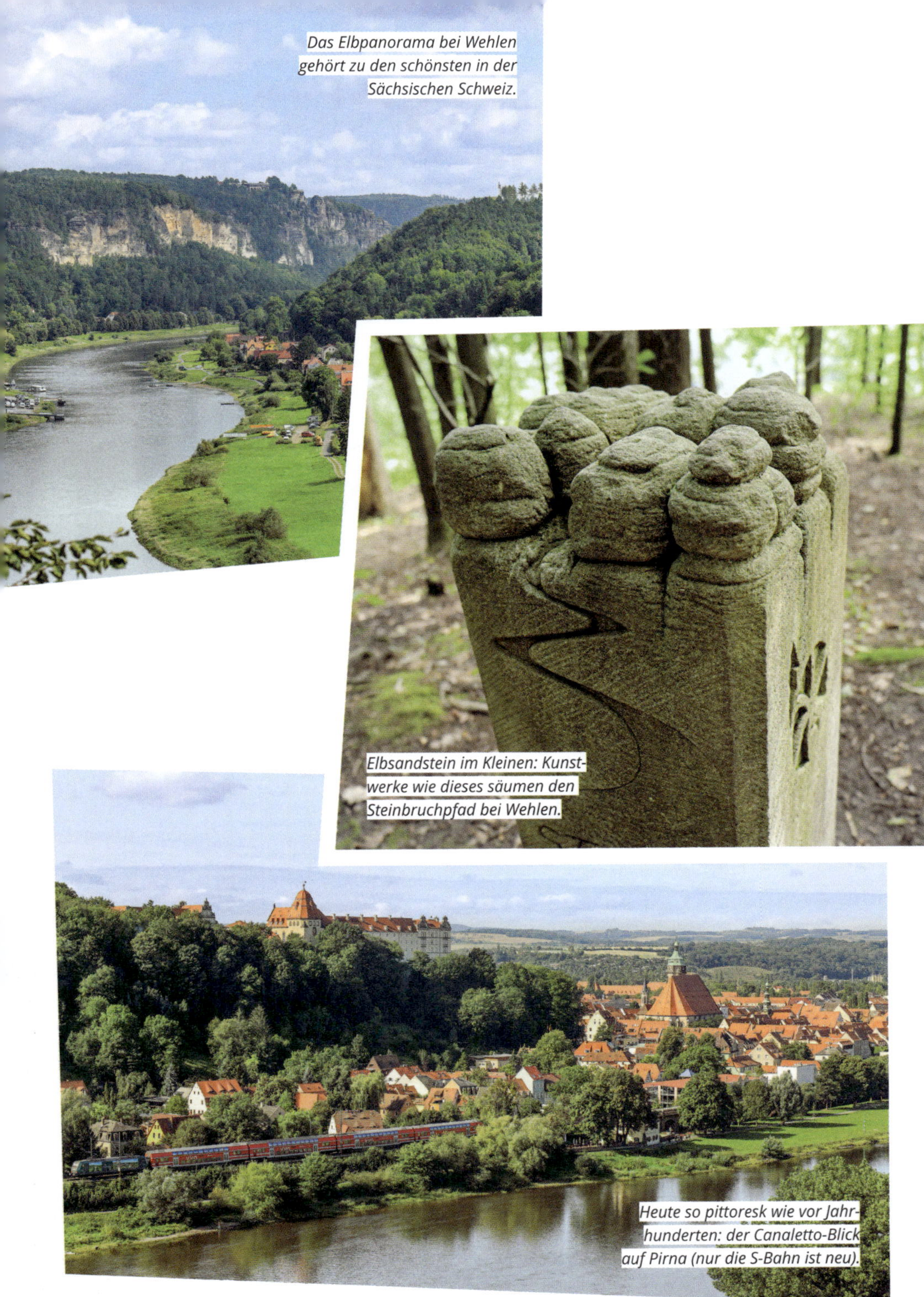

Das Elbpanorama bei Wehlen gehört zu den schönsten in der Sächsischen Schweiz.

Elbsandstein im Kleinen: Kunstwerke wie dieses säumen den Steinbruchpfad bei Wehlen.

Heute so pittoresk wie vor Jahrhunderten: der Canaletto-Blick auf Pirna (nur die S-Bahn ist neu).

WANDERN & GENIESSEN

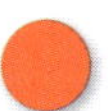

»START

S-Bahnhof Pirna

Vom Bahnhof folgt man dem gelb markierten Rundweg über die Elbbrücke nach Pirna-Copitz und hinauf zum Burglehnpfad. Dabei öffnen sich zahlreiche Ausblicke auf die Pirnaer Altstadt. Nach dem Ab- und Wiederaufstieg durchs Kratzbachtal verlässt man den gelb markierten Weg, um hinter dem Rastplatz scharf rechts abzubiegen und am Waldrand entlang bis zur Klippe vorzulaufen.

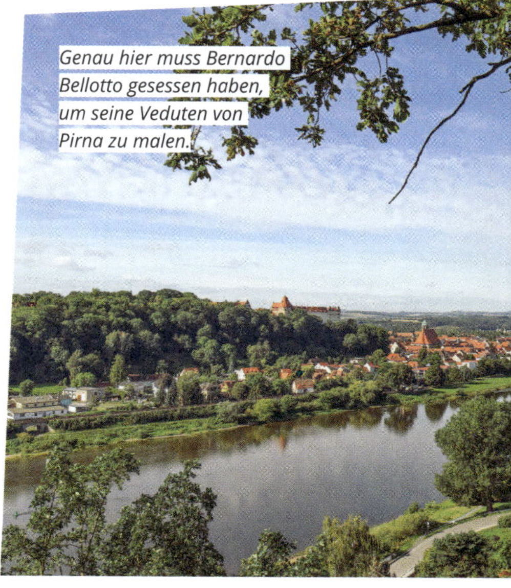

Genau hier muss Bernardo Bellotto gesessen haben, um seine Veduten von Pirna zu malen.

KM 3,5

1 Canalettoblick von Niederposta

So schön wie 1753

Alle bisherigen Aussichten auf Pirna verblassen, sobald man den Blick von der 150 Meter hohen Felsenkante über Pirna-Posta gesehen hat – hier muss Canaletto gesessen und skizziert haben, es ist einfach perfekt. Eine kleine, rudimentäre Sitzbank lädt zum ausführlichen Genießen dieser Idylle ein. Vorbeiziehende Elbdampfer machen die Szene perfekt, das Warten lohnt sich!

Am Waldrand entlang geht es jetzt nach Osten. Auch wenn nicht immer ein Weg zu erkennen ist, hält man sich einfach am Feldrand. Später führt der Pfad gut sichtbar durch den schmalen Waldstreifen an der Felsenkante.

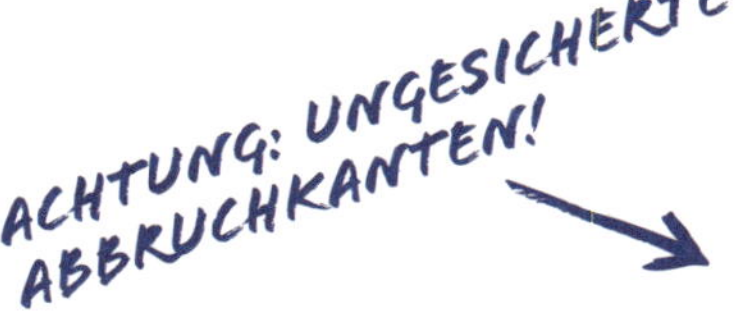

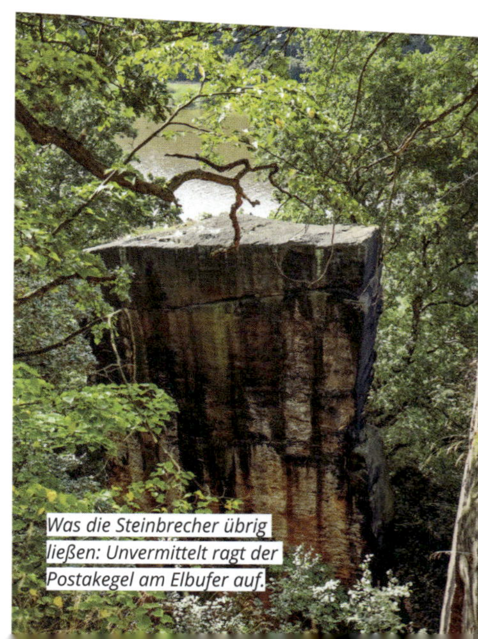

Was die Steinbrecher übrig ließen: Unvermittelt ragt der Postakegel am Elbufer auf.

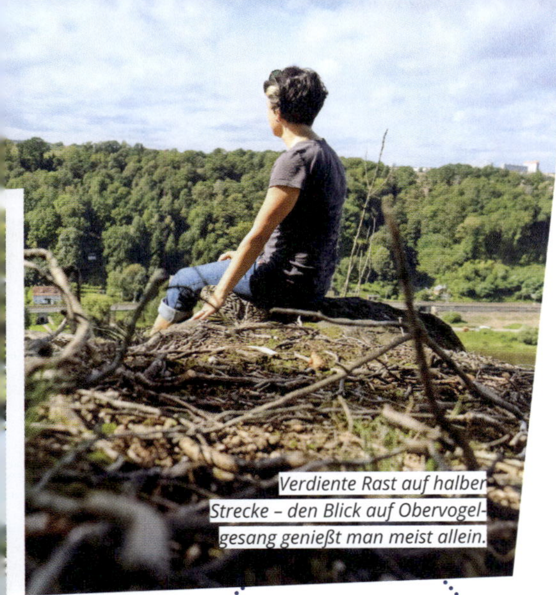

Verdiente Rast auf halber Strecke – den Blick auf Obervogelgesang genießt man meist allein.

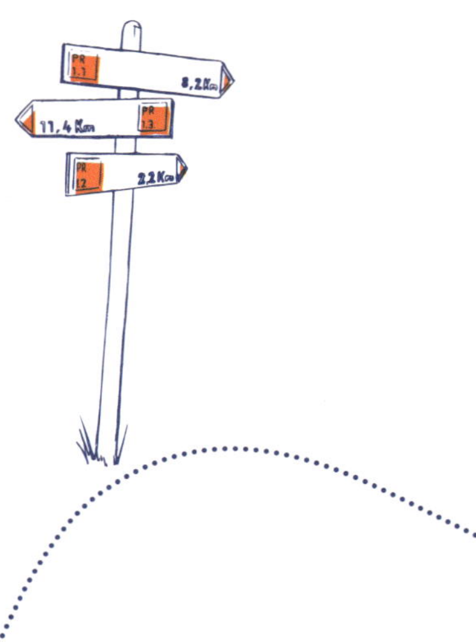

KM 4,4

2 Postakegel

Mit Vorsicht genießen!

Wo der Weg unversehens nach rechts in ein lichtes Wäldchen einbiegt, wird es spannend: Nur wenige Meter vor dem steilen Felsabbruch erhebt sich hier ein weiterer Felsen, schmal wie ein Handtuch, der von den Sandsteinbrechern aus unerfindlichen Gründen aus dem Felsmassiv gearbeitet und dann stehengelassen wurde. Kletterösen auf dem flachen Gipfel zeigen, dass der Postakegel regelmäßig bezwungen wird; das erste Mal wurde das 1920 dokumentiert. Mit Glück kann man Kletternden bei einer Wiederholung zuschauen, bei einer Schwierigkeit von VIIc sehr spannend! Auch Wandernde sollten hier sehr vorsichtig sein, an den Klippen geht es sehr steil und tief nach unten und es gibt keine Sicherung an den stark zugewachsenen Kanten!

Verlaufen ist quasi unmöglich: Es geht immer weiter auf dem unmarkierten Trampelpfad, der sich eng an der Abbruchkante hält und oft den Blick auf alte Steinbrüche erlaubt.

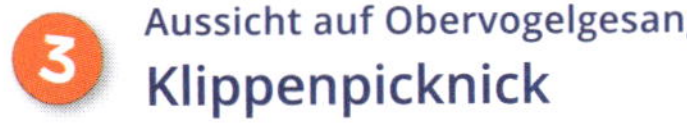

KM 6,5

3 Aussicht auf Obervogelgesang

Klippenpicknick

Nach langem Laufen öffnet sich der schmale Waldrand ein wenig nach rechts und der Pfad führt auf eine breite, sonnenbeschienene Klippe. Hier haben andere Wandernde schon einen kleinen Unterstand aus Ästen errichtet, den man gern nutzen kann, während man das Picknick auspackt. Der Blick auf die weit unten liegenden Häuser von Obervogelgesang ist schön, der nach Osten auf die nächste Elbbiegung ist noch schöner. Leise dringen die Stimmen der Paddelboot-Besatzungen und der Radelgruppen nach oben, während man eine wohl verdiente Stärkung zu sich nimmt.

Von der Klippe führt der Pfad weiter nach Osten. Nach 500 Metern kreuzt er den blau markierten Weg, der nach links zum Dorf Wehlen führt; ab jetzt ändert sich der Charakter.

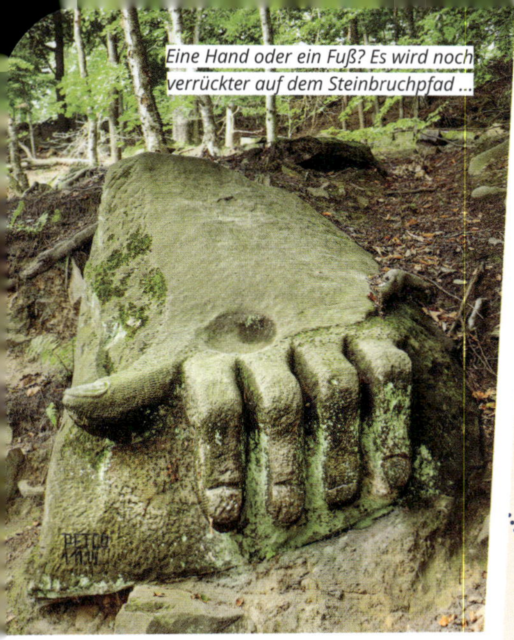

Eine Hand oder ein Fuß? Es wird noch verrückter auf dem Steinbruchpfad …

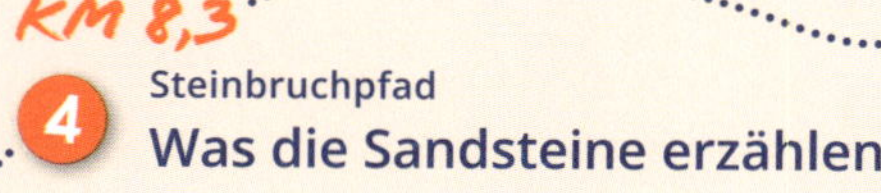

KM 8,3

4

Steinbruchpfad
Was die Sandsteine erzählen

Nachdem der Weg bereits einen unmarkierten alten Steinbruch durchquert hat, zeigt ein neues Wegzeichen den Beginn des »richtigen« Steinbruchpfades an: Das geteilte Rad, das einen Holzschliff-Schleifstein darstellen soll, schmückt mehrere kunstvoll bearbeitete Sandsteinstelen und zahlreiche Bäume am Wegrand. Der privat angelegte und instandgehaltene Lehrpfad ist allerdings nicht zu verfehlen, er führt immer weiter hoch über dem Elbufer entlang auf den Spuren des Sandsteinabbaus. Highlights auf diesem spannenden Weg sind das (verfallene) Atelier des Künstlers Pol Cassel, eine historische Steinsäge und viele weitere Artefakte und Ruinen, die nicht alle mit Infotafeln versehen sind. Hier läuft man auf jeden Fall langsamer!

Nach etwa 500 Metern macht der Weg eine scharfe Kurve, an der ein kruder Zaun aus krummen Ästen mit einem mahnenden Kunstwerk aus Fahrrädern garniert ist.

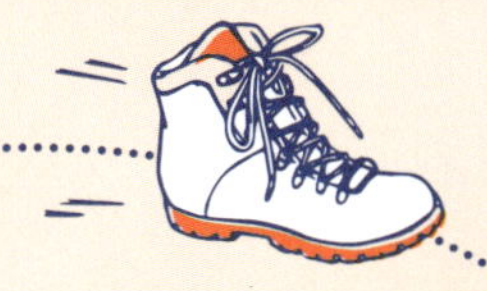

KM 8,8

5

Verrückter Steinbruch
Ist das Kunst …?

Dass jemand entlang des Steinbruchpfades künstlerisch aktiv ist, zeigten bereits mehrere interessante Installationen und Skulpturen am Wegrand. Hinter dem Zaun mit den Schrott-Fahrrädern verbirgt sich ein wahres Füllhorn an verrückten Ideen. Steht hier ein »Geöffnet«-Schild, sollte man der ungewöhnlichen Werkstatt des Steinbruch-Künstlers unbedingt einen Besuch abstatten. Ein Foto von den sehr unterschiedlichen Werken gibt es hier bewusst nicht zu sehen – man möge sich selbst ein Bild und einen Eindruck davon machen!

Nach dem Abstecher ins verrückte Atelier geht es weiter auf dem Steinbruchpfad nach Osten, vorbei an den Überresten der Alten Steinsäge, zu der eine Hinweistafel ausführliche Informationen hat.

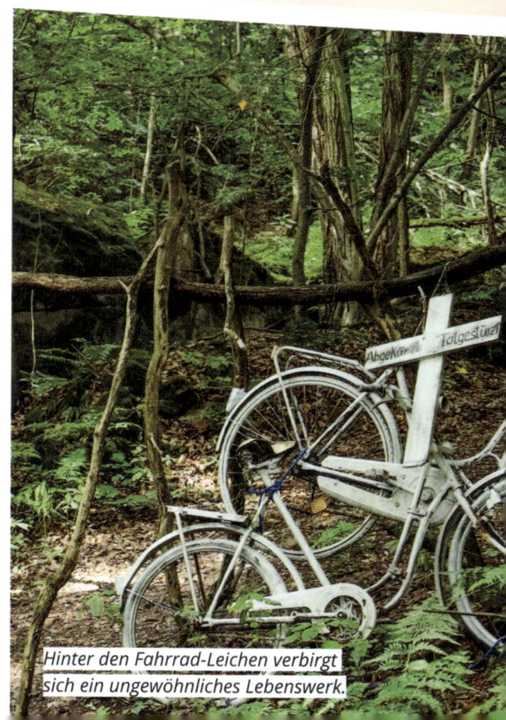

Hinter den Fahrrad-Leichen verbirgt sich ein ungewöhnliches Lebenswerk.

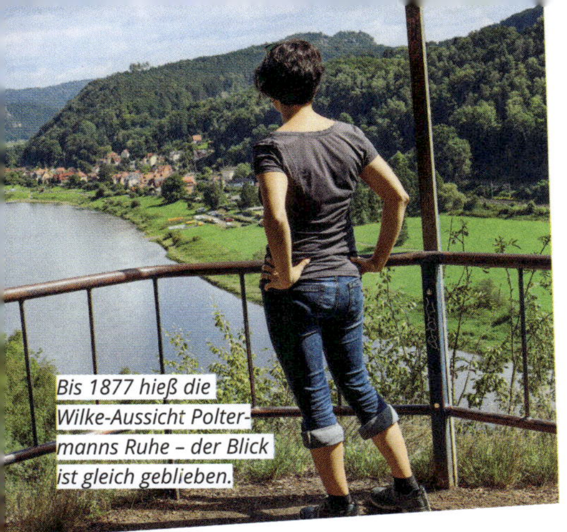

Bis 1877 hieß die Wilke-Aussicht Poltermanns Ruhe – der Blick ist gleich geblieben.

KM 9,4

6

Wilke-Aussicht

Pures Idyll

Nach den vielen traumhaften Blicken auf die Altstadt von Pirna schließt sich die Klammer dieser Wanderung an der Wilke-Aussicht, von deren umzäuntem Plateau sich ein wunderschöner, ja fast schon kitschiger Blick auf Stadt Wehlen eröffnet, das da tief unten verträumt am Elbufer liegt. Während man die perfekte Bildkomposition aus Städtchen im Vordergrund und Sandsteinfelsen im Hintergrund bewundert (die Bastei setzt dem Ganzen ein buchstäbliches i-Tüpfelchen auf), kommt man nicht umhin, sich zu fragen, warum Canaletto damals nicht auch die paar Kilometer nach Wehlen lief, um hier noch einmal seine Staffelei aufzustellen? Es hätte sich gelohnt.

Vom Aussichtspunkt führt ein steiler Abstieg über den Wilke-Bach hinab ans Elbufer. Der Pirnaer Straße nach links folgen bis zum Markt von Stadt Wehlen, von hier nach rechts zum Fähranleger. Der S-Bahnhof liegt am anderen Elbufer; die Fähre dorthin fährt nach Bedarf, etwa alle 15 Minuten. Tickets sind im VVO-Verbund enthalten, d. h. in Tageskarten für die S-Bahn ist das Fährticket inklusive.

EXTRA INFOS:

Im Sommer bietet sich als erfrischender Abschluss der Wanderung ein Bad an. Nicht etwa in der Elbe, sondern im gepflegten ● **Freibad Wehlen,** das nur wenige Gehminuten hinter dem S-Bahnhof am Treidlerweg liegt. Baden mit Bastei-Blick, das hat man nicht alle Tage! (www.wehlen-online.de/freibad)

Es ist möglich, dass die wenigen Hinweistafeln den erwachten Wissensdurst in Bezug auf das Steinbrecherwesen rund um Pirna und Wehlen nicht stillen konnten. Offene Fragen beantwortet Andreas Bartsch, der den Steinbruchpfad seit Anfang der 1990er-Jahre am Leben und instand hält. Er bietet Führungen über das Gelände an und freut sich über Spenden, die gleich neben der Hinweistafel zur ● **Alten Steinsäge** eingeworfen werden können. (www.steinbruchfuehrungen.de)

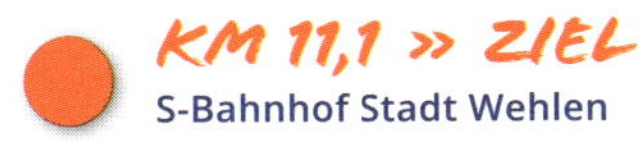

KM 11,1 » ZIEL

S-Bahnhof Stadt Wehlen

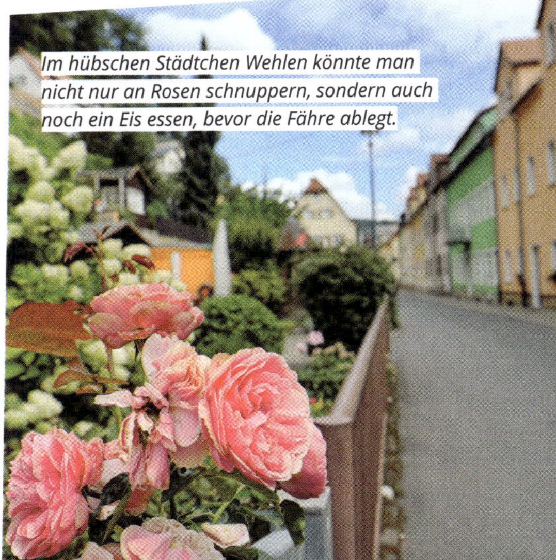

Im hübschen Städtchen Wehlen könnte man nicht nur an Rosen schnuppern, sondern auch noch ein Eis essen, bevor die Fähre ablegt.

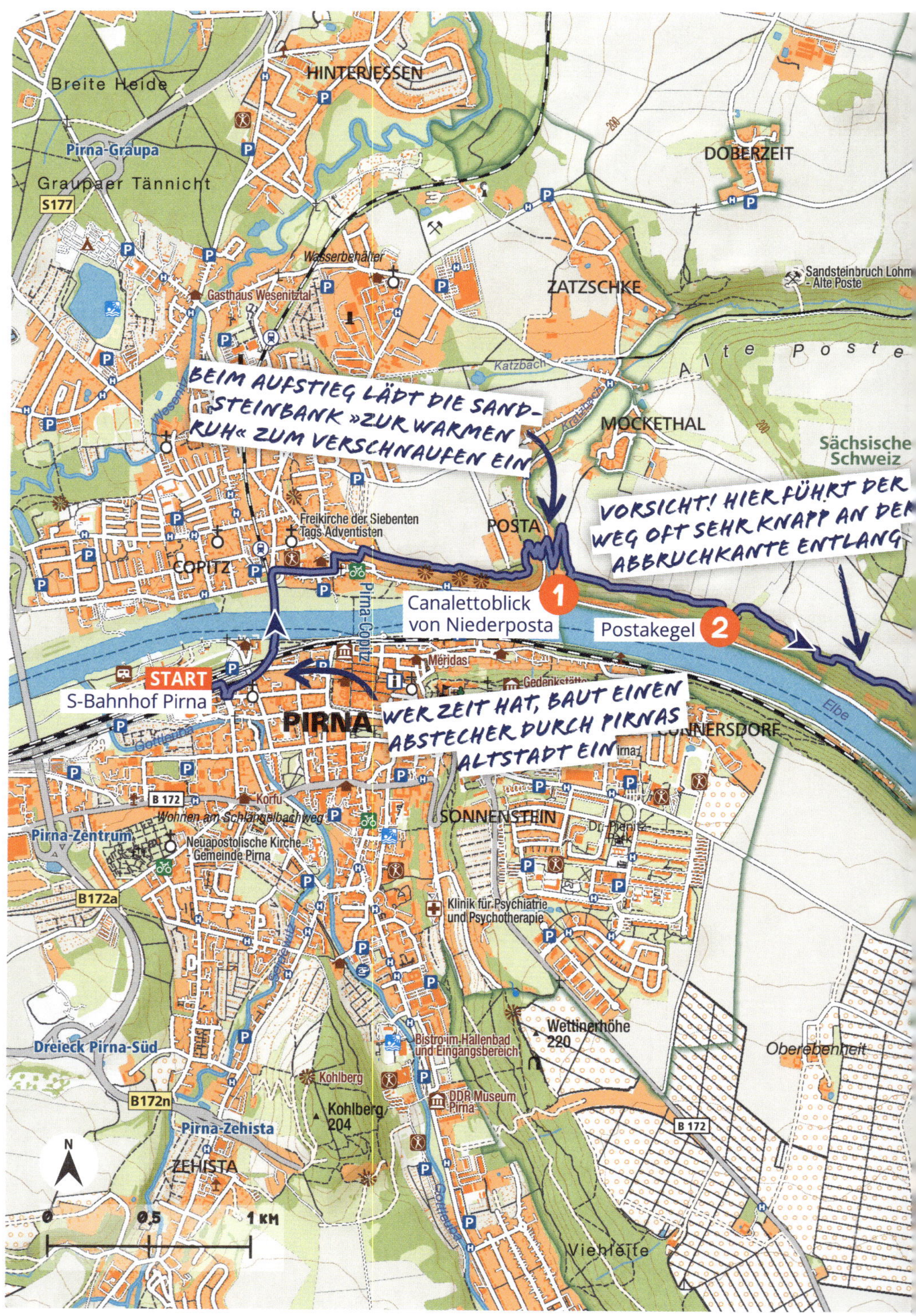

BEIM AUFSTIEG LÄDT DIE SANDSTEINBANK »ZUR WARMEN RUH« ZUM VERSCHNAUFEN EIN
VORSICHT! HIER FÜHRT DER WEG OFT SEHR KNAPP AN DER ABBRUCHKANTE ENTLANG
WER ZEIT HAT, BAUT EINEN ABSTECHER DURCH PIRNAS ALTSTADT EIN
START
S-Bahnhof Pirna
1
Canalettoblick von Niederposta
2
Postakegel
PIRNA
HINTERJESSEN
Breite Heide
Pirna-Graupa
Graupaer Tännicht
S177
Gasthaus Wesenitztal
Wasserbehälter
ZATZSCHKE
DOBERZEIT
Sandsteinbruch Lohmen - Alte Poste
Alte Poste
Katzbach
MOCKETHAL
Sächsische Schweiz
POSTA
Freikirche der Siebenten Tags Adventisten
COPITZ
Pirna-Copitz
Meridas
Gedenkstätte
Elbe
B 172
Korfu
Wohnen am Schlangsbachweg
Pirna-Zentrum
Neuapostolische Kirche Gemeinde Pirna
B172a
SONNENSTEIN
Klinik für Psychiatrie und Psychotherapie
Wettinerhöhe 220
Oberebenheit
Dreieck Pirna-Süd
Bistro im Hallenbad und Eingangsbereich
Kohlberg
Kohlberg 204
DDR Museum Pirna
B172n
Pirna-Zehista
ZEHISTA
B 172
Viehleite
N
0
0,5
1 KM

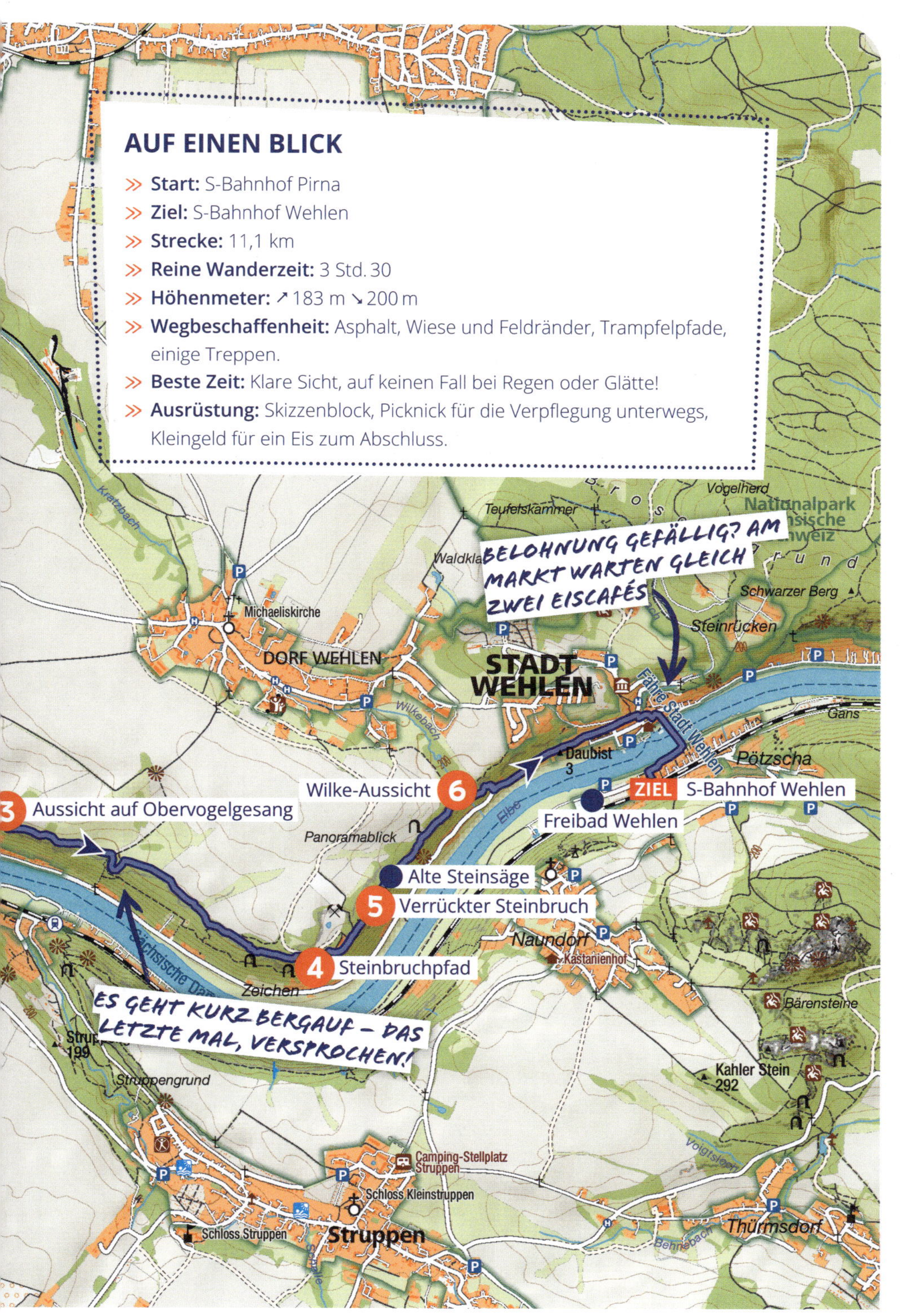

AUF EINEN BLICK

- **Start:** S-Bahnhof Pirna
- **Ziel:** S-Bahnhof Wehlen
- **Strecke:** 11,1 km
- **Reine Wanderzeit:** 3 Std. 30
- **Höhenmeter:** ↗ 183 m ↘ 200 m
- **Wegbeschaffenheit:** Asphalt, Wiese und Feldränder, Trampelpfade, einige Treppen.
- **Beste Zeit:** Klare Sicht, auf keinen Fall bei Regen oder Glätte!
- **Ausrüstung:** Skizzenblock, Picknick für die Verpflegung unterwegs, Kleingeld für ein Eis zum Abschluss.

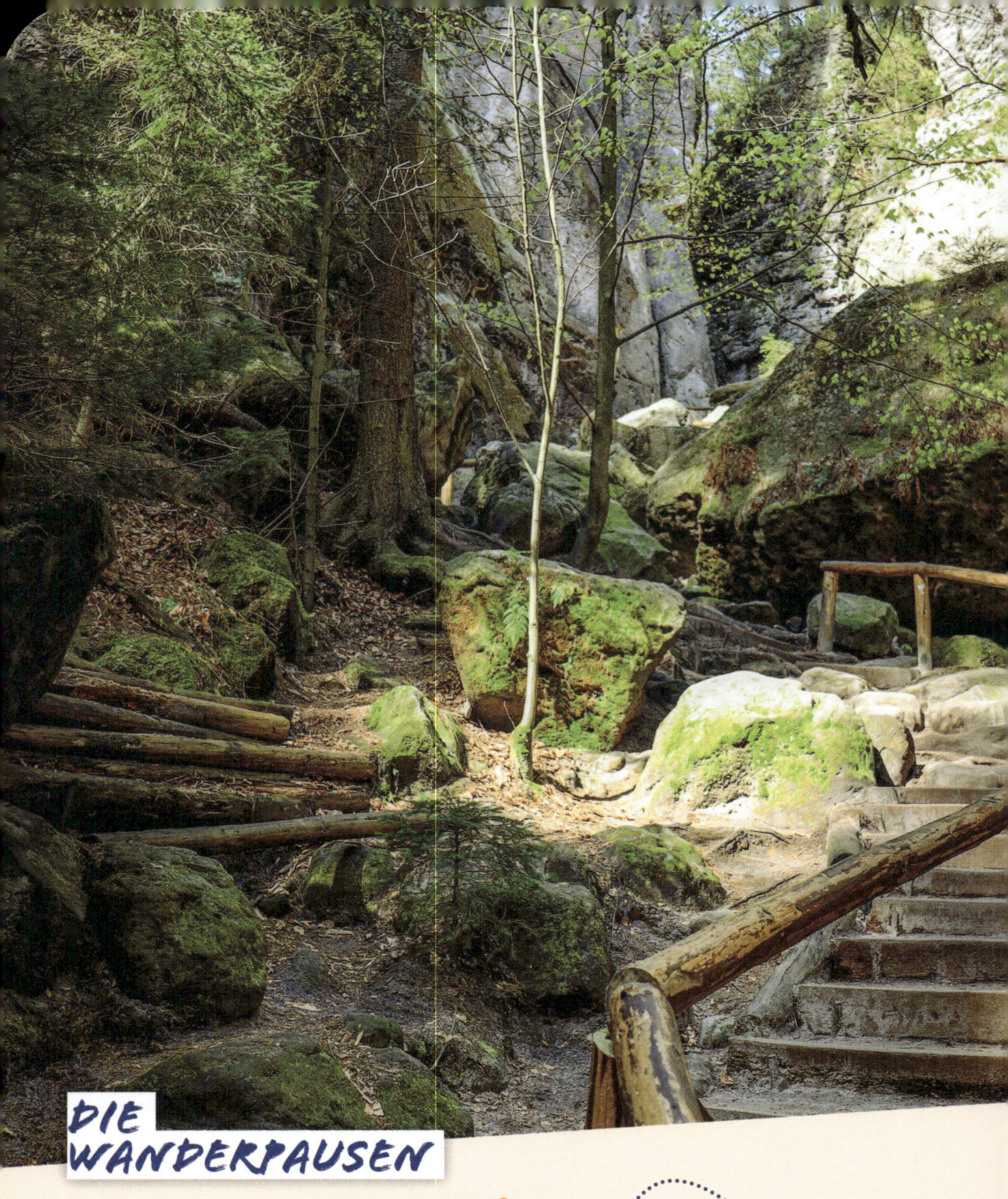

DIE WANDERPAUSEN

» START
S-Bahnhof Kurort Rathen

KM 1,2
1 Amselsee
Kleine Bootstour

KM 2,8
2 Pavillonaussicht
Picknick mit Weitblick

KM 4,1
3 Ferdinandstein
Basteibrücke ablichten

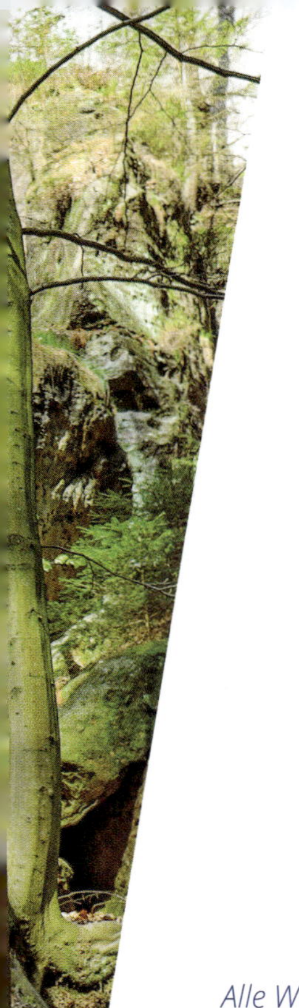

AUF 3 STILLEN PFADEN

Von Rathen nach Wehlen

Alle Welt kommt nach Rathen, um die Basteibrücke zu sehen. Rund ums Jahr treten sich hier Menschen auf die Füße. Aber kaum einer läuft ein Stück weiter – wo die Sächsische Schweiz mit den mystischen Schwedenlöchern und lichten Wäldern über dem Wehlener Elbhang ihre schönsten Seiten zeigt.

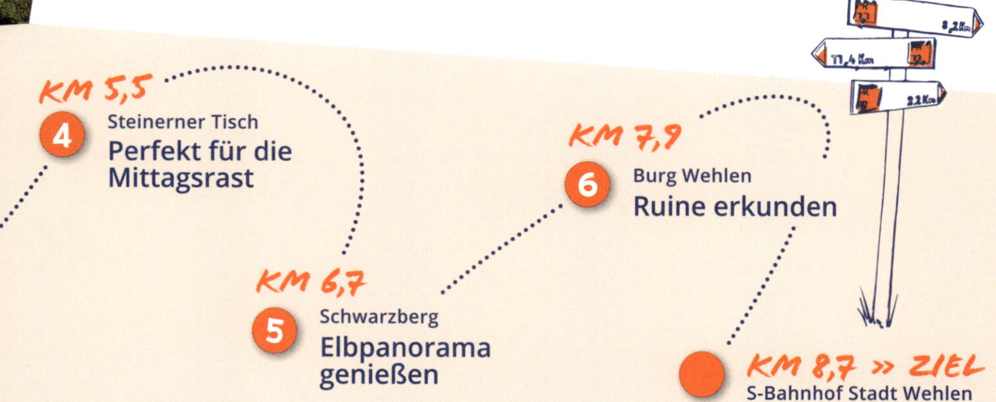

VOM TOURISTENRUMMEL ZUR EINSAMKEIT ...

... sind es nur wenige Meter – selbst in unmittelbarer Nähe der größten Attraktion des Elbsandsteingebirges herrscht in der Felsenwelt von Rathen andachtsvolle Stille.

Je nachdem, wann man sich auf den Weg macht, gleicht diese Tour zu Anfang einer Mutprobe: Bei schönem Wetter schieben sich Tausende entlang der schmalen Straße Am Grünbach, die von Souvenirbuden und Cafés gesäumt ist, durch den Dorfkern von Rathen. Das Gewusel hat jedoch bald ein Ende. Am Abzweig zum Basteiaufstieg lässt man die schnatternden Menschenmassen hinter sich, und schon den Anblick des langgestreckten **Amselsees,** in dessen stillem Wasser sich der 30 Meter hoch aufragende Klettergipfel »Lokomotive« spiegelt, genießt man ganz in Ruhe.

Noch besser wird es, sobald man auf die steilen Treppen abbiegt, die durch die moosig duftende Schlucht der Schwedenlöcher führen – über 700 Stufen sollen es sein, aber wer zählt die schon mit, wenn links und rechts des schmalen Weges so märchenhaft uriger Tann ruft, dass man hinter jedem Felsbrocken das Rotkäppchen oder einen bärtigen Gnom zu erblicken meint? Nicht nur am Abstecher zur **Pavillonaussicht,** sondern praktisch an jeder Windung des Pfades ist ein neues Foto zu schießen, was gleichzeitig dem Verschnaufen dient. Etwas knifflig wird es für alle, die voluminöse Rucksäcke (oder Bäuche) tragen, wenn der Weg durch enge Felsspalten führt, mitunter sogar durch kurze Höhlenpassagen.

INNEHALTEN ZWISCHEN DEN WIE VON RIESEN HINGEWÜRFELTEN SANDSTEINBROCKEN DER SCHWEDENLÖCHER

Ganz unverhofft mündet der Aufstieg auf dem Plateau der Bastei, das zum Highlight-Schnappschuss vom **Ferdinandstein** samt Bad in der Menge einlädt – oder aber zum hastigen Überqueren des Besucherparkplatzes, wo der Fremdenweg durch lichten Buchenwald nach Westen führt. Mit etwas Glück wird man nach der Wegkreuzung am **Steinernen Tisch** keinem Menschen mehr begegnen, während es erst sanft und dann immer steiler bergab durch den Schwarzberggrund Richtung Stadt Wehlen geht. Ausblicke wie den vom **Schwarzberg** auf die Elbe und den Ort genießt man ganz allein, und selbst die letzten Meter am Elbufer entlang und hinauf zur **Burg Wehlen** sind so idyllisch, dass man sich ungläubig die Augen reibt. «

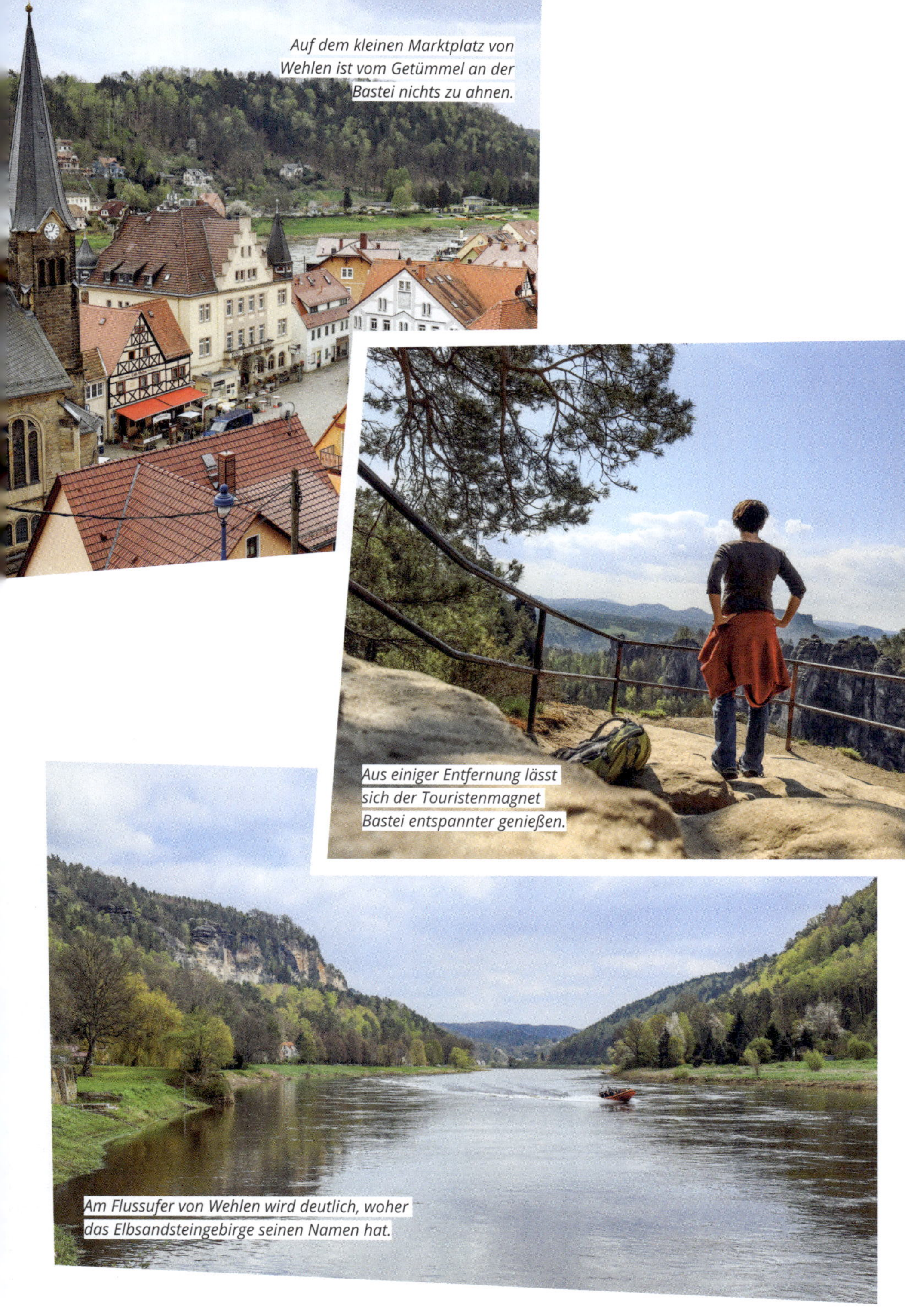

Auf dem kleinen Marktplatz von Wehlen ist vom Getümmel an der Bastei nichts zu ahnen.

Aus einiger Entfernung lässt sich der Touristenmagnet Bastei entspannter genießen.

Am Flussufer von Wehlen wird deutlich, woher das Elbsandsteingebirge seinen Namen hat.

WANDERN & GENIESSEN

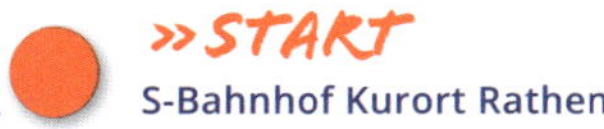

»START

S-Bahnhof Kurort Rathen

Vom S-Bahnhof bringt die historische Gierseilfähre Wandernde auf die rechte Elbseite zum eigentlichen Start: Vom Fähranleger geht es ins Grünbachtal. Der Amselgrund links folgt dem Grünbach vorbei an der Forellenräucherei Leuschke und dem Kassenhäuschen der Felsenbühne Rathen zum Amselsee.

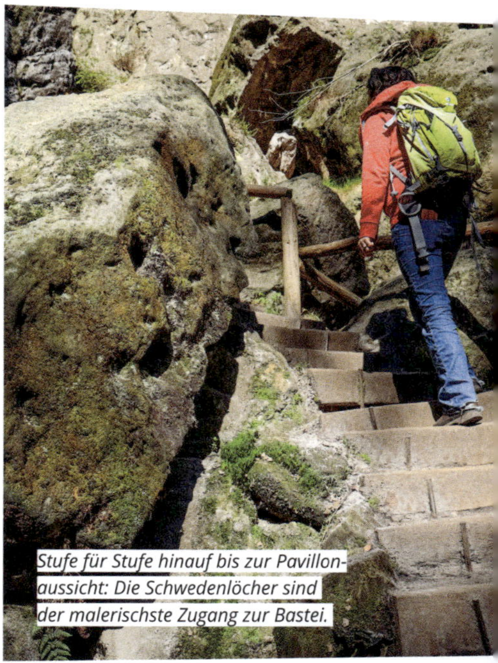

Stufe für Stufe hinauf bis zur Pavillonaussicht: Die Schwedenlöcher sind der malerischste Zugang zur Bastei.

KM 1,2

1 Amselsee

Kleine Bootstour

Der Amselsee bietet eine nette Möglichkeit für einen kleinen Wanderstopp auf dem Wasser. 30 Minuten genügen, um im Ruder- oder Tretboot gemütlich die vollen 500 Meter des schmalen Stausees zu erkunden und die umliegenden Felsen mit klangvollen Namen wie Große Gans, Lokomotive oder Storchennest aus einem anderen Blickwinkel zu betrachten. Wer nicht schippern will, kann den See auch in etwa 30 Minuten zu Fuß umrunden. Der existiert übrigens erst seit 1934, als man hier den Grünbach anstaute, um Forellen zu züchten, die es einige Meter bachabwärts frisch aus dem Räucherofen zu kaufen gibt. (https://kurort-rathen.de/de/amselsee-und-amselfall)

Weiter geht's an der Uferpromenade und am Bachbett des Grünbachs entlang, bis links der Weg zu den Schwedenlöchern abzweigt.

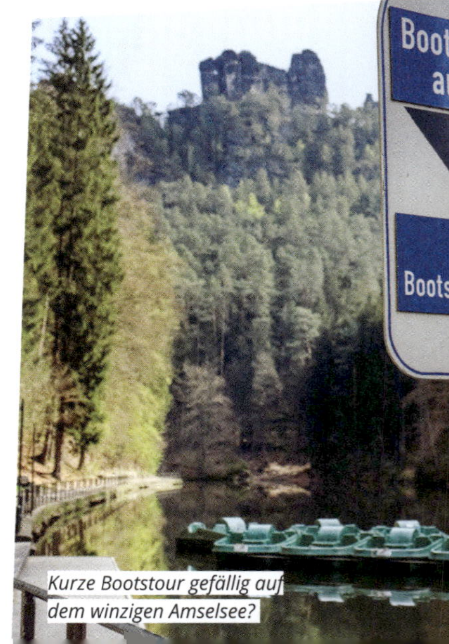

Kurze Bootstour gefällig auf dem winzigen Amselsee?

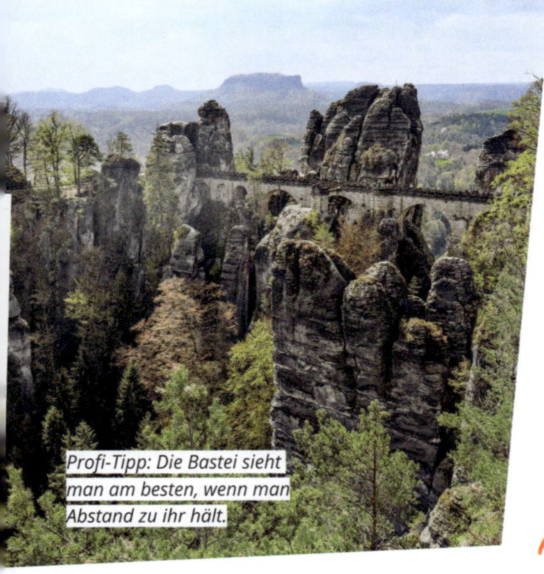

Profi-Tipp: Die Bastei sieht man am besten, wenn man Abstand zu ihr hält.

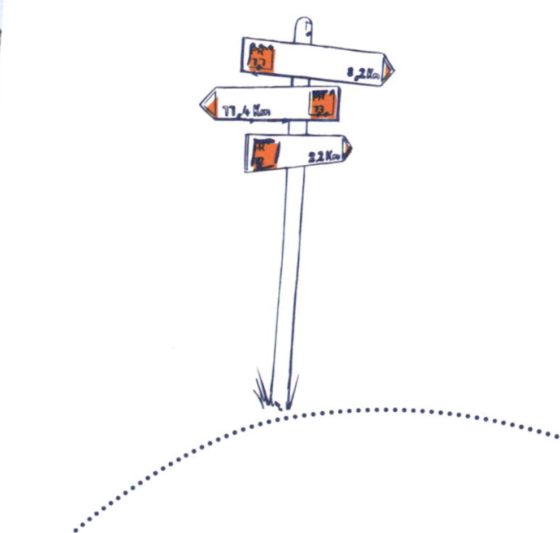

KM 2,8

2 Pavillonaussicht
Picknick mit Weitblick

Nach dem anstrengenden Aufstieg über die 700 Stufen der Schwedenlöcher kommt eine Verschnaufpause ganz recht. Der gut ausgeschilderte Weg zur Pavillonaussicht führt einfach geradeaus weiter und endet an einer Felsnase mit grandiosem Ausblick über den Felsenkessel des Wehlgrunds. Beim Picknick kann man häufig Klettergemeinschaften in den Felswänden beobachten, die markante Figur auf dem einzeln stehenden »Mönch« nahe der Basteibrücke bewundern und am Horizont die gegenüberliegenden Tafelberge Königstein und Lilienstein bewundern. Nur die Bastei selbst bleibt den Blicken verborgen …

Ein Stück auf demselben Weg zurücklaufen und dann nach links, an den nächsten zwei Wegkreuzungen wieder links, bis der ansteigende Geräuschpegel den Bastei-Besucherparkplatz ankündigt. Wer einen Blick auf die frei zugängliche Attraktion werfen will, hält sich immer links vom Hauptweg und vermeidet so das schlimmste Gedränge.

KM 4,1

3 Ferdinandstein
Basteibrücke ablichten

Die sandsteinernen Bögen der Basteibrücke – sie war im 16. Jahrhundert Teil der Festung Neurathen und ist eines der ältesten touristischen Ziele der Region – bieten einen wundervollen Anblick, der aber (logischerweise) am schönsten ist, wenn man nicht direkt draufsteht. Der gegenüber aufragende Ferdinandstein bietet den perfekten Fotospot – einsam ist es hier oben aber ganz sicher nicht. Wer es sich nicht nehmen lassen will, kann sich noch unter die Touristengruppen auf der Brücke selbst mischen und sich nach vorn zur neuen schwebenden Aussichtsplattform schieben, bevor der Abstecher in den Trubel beendet wird. (www.saechsische-schweiz.de/region/highlights/bastei, www.lohmen-sachsen.de/de/tourismus/felsenburg-neurathen.html)

Auf dem Hauptweg zurück zum Besucherparkplatz und dort an der kleinen Souvenirbude nach links in den Wald, wo der Fremdenweg am Hang entlang Richtung Wehlen führt.

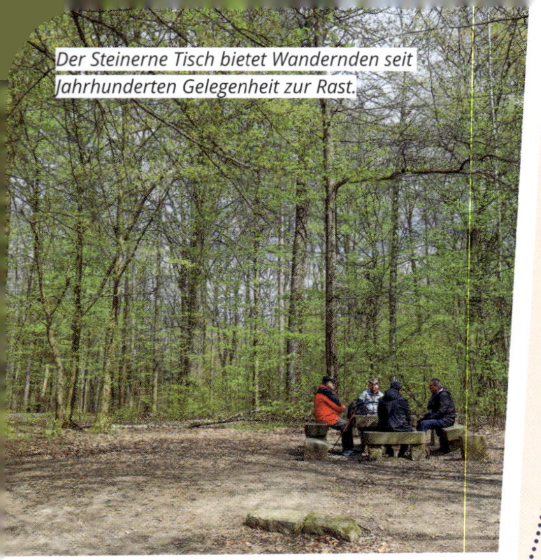

Der Steinerne Tisch bietet Wandernden seit Jahrhunderten Gelegenheit zur Rast.

KM 5,5

4

Steinerner Tisch

Perfekt für die Mittagsrast

Der Steinerne Tisch steht schon seit 1710 auf einer Lichtung an der Wegkreuzung zwischen Rathen, Wehlen und Rathewalde. Damals brauchte Kurfürst August der Starke, der die Grenzen seiner Ländereien abritt, ein standesgemäßes Sitzmöbel zum Rasten – massiver Sandstein war genau richtig für ihn. Die Waldgaststätte neben dem Tisch hat eine fast ebenso lange Tradition wie der Tisch samt Bänken. Seit der Wende kämpft sie tapfer gegen den Verfall und Personalmangel an. (www.steinerner-tisch.info)

Bei der ersten Möglichkeit nach links auf den breiten Waldweg abzweigen, der deutlich bergab durch den lichten Buchenmischwald führt: Auf dem Schwarzbergweg gelangt man ohne weitere Abzweige nach Wehlen.

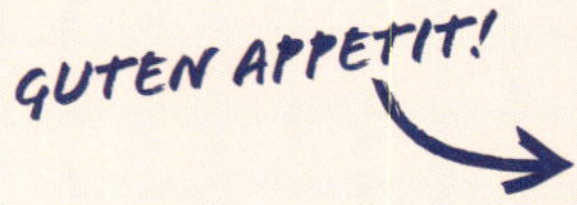

KM 6,7

5

Schwarzberg

Elbpanorama genießen

Unversehens endet der Bergpfad an einer steilen Abbruchkante (mit Geländer), wo sich der dichte Wald für einen Panoramablick auf die Elbe und ihre Ufer öffnet. Fürstlich ist die Aussicht auch deshalb, weil man sie höchstwahrscheinlich ganz allein genießt – schöner sieht es auch von der Bastei herab nicht aus. Die benachbarte Felsenklippe mit Kiefer zum Anlehnen lädt geradezu zum Picknick ein. Dabei lässt man den Blick von der Festung Königstein linker Hand zum Felsmassiv am anderen Elbufer schweifen, wo sich das Dorf Pötzscha an den Fuß der Rauensteine schmiegt. Ganz rechts unten sieht man schon das Ziel der Wanderung: Stadt Wehlen.

Immer weiter geht's bergab auf dem Schwarzbergweg, der noch einige kurze Treppen und Klettereinlagen bereithält und schließlich hinab ans Elbufer nach Wehlen führt.

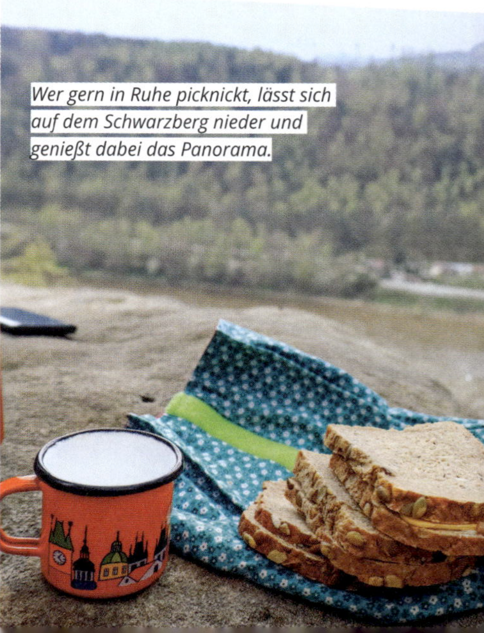

Wer gern in Ruhe picknickt, lässt sich auf dem Schwarzberg nieder und genießt dabei das Panorama.

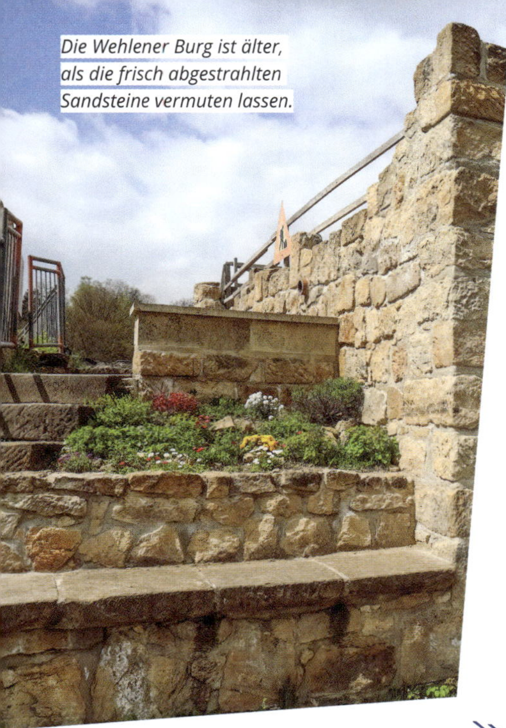

Die Wehlener Burg ist älter, als die frisch abgestrahlten Sandsteine vermuten lassen.

EXTRA INFOS:

Am Elbufer von Wehlen bietet der ● **Imbiss Zur Habe** Gelegenheit für ein Eis auf die Hand oder ein Radler zum Hinsetzen samt herzhafter Kost. Dabei kann man den trutzigen Schutzwall aus schwarzem Sandstein inspizieren, der Wehlen vor (inzwischen seltenem) Eisgang auf der Elbe schützen soll, oder den Malerwegblick in Richtung Rathen genießen. (Tel. 035024/ 709 21)

Mitbringsel gesucht? Oder einfach eine Möglichkeit, sich die ca. 30-minütige Rückfahrt nach Dresden zu versüßen? Am Wehlener Markplatz offeriert die Bonbonmanufaktur ● **Meister Karamellus** Naschwerk in allen Farben. (www.karamellus.de)

KM 7,9

6 **Burg Wehlen**

Ruine erkunden

KM 8,7 » ZIEL

S-Bahnhof Stadt Wehlen

Das hübsche Städtchen Wehlen mit seinen am Elbhang gestapelten Bürgerhäusern lädt zum Bummel durch seine schmalen Gassen ein; gekrönt wird es seit einigen Jahren von der frei zugänglichen, restaurierten Ruine der Burg Wehlen. Das über 800 Jahre alte Gemäuer war seit dem 16. Jahrhundert verfallen und wird seit 2017 von den »Burgfreunden Wehlen« wieder aufgebaut. Der Blick aus 25 Metern Höhe auf den Marktplatz, die Elbe und die umgebenden Sandsteinfelsen ist ein schöner Abschluss für diese aussichtsreiche Wanderung. (www.burg-stadt-wehlen.de)

Auf der Rückseite der Burg läuft man hinunter zum Marktplatz und vorbei an der Radfahrerkirche weiter zum Fähranleger. Am anderen Elbufer wartet die S-Bahn zurück nach Dresden.

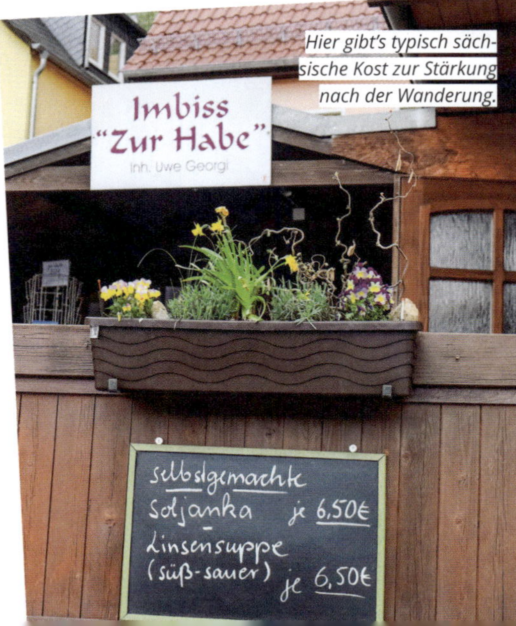

Hier gibt's typisch sächsische Kost zur Stärkung nach der Wanderung.

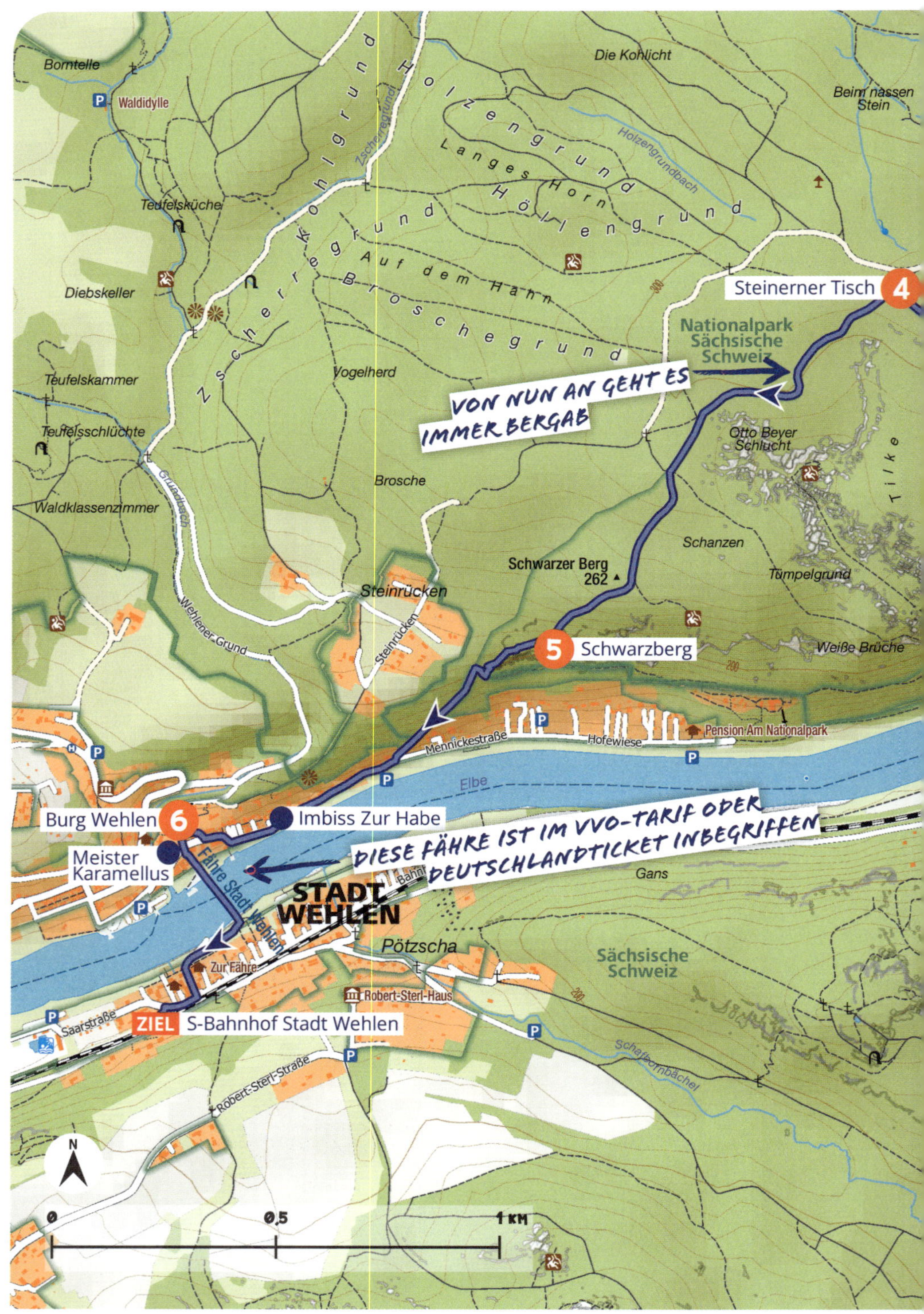
Borntelle
Waldidylle
Teufelsküche
Diebskeller
Teufelskammer
Teufelsschlüchte
Waldklassenzimmer
Die Kohlicht
Beim nassen Stein
Holzengrund
Holzengrundbach
Langes Horn
Höllengrund
Kohlgrund
Zscherregrund
Zscherregrund
Auf dem Hahn
Broschegrund
Vogelherd
Steinerner Tisch
4
Nationalpark Sächsische Schweiz
VON NUN AN GEHT ES IMMER BERGAB
Otto Beyer Schlucht
Tilke
Brosche
Schanzen
Schwarzer Berg 262
Tümpelgrund
Grundbach
Wehlener Grund
Steinrücken
Steinrücken
5
Schwarzberg
Weiße Brüche
Mennickestraße
Hofewiese
Pension Am Nationalpark
Elbe
Burg Wehlen
6
Imbiss Zur Habe
Meister Karamellus
Fähre Stadt Wehlen
DIESE FÄHRE IST IM VVO-TARIF ODER DEUTSCHLANDTICKET INBEGRIFFEN
Bahn
Gans
STADT WEHLEN
Pötzscha
Sächsische Schweiz
Zur Fähre
Robert-Sterl-Haus
Saarstraße
ZIEL
S-Bahnhof Stadt Wehlen
Schafbornbächel
Robert-Sterl-Straße
N
0
0,5
1 KM

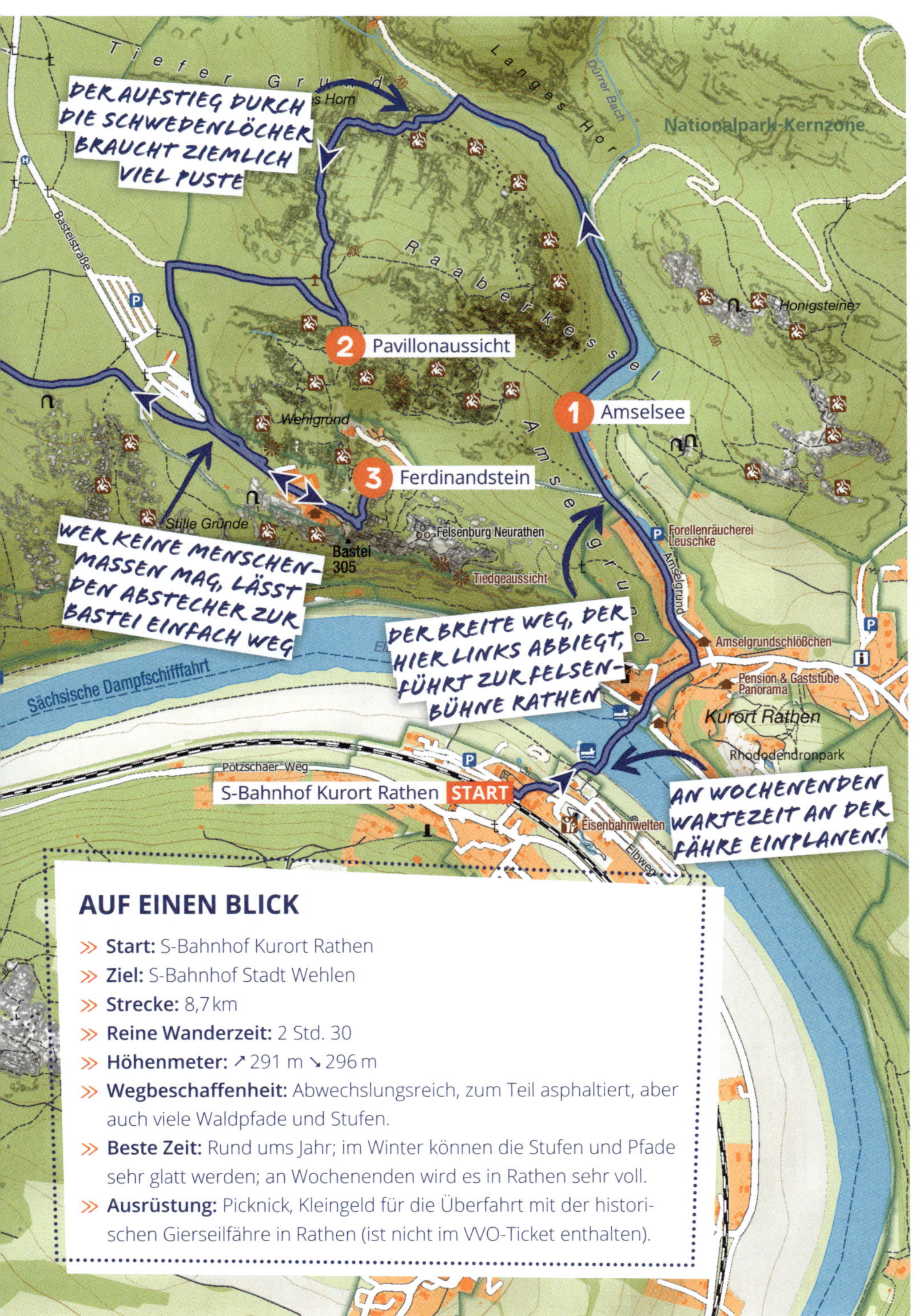

AUF EINEN BLICK

- **Start:** S-Bahnhof Kurort Rathen
- **Ziel:** S-Bahnhof Stadt Wehlen
- **Strecke:** 8,7 km
- **Reine Wanderzeit:** 2 Std. 30
- **Höhenmeter:** ↗ 291 m ↘ 296 m
- **Wegbeschaffenheit:** Abwechslungsreich, zum Teil asphaltiert, aber auch viele Waldpfade und Stufen.
- **Beste Zeit:** Rund ums Jahr; im Winter können die Stufen und Pfade sehr glatt werden; an Wochenenden wird es in Rathen sehr voll.
- **Ausrüstung:** Picknick, Kleingeld für die Überfahrt mit der historischen Gierseilfähre in Rathen (ist nicht im VVO-Ticket enthalten).

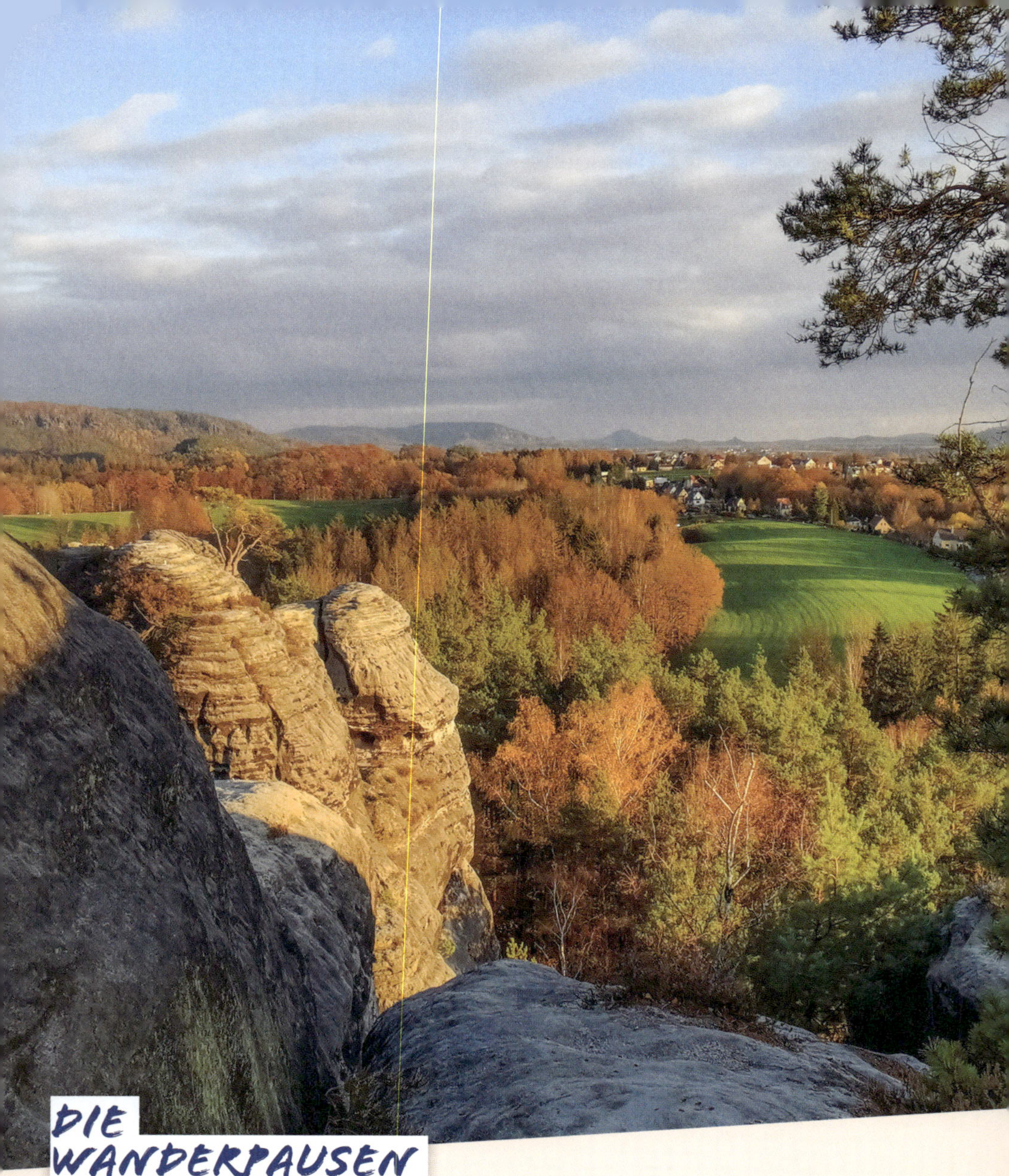

DIE WANDERPAUSEN

» START
S-Bahnhof Kurort Rathen

KM 1
1 Rhododendronpark Rathen
Blütenpracht bewundern

KM 1,2
2 Kleine Bastei
Panorama wie von der Großen

KM 3,2
3 Gamrig & Gamrighöhle
Pause mit Aussicht

RATHENS RUHIGE RÜCKSEITE 4

Über den Gamrig und die Honigsteine

Rathen und die Bastei sind der Touristenmagnet des Elbsandsteingebirges. Dabei warten hier nur wenige Meter abseits der Hauptroute Felsen, die kaum Besuch sehen. Der Gamrig und die Honigsteine sind sozusagen das Pendant zur Bastei – ebenso schön, aber viel ruhiger.

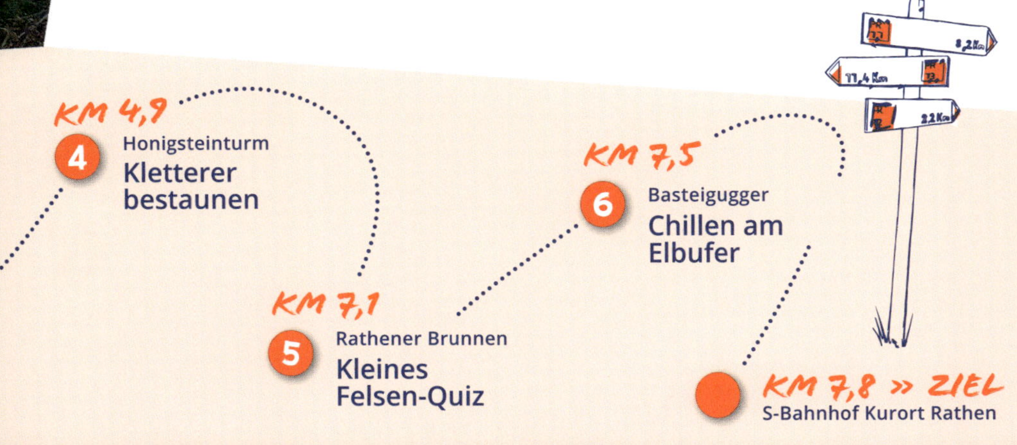

RATHEN HAT VIEL MEHR ZU BIETEN …

… als die Bastei. Eine gar nicht so lange Route, die in einer weiten Runde um den Ort herumführt, verbindet zwei kleine, aber sehr abwechslungsreich geformte Felsstöcke, die eines gemeinsam haben: Sie werden von den meisten Rathener Gästen übersehen. Wer die Menschenmassen scheut oder eine andere Seite des Kurortes erkunden will, entdeckt gleich über den ersten Häusern den **Rhododendronpark** mit der **Kleinen Bastei,** wo der Frühling nicht farbenfroher sein könnte.

Der freistehende **Gamrig**, unter dem sich eine **Höhle** verbirgt, bietet mit seinen 235 Metern und dem freiliegenden, zerklüfteten Plateau nicht nur einen 360-Grad-Blick aufs Elbtal und die umgebenden Tafelberge, sondern auch nette Gelegenheiten zum Erkunden – allerdings nicht für Höhenängstliche, denn die steil aufragenden Felskuppen sind nicht mit Geländern gesichert! Standhafte Birken und knorrige Kiefern krallen ihre Wurzeln entschlossen in den weichen Sandstein, den viele, viele Füße Körnchen für Körnchen zu Sand zermahlen haben – der helle Belag säumt alle Wege und weckt Erinnerungen an Ostsee-Urlaube.

GANZ VOR BIS AN DIE KANTE RUTSCHEN, AUF DEN SONNENGEWÄRMTEN SANDSTEIN LEGEN – UND KÖNIGLICH ÜBER DER WELT THRONEN

Durch lichten Wald voller Blaubeersträucher – Naschen nicht vergessen! – geht es hinüber zum nächsten Felsmassiv: Die **Honigsteine** sind deutlich spektakulärer als der sanfte Gamrig, allerdings auch stärker bewachsen. Dem wahrlich atemraubenden Aufstieg auf steilen Kletterpfaden durch den urwüchsigen Wald der Nationalpark-Kernzone folgt ein ebenso atemberaubender Ausblick: Vom sandigen Felsplateau des Kletterfelsens namens Lamm zeigt sich durch die jungen Bäume die Basteibrücke, getrennt durch den blau schimmernden Amselsee tief unten im Tal des Grünbachs. Umgeben von zahlreichen Kletternden, die sich ohne Sicherung auf die bizarr geformten Gipfel kämpfen – mehr als 150 ragen allein rund um Rathen auf –, ist hier die beste und auch letzte Gelegenheit für ein zünftiges Wanderpicknick, bevor es bergab auf dem Pionierweg zurück nach Rathen geht. Nach einem Abstecher zum hübschen **Rathener Brunnen** setzt man dann mit der Fähre über zum gemütlichen Ausklang am **Basteigugger** auf der anderen Elbseite. «

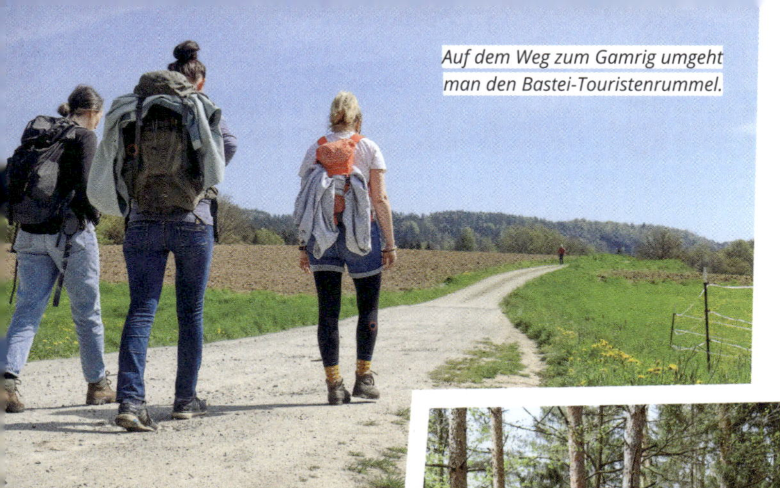

Auf dem Weg zum Gamrig umgeht man den Bastei-Touristenrummel.

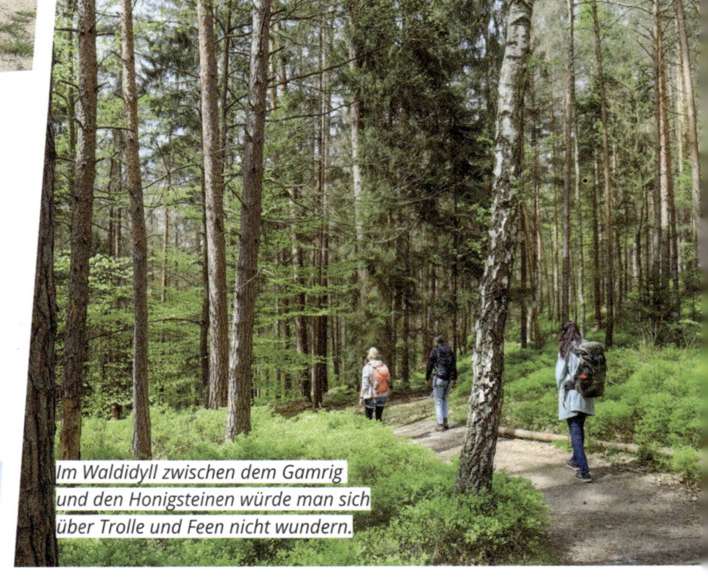

Im Waldidyll zwischen dem Gamrig und den Honigsteinen würde man sich über Trolle und Feen nicht wundern.

Einfacher als am Gamrig bekommt man den Traumblick auf die Rathener Felsenlandschaft nirgends.

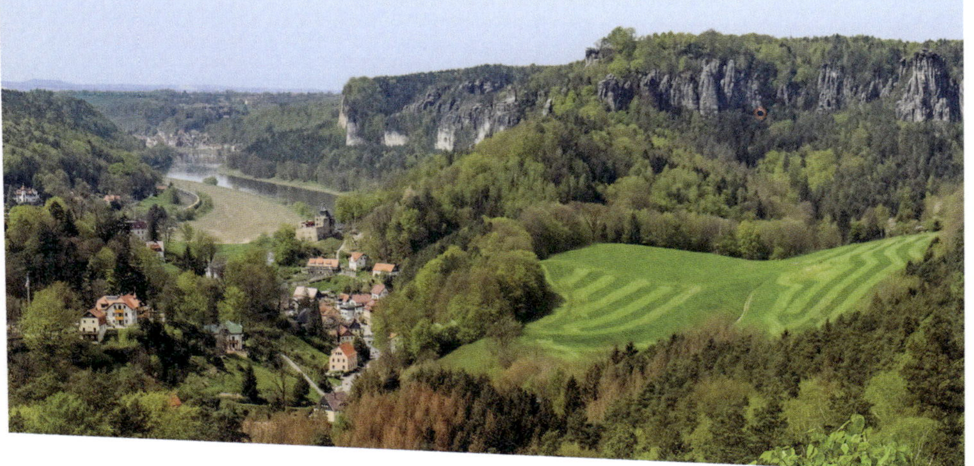

WANDERN & GENIESSEN

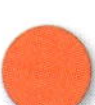

»START

S-Bahnhof Kurort Rathen

Zunächst folgt man dem Elbweg zum Anleger der historischen Gierseilfähre, die beide Ortsteile von Rathen verbindet und Wandernde ans andere Elbufer bringt. Hier verlässt man den Hauptweg gleich nach rechts auf einer Brücke über den Grünbach, überquert einen Parkplatz und läuft dahinter links auf dem Trebenweg bergan. Vorbei an der altehrwürdigen Villa Richter führt ein schmaler Pfad über zwei Serpentinen hinauf zum Rhododendronpark.

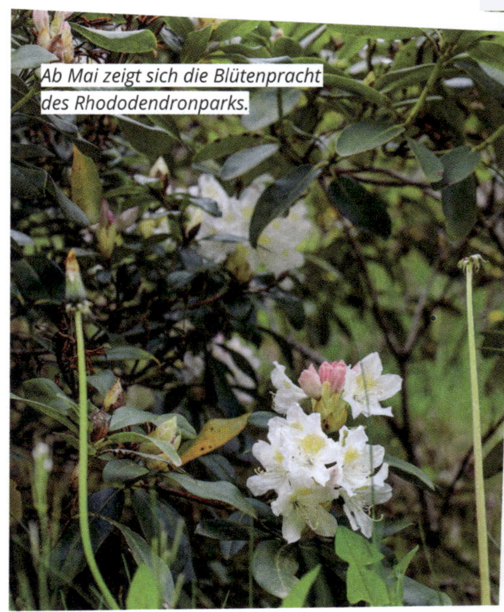

Ab Mai zeigt sich die Blütenpracht des Rhododendronparks.

KM 1

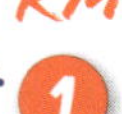

Rhododendronpark Rathen

Blütenpracht bewundern

Am schönsten ist es hier oben im Frühling und Frühsommer, wenn die Rhododendronbüsche mit ihren dunklen Blättern in einem regelrechten Farbenmeer aufflammen. Duftende Pfade und kleine Treppen winden sich über die Anhöhe südlich des Grünbachs, denen man nach Lust und Laune folgen kann – hin und wieder öffnet sich die Aussicht ins Tal und hinüber zu den Felsen des Basteimassivs. Die meisten Blicke gelten aber den mehr als 30 Rhododendron-Arten, Lorbeerrosen und Azaleen, die in den 1920er-Jahren von einem Dresdner Urologen angepflanzt wurden. Sein liebevoll restauriertes, denkmalgeschütztes Fachwerkhaus bietet die höchstgelegenen Ferienwohnungen in Rathen.

Weiter geht's am oberen Ende des Parks auf einem kleinen, ausgeschilderten Pfad, der an der Wetterstation in Richtung Elbe abzweigt.

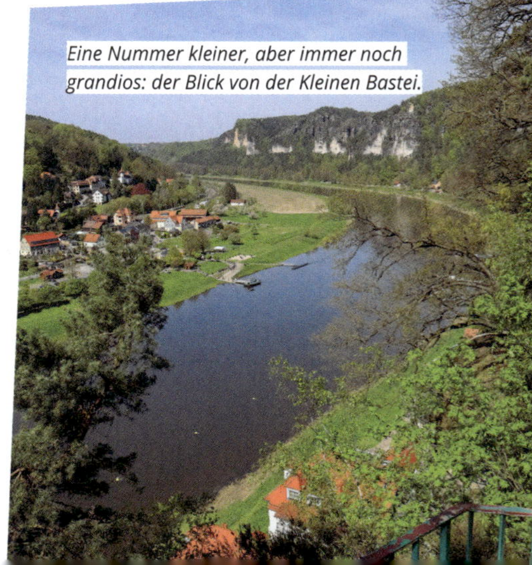

Eine Nummer kleiner, aber immer noch grandios: der Blick von der Kleinen Bastei.

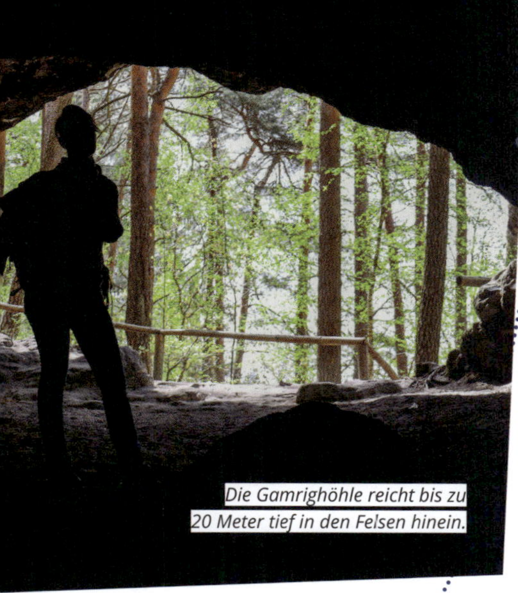
Die Gamrighöhle reicht bis zu 20 Meter tief in den Felsen hinein.

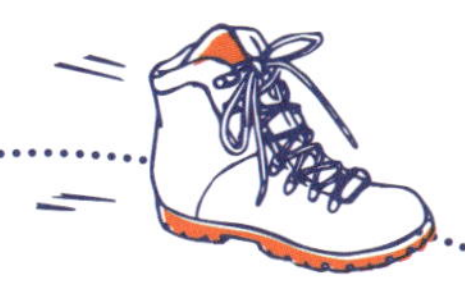

KM 3,2

3

Gamrig & Gamrighöhle

Pause mit Aussicht

Dieser einzeln stehende Tafelberg aus Sandstein lädt mit geringer Höhe zu einem gemütlichen Ausflug abseits der Route ein. Zunächst heißt es aber, an der Rathener Straße nicht den Abzweig zur beeindruckend großen Schichtfugenhöhle unter dem Gamrig verpassen. Über den Gamrigweg gelangt man dann zum einfachen Aufstieg: Einige steile Treppen sind zu bezwingen, schon ist man oben und hat die Wahl, auf welchem der von Felsspalten getrennten Plateaus man die Aussicht genießen möchte – der Blick reicht in alle Richtungen, vom Rathener Elbufer über das Polenztal bis hin zu den Tafelbergen, die sich in die Windungen der Elbe schmiegen.

Auf demselben Weg hinab und rechts auf den Gamrigweg. An den Kreuzungen links halten, am Füllhölzelweg (roter Strich) rechts, nach 120 Metern links in den Knotenweg. 170 Meter weiter den mit schwarzem Dreieck markierten Kletteraufstieg steil links hinauf nehmen. Nach 300 Metern geht es hinter einer Rechtskurve wieder links, weiter bergauf.

KM 1,2

2

Kleine Bastei

Panorama wie von der Großen

Wozu die »richtige« Bastei besichtigen, wo das Gedränge zu fast jeder Tages- und Jahreszeit unerträglich ist, wenn man hier, auf der anderen Seite von Rathen, fast denselben Blick in angenehmer Ruhe genießen kann? Allerdings ist dieser Aussichtpunkt bei weitem nicht der einzige im Elbsandsteingebirge, der den klingenden Namen Kleine Bastei trägt. Aber zumindest ist dies die Kleine Bastei, die dem großen Vorbild am nächsten liegt. Wenn man nicht gerade erst gestartet wäre, ließe es sich hier gut picknicken und verweilen. Sogar eine Bank und mehrere passende Felsen laden zur Pause ein. Anders als die echte Bastei ist dieser Aussichtspunkt allerdings nicht barrierefrei.

Auf dem Pfad bleiben, der zunächst dem Verlauf der Elbe nach Süden folgt und dann bald wieder nach links in den Wald einbiegt, um in einem weiten Bogen um den Ort herumzuführen. Den Schildern Richtung Gamrig folgen.

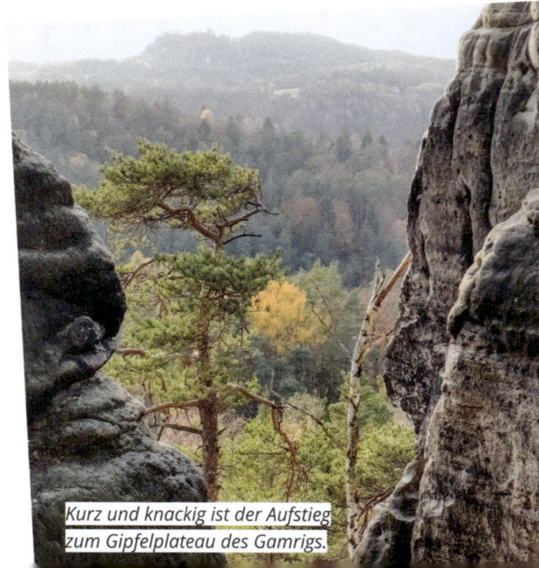
Kurz und knackig ist der Aufstieg zum Gipfelplateau des Gamrigs.

KM 4,9

4 Honigsteinturm

Kletterer bestaunen

Die Honigsteine im Schatten des Basteimassivs sind bei sächsischen Kletterfans weidlich bekannt, immerhin warten hier über 80 Routen an den Felsen. Es braucht aber weder Seil noch Sicherung, nur ein wenig Puste und den Mut, die bekannten Wanderwege zu verlassen – so gelangen auch Normalwandernde schnell zu den hoch aufragenden Felsen mit klangvollen Namen wie Lokomotive, Bienenkorb oder Storchennest. Steile, als Kletterzugang markierte Pfade und Treppen führen längs über das Honigsteinmassiv und wieder hinab auf den Pionierweg – wer sich das Kraxeln nicht zutraut, bleibt im Tal auf dem Knotenweg, der durch den dichten Märchenwald der Nationalpark-Kernzone führt.

Nach einem Abstecher zum Ausguck vom Lamm geht es steil hinab ins Tal und auf dem Pionierweg nach links zum Amselgrund. Von hier folgt man links der Amselseepromenade und dem Grünbach zurück nach Rathen.

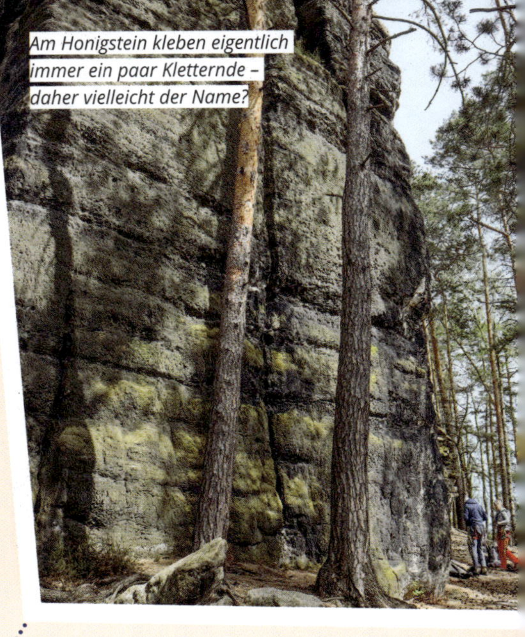

Am Honigstein kleben eigentlich immer ein paar Kletternde – daher vielleicht der Name?

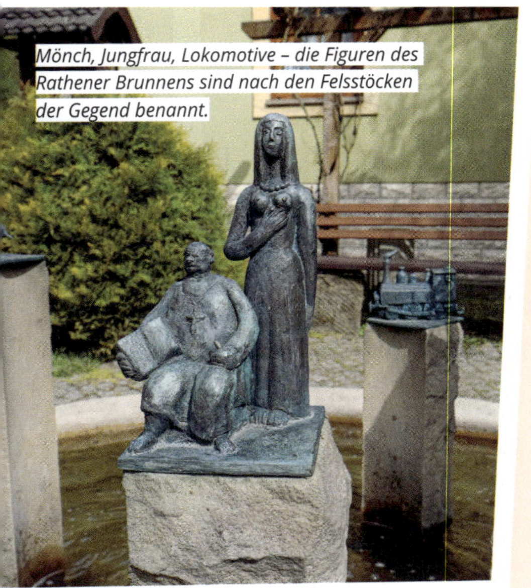

Mönch, Jungfrau, Lokomotive – die Figuren des Rathener Brunnens sind nach den Felsstöcken der Gegend benannt.

KM 7,1

5 Rathener Brunnen

Kleines Felsen-Quiz

Der Amselgrund wird in Rathen gesäumt von zahlreichen Imbiss- und Souvenirbuden – mit der Ruhe ist es hier also vorbei, wenn man nicht deutlich nach 16 Uhr ins Tal zurückkehrt. Die heiß gelaufenen Füße kühlt man am besten auf einem Abstecher nach links am Brunnen, dessen Name Rathener Felsenwelt schon die Frage beantwortet, was es mit den Figuren rund um die kleine Fontäne auf sich hat. Wer aufmerksam auf die Wanderkarte geschaut hat, der erkennt den Türkenkopf, die Lokomotive, das Lamm und die anderen Gipfel des Honigsteinmassivs wieder, die gerade hinter einem liegen.

Am Grünbach entlang sanft bergab, bis der Fähranleger erreicht ist. Hier wartet hoffentlich schon die Fähre, die Wandernde zurück zum S-Bahnhof oder zum Parkplatz bringt.

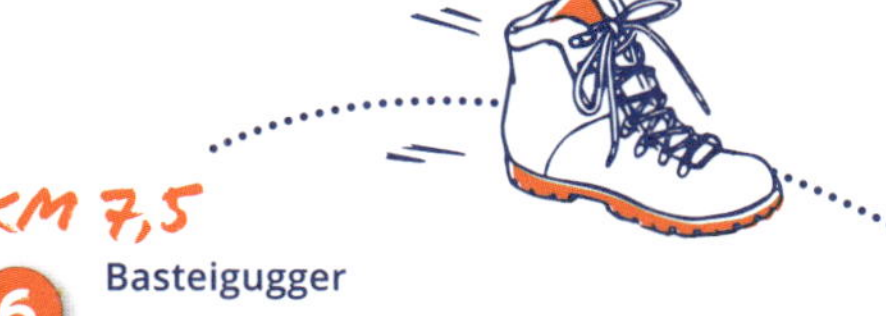

KM 7,5

6 Basteigugger
Chillen am Elbufer

Dass die S-Bahn zurück nach Dresden nur alle 30 Minuten fährt, stört überhaupt nicht – immerhin wartet am Elbufer gegenüber der Bastei eine herrliche Sicht auf eben diese Felsenfestung, die auf einer 190 Meter hohen Klippe thront. Neben Spielplatz, Radfahrer-Station und Fitnesspfad hält die Gemeindeverwaltung ein besonderes Schmankerl parat: In Flussnähe laden mehrere bequeme Sitz-/Liegebänke zum gemütlichen Guggen ein. Da verpasst man direkt noch eine weitere S-Bahn, während man ein Eis schleckt.

Den Fährweg bergauf und nach rechts auf den Elbweg, wo nach 200 Metern der S-Bahnhof erreicht ist.

EXTRA INFOS:

Bleib doch einfach hier: Das ● **Ferienhaus Kleine Bastei** liegt direkt im Rhododendronpark Rathen und bietet von den Terrassen der vier Apartments Traumblicke auf die Felsenwelt. (www.kleine-bastei.de)

Gut zu wissen: Rathen bzw. das Felsengebiet rund um die Bastei liegt innerhalb der Kernzone des **Nationalparks Sächsische Schweiz.** Das heißt: Hier darf man nur auf markierten Wegen laufen! Der Aufstieg zum Honigstein ist als Kletterzugang markiert (schwarzer Pfeil auf weißem Grund) und fällt damit ganz knapp unter diese Regel, auch wenn man nicht-kletternd unterwegs ist. Eine weitere Regel, die eigentlich selbstverständlich sein sollte: Müll wird grundsätzlich mitgenommen, wozu auch Bananenschalen und Taschentücher gehören!

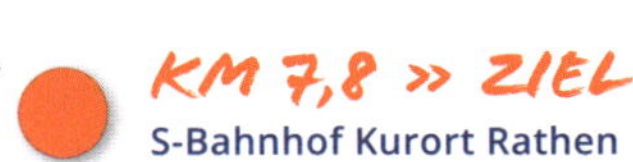

KM 7,8 » ZIEL

S-Bahnhof Kurort Rathen

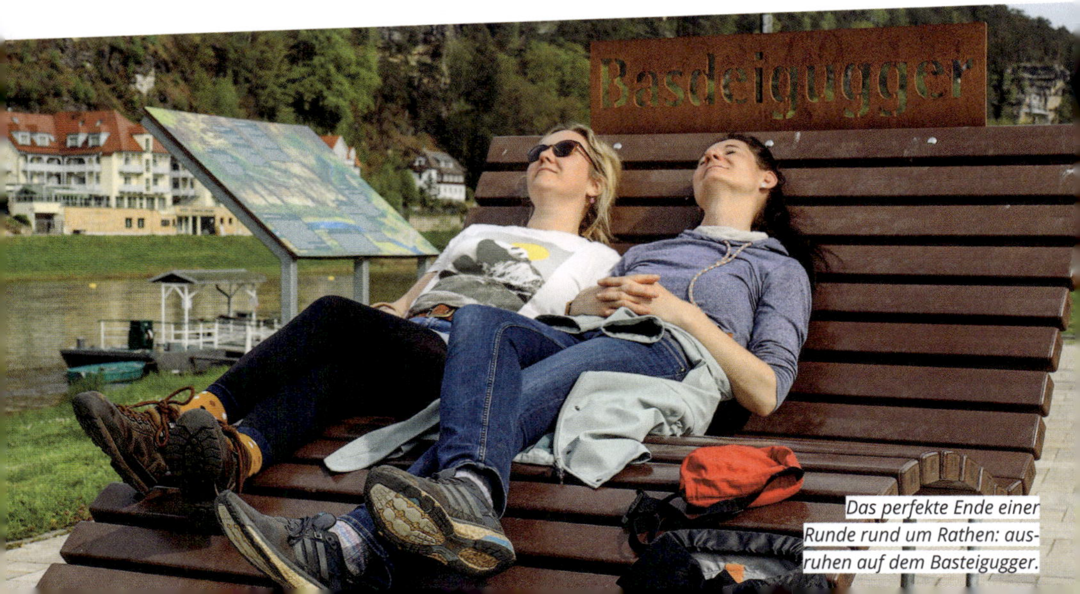

Das perfekte Ende einer Runde rund um Rathen: ausruhen auf dem Basteigugger.

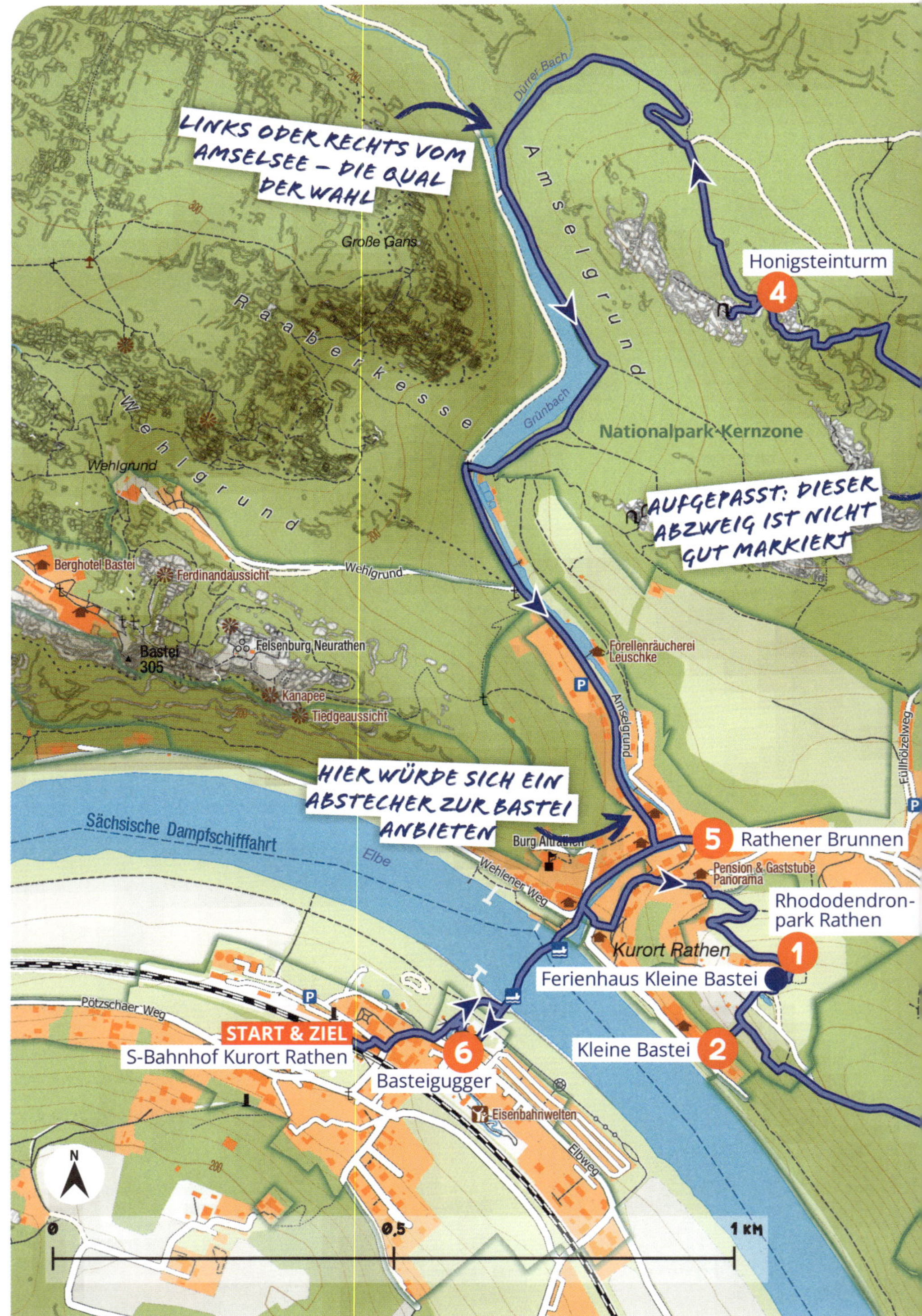
LINKS ODER RECHTS VOM AMSELSEE – DIE QUAL DER WAHL
Dürrer Bach
Amselgrund
Große Gans
Raaberkessel
Honigsteinturm
4
Wehlgrund
Grünbach
Nationalpark-Kernzone
AUFGEPASST: DIESER ABZWEIG IST NICHT GUT MARKIERT
Berghotel Bastei
Ferdinandaussicht
Wehlgrund
Bastei
305
Felsenburg Neurathen
Forellenräucherei Leuschke
Kanapee
Tiedgeaussicht
Amselgrund
Füllhölzelweg
HIER WÜRDE SICH EIN ABSTECHER ZUR BASTEI ANBIETEN
Sächsische Dampfschifffahrt
Elbe
Burg Altrathen
5
Rathener Brunnen
Wehlener Weg
Pension & Gaststube Panorama
Rhododendronpark Rathen
Kurort Rathen
1
Ferienhaus Kleine Bastei
Pötzschaer Weg
START & ZIEL
S-Bahnhof Kurort Rathen
6
Basteigugger
Kleine Bastei
2
Eisenbahnwelten
Elbweg
N
0
0,5
1 KM

AUF EINEN BLICK

- » **Start/Ziel:** S-Bahnhof Kurort Rathen
- » **Strecke:** 7,8 km (Rundtour)
- » **Reine Wanderzeit:** 2 Std. 30
- » **Höhenmeter:** ↗ 244 m ↘ 244 m
- » **Wegbeschaffenheit:** Breite und schmale Waldwege, einige sehr steile Abschnitte und kurze Treppen, Felsen.
- » **Beste Zeit:** Frühling und Frühsommer zur Rhododendronblüte.
- » **Ausrüstung:** Picknick (keine Einkehrmöglichkeit unterwegs); Fernglas für den Basteiblick.

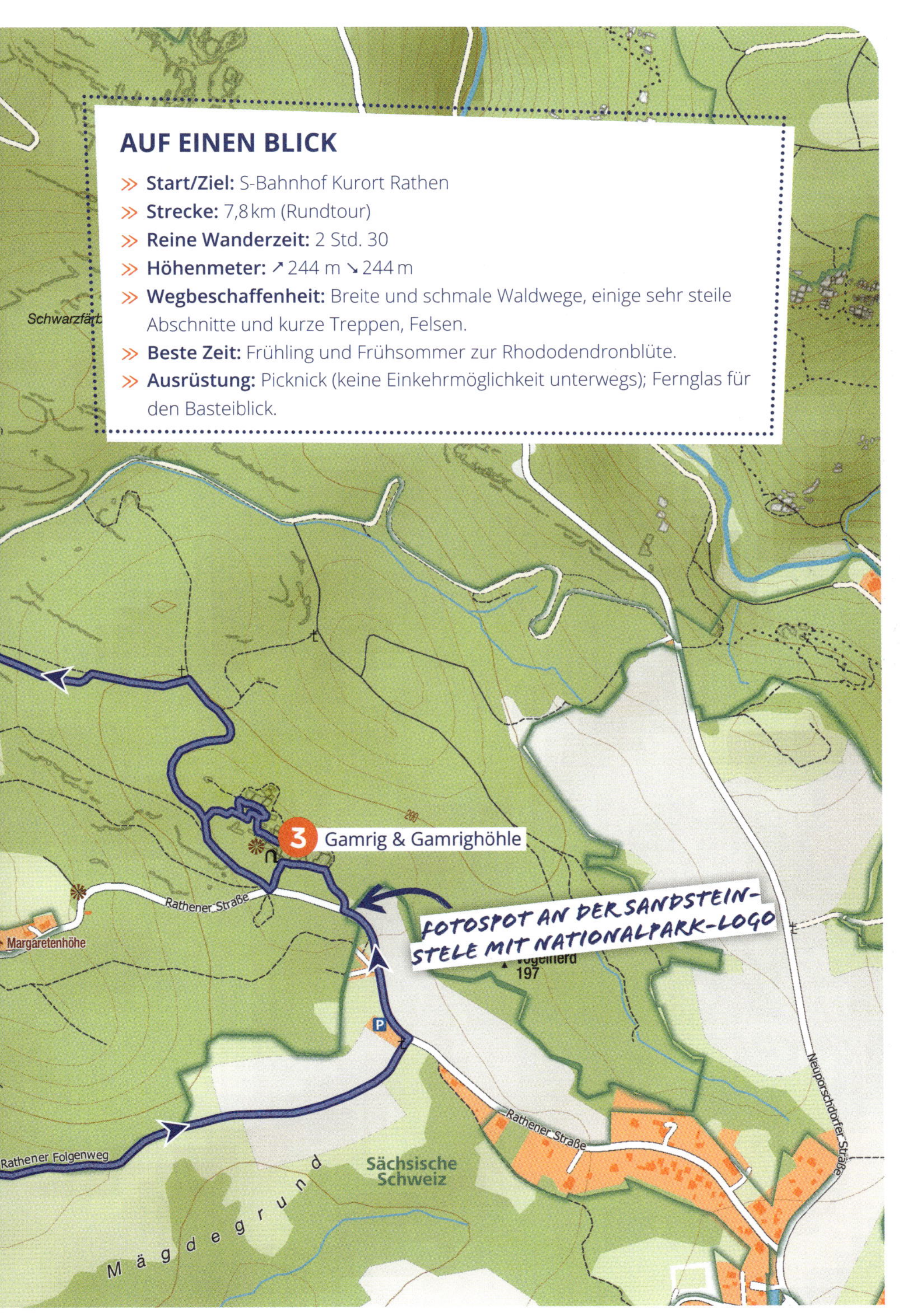

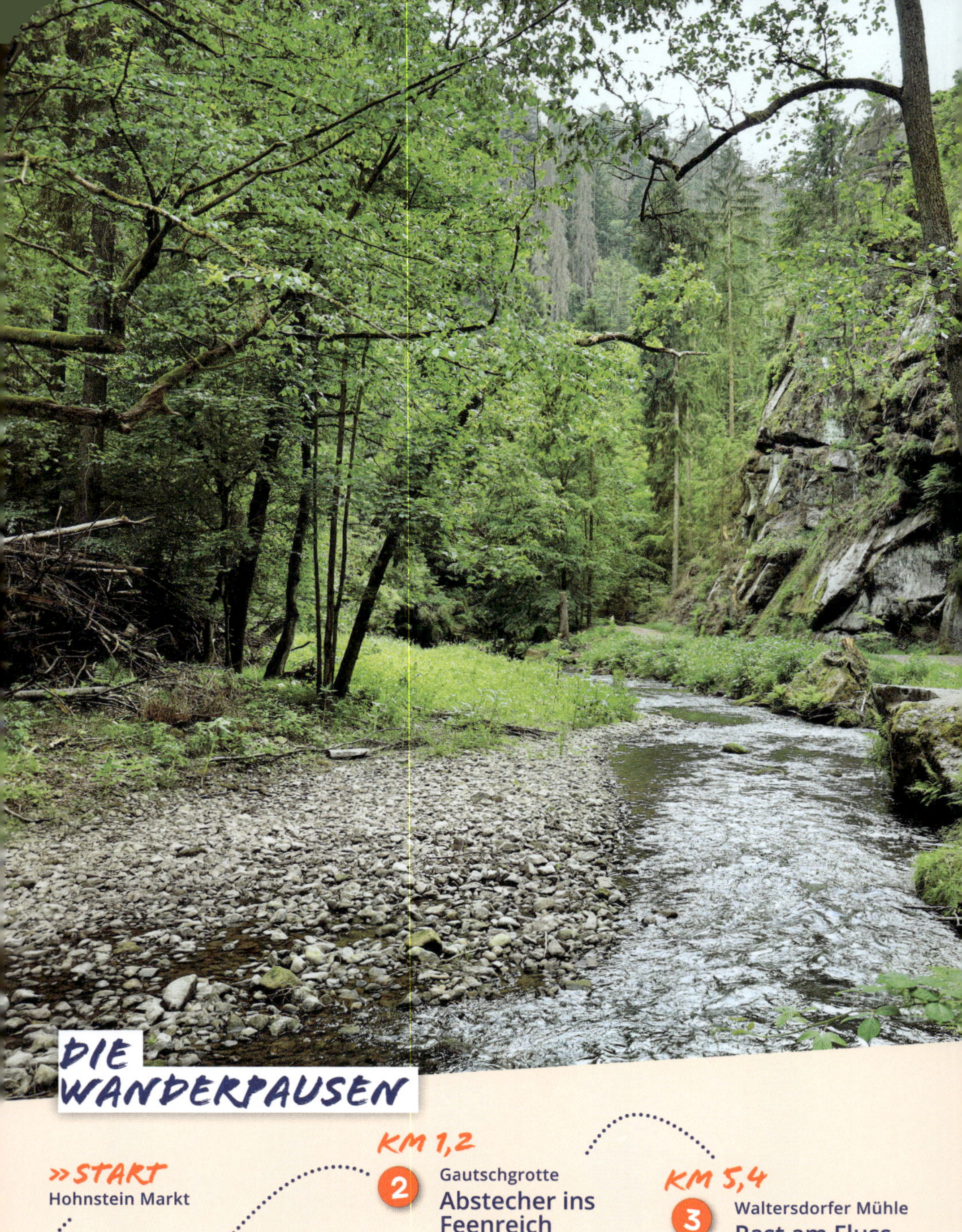

DIE WANDERPAUSEN

» START
Hohnstein Markt

KM 0
1 Cosis Ladenbistro
Proviant auffüllen

KM 1,2
2 Gautschgrotte
Abstecher ins Feenreich

KM 5,4
3 Waltersdorfer Mühle
Rast am Fluss

5

DURCH HÖHLEN & TÄLER

Von Hohnstein durch das Polenztal

Ob im heißen Sommer, im frostigen Winter oder im Frühjahr, wenn Abertausende Märzenbecher ihre weißen Glöckchen erklingen lassen: Das Polenztal südlich von Hohnstein ist ein zauberhafter Ort in der Sächsischen Schweiz.

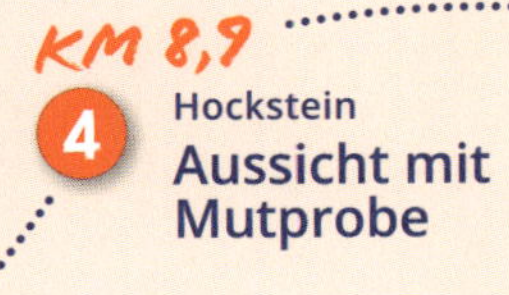

KM 8,9

4 Hockstein
Aussicht mit Mutprobe

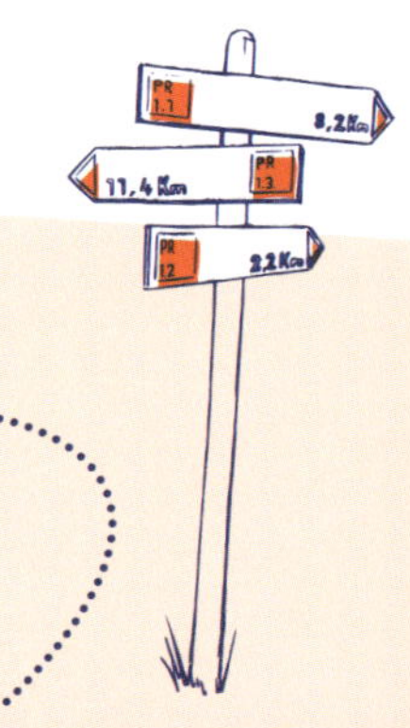

KM 10,8

5 Burg Hohnstein
Geschichtsstunde zum Abschluss

KM 10,9 » ZIEL
Hohnstein Markt

NUR ETWA 30 KILOMETER LANG IST DIE POLENZ, …

… die bei Hohnstein auf das Territorium der Sächsischen Schweiz eintritt und nicht weit entfernt bei Porschdorf in den Lachsbach mündet. Südlich von Hohnstein hat sich der Fluss so tief in den weichen Sandstein gegraben, dass er in einem regelrechten Canyon mit senkrecht aufragenden Wänden dahinfließt; weiter östlich und westlich mäandert er dagegen über breite Flussauen und wird von Wiesen gesäumt, die im Frühjahr Schauplatz einer aufsehenerregenden Märzenbecher-Blüte werden. Zu dieser Zeit herrscht an den Ufern der Polenz ein reges Begängnis und die Wanderparkplätze sind voller begeisterter Frühblüherfans. Im Rest des Jahres ist es eher ruhig – perfekt für eine gemütliche Wanderung.

Die abwechslungsreiche Runde startet im historischen Hohnstein mit uralter Burg, verwinkelten Gassen und windschiefem Marktplatz samt **Cosis Ladenbistro** und führt zunächst in einem kleinen Abstecher zur **Gautschgrotte** und dann am oberen Rand des Brandgebiets entlang, das als Abbruchkante der granitenen Lausitzer Verschiebung sozusagen den Rand der Sächsischen Schweiz bildet. Oben wächst – neben und über faszinierend geformten Felsüberhängen – der märchenhaft dichte (wenn auch derzeit dank Borkenkäfer und Trockenheit etwas zerrupfte) Wald, weit unten an der **Waltersdorfer Mühle** windet sich die Polenz zwischen dem Brandgebiet zur Rechten und dem Ziegenrücken zur Linken und mäandert dabei von einer Picknickgelegenheit zur nächsten. Erfrischende Fußbäder sollten hier im Sommer unbedingt mehrfach eingelegt werden. Wer viel Glück hat, sieht im Wasser Forellen und wieder angesiedelte Lachse oder erblickt sogar einen Eisvogel oder einen Fischotter.

AUF DAS MURMELNDE WASSER SCHAUEN, DIE GEDANKEN TREIBEN LASSEN – DA FLITZT EINE FORELLE!

Die thematische Klammer der Runde setzt der südlich von Hohnstein aufragende **Hockstein,** der sich auf einer Felsenklippe 115 atemberaubende Meter hoch über dem Polenztal erhebt – wer braucht da noch eine Drohne?! Den Gipfel erreicht man über eine Steinbrücke, die bereits 1821 errichtet wurde, und das offenbar einzig zu dem Zweck, den Besuch dieser schönen Aussicht zu ermöglichen. Der Komponist Carl Maria von Weber gehörte sicherlich zu denjenigen, die staunenden Auges durch die Wolfsschlucht am Hockstein stiegen: Die Idee zu seiner Oper vom »Freischütz« soll ihm hier gekommen sein (und wird passenderweise auf der Felsenbühne im nahegelegenen Rathen regelmäßig aufgeführt). Zurück in **Hohnstein** steht abschließend noch der Besuch der **Burg** auf dem Programm. «

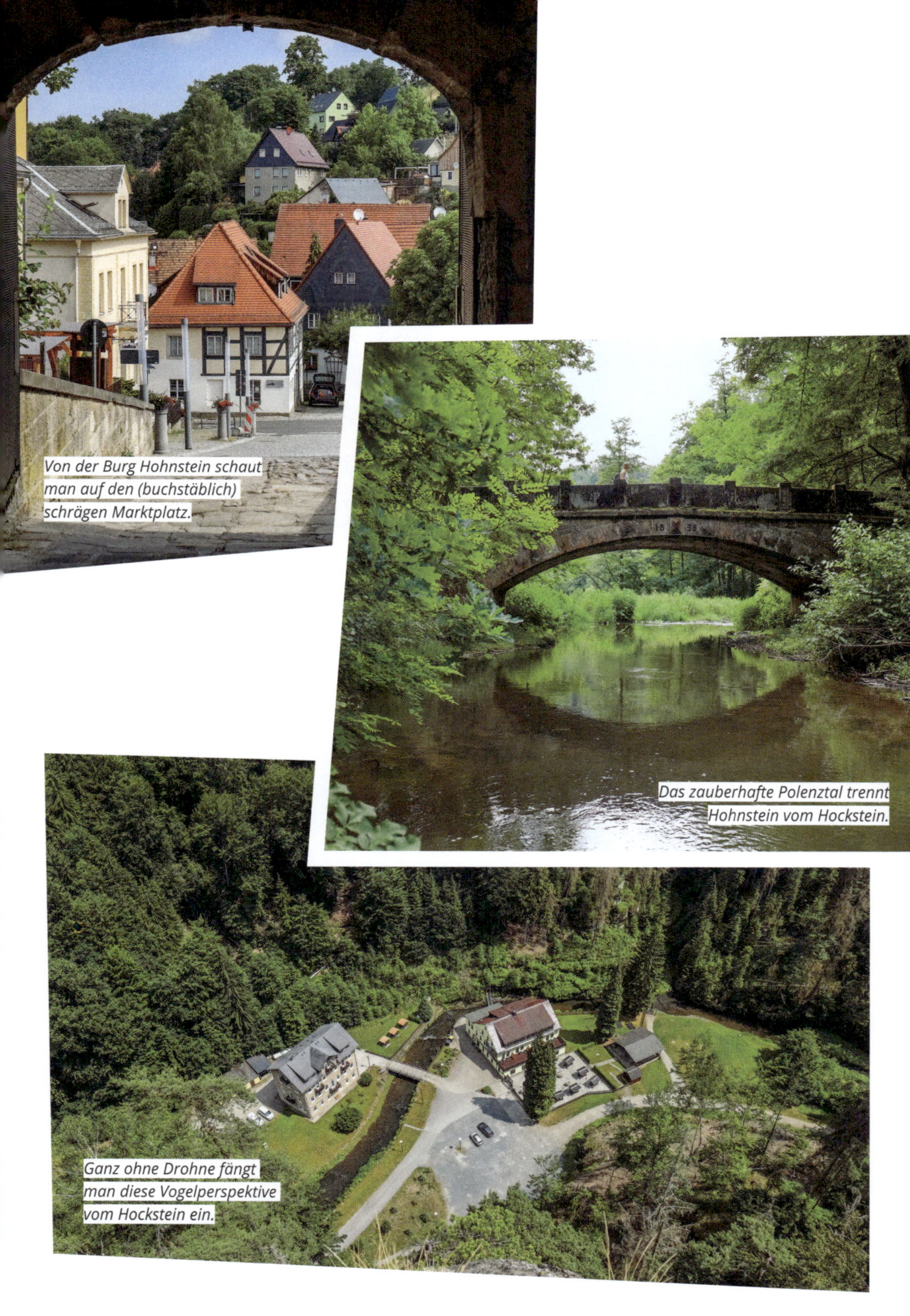

Von der Burg Hohnstein schaut man auf den (buchstäblich) schrägen Marktplatz.

Das zauberhafte Polenztal trennt Hohnstein vom Hockstein.

Ganz ohne Drohne fängt man diese Vogelperspektive vom Hockstein ein.

WANDERN & GENIESSEN

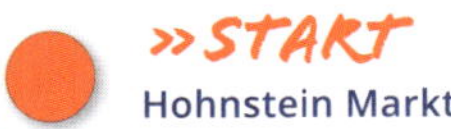

Hohnstein Markt

Auf dem Markt treffen sich Busreisende (Linie 237), die einige Meter vorher an der Stadtkirche ausgestiegen sind, und Autoreisende, die am besten auf dem großen Besucherparkplatz unterhalb der Hohnsteiner Burg parken; auf dem Markt selbst gibt es nur wenige Stellplätze. Die Besichtigung der Burg legt man besser aufs Ende der Wanderung.

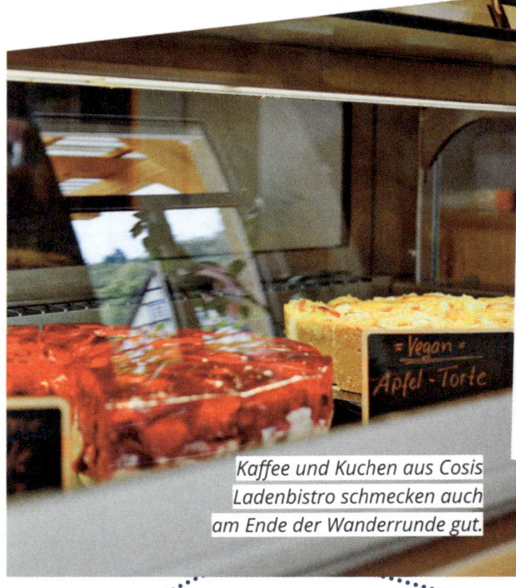

Kaffee und Kuchen aus Cosis Ladenbistro schmecken auch am Ende der Wanderrunde gut.

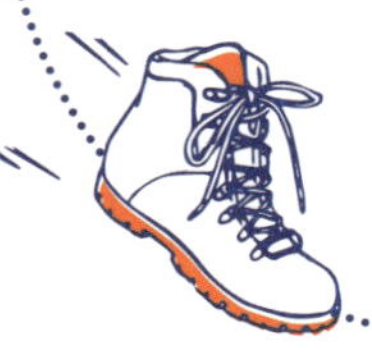

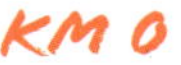

Cosis Ladenbistro

Proviant auffüllen

Im kleinen, am sehr hübschen Marktplatz gelegenen Geschäft von Frau Harnisch erhält man nicht nur Getränke und Proviant zum Mitnehmen auf die Wanderung, sondern auch ein Eis auf die Hand oder ein köstliches Stück Torte – das man sich vielleicht ebenfalls besser als Belohnung aufspart. Wenn nachmittags etwas mehr Publikum den Patz belebt, sitzt es sich auch auf der Terrasse vor dem Bistro sehr nett. (www.sellwerk.de/firmenprofil/cosis-laden)

Am gegenüberliegenden Rand des Markplatzes führt die schmale Rathausstraße bergab, die bereits mit dem grünen Strich markiert ist; ihm folgt man rechts die Rathausstufen hinunter, in den Bärengarten hinein und weiter auf den Halbenweg.

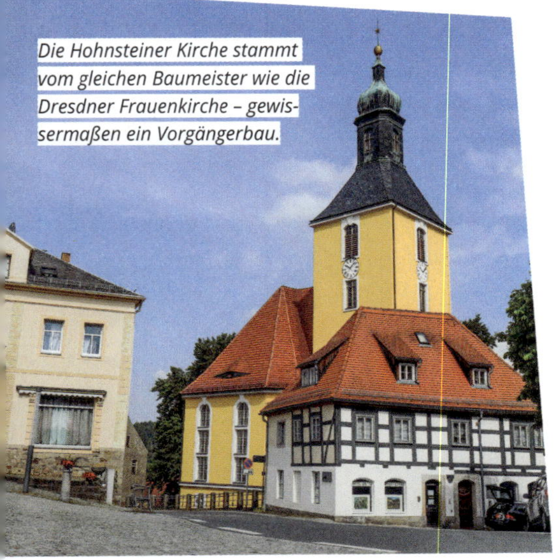

Die Hohnsteiner Kirche stammt vom gleichen Baumeister wie die Dresdner Frauenkirche – gewissermaßen ein Vorgängerbau.

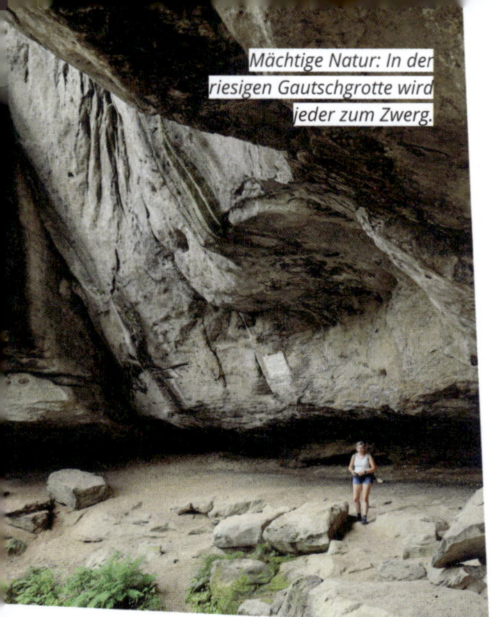

Mächtige Natur: In der riesigen Gautschgrotte wird jeder zum Zweg.

KM 1,2

2 Gautschgrotte

Abstecher ins Feenreich

Nur wenige Schritte nach den letzten Häusern wähnt man sich bereits in einer anderen Welt – so still und grün ist es unter den mächtigen Tannen, zwischen denen sich hausgroße Sandsteinbrocken auftürmen. Ein Abstecher vom grün markierten Halbenweg nach links führt endgültig ins Märchenland: Der Weg geleitet in ein blindes Tal, das von einer 18 Meter hohen, überhängenden Felswand umrahmt wird. Farne wachsen über umgestürzte, bemooste Stämme und von ganz oben ergießt sich ein kleiner Wasserfall, der aus Sickerwasser gespeist wird – Jurassic-Park-Feeling! Im Sommer ist der Wasserstrahl oft nur ein dünnes Rinnsal; im Winter gefriert er zu beeindruckenden Eiszapfen-Formationen und kann sogar eine durchgehende Eissäule bilden.

Der grün markierte Halbenweg folgt über viele Kurven der Abbruchkante des Lausitzer Granits, bis er auf den rot markierten Neuweg trifft; diesem folgt man rechts hinab in den Saugrund, um die Polenz zu überqueren.

KM 5,4

3 Waltersdorfer Mühle

Rast am Fluss

Für den langen Abstieg hinab ins Tal der Polenz kann man sich mit einer Rastpause in der Waltersdorfer Mühle belohnen, ein Gasthaus im Schweizerstil, das seine besten Tage allerdings schon seit einigen Jahren hinter sich hat. Die frühere Schneidmühle ist bereits seit 1897 ein beliebtes Ausflugsziel für Wandernde, heute gibt es hier leider nur noch einen Imbiss mit Fensterverkauf, der die Wahl zwischen Bockwurst, Kuchen und Eis am Stiel lässt. Trotzdem: Im lauschigen Biergarten sitzt man sehr gemütlich und im Unterschied zu anderen Einkehrmöglichkeiten entlang der Polenz ist es hier beschaulich und günstig (in der Wandersaison Di–So 10–17 Uhr, aber nur bei gutem Wetter).

Über die nächsten Kilometer zieht sich der Polenztalweg immer am Ufer des Flusses entlang und bietet dabei zahlreiche Gelegenheiten für ein kurzes Fluss-Fußbad. Wer hier ganz still ist, sieht mit etwas Glück einen Eisvogel.

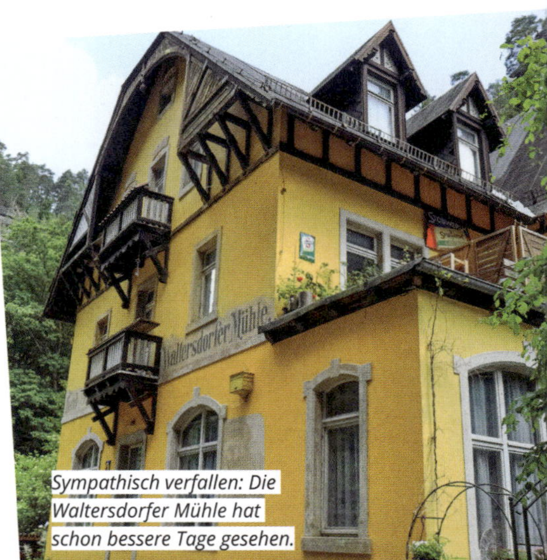

Sympathisch verfallen: Die Waltersdorfer Mühle hat schon bessere Tage gesehen.

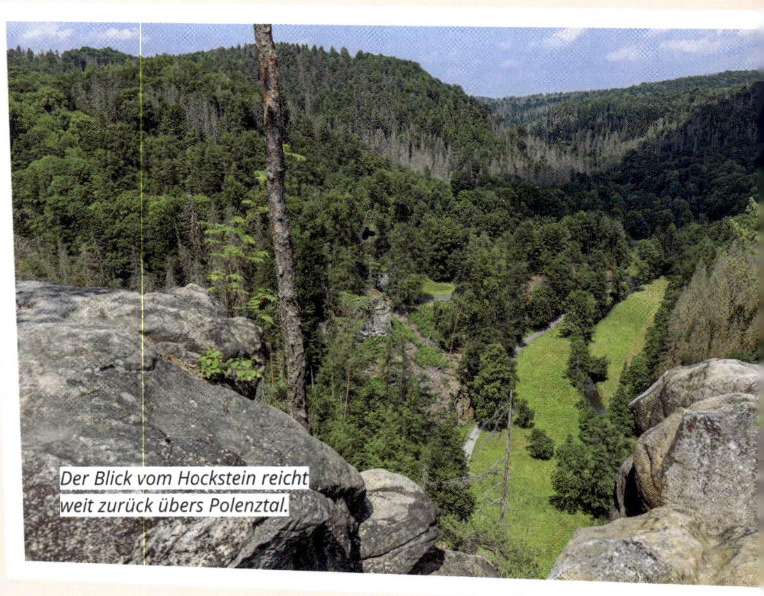

Der Blick vom Hockstein reicht weit zurück übers Polenztal.

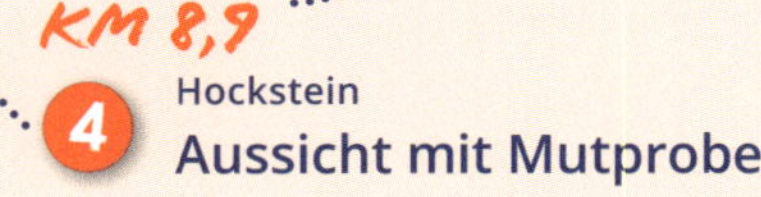

KM 8,9

4

Hockstein

Aussicht mit Mutprobe

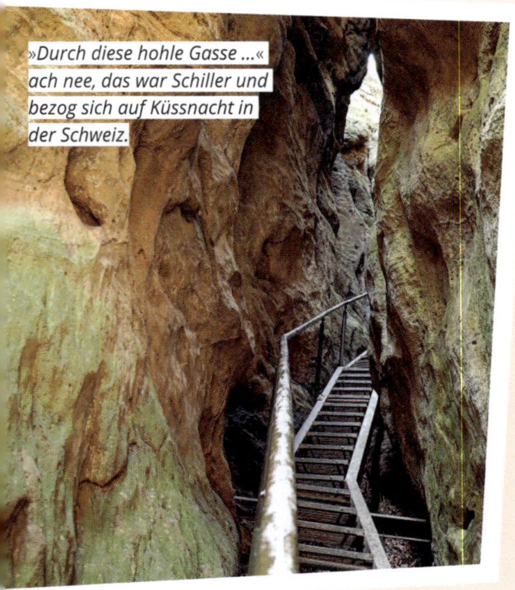

»Durch diese hohle Gasse …« ach nee, das war Schiller und bezog sich auf Küssnacht in der Schweiz.

Hinter den beiden gepflegten Gebäuden der Gaststätte und Pension Polenztal hat der gemütliche, ebene Weg ein Ende. Wenige Meter nach den Häusern zweigt linker Hand die Wolfsschlucht ab, über deren alte Treppen und Stiegen man mit einigem Schnaufen hinauf auf den Hockstein gelangt – auf 500 Metern Strecke werden über 100 Höhenmeter bewältigt! Die Ausblicke (und die aufregenden letzten Meter des Aufstiegs, der durch eine enge Felsspalte führt) sind den Schweiß allemal wert. Während man auf dem schmalen Ausguck ganz vorn – der zum Glück sicher eingezäunt ist – seinen (mitgebrachten) Gipfelkaffee schlürft, kann man schon mal vorsichtig darüber nachdenken, dass es nun gleich nochmal denselben Anstieg zu bewältigen gilt, nämlich auf der gegenüberliegenden Talseite, um zurück nach Hohnstein zu gelangen …

Nach unten geht es durch die Wolfsschlucht zurück zur Gaststätte und dahinter links wieder bergauf; der Schindergraben führt – zum Glück nicht ganz so steil wie die Wolfsschlucht – über den Bärengarten zurück nach Hohnstein.

KM 10,8

Burg Hohnstein

Geschichtsstunde zum Abschluss

Nun ist endlich Zeit, sich der Burg Hohnstein zu widmen. Das alte Gemäuer war schon vor der Gründung des Ortes hier und blickt nicht nur 140 Meter nach unten aufs Polenztal, sondern auch auf eine sehr lange und wechselhafte Geschichte zurück. Die Burg war im Besitz verschiedenster Adelsgeschlechter, diente immer wieder als Gefängnis, aber auch als Jugendherberge und im Zweiten Weltkrieg als KZ für politische Häftlinge. Über die Höhen und Tiefen informiert das kleine Burgmuseum im Kellergewölbe. Danach ist Zeit für eine Erfrischung auf der Terrasse des Burgcafés. Heute dient die Burg wieder als Jugendherberge und als kleines Hotel mit 16 geräumigen, hellen Zimmern; aus den oberen Etagen genießt man einen weiten Blick über das Polenztal. (www.burg-hohnstein.info)

Von der Burg sind es nur wenige Schritte zurück zur Bushaltestelle oder zum Parkplatz.

EXTRA INFOS:

Wer noch eine Runde auf dem Kasper-Pfad durch Hohnstein drehen möchte, kann dabei das ● **Max-Jacob-Theater** besuchen. Dessen Namenspatron, einer der bekanntesten deutschen Puppenspieler, gründete 1928 die Hohnsteiner Puppenspiele. Seit 1939 fanden diese im hübschen, schindelgedeckten Puppenspielhaus statt, das seit 2014 den Namen von Max Jacob trägt und passenderweise an der Max-Jacob-Straße liegt. (www.max-jacob-theater.de)

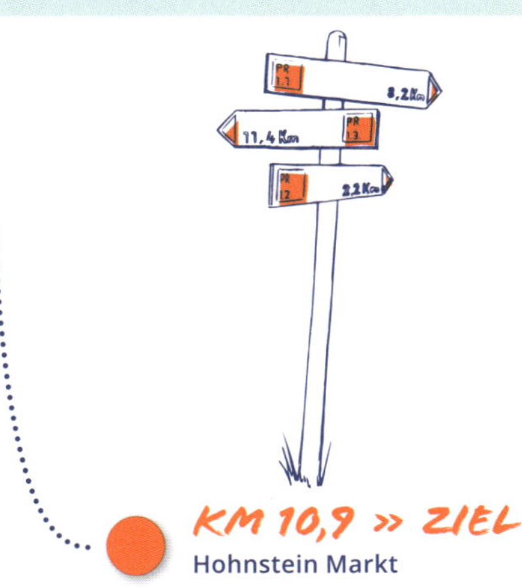

KM 10,9 » ZIEL

Hohnstein Markt

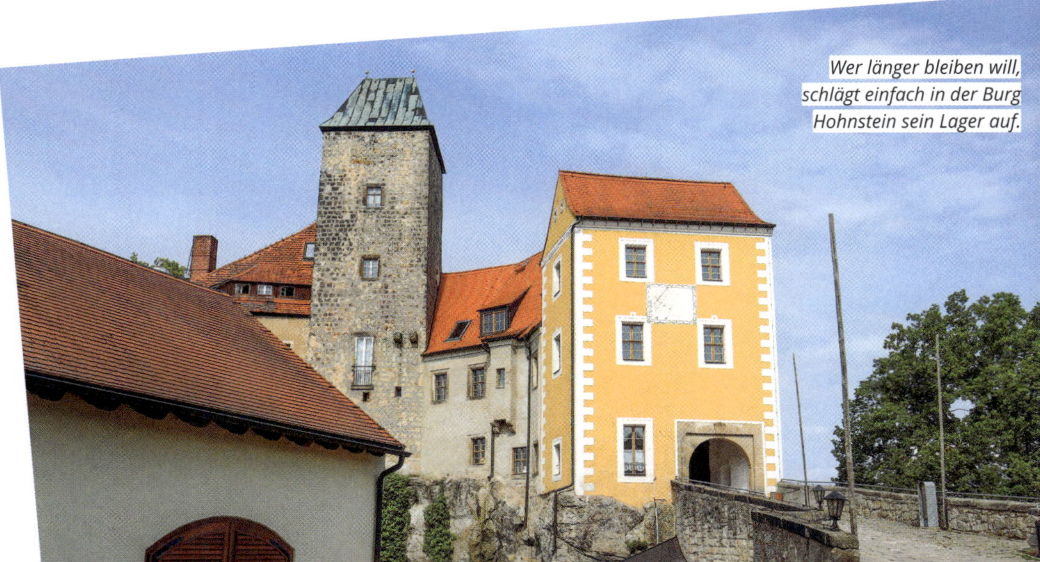

Wer länger bleiben will, schlägt einfach in der Burg Hohnstein sein Lager auf.

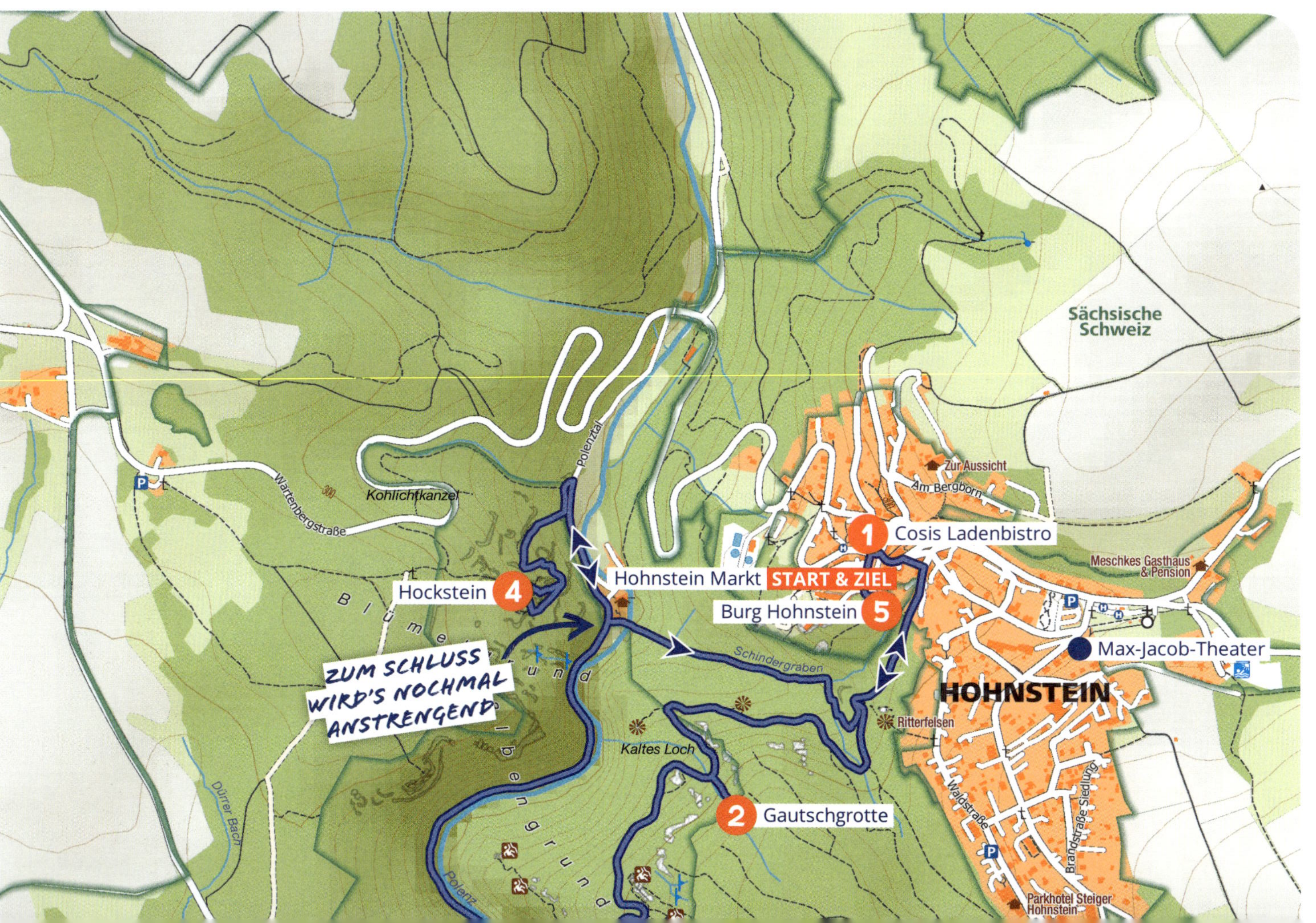

Sächsische Schweiz
Zur Aussicht
Am Bergborn
1 Cosis Ladenbistro
Meschkes Gasthaus & Pension
Hohnstein Markt START & ZIEL
Burg Hohnstein 5
Max-Jacob-Theater
HOHNSTEIN
Hockstein 4
Kohlichtkanzel
Polenztal
Wartenbergstraße
Blümelgrund
Schindergraben
ZUM SCHLUSS WIRD'S NOCHMAL ANSTRENGEND
Ritterfelsen
Kaltes Loch
2 Gautschgrotte
Waldstraße
Brandstraße Siedlung
Parkhotel Steiger Hohnstein
Dürrer Bach
Polenz

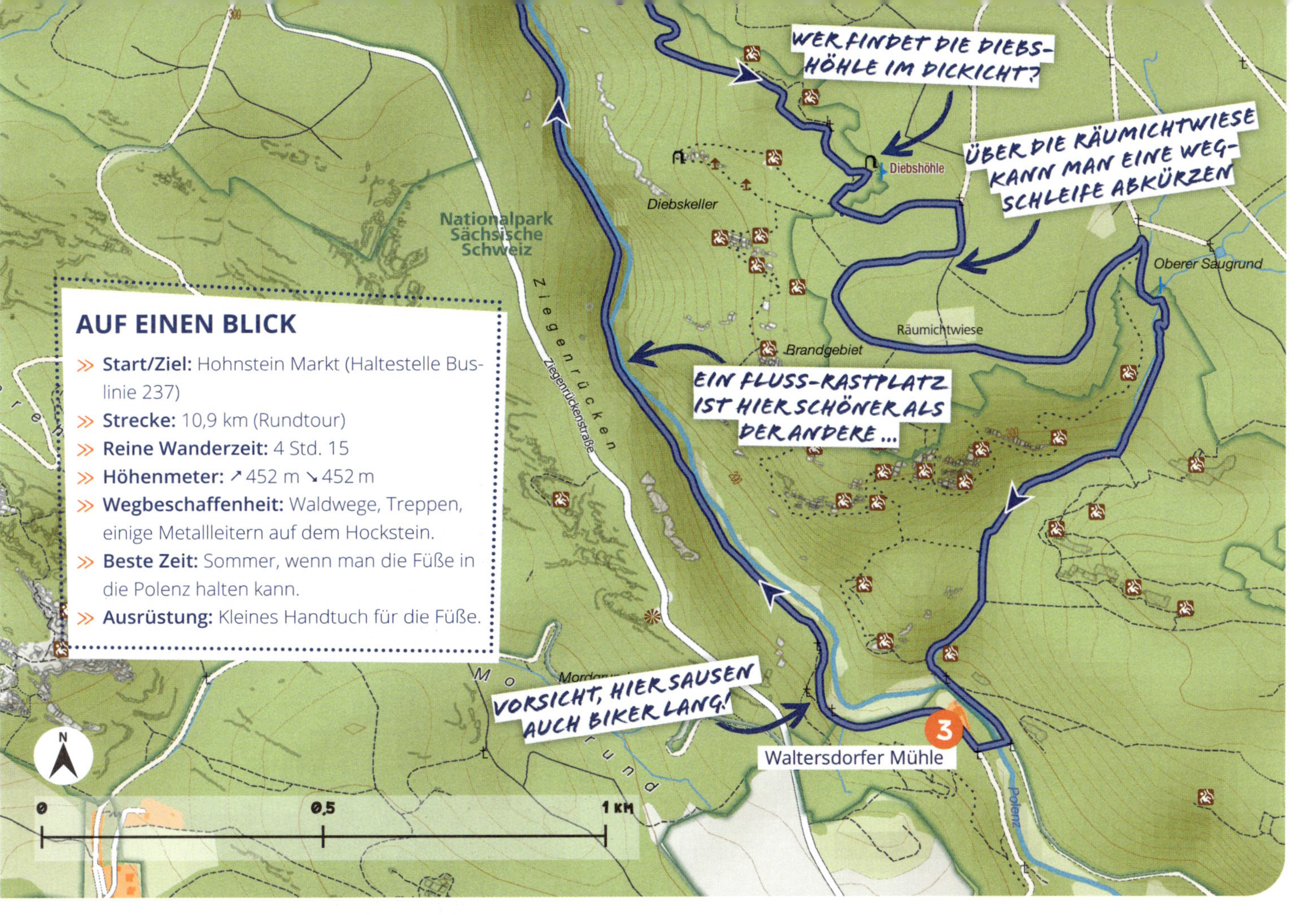

AUF EINEN BLICK

- » **Start/Ziel:** Hohnstein Markt (Haltestelle Buslinie 237)
- » **Strecke:** 10,9 km (Rundtour)
- » **Reine Wanderzeit:** 4 Std. 15
- » **Höhenmeter:** ↗ 452 m ↘ 452 m
- » **Wegbeschaffenheit:** Waldwege, Treppen, einige Metallleitern auf dem Hockstein.
- » **Beste Zeit:** Sommer, wenn man die Füße in die Polenz halten kann.
- » **Ausrüstung:** Kleines Handtuch für die Füße.

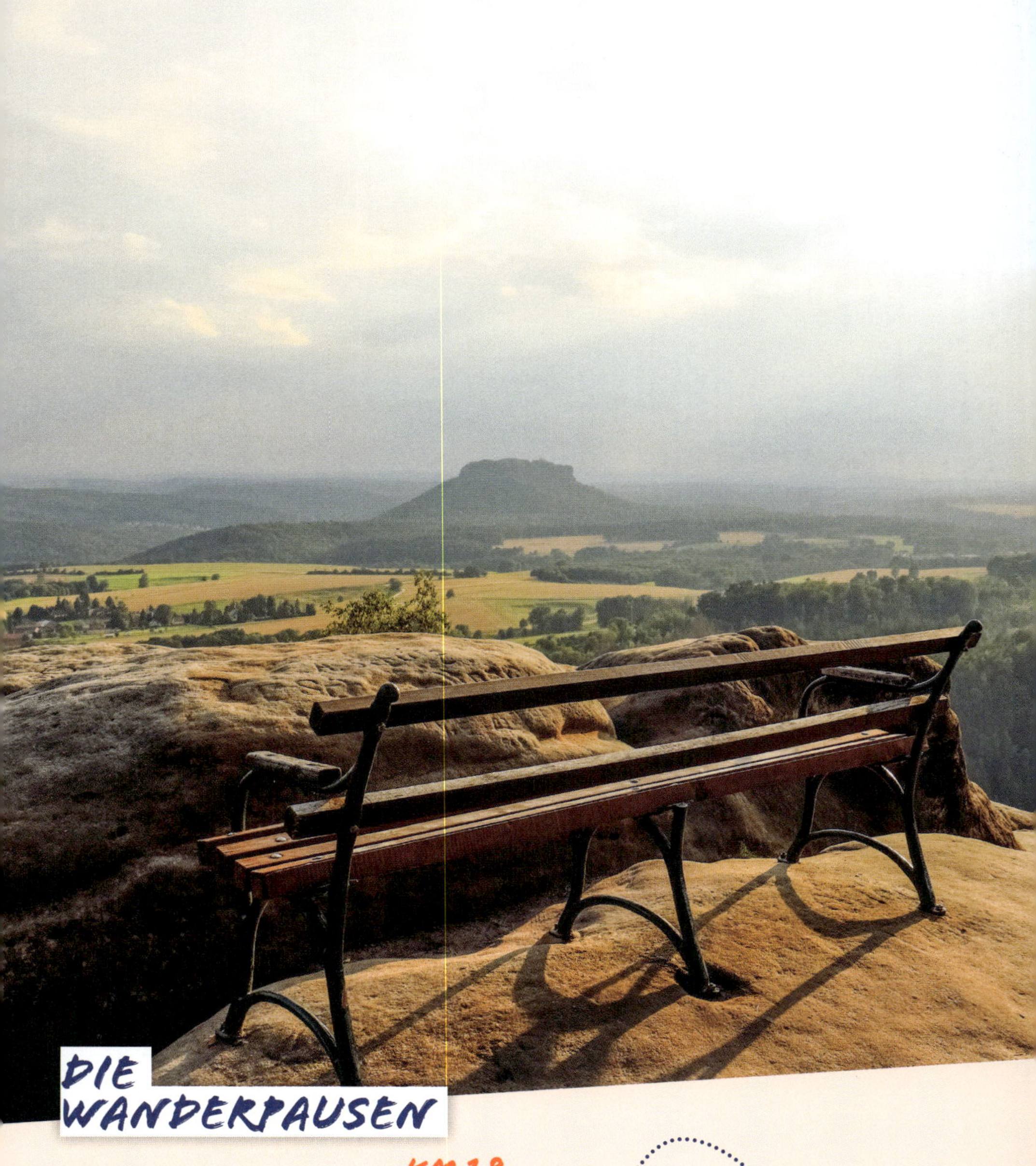

DIE WANDERPAUSEN

» START
Parkplatz Waitzdorfer Schänke

KM 0,5
1 Grenzstein
Spuren der Geschichte

KM 1,8
2 Aussicht Hafersäcke
Sandstein-genuss

KM 2,1
3 Brand-Baude
Einmal staunen, bitte!

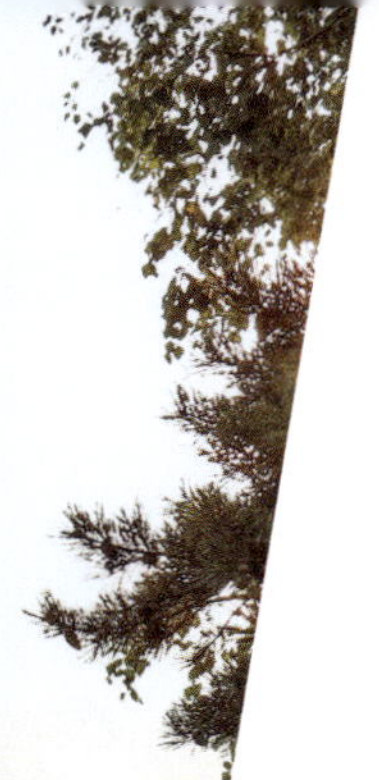

6 AUSSICHTS-REICH

Von Waitzdorf zum Brand

Der Abbruchkante der Lausitzer Verschiebung hoch über dem Elbtal verdankt Waitzdorf seinen Logenplatz für Panoramablicke über die Sächsische Schweiz. Bonus: Hierher verirren sich kaum Wandernde. Das mag auch an den vielen Stufen liegen …

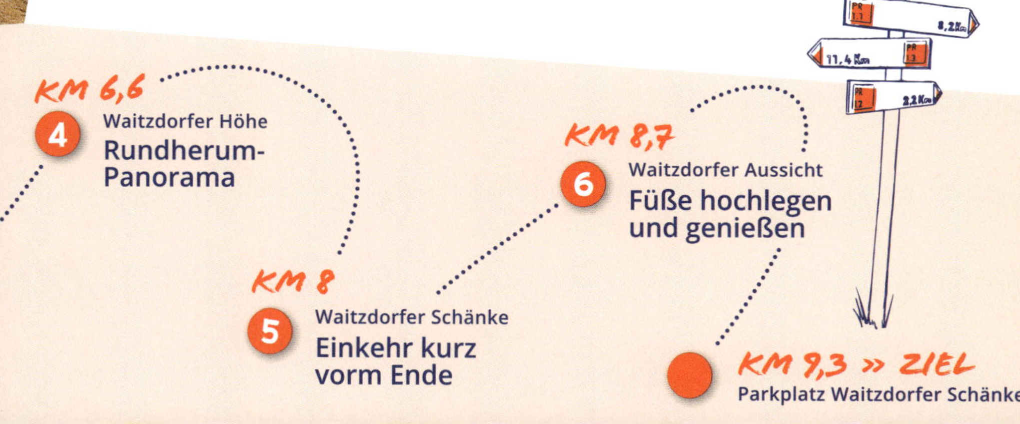

AM ENDE EINER LANGEN, KURVIGEN STRASSE ...

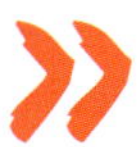

... findet man das Örtchen Waitzdorf, das aus so wenigen Häusern besteht, dass man es kaum Ort nennen mag. Hier kommt man nicht zufällig vorbei, hier fährt man nicht eben mal schnell hin; der Bus tut es auch nur selten. Seine abgeschiedene Lage am Schlusspunkt einer Sackgasse macht Waitzdorf zum Geheimtipp für belebte Wochenenden und für gemütliche Ausflüge zum Sonnenuntergang.

Waitzdorf liegt ganz vorn auf der Abbruchkante der Lausitzer Verschiebung, die sich hier als Granitgesteinsschicht über den weicheren Sandstein der Sächsischen Schweiz schiebt. Was weite, ungehinderte Ausblicke angeht, findet man eigentlich keinen besseren Platz – und der Ort liefert mit der **Waitzdorfer Höhe** und der **Waitzdorfer Aussicht** gleich mehrere Möglichkeiten, um die Sicht in alle Richtungen zu genießen. Das deutlich berühmtere Panorama von der Lausitzer Verschiebung bieten jedoch der westlich von Waitzdorf gelegene Brand mit der **Aussicht Hafersäcke** und der ganz vorn auf dem Plateau sitzenden **Brand-Baude.** Diese Gaststätte mit Pension – bekannt seit Jahrhunderten als »Balkon der Sächsischen Schweiz« – war bereits bei den Malern der Romantik beliebt. Was liegt näher, als die beiden Ausgucke auf einer Wanderung zu vergleichen und den besten Blick zu küren?

IM LICHT DES SPÄTNACHMITTAGS VOR DER KULISSE DER TAFELBERGE EINE GALLOWAY-NASE STREICHELN

Es gibt da nur ein kleines Hindernis: Waitzdorf und der Brand sind durch ein tiefes Tal getrennt, den (passend benannten) Tiefen Grund. Hier heißt es über viele, viele Stufen zuerst hinunter – mit kleiner Verschnaufpause am **Grenzstein** – und dann wieder hinauf. Und da es sich um eine Rundwanderung handelt, das Ganze bitte noch einmal, am nördlichen Ende des Tiefen Grunds.

Wer keine Treppen steigen mag, für den ist diese Tour nichts; alle anderen werden mit knackigen Oberschenkeln und einer nicht enden wollenden Folge von Panoramablicken belohnt: über die Ebenheit rund um Königstein mitsamt ihren Tafelbergen, den Kleinen Bärenstein im Westen und den Großen Winterberg im Osten, bei klarem Wetter sogar bis ins südlich gelegene Erzgebirge. Beim direkten Vergleich zwischen der gut besuchten Brand-Baude und dem wesentlich verträumteren **Waitzdorf** mit seiner gemütlichen **Schänke** stimmen viele – trotz der längeren Anfahrt – für letztere Einkehr. Das beweist mal wieder: Zu den schönsten Zielen führen meist nur die beschwerlicheren Wege. «

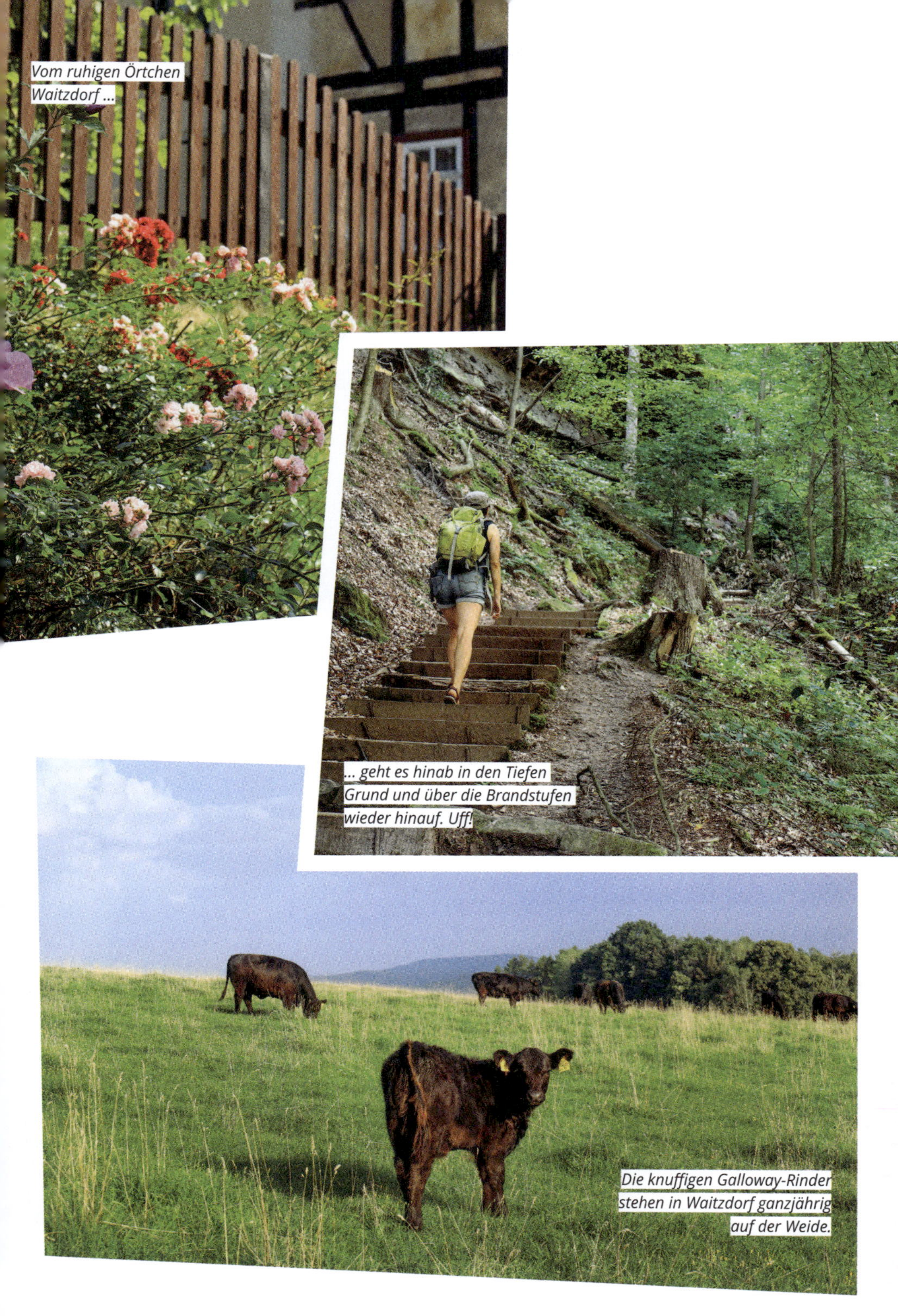

Vom ruhigen Örtchen Waitzdorf …

… geht es hinab in den Tiefen Grund und über die Brandstufen wieder hinauf. Uff!

Die knuffigen Galloway-Rinder stehen in Waitzdorf ganzjährig auf der Weide.

WANDERN & GENIESSEN

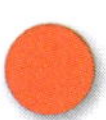

» START

Parkplatz Waitzdorfer Schänke

Der kleine, kostenlose Parkplatz am Ortsrand von Waitzdorf liegt gleich neben der Schänke, an der man auf dem Hinweg zunächst vorbeiläuft, um bald darauf nach links in den Dorfgrund hinabzusteigen.

KM 0,5

Grenzstein

Spuren der Geschichte

Die Dorfgrundtreppe führt zunächst zwischen hübschen Fachwerkhäusern, dann Sandsteinbrocken von zunehmender Größe im lichten Buchenwald steil bergab in den Tiefen Grund; es sollen 569 Stufen sein. Dass im Jahr 2007 der Sturm Kyrill hier eine Schneise der Verwüstung gezogen hat, ist inzwischen kaum mehr zu sehen. Unterwegs sollte man nicht nur auf die eigenen Füße schauen, sondern auch auf den Wegrand: Dort steht eine trutzige Sandsteinsäule mit zwei eingravierten Ortsnamen auf ihren Stirnseiten. Sie weist unmissverständlich auf eine Grenze hin, die hier zwischen den Gemeinden Waitzdorf und Hohnstein verläuft – es ist nicht der einzige Grenzstein, dem man in den Wäldern der Sächsischen Schweiz begegnet. Da der Stein etwa auf der Hälfte der Treppe steht, kann man die Gelegenheit nutzen, um kurz zu verschnaufen. Auch Treppabsteigen strengt an!

Im Tiefen Grund wendet man sich nach links und läuft etwa 400 Meter am Straßenrand entlang (leider gibt es, obwohl hier der berühmte Malerweg entlangführt, keinen Fußweg). Bald sieht man auf der anderen Straßenseite den Aufstieg zum Brand; hier ist auch eine Bushaltestelle (Linie 254). Die Brandstufen muss man jetzt wieder hinaufsteigen …

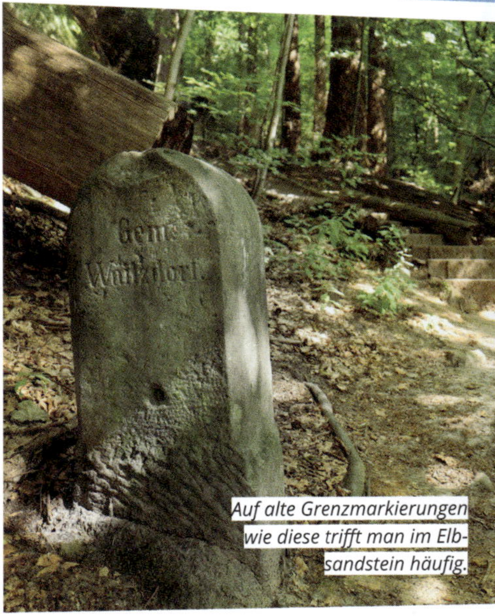

Auf alte Grenzmarkierungen wie diese trifft man im Elbsandstein häufig.

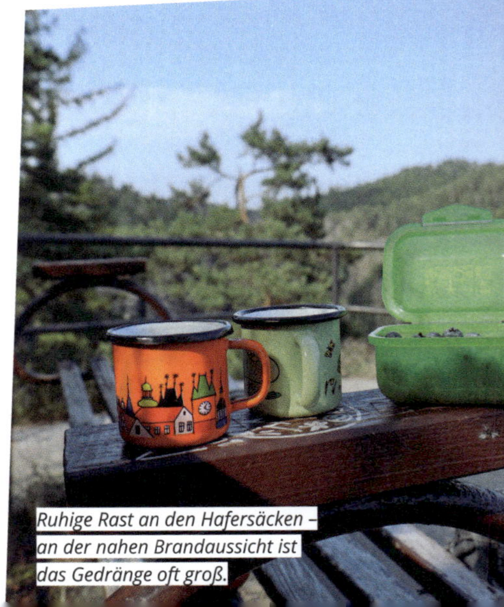

Ruhige Rast an den Hafersäcken – an der nahen Brandaussicht ist das Gedränge oft groß.

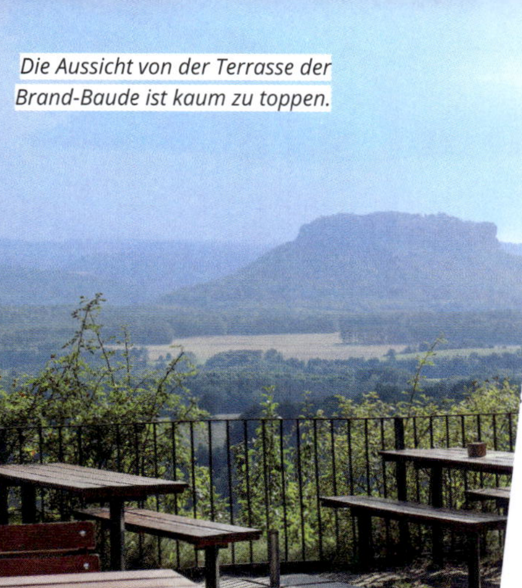

Die Aussicht von der Terrasse der Brand-Baude ist kaum zu toppen.

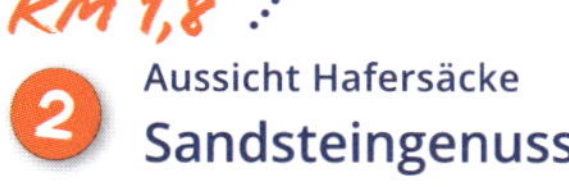

KM 1,8

2 Aussicht Hafersäcke

Sandsteingenuss

Je nach persönlicher Fitness, Geduld und Lufttemperatur kommt man nach Bewältigung der 867 Brandstufen mehr oder weniger verschwitzt, aber beeindruckt auf dem Brand-Plateau an. Bevor man hier zur Brand-Baude abbiegt, lockt noch ein Abstecher nach rechts zu den Hafersäcken – bitte was? Tja, Klettergipfel in der Sächsischen Schweiz haben seltsame Namen. Der Blick über das tief eingeschnittene Tal zwischen dem Brand zur Linken und den Waitzdorfer Wänden zur Rechten ist genauso schön wie der auf die Kletterfelsen linker Hand, bei denen es es sich um besagte Hafersäcke handelt. Über die Frage, ob der Name von der Form der Felsen oder der Fitness der sie Besteigenden herrührt, lässt sich bei einem Schluck Tee aus der Thermoskanne philosophieren.

Zurück von der Aussichtsplattform geht es zur Wegkreuzung und dort ein kurzes Stück nach rechts weiter. Das kleine Ziegengehege ist das Zeichen, dass man links zur Brand-Baude einschwenken muss.

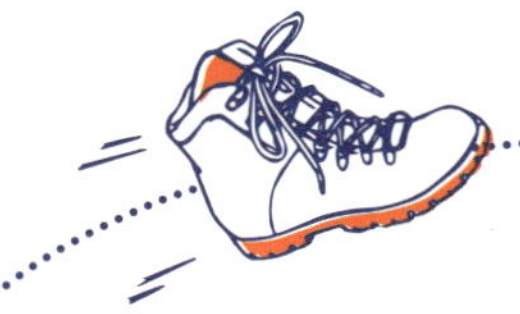

KM 2,1

3 Brand-Baude

Einmal staunen, bitte!

Nach dem erholsamen Hafersack-Abstecher kann man nun erhobenen Hauptes und ohne zitternde Beine ins Kaminzimmer der Brand-Baude eintreten – wobei die meisten Ankommenden erst einmal ehrfürchtig stehen bleiben und das atemberaubende Panorama von der großen Terrasse in sich aufnehmen. Speisen und Getränke werden auf dem Brand schon seit 1835 serviert; die aktuelle Baude im historisch korrekten Schweizerstil ist seit 2006 in Betrieb. Die freundlichen Angestellten, die gute Küche und die tolle Aussicht lassen Rastpausen hier oft länger werden als geplant. Das kleine Infozentrum im historischen Blockhaus hält Wissenswertes über den Nationalpark Sächsische Schweiz bereit; man muss nur seine Augen von der Aussicht wegreißen. Früher oder später wird das ohnehin passieren, denn es ist noch ein gutes Stück Weg zurückzulegen. (www.brand-baude.de, www.saechsische-schweiz.de/ausflugsziele/infostelle-blockhaus-brand)

Für die nächsten 1,4 Kilometer geht es auf der breiten Brandstraße ohne weitere Steigungen durch den Wald. Dann rechts abbiegen auf den gelben Strich, der zurück in den Tiefen Grund bis zur Grundmühle geleitet. Auf der anderen Straßenseite führt ein unmarkierter Pfad wieder in die Höhe; es ist der Leichenweg. Der Pfad mit dem ominösen Namen ist stellenweise arg zugewachsen, führt aber zuverlässig und stetig bergan.

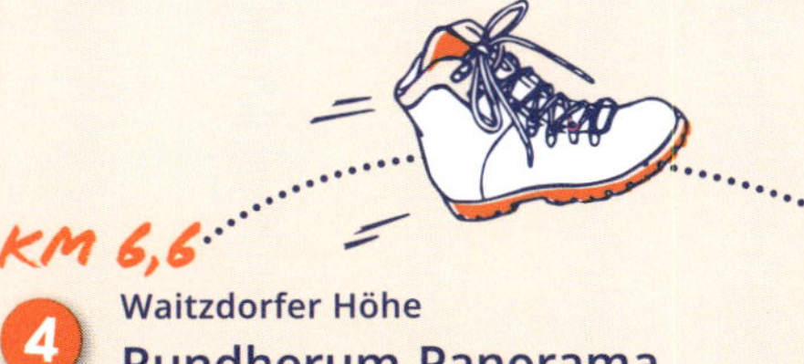

KM 6,6

4 Waitzdorfer Höhe
Rundherum-Panorama

Eine Picknickbank und eine Metallplatte mit eingraviertem Gipfelverzeichnis zeigen auf dem abgeflachten Doppelgipfel der Waitzdorfer Höhe den Punkt an, an dem man sich nach vorn wenden und die Kinnlade festhalten sollte – ein noch weiterer Blick über die Sächsische Schweiz bietet sich wohl nur von einer Drohne und die sind im Nationalpark verboten. Hier heißt es definitiv, eine Picknickpause einlegen – und mit dem mitgebrachten Getränk anstoßen, denn nun sind alle Steigungen geschafft.

Auf der gegenüberliegenden Seite des Feldes, das den Gipfel bedeckt, führt der Erbgerichtsweg nach rechts bergab; von hier aus sind die Häuser von Waitzdorf bereits zu sehen.

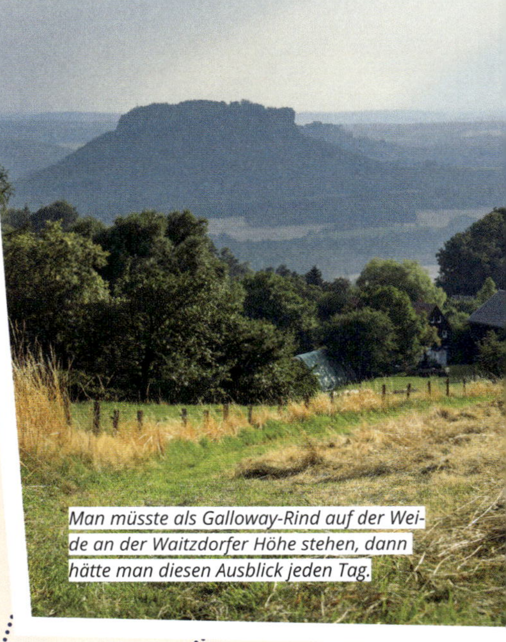

Man müsste als Galloway-Rind auf der Weide an der Waitzdorfer Höhe stehen, dann hätte man diesen Ausblick jeden Tag.

KM 8

5 Waitzdorfer Schänke
Einkehr kurz vorm Ende

Angesichts der wenigen Wandernden, die hier unterwegs sind, und der noch geringeren Zahl der Anwohnenden ist es erstaunlich, wie gut besucht der schöne Biergarten der Waitzdorfer Schänke ist; wenigstens an einem Sommerwochenende. Wer die Wanderung mit einer reichlichen Hausmannskost-Mahlzeit oder einem kühlen Getränk krönen will, kann sich hier beruhigt niederlassen; aber nicht zu lange bleiben, denn ein Highlight dieser Rundtour wartet noch! (www.schaenke-waitzdorf.de)

Vom Parkplatz nahe der Schänke wendet man sich nach links zum Dorfgrund, der geradewegs nach vorn zur Kante der Waitzdorfer Wände führt und dann nach links abbiegt. Die erste Aussicht, die hier abzweigt, kann man auslassen; die zweite zählt!

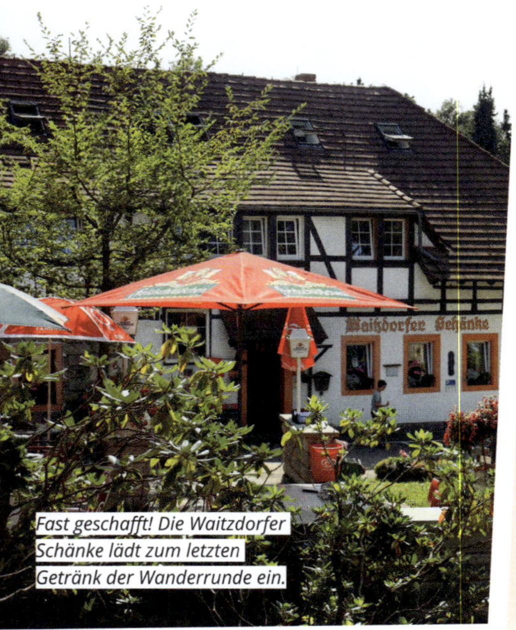

Fast geschafft! Die Waitzdorfer Schänke lädt zum letzten Getränk der Wanderrunde ein.

KM 8,7

6 Waitzdorfer Aussicht
Füße hochlegen und genießen

Selten hat man eine so hübsch gelegene, bequeme Aussicht wie diese hier: ausgestattet mit gleich zwei Sitzbänken in dezenter Entfernung voneinander, dazu ein paar weitere Gelegenheiten zum Sitzen auf blankem Fels; ein 180-Grad-Panorama von ausgesuchter Schönheit und, ganz wichtig, kaum Vorbeikommende, die beim stillen Genuss stören könnten. Da der Parkplatz nicht weit ist, bietet sich die Waitzdorfer Aussicht optimal dafür an, hier bis zum Sonnenuntergang sitzen zu bleiben.

Auf demselben Weg läuft man in wenigen Minuten zurück zum Parkplatz.

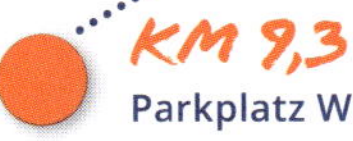

KM 9,3 » ZIEL

Parkplatz Waitzdorfer Schänke

EXTRA INFOS:

Einer der schönsten Anblicke dieser Wanderung sind die knuffigen Rinder, die auf den Hängen der Waitzdorfer Höhe weiden und einem neugierig entgegenlaufen, wenn man am Zaun stehenbleibt. Die ● **Galloway-Rinder,** die in Waitzdorf gezüchtet werden, stehen ganzjährig auf der Wiese. Sie dienen aber nicht nur als Fotomotiv, sondern werden auch in der Waitzdorfer Schänke serviert. Was einerseits lobenswert regional ist, andererseits jedoch besonders herzzerreißend …

Als urige Unterkunft mitten in der Natur, fern von menschlicher Besiedlung, bietet sich die ● **Grundmühle** im Tiefen Grund an. Die beiden restaurierten Mühlengebäude nehmen sowohl einzelne Wandergäste als auch größere Gruppen auf; genug Platz ist sowohl drinnen als auch draußen. Brötchen und frisches Bier werden auf Wunsch geliefert, ansonsten ist Selbstversorgung angesagt. (www.ferienhof-grundmuehle.de)

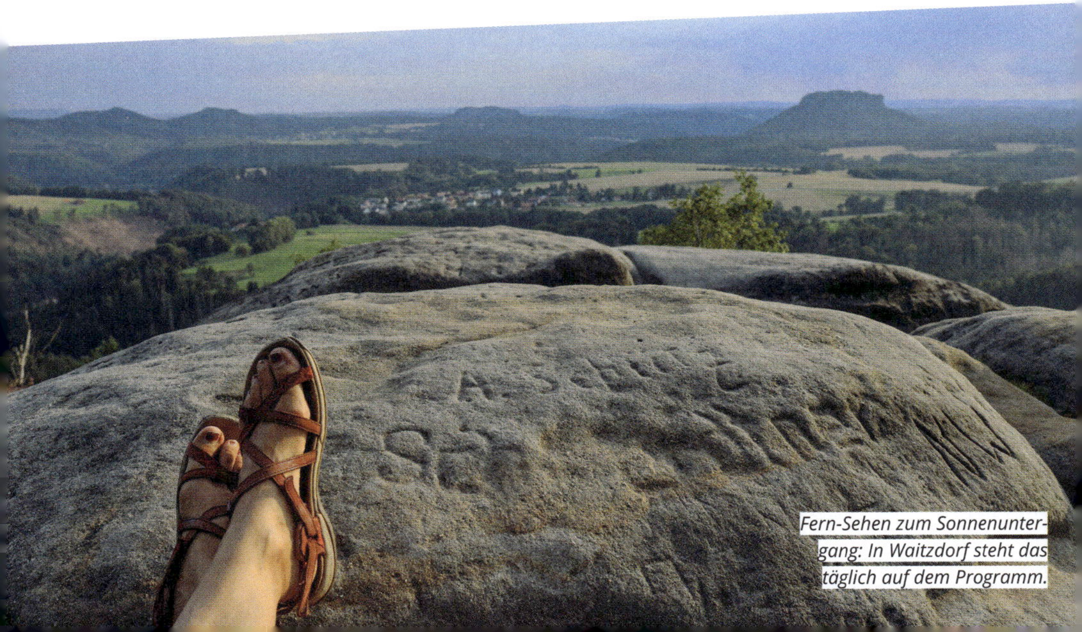

Fern-Sehen zum Sonnenuntergang: In Waitzdorf steht das täglich auf dem Programm.

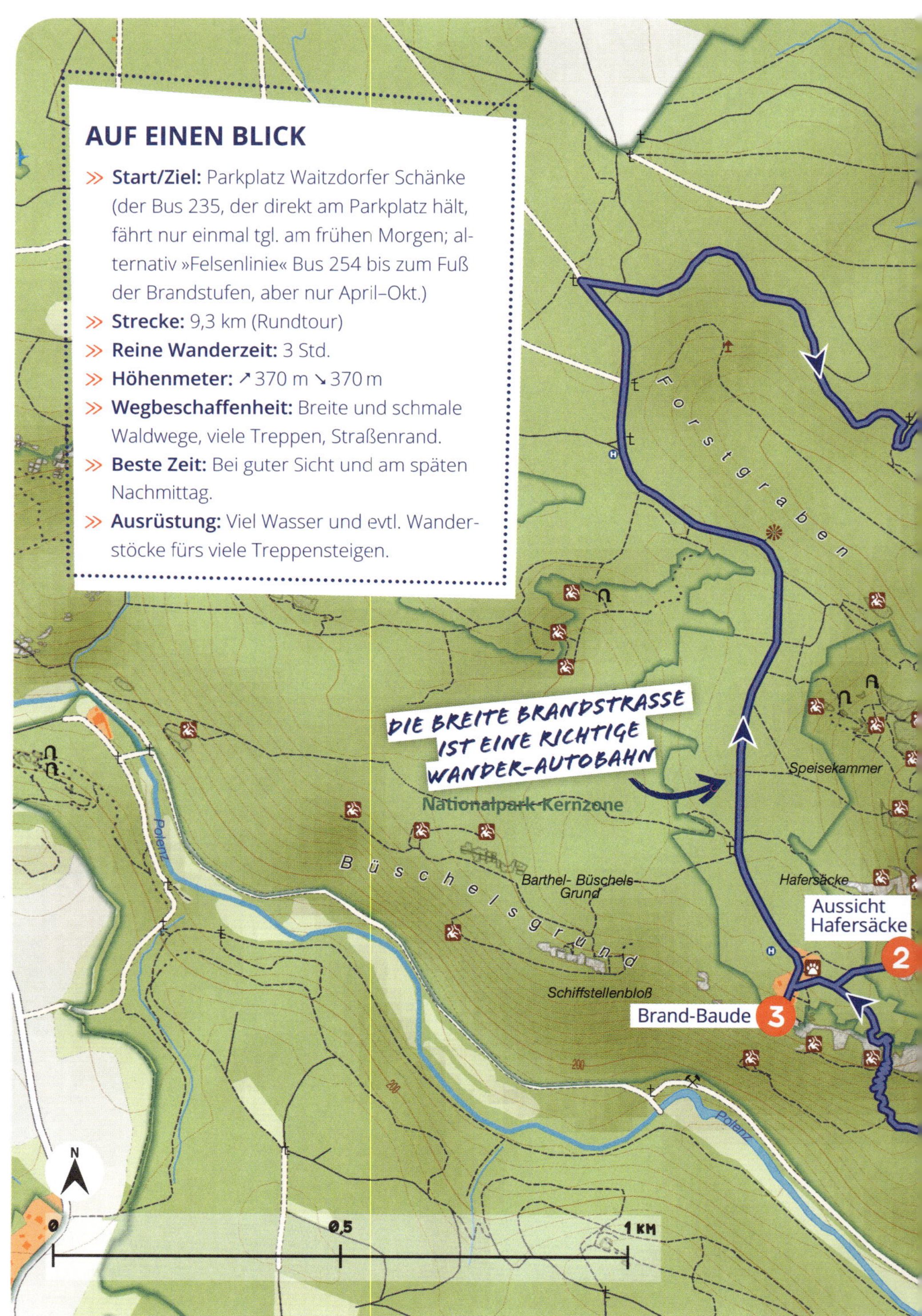

AUF EINEN BLICK

» **Start/Ziel:** Parkplatz Waitzdorfer Schänke (der Bus 235, der direkt am Parkplatz hält, fährt nur einmal tgl. am frühen Morgen; alternativ »Felsenlinie« Bus 254 bis zum Fuß der Brandstufen, aber nur April–Okt.)

» **Strecke:** 9,3 km (Rundtour)

» **Reine Wanderzeit:** 3 Std.

» **Höhenmeter:** ↗ 370 m ↘ 370 m

» **Wegbeschaffenheit:** Breite und schmale Waldwege, viele Treppen, Straßenrand.

» **Beste Zeit:** Bei guter Sicht und am späten Nachmittag.

» **Ausrüstung:** Viel Wasser und evtl. Wanderstöcke fürs viele Treppensteigen.

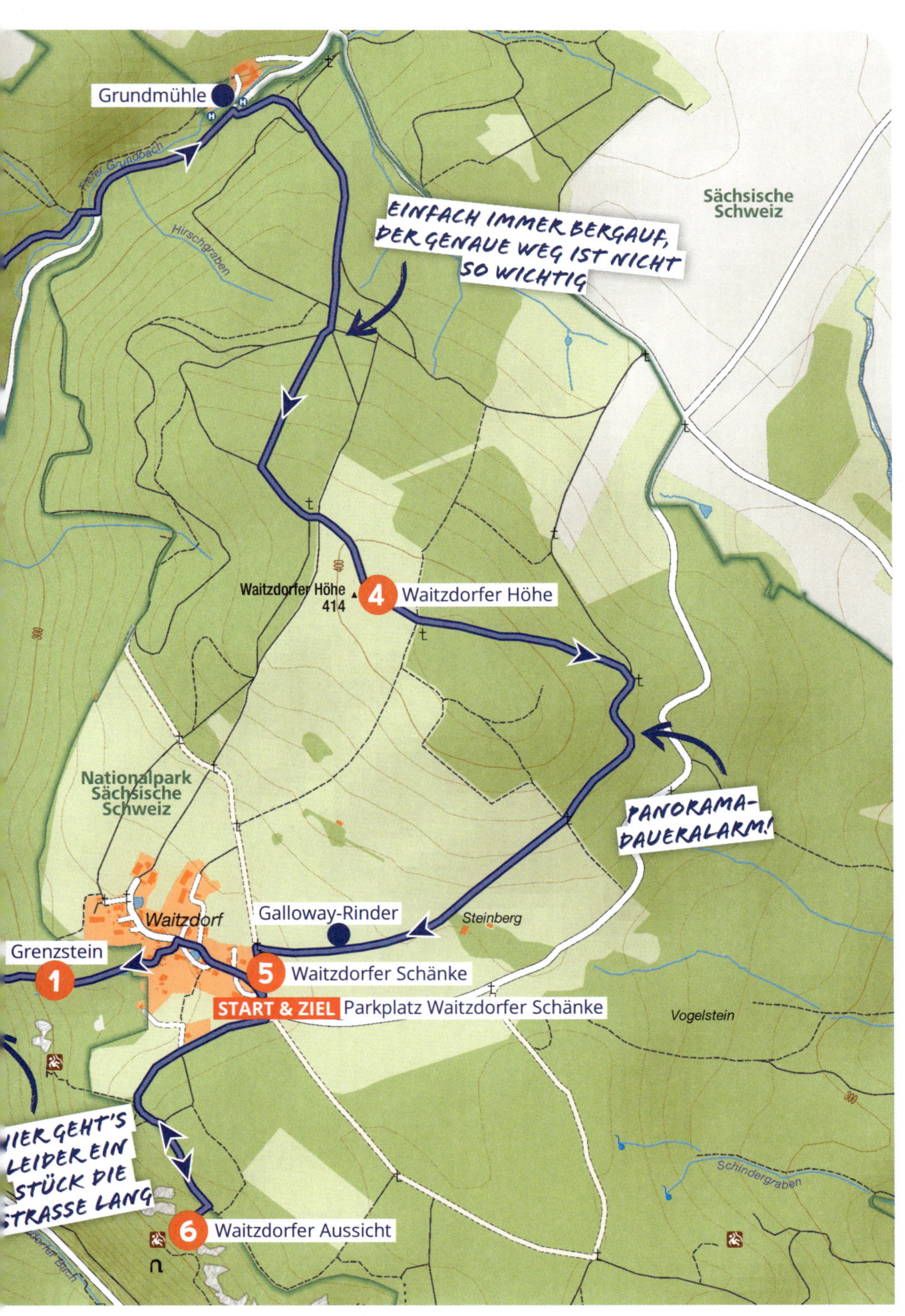

Grundmühle
Sächsische Schweiz
EINFACH IMMER BERGAUF, DER GENAUE WEG IST NICHT SO WICHTIG
Hirschgraben
Waitzdorfer Höhe 414
4 Waitzdorfer Höhe
PANORAMA-DAUERALARM!
Nationalpark Sächsische Schweiz
Waitzdorf
Galloway-Rinder
Steinberg
Grenzstein
1
5 Waitzdorfer Schänke
START & ZIEL Parkplatz Waitzdorfer Schänke
Vogelstein
IER GEHT'S LEIDER EIN STÜCK DIE STRASSE LANG
Schindergraben
6 Waitzdorfer Aussicht

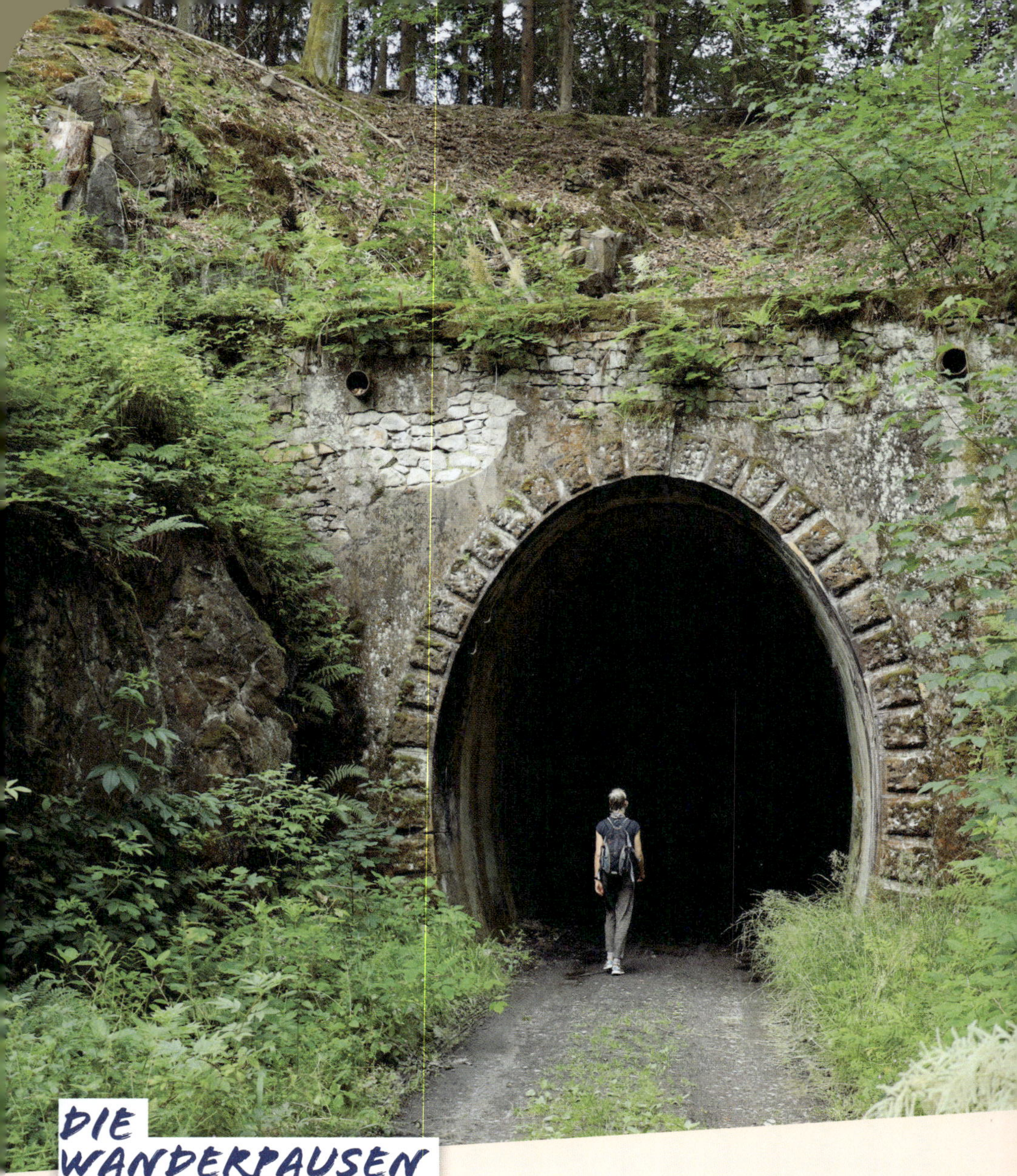

DIE WANDERPAUSEN

» START
Lohsdorf Ehemaliger Bahnhof

KM 0,1
1 Alter Bahnhof in Lohsdorf
Zeitfenster in die Vergangenheit

KM 4
2 Goßdorfer Raubschloss
Neue Steine im Wald

KM 5,4
3 Hankehübel
Traumblick, die erste

7 ALTE SCHIENEN, ALTE STEINE

Von Lohsdorf durchs Schwarzbachtal nach Goßdorf

Alle Welt hat schon von den Sandsteinfelsen bei Rathen und Bad Schandau gehört. Doch vergessene Orte wie Lohsdorf bieten noch ganz andere Eindrücke – von verschwundenen Bahntrassen, alten Burgen und urgeschichtlichen Vulkankegeln, die den Sandstein perfekt in Szene setzen.

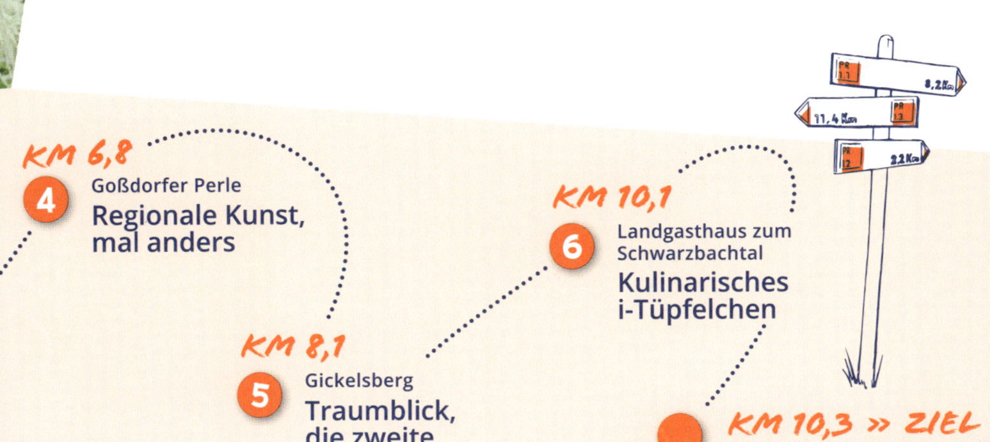

ES GAB EINMAL EINE ZEIT, IN DER ...

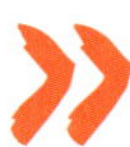

... Eisenbahnschienen und nicht Straßen den Anschluss an die Welt bedeuteten. Auch die Ortschaften rund um Hohnstein wollten am Wirtschaftsboom teilhaben und bekamen eine eigene Schmalspurbahn, die einzige der Sächsischen Schweiz. Auf der rund 12 Kilometer langen Strecke fuhren kaum Passagiere und schon 1951 stellte man die Verbindung ein – samt Abbau aller Gleisanlagen. Dem Verlauf der alten Bahnstrecke durch das idyllische Schwarzbachtal folgt heute ein Wanderweg, der letzte Spuren sichtbar macht: Schienenreste, alte Brückenköpfe und ein Bahnhofsschild mitten im Nirgendwo zeigen, was fehlt. Mit Glück kommt man an einem der Sommertage hierher, an denen die historische Dampflok der Museumsbahn auf einem restaurierten Gleiskilometer vom **Alten Bahnhof in Lohsdorf** in Richtung Unterehrenberg »tschufft«.

NACH EINIGEN KILOMETERN ÖFFNET SICH DER WALD WIE EIN BÜHNENVORHANG AUF DIE GOSSDORFER FLUR – GROSSES KINO!

Die zweite Hälfte dieser Wanderung ist ein Kontrastprogramm, das die Vielfalt dieser oft übersehenen Ecke der Sächsischen Schweiz zeigt. Nach aufregender (und ein wenig anstrengender) Kletterei auf der Bruchkante der granitenen Lausitzer Verwerfung, die den Nordrand des Elbsandsteingebirges bildet, führt der Weg vorbei am **Goßdorfer Raubschloss** hinauf auf die Flur von Goßdorf, das inmitten von Feldern hoch über dem Elbtal liegt. Überreste von Jahrmillionen alten Vulkankegeln bilden die Highlights dieser zweiten Etappe: Rundblicke wie die vom **Hankehübel** und vom **Gickelsberg** hat man in der Sächsischen Schweiz nur wenige.

Die Gemeinde von Goßdorf empfängt Besuch mit einer Vielzahl an Angeboten: Eichhörnchenpfad, Hohnsteiner Lehrpfad, historische Landmaschinen-Schau und **Goßdorfer Perle** sind nur einige der Ablenkungen, die hier am Wegesrand warten. Wer im Sommer herkommt, der hat die einmalige Gelegenheit zu einer Erfrischung im Goßdorfer Freibad – ansonsten laden die restaurierten Kleinbauernhäuser im Ort mit ihren Infotafeln ein, Goßdorf ein wenig näher kennenzulernen.

Es ist fast ein wenig schade, dass man auf dieser Runde kaum einmal andere Menschen trifft; aber noch ist der Nordosten der Sächsischen Schweiz ein gut gehüteter Geheimtipp. So ist man fast überrascht, dass die Betten im **Landgasthaus zum Schwarzbachtal,** dem kulinarischen Schlusspunkt der Tour, doch schnell ausgebucht sind. «

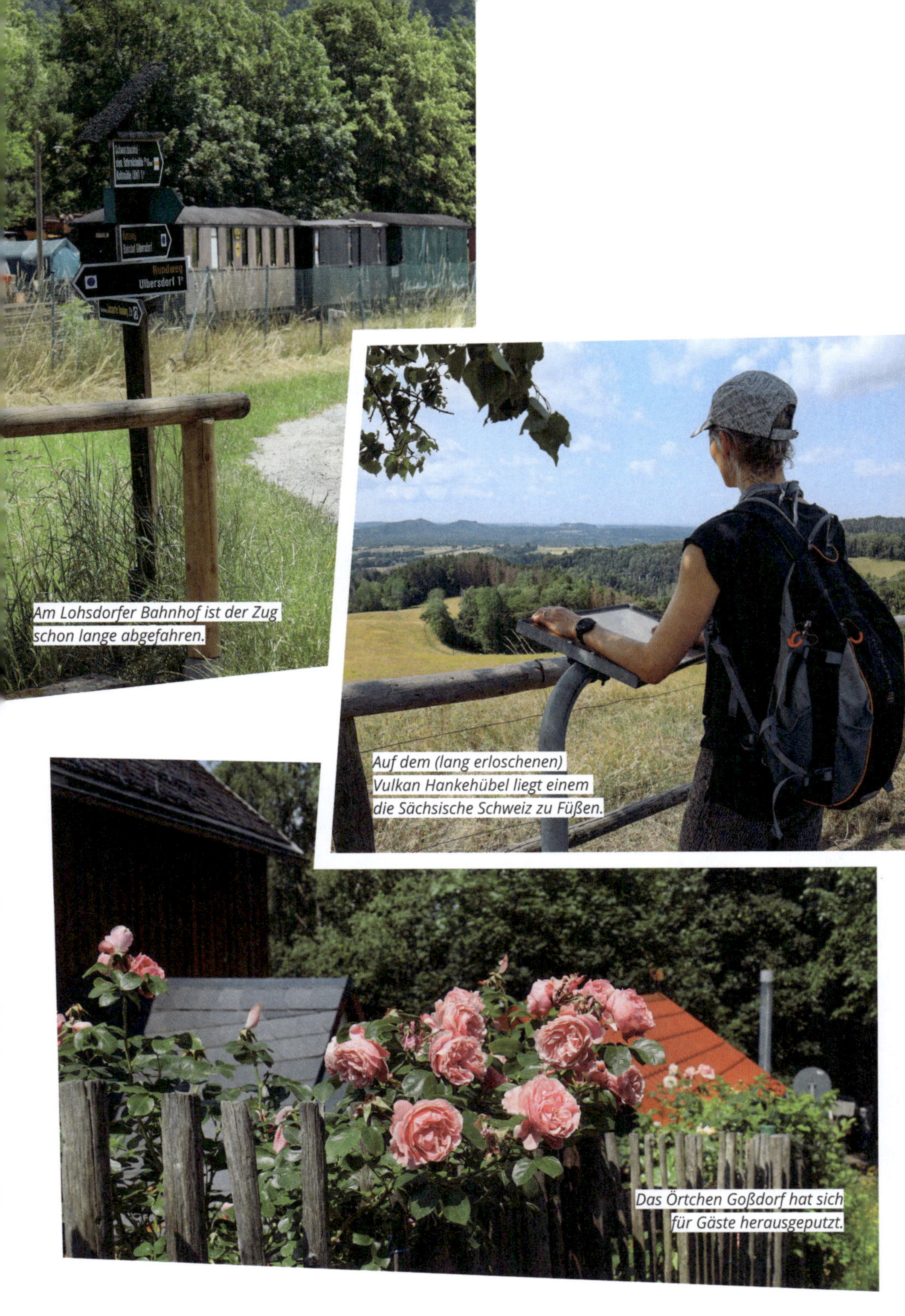

Am Lohsdorfer Bahnhof ist der Zug schon lange abgefahren.

Auf dem (lang erloschenen) Vulkan Hankehübel liegt einem die Sächsische Schweiz zu Füßen.

Das Örtchen Goßdorf hat sich für Gäste herausgeputzt.

WANDERN & GENIESSEN

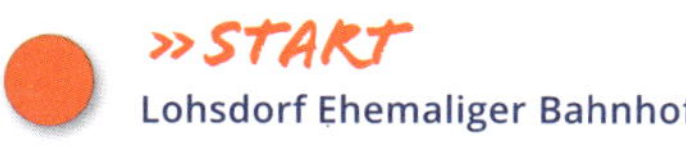

Lohsdorf Ehemaliger Bahnhof

Direkt neben der Haltestelle für die Regionalbusse in Lohsdorf (Linie 235, 236, 237) liegt ein gebührenfreier Wanderparkplatz.

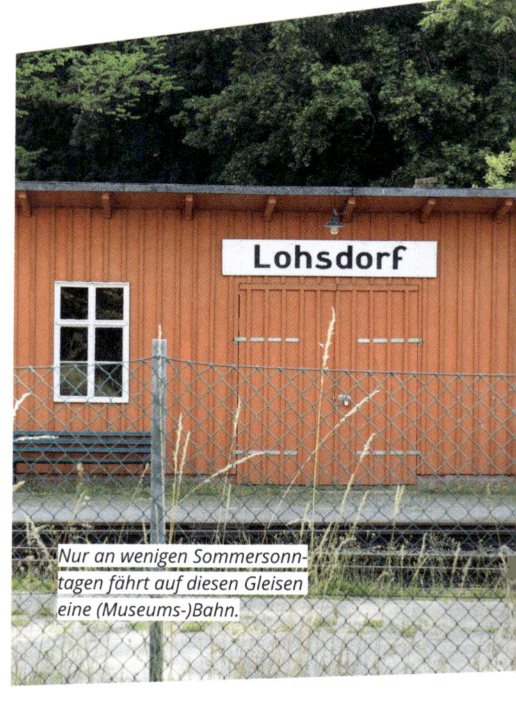

Nur an wenigen Sommersonntagen fährt auf diesen Gleisen eine (Museums-)Bahn.

Tschuh-tschuh! Die Lohsdorfer halten ihre Schmalspurbahn eisern am Leben.

KM 0,1

1 Alter Bahnhof in Lohsdorf

Zeitfenster in die Vergangenheit

Eine Einstimmung in diese Wandertour gibt das alte Bahnhofsgelände gleich gegenüber vom Parkplatz, das die Mitglieder des Vereins Schwarzbachbahn e. V. originalgetreu wieder aufgebaut haben – samt der historischen Dampfloks. (www.schwarzbachbahn.de)

Von hier aus geht es auf dem Weg mit dem gelben Strich hinein ins Schwarzbachtal. Ab jetzt führt er immer entlang des Schwarzbachs und der alten Eisenbahnstrecke; der Bahntunnel markiert eine Möglichkeit, am anderen Flussufer weiterzulaufen, was genauso erlaubt ist.

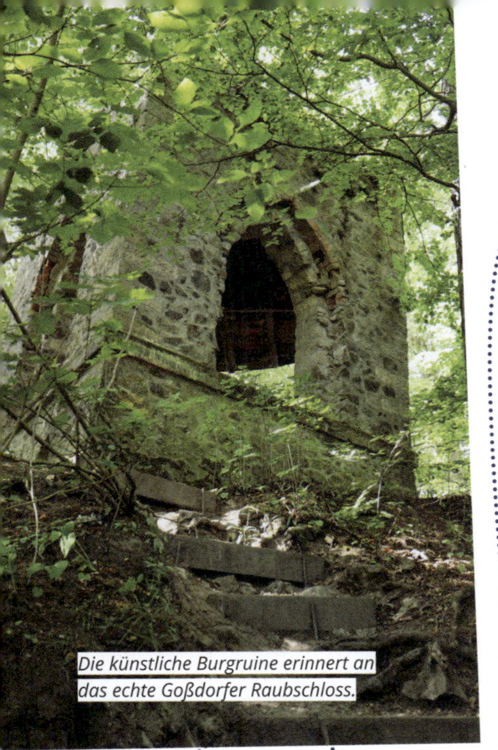

Die künstliche Burgruine erinnert an das echte Goßdorfer Raubschloss.

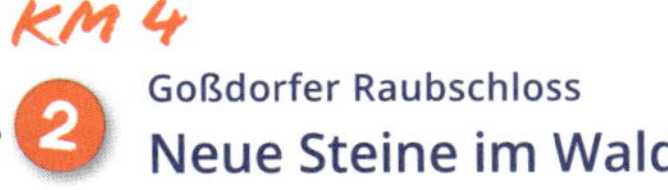

2

Goßdorfer Raubschloss

Neue Steine im Wald

Aus dem kühlen Schwarzbachtal geht es über viele Stufen hoch hinauf zu den Ruinen einer alten Raubritterburg, die den perfekten Platz für ein erstes Picknick bieten. Wobei das Goßdorfer Raubschloss, auch bekannt als Burg Schwarzberg, ehrlicherweise gar nicht so alt ist: Es handelt sich um künstliche Ruinen, errichtet aber in Erinnerung an die echte Burg, die hier im 12. Jahrhundert vom Geschlecht der böhmischen Duba errichtet wurde.

Auf steinigen und zuweilen recht herausfordernden Pfaden führt der ausgeschilderte Weg auf dem Felsengrat nach Westen, bis sich die weite Ebene von Goßdorf öffnet.

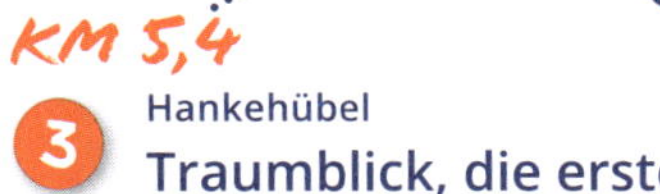

3

Hankehübel

Traumblick, die erste

Der sanfte Aufstieg auf diese unscheinbare, kleine Kuppe eröffnet ein Panorama, das vollkommen unerwartet kommt: gut, dass hier eine Bank bereitsteht. Es soll Wandergruppen geben, die hier ganz ungeplant eine Stunde sitzen bleiben. So viel ist ringsherum zu sehen: im Westen Lilienstein und Königstein, im Süden ganz groß der Adamsberg bei Altendorf, im Osten die drei Steine rund um Pfaffendorf, der Große Winterberg und schließlich der Tanzplan an der tschechischen Grenze.

Zurück auf dem Feldweg, biegt man dann links bergab nach Goßdorf ein. Die Ortsmitte mit ihren hübschen kleinen Häusern erreicht man, indem man dem Wegweiser zum Freibad folgt. Hinter dem Freibad geht es bergauf vorbei am Lehrpfad mit historischen Landwirtschaftsmaschinen (und Pferdeparkplatz), dann zeigt ein Wegweiser nach links den Abstecher zur Goßdorfer Perle an.

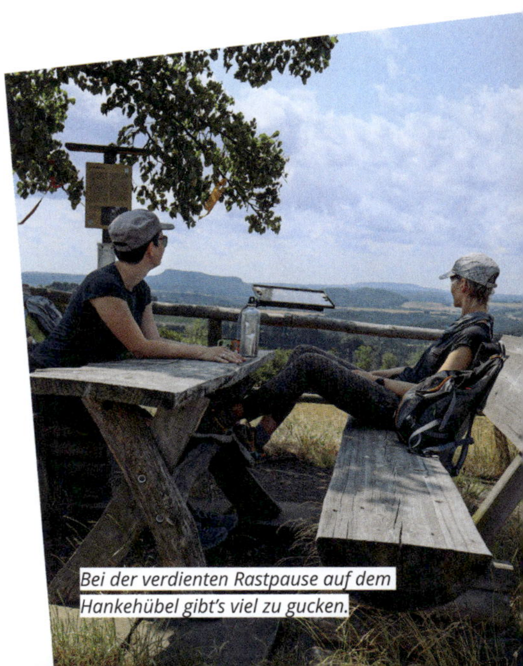

Bei der verdienten Rastpause auf dem Hankehübel gibt's viel zu gucken.

KM 6,8

4 Goßdorfer Perle

Regionale Kunst, mal anders

Ein interessantes Kunstwerk hat die Gemeinde Goßdorf am Ortsrand versteckt; mit Blick auf die Wälder im Elbtal steht hier unter einem Schutzdach ein äußerst ungewöhnlicher Globus der Sächsischen Schweiz – er zeigt Highlights wie Barbarine und Bastei, aber auch Attraktionen der näheren Umgebung wie das Goßdorfer Raubschloss und das Schwarzbachtal. Drehen lohnt sich!

Es geht zunächst zurück auf dem Feldweg und dann weiter geradeaus nach Norden zum Ortsausgang, wo der Aufstieg auf den Gickelsberg ausgeschildert ist.

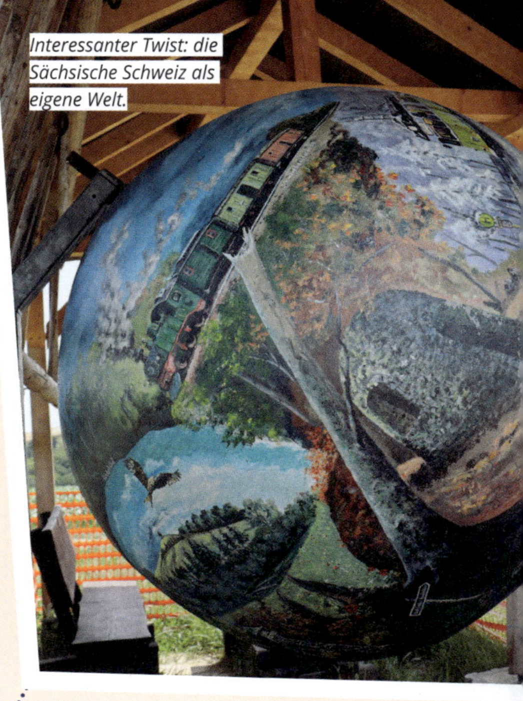

Interessanter Twist: die Sächsische Schweiz als eigene Welt.

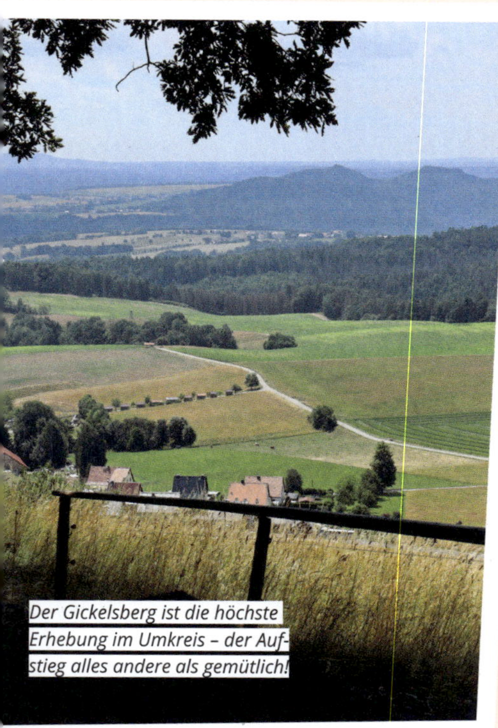

Der Gickelsberg ist die höchste Erhebung im Umkreis – der Aufstieg alles andere als gemütlich!

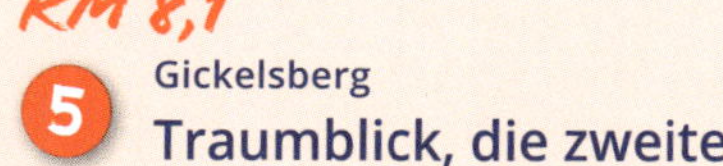

KM 8,1

5 Gickelsberg

Traumblick, die zweite

Die Picknickbank auf dem Gipfel bietet Gelegenheit für eine letzte Verschnauf- und Rastpause vor dem Rückweg nach Lohsdorf. Wie seine vielen Namensvettern hat auch dieser Gickelsberg seine Bezeichnung ganz klassisch vom Wort »gucken« erhalten – und was sich hier für ein Blick bietet, sobald man den enorm steilen Aufstieg auf den 414 Meter hohen Überrest eines Vulkankegels geschafft hat!

Von der Picknickbank führt ein Trampelpfad weiter über die Bergkuppe und wieder hinunter. Dann geht es nach links sanft bergab über Wiesen und Felder auf dem rot markierten Lohsdorfer Rundweg, bis sich am Horizont die Häuser von Lohsdorf zeigen.

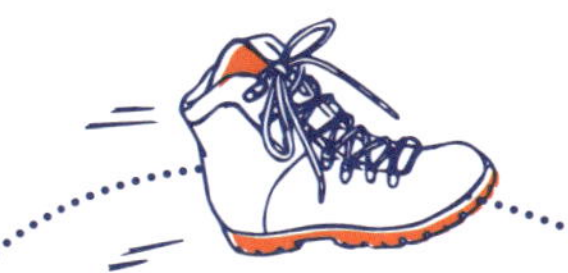

KM 10,1

6 Landgasthaus zum Schwarzbachtal
Kulinarisches i-Tüpfelchen

Am Dorfplatz wartet der perfekte Abschluss für diese Wanderung, allerdings nur, wenn man vorgeplant hat: Wer die leckeren Speisen im liebevoll gestalteten Landgasthaus genießen möchte, der muss telefonisch vorbestellen! Nach dem Essen keine Lust zum Aufstehen? Vielleicht einfach dableiben und es sich in einem der schön eingerichteten, gemütlichen Pensionszimmer gemütlich machen. Aber Achtung, es gibt nur vier davon und die sind sehr begehrt! (www.schwarzbachtal.de)

Mit gut gefülltem Bauch muss man nur noch über die Straße rollen, wo entweder das geparkte Auto oder der Bus zurück warten.

EXTRA INFOS:

Bei heißem Wetter beschert das ● **Freibad Goßdorf** eine willkommene Abkühlung: Es liegt direkt an der Wanderroute und bietet mit einem großen Becken, einer Liegewiese und einem Kiosk mit Erfrischungen alles, was erschöpfte Wandernde brauchen. (www.gossdorf-sachsen.de/badverein)

Für den Besuch auf dem ● **Bauernhof Hausdorf,** gleich am Ortseingang von Goßdorf, sollte man Bargeld dabeihaben: Hier warten in einem Schaukasten viele bunte Häkeltiere auf neue Besitzer. Wohnen kann man hier übrigens auch. (www.ferienwohnung-hausdorf.de)

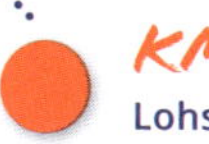

KM 10,3 » ZIEL

Lohsdorf Ehemaliger Bahnhof

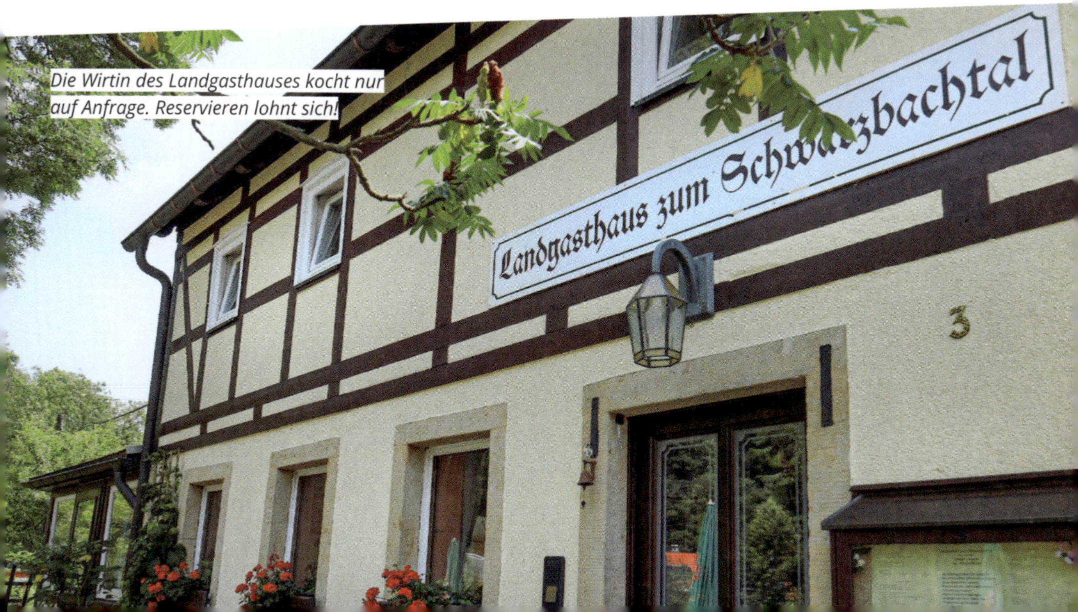

Die Wirtin des Landgasthauses kocht nur auf Anfrage. Reservieren lohnt sich!

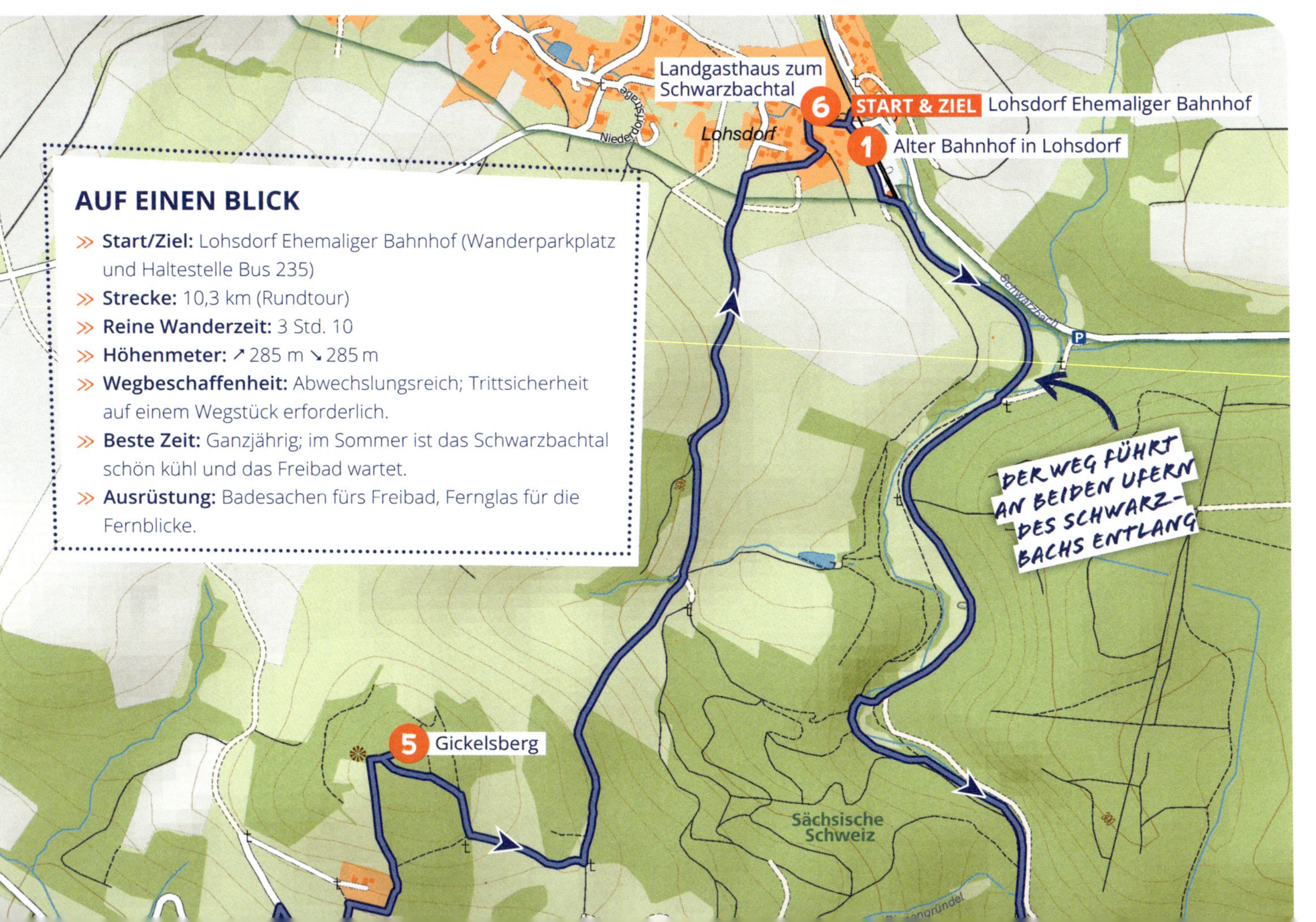

AUF EINEN BLICK

- **Start/Ziel:** Lohsdorf Ehemaliger Bahnhof (Wanderparkplatz und Haltestelle Bus 235)
- **Strecke:** 10,3 km (Rundtour)
- **Reine Wanderzeit:** 3 Std. 10
- **Höhenmeter:** ↗ 285 m ↘ 285 m
- **Wegbeschaffenheit:** Abwechslungsreich; Trittsicherheit auf einem Wegstück erforderlich.
- **Beste Zeit:** Ganzjährig; im Sommer ist das Schwarzbachtal schön kühl und das Freibad wartet.
- **Ausrüstung:** Badesachen fürs Freibad, Fernglas für die Fernblicke.

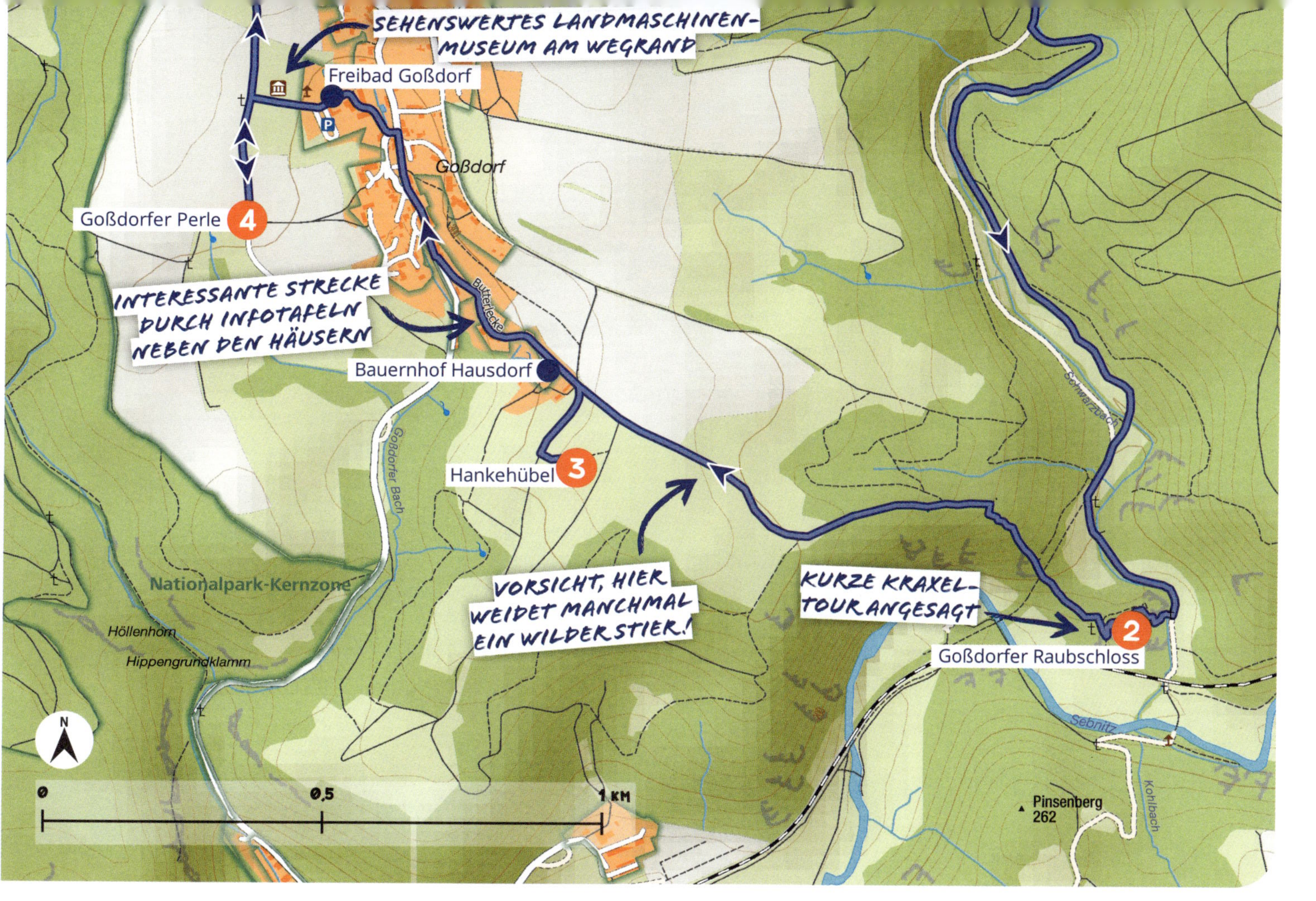

SEHENSWERTES LANDMASCHINEN-MUSEUM AM WEGRAND
Freibad Goßdorf
Goßdorf
Goßdorfer Perle
4
INTERESSANTE STRECKE DURCH INFOTAFELN NEBEN DEN HÄUSERN
Butterlecke
Bauernhof Hausdorf
Goßdorfer Bach
Hankehübel
3
Schwarzbach
VORSICHT, HIER WEIDET MANCHMAL EIN WILDER STIER!
KURZE KRAXEL-TOUR ANGESAGT
2
Goßdorfer Raubschloss
Sebnitz
Kohlbach
Pinsenberg 262
Nationalpark-Kernzone
Höllenhorn
Hippengrundklamm
N
0
0,5
1 KM

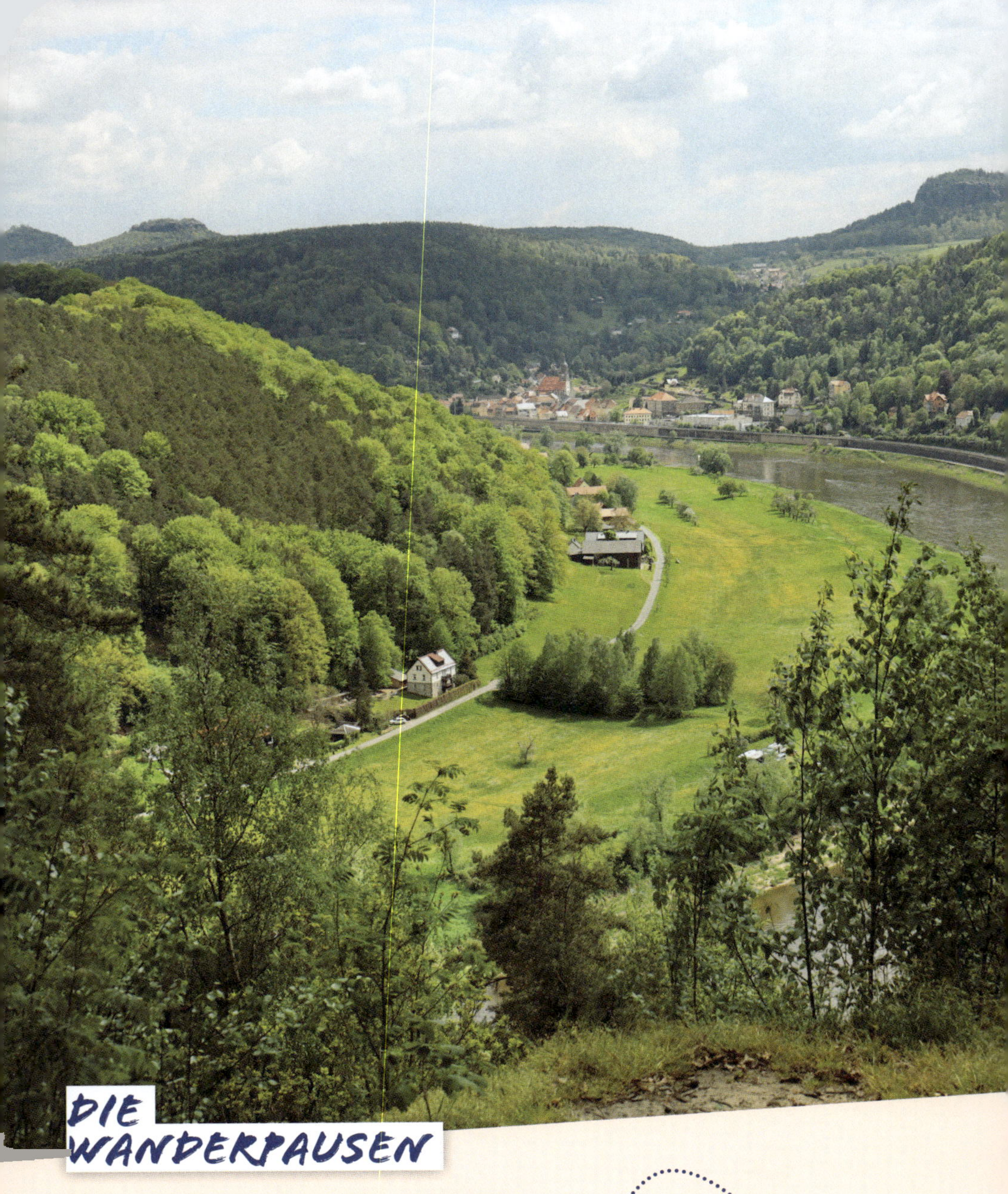

Die Wanderpausen

» Start
S-Bahnhof Königstein

KM 1,4
1 Abratzky-Kamin
Steiles Stück

KM 2,4
2 Festung Königstein
Hinauf geht's!

KM 5
3 Adoratio Schokoladenkuns
Süße Pause

8 KÖNIGLICHE AUSBLICKE

Von Königstein nach Thürmsdorf

Die aus der Ebene aufragenden Tafelberge sind das Sinnbild der Sächsischen Schweiz. Zwei sehr verschiedene verbindet diese Tour, die rund um die trutzige Festung Königstein und dann hoch über der Elbe zum Kleinen Bärenstein führt.

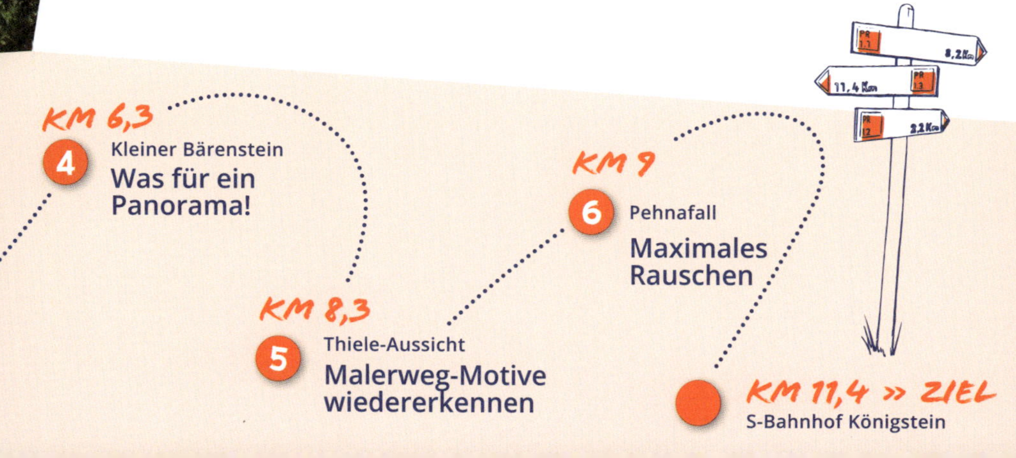

SIE KÖNNTEN NICHT UNTER-SCHIEDLICHER AUSSEHEN, ...

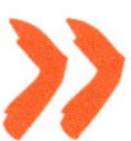

... der seit Jahrhunderten von wehrhaften Festungsmauern gekrönte Königstein und der nur 5 Kilometer entfernte Kleine Bärenstein, der zu Kletterabenteuern einlädt.

Verbunden werden sie durch das Örtchen Thürmsdorf, das eingebettet in eine Flussbiegung der Elbe abseits der Hauptwanderwege im Dornröschenschlaf liegt. Das Schloss mit seinem romantischen Park passt wundervoll dazu und nebenan zieht die **Schokoladenmanufaktur Adoratio** mit ihren Kaffee- und Kakaokreationen Naschkatzen aus Nah und Fern an. Die Aussicht auf Süßes beflügelt beim steilen Aufstieg auf dem Malerweg von **Königstein** hinauf zur gleichnamigen **Festung.** Und beim königlichen Ausblick vom kaum begangenen Patrouillenweg auf die Elbbiegung mit dem Lilienstein ist sowieso jede Anstrengung vergessen.

WENN DER PATROUILLENWEG EINE KURVE BESCHREIBT, ÖFFNET SICH DER BLICK GANZ WUNDERBAR AUF DIE ELBE

Unterwegs durch das von Buchen begrünte Waldbachtal trifft man kaum andere Wandernde; das ändert sich erst, wenn man das Schloss Thürmsdorf erreicht. Gleich nach dem Schlosspark verwandelt sich die sanfte Szenerie: Nun geht es einige Stufen hinauf zum Felsmassiv des **Kleinen Bärensteins**. Nach 5 Kilometern über Waldwege und Straßen seufzt man hier verzückt auf: endlich Sandsteine! Moosbedeckte, frisch auseinandergebrochene Felsbrocken erheben sich aus dem Dickicht und wecken bei den einen Ehrfurcht, bei den anderen Kraxelfreude. Dabei geht es stetig bergauf, sogar einige kurze Leitern sind zu bezwingen. Jeder Tropfen Schweiß lohnt sich für den Blick vom 338 Meter hohen Gipfel. Das Panorama reicht von der Basteibrücke und dem gegenüberliegenden Großen Bärenstein zur Linken über die Schrammsteine und den markanten Falkenstein bis rüber zur Kaiserkrone bei Schöna – und natürlich zur Festung Königstein.

Der Abstieg durch das gruselig enge Schneiderloch ist die letzte Mutprobe, aber nicht die letzte Attraktion! Am Feldrain entlang warten noch einige malerische Hingucker wie die **Thiele-Aussicht** und der **Pehnafall,** bevor der Elbradweg erreicht ist, der am Flussufer entlang zurück nach Königstein führt. «

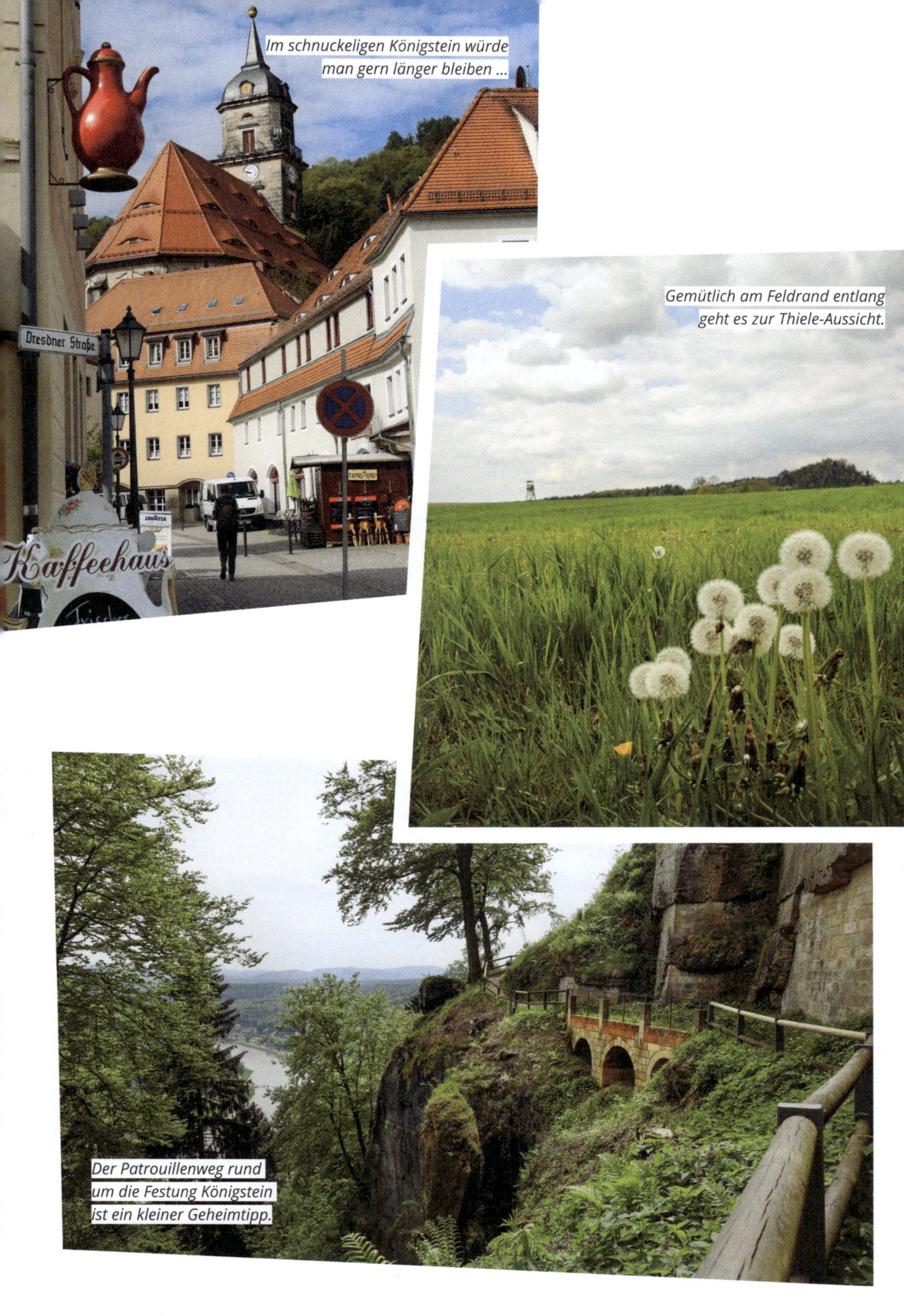

Im schnuckeligen Königstein würde man gern länger bleiben ...

Gemütlich am Feldrand entlang geht es zur Thiele-Aussicht.

Der Patrouillenweg rund um die Festung Königstein ist ein kleiner Geheimtipp.

WANDERN & GENIESSEN

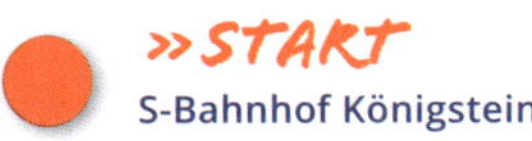

S-Bahnhof Königstein

Vom S-Bahnhof Königstein führt der Weg über den hübschen Marktplatz vorbei an der Dorfkirche und biegt dann an einer unauffälligen (aber gut ausgeschilderten) Hausecke steil nach oben ab – hier führt der Malerweg zur Festung Königstein. Wer die Steigung scheut, kann auch unten am Reißigerplatz in den roten »Festungsexpress« steigen, der Gäste hinauf zur Festung Königstein bringt. Aber was würde man da verpassen!

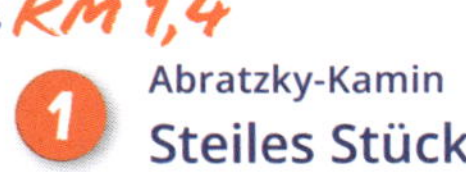

Abratzky-Kamin

Steiles Stück

200 Meter hinter einem gelben Gästehaus führt rechts ein unmarkierter Pfad steil am Hang hoch zur Friedrichshalle, einer offenen Höhle aus riesigen Sandsteinblöcken. Über einige alte Steinstufen geht es weiter hinauf: eine Abkürzung zum Patrouillenweg. Dort rechts halten, ein paar Schritte weiter kennzeichnet ein Hinweisschild den Felsspalt, wo der Schornsteinfegergeselle Sebastian Abratzky im Jahr 1848 die uneinnehmbaren Mauern der Festung Königstein erkletterte; angeblich, um den Eintritt zu sparen. Das Klettern im Abratzky-Kamin ist im Prinzip gestattet, allerdings nur ohne Übersteigen der Brustwehr. Denn das Betreten der Festung auf diese Weise ist heute wie damals verboten.

Weiter dem Patrouillenweg um die Kurve folgen, immer an den Festungsmauern entlang – der Weg lässt sich nicht verfehlen.

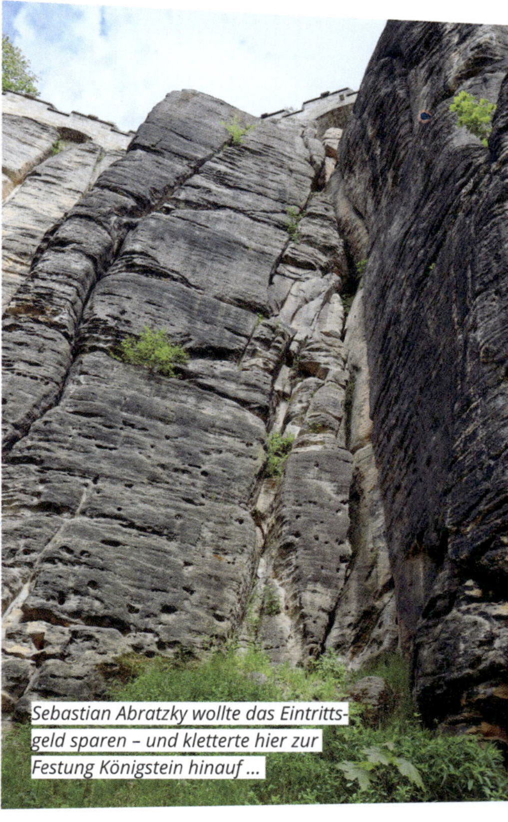

Sebastian Abratzky wollte das Eintrittsgeld sparen – und kletterte hier zur Festung Königstein hinauf …

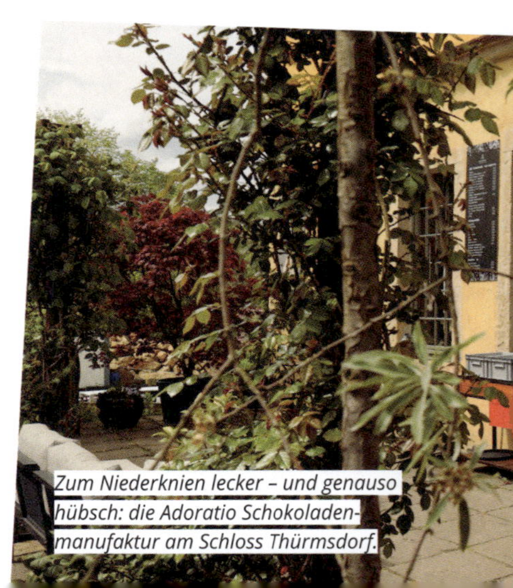

Zum Niederknien lecker – und genauso hübsch: die Adoratio Schokoladenmanufaktur am Schloss Thürmsdorf.

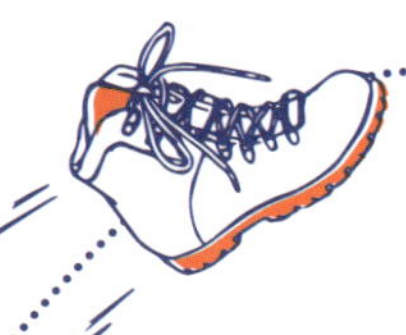

KM 2,4

2 Festung Königstein
Hinauf geht's!

Der Panorama-Aufzug ist unbestritten die spektakulärste Möglichkeit, auf die Festung Königstein zu gelangen; aber auch der Fußweg hat seine Vorteile, führt er doch durch das beeindruckend gesicherte Medusentor mit seinem Bärenzwinger und dem finsteren Torhaus. Der Blick vom Seigerturm lohnt sich, auch die Magdalenenburg mit dem riesigen Weinfass im Keller und den zweittiefsten Brunnen Deutschlands sollte man sich anschauen, wenn man schon mal hier ist. (www.festung-koenigstein.de)

Vom Besucherparkplatz vor der Festung geht es nach rechts ins Tal, an der Straße entlang zum Parkhaus (oder man lässt sich von der Bimmelbahn hinfahren, wenn die Füße schmerzen). Dann weiter dem roten Punkt bergab nach Thürmsdorf folgen.

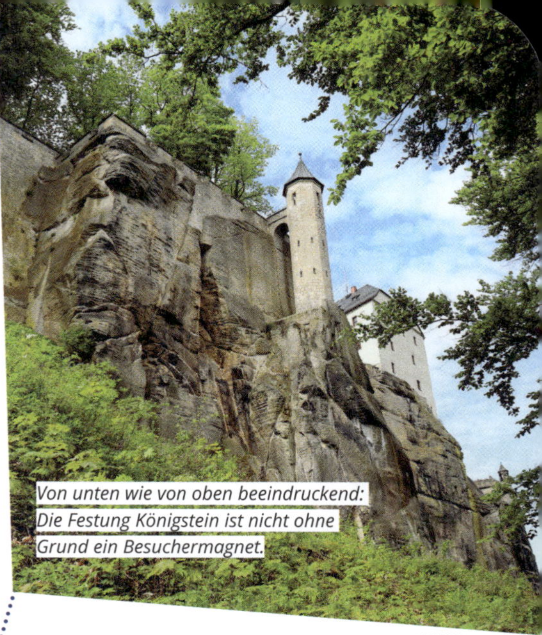

Von unten wie von oben beeindruckend: Die Festung Königstein ist nicht ohne Grund ein Besuchermagnet.

KM 5

3 Adoratio Schokoladenkunst
Süße Pause

Die Trinkschokoladen- und Kaffeekreationen der Schokoladenmanufaktur sind in der ganzen Sächsischen Schweiz berühmt und müssen natürlich in Ruhe probiert werden. Zum Glück ist genug Zeit für eine geruhsame Kaffeepause (Tipp: das persische Kaffeegewürz probieren!). Der verwunschene Park von Schloss Thürmsdorf lädt zum Verdauungsspaziergang ein, eine Einladung, die man nicht ausschlagen sollte! Zu schön ist es zwischen den Rhododendren und vor allem ganz oben, wo eine Kirche im Grünen wartet mit einem wunderschönen Blick auf den Königstein, den Lilienstein und das nächste Ziel: den Kleinen Bärenstein. (www.adoratio-schokoladenkunst.de, www.schloss-thuermsdorf.de)

Vorbei am Schlossteich und schnell über die Bärensteinstraße (Vorsicht, Autoverkehr!) geht es hinauf auf den Kleinen Bärenstein.

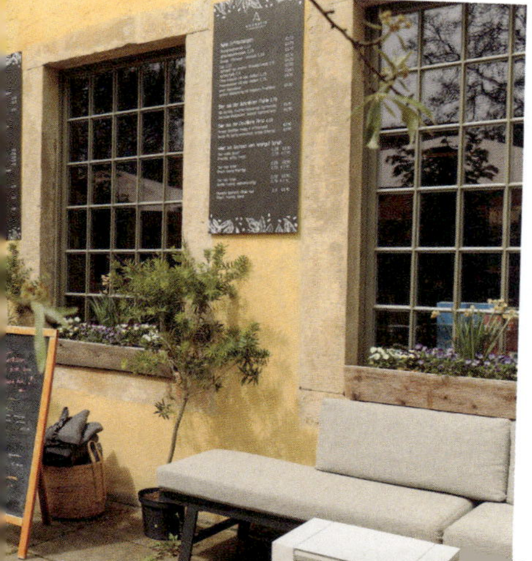

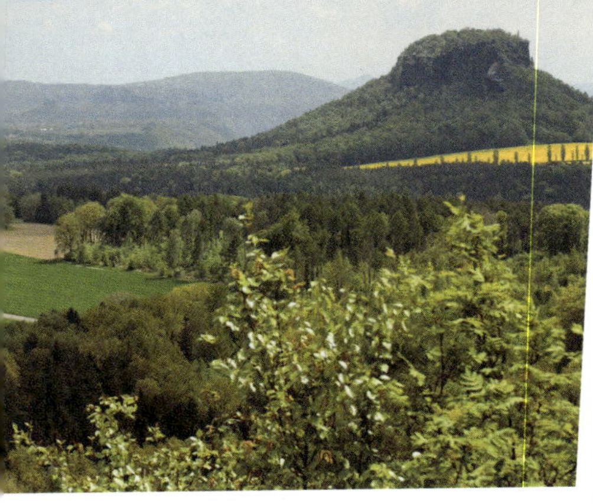

Der großartige Ausblick vom Kleinen Bärenstein reicht von den Tafelbergen bis zur Böhmischen Schweiz.

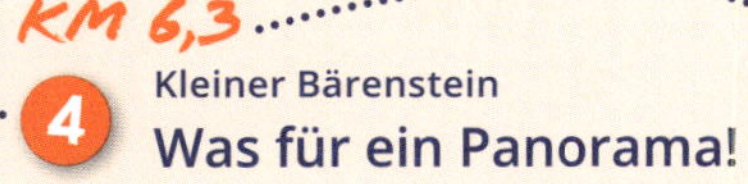

KM 6,3

4 Kleiner Bärenstein

Was für ein Panorama!

Rund 150 Meter hinter der Straße passiert der Weg zwei riesige, aneinander gelehnte Sandsteinblöcke: die Götzingerhöhle. Sie ist nicht allzu groß, hat aber die Ehre, Wilhelm Leberecht Götzinger zur Erforschung der Sächsischen Schweiz und damit den Beginn des hiesigen Wandertourismus inspiriert zu haben. Sollte es gerade regnen, ist hier die Gelegenheit für ein gemütliches, geschütztes Päuschen. Von der Höhle ist es nicht weit auf den Kleinen Bärenstein, der mit 338 Metern übrigens höher ist als sein Nachbar, der Große Bärenstein. Anders als bei jenem gelangt man über einen gut markierten Pfad auf den Gipfel. Oben wartet ein markanter Felsblock – wer es hinaufschafft, sieht wirklich die gesamte Sächsische Schweiz.

Der Rückweg biegt bald nach links ab – ja, man muss wirklich durch diese Felsspalte nach unten, doch das Schneiderloch braucht weniger Mut als gedacht. Danach führt der Pfad immer sanfter vom Felsen hinab und endet an der Bärensteinstraße, dort nach links, bevor der Weg bald rechts aufs Feld geht. Am Ende rechts dem gelben Strich folgen.

KM 8,3

5 Thiele-Aussicht

Malerweg-Motive wiedererkennen

Dass man hoch über der Elbe unterwegs ist, bemerkt man erst hier vorn, wo die Bäume plötzlich den Blick frei machen auf ein wahrhaft malerisches Panorama – eine Tafel zeigt Kunst-Unkundigen, welches Motiv die Maler der Romantik hier verewigt haben. Gleich neben der komfortablen Picknickbank steht die antikisierende Malerwegkapelle, angelegt als Begräbnisstätte der Familie Biedermann. Die langjährigen Besitzer des Schlosses Thürmsdorf wollten den Ausblick auf die Elbe und die Festung Königstein wohl noch im Tod genießen – man kann es ihnen nicht verdenken. (www.malerwegkapelle.de)

Weiter nach links und dann gleich scharf links auf dem Pehnaberg steil hinab ins Tal.

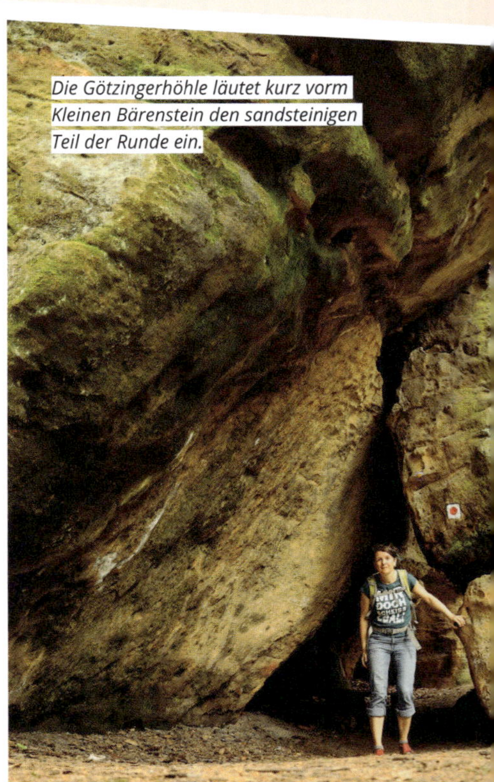

Die Götzingerhöhle läutet kurz vorm Kleinen Bärenstein den sandsteinigen Teil der Runde ein.

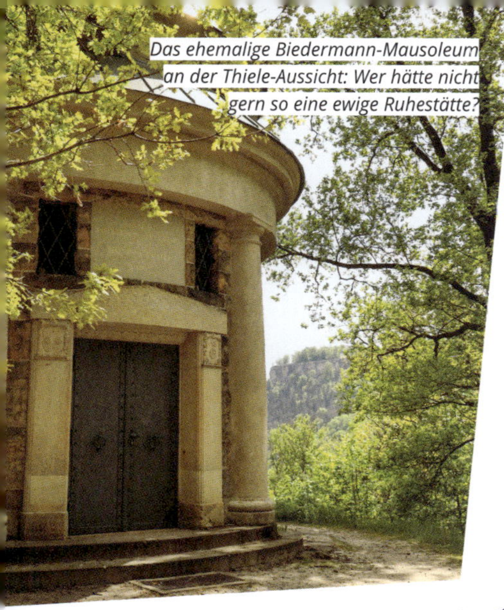

Das ehemalige Biedermann-Mausoleum an der Thiele-Aussicht: Wer hätte nicht gern so eine ewige Ruhestätte?

EXTRA INFOS:

Eine kurze Erholungspause nach dem Trubel auf der Festung Königstein bietet die ● **Eizmanufaktur** am Parkhaus zur Festung, wo auch der Festungsexpress startet. Unglaubliche 365 Eissorten wollen hier probiert werden. (Sa–Do 11–17.30 Uhr)

Vor dem letzten Wegstück entlang der Elbe winkt die Radlergaststätte ● **Kleine Einkehr** am Elberadweg. (www.kleine-einkehr.de)

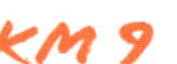

KM 9

6 Pehnafall

Maximales Rauschen

KM 11,4 » ZIEL

S-Bahnhof Königstein

Kennt jemand den höchsten Wasserfall der Sächsischen Schweiz? Schweigen im Wald! Dabei ist er sogar ausgeschildert, gleich neben der Obermühle führt ein Pfad auf steilen Treppen in eine kühle Schlucht. Der 20 Meter tief herabstürzende Wasserstrahl ist beachtlich, wenn der Pehnabach gerade genügend Wasser führt; ab dem Frühsommer ist das nur noch selten der Fall. Tipp: Im »Fensterladen« an der Straßenseite der Mühle werden selbstgemachte Köstlichkeiten und Handwerkskunst gegen Vertrauenskasse angeboten. Vielleicht ein nettes Mitbringsel für Daheimgebliebene?

Am Pehnaberg steil abwärts bis zum (hier leider nicht ganz autofreien) Elberadweg – dieser führt schnurgeradeaus zurück nach Königstein und bietet dabei noch einmal wunderschöne Blicke auf die kleinen Gehöfte am anderen Elbufer und die Kulisse der näher rückenden Stadt Königstein. Der S-Bahnhof liegt direkt am Elberadweg.

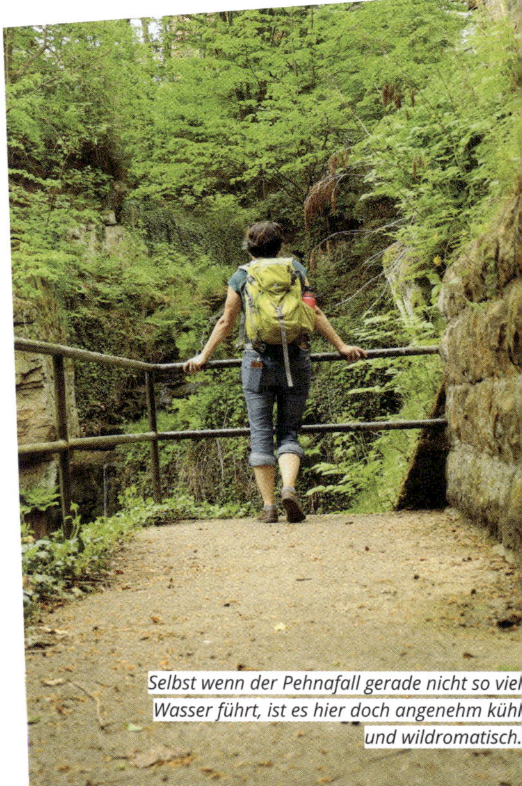

Selbst wenn der Pehnafall gerade nicht so viel Wasser führt, ist es hier doch angenehm kühl und wildromatisch.

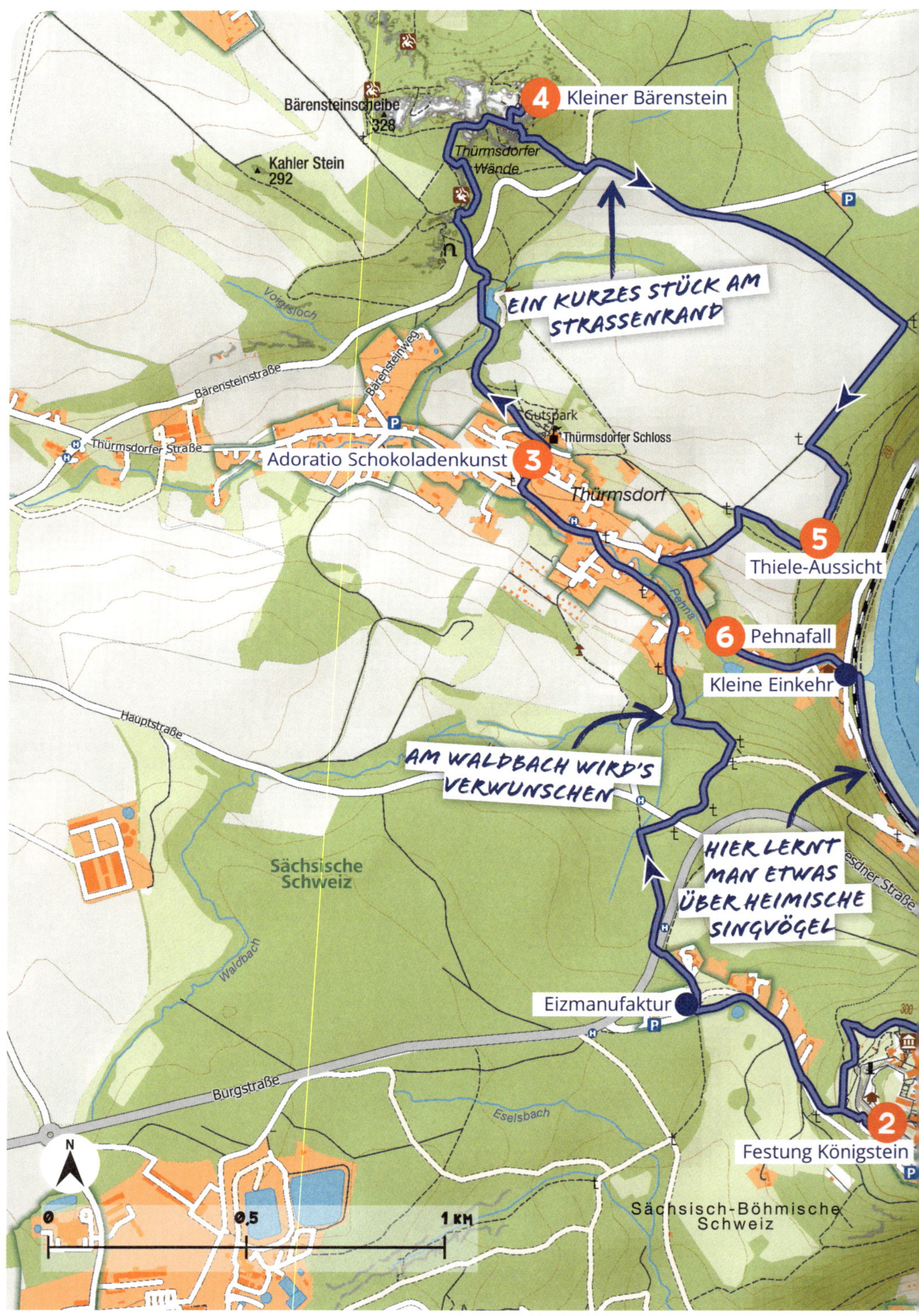

Kleiner Bärenstein
Bärensteinscheibe
328
Kahler Stein
292
Thürmsdorfer Wände
Voigtsloch
EIN KURZES STÜCK AM STRASSENRAND
Bärensteinstraße
Bärensteinweg
Gutspark
Thürmsdorfer Schloss
Thürmsdorfer Straße
Adoratio Schokoladenkunst
Thürmsdorf
Thiele-Aussicht
Pehnafall
Pehna
Kleine Einkehr
Hauptstraße
AM WALDBACH WIRD'S VERWUNSCHEN
HIER LERNT MAN ETWAS ÜBER HEIMISCHE SINGVÖGEL
Dresdner Straße
Sächsische Schweiz
Waldbach
Eizmanufaktur
Burgstraße
Eselsbach
Festung Königstein
Sächsisch-Böhmische Schweiz
0
0,5
1 KM

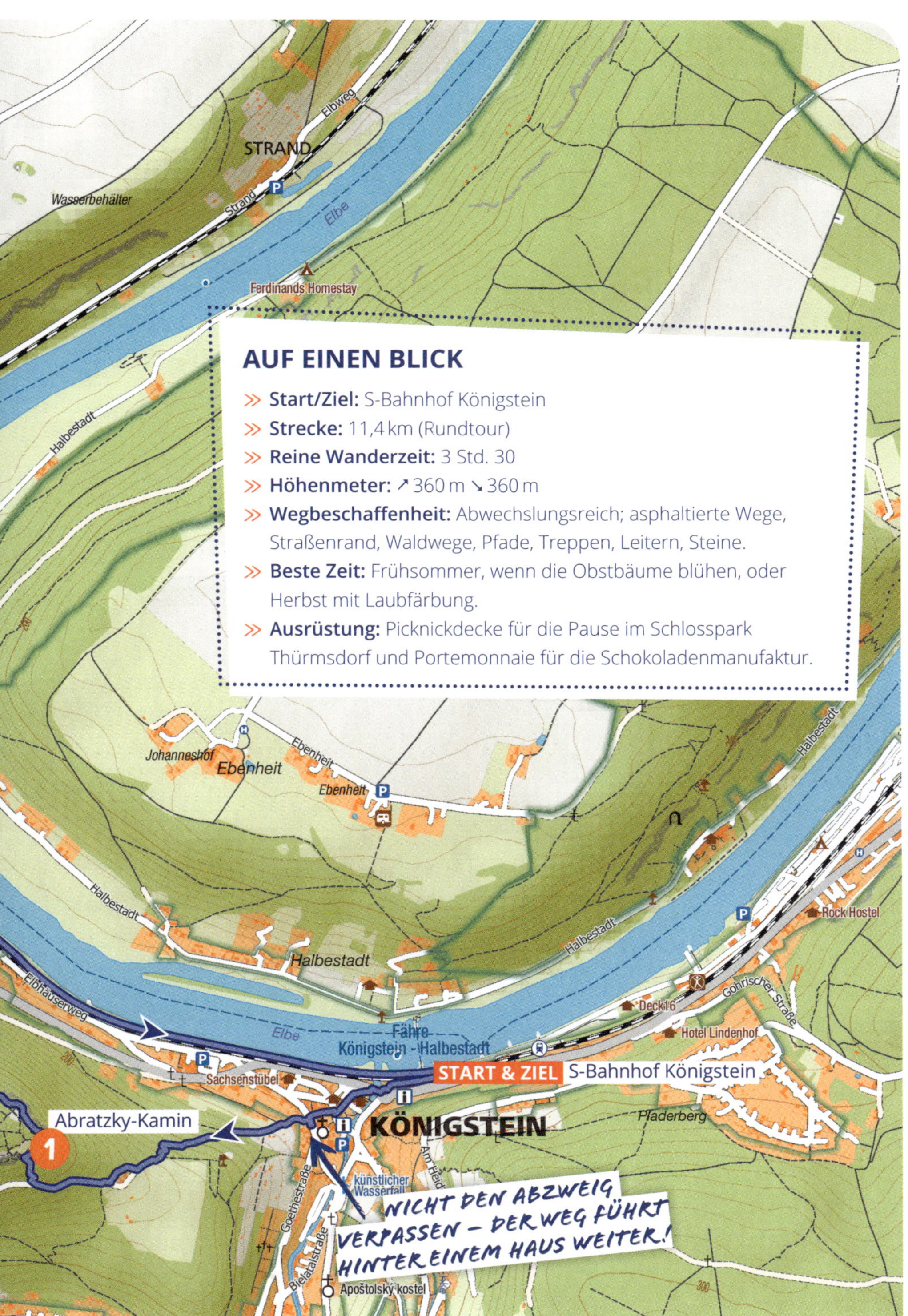

AUF EINEN BLICK

» **Start/Ziel:** S-Bahnhof Königstein

» **Strecke:** 11,4 km (Rundtour)

» **Reine Wanderzeit:** 3 Std. 30

» **Höhenmeter:** ↗ 360 m ↘ 360 m

» **Wegbeschaffenheit:** Abwechslungsreich; asphaltierte Wege, Straßenrand, Waldwege, Pfade, Treppen, Leitern, Steine.

» **Beste Zeit:** Frühsommer, wenn die Obstbäume blühen, oder Herbst mit Laubfärbung.

» **Ausrüstung:** Picknickdecke für die Pause im Schlosspark Thürmsdorf und Portemonnaie für die Schokoladenmanufaktur.

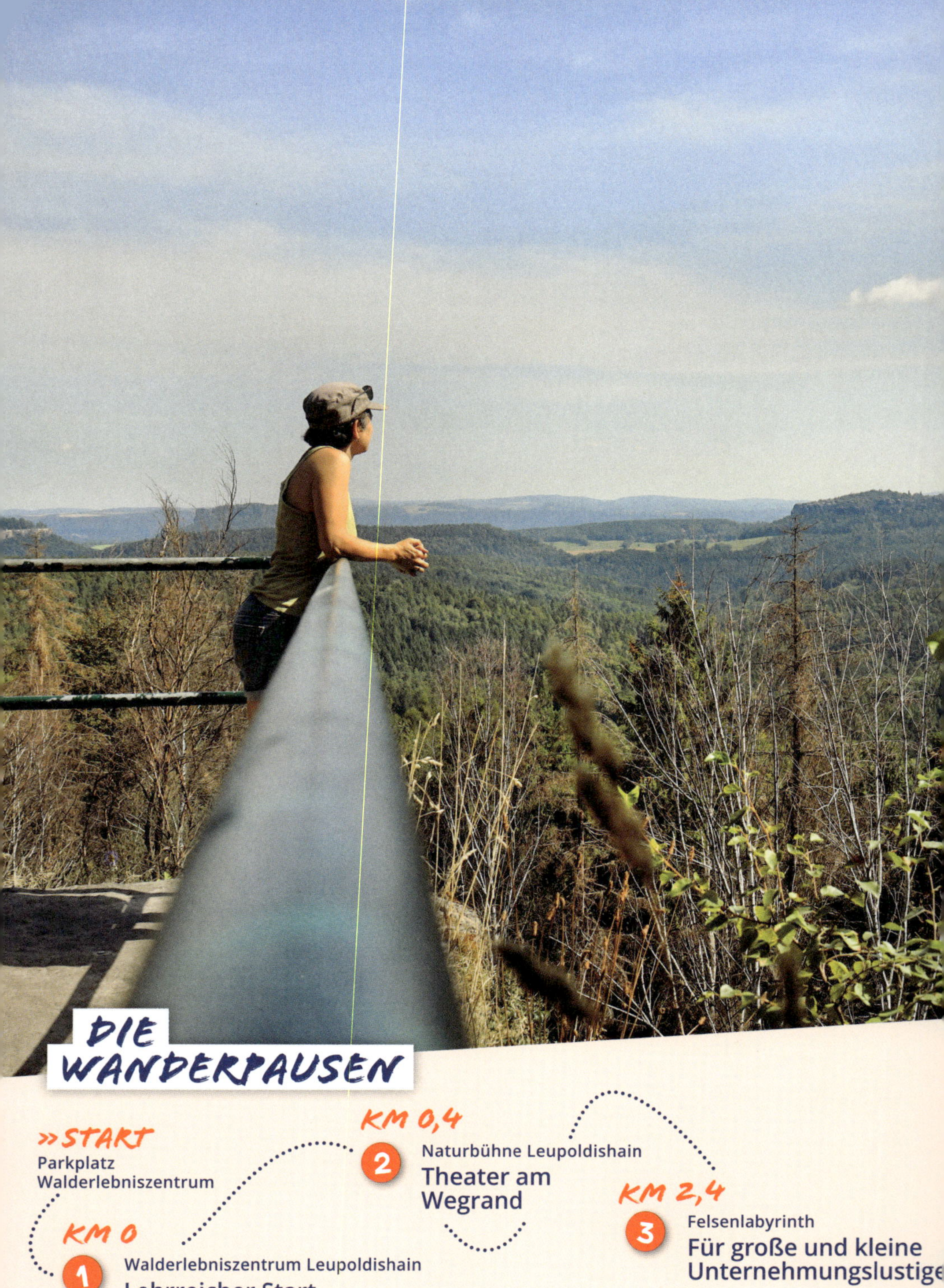

DIE WANDERPAUSEN

» START
Parkplatz Walderlebniszentrum

KM 0
1 Walderlebniszentrum Leupoldishain
Lehrreicher Start

KM 0,4
2 Naturbühne Leupoldishain
Theater am Wegrand

KM 2,4
3 Felsenlabyrinth
Für große und kleine Unternehmungslustige

9 VERSTECKTE SCHÖNHEIT

Von den Nikolsdorfer Wänden zum Felsenlabyrinth

Während jede Familie in Ostsachsen das Felsenlabyrinth bei Leupoldishain kennt und es hier fast immer vor Menschen wimmelt, liegen die benachbarten Nikolsdorfer Wände in tiefster Einsamkeit da – vollkommen unverständlich, aber herrlich!

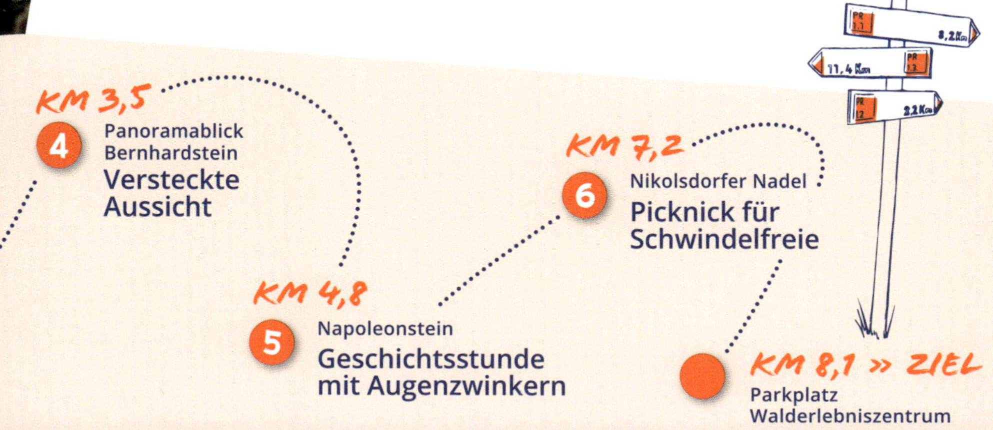

DER GEGENSATZ ZWISCHEN DEN BEIDEN FELSSTÖCKEN, ...

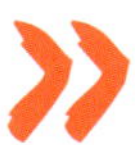

... die nur wenige hundert Meter voneinander entfernt liegen – zwischen den Ortschaften Leupoldishain mit seinem **Walderlebniszentrum** und der **Naturbühne** und Langenhennersdorf –, ist wirklich frappierend: Zum allseits bekannten **Felsenlabyrinth** führen breite Wanderwege, es gibt Wanderparkplätze ringsherum und wenn man nicht wirklich früh am Morgen oder bei richtig schlechtem Wetter herkommt, ist man garantiert nicht allein. Zugegeben: Es macht wirklich großen Spaß, den zerklüfteten Sandstein-Felsblock zu erkunden, der von zahllosen versteckten Pfaden und Tunneln durchzogen ist. Die Begeisterung der Besuchenden ist also verständlich, mit dem Trubel muss man sich abfinden.

BEIM VERSTECKENSPIELEN IN DEN GÄNGEN DES LABYRINTHS ERFASST EINEN EINE KINDLICHE FREUDE

Warum aber kaum einer der hier Anwesenden auf die Idee kommt, seine Kreise ein wenig weiter zu ziehen und ein Stück nach Norden zu laufen, wo die ebenfalls herrlich zerklüfteten Nikolsdorfer Wände mitsamt der **Nikolsdorfer Nadel** im dichten grünen Märchentann liegen? Und auch im Süden und Osten warten aufsehenerregende Entdeckungen mitten im dichten Wald, deren Schönheit man in aller Regel ganz für sich allein genießt. Insider freuen sich leise, dass die kleine Region hartnäckig ein Geheimtipp bleibt. Staunenden Auges und frohen Herzens laufen sie auf dem mit gelben Pinselstrichen markierten Forststeig, der sich als schmales Band zwischen unmöglich geformten Felsblöcken, versteckten Überhängen und atemberaubenden Panoramablicken wie dem **Bernhardstein** entlangwindet. Manchmal möchte man sich kneifen: Schaut da nicht eine Zwergenmütze hinter dem moosbewachsenen Stein hervor? Tatsächlich wurde hier 2012 der Märchenfilm »Schneeweißchen und Rosenrot« gedreht.

Die Region auf der weiten Struppener Ebenheit (so nennt man die flachen Bereiche zwischen den Tafelbergen) hat aber noch mehr zu bieten: Auf den Spuren des französischen Kaisers schaut man hier vom **Napoleonstein** auf alte Schlachtfelder und Verteidigungsanlagen, die die verbündeten Truppen der Russen, Preußen und Österreicher vor dem Zorn des kleinen Herrschers schützen sollten, nachdem er im Jahr 1813 das nahe Dresden verwüstet und besetzt hatte. Auch die neuere Geschichte hat ihre Spuren hinterlassen: Im Norden von Nikolsdorf liegt das riesige Gelände der Wismut AG, einst die größte Arbeitgeberin der Region. Der jahrzehntelange Uranabbau hat deutliche Spuren hinterlassen, die man allerdings nur erkennt, wenn man sie lesen kann. «

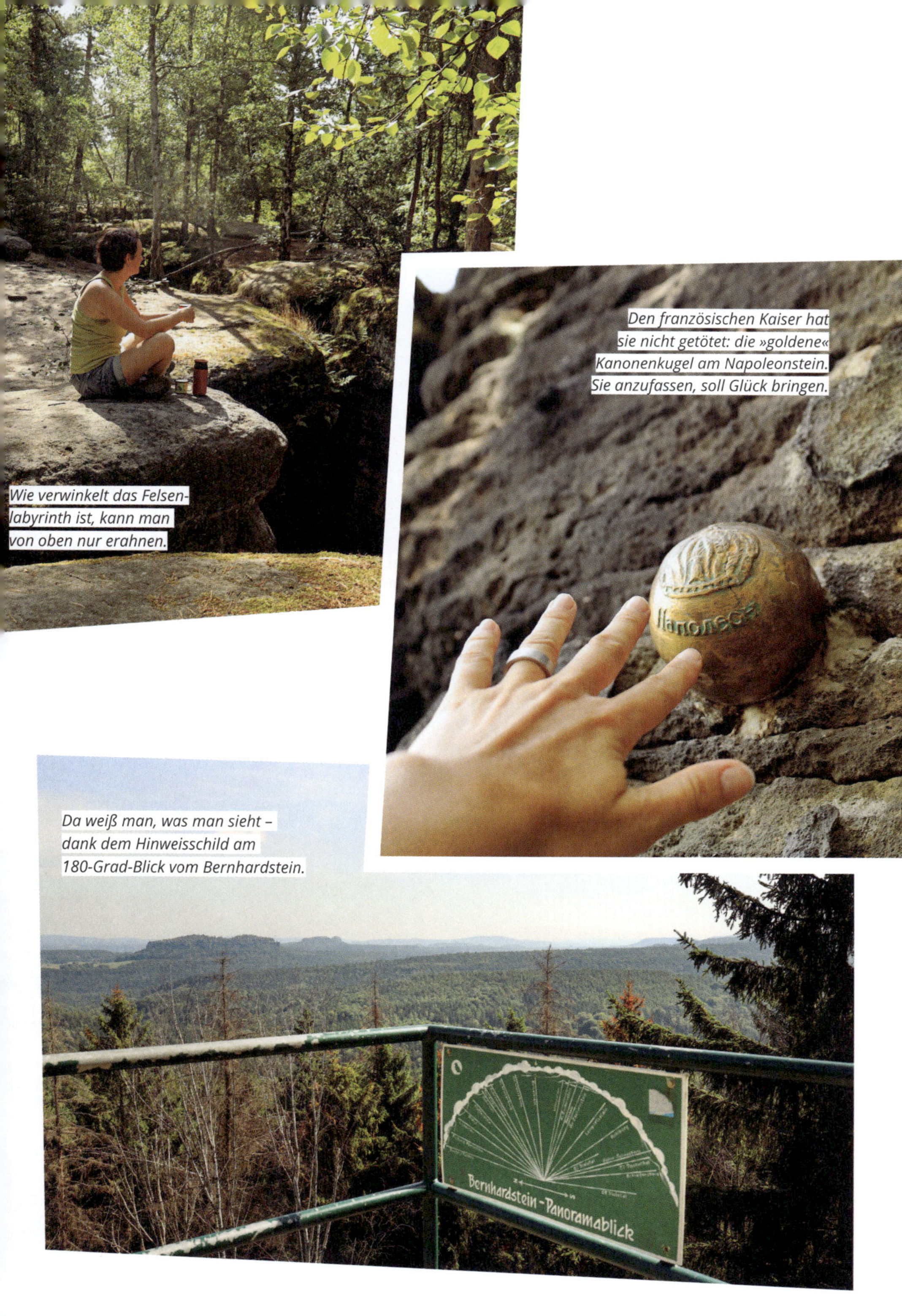

Wie verwinkelt das Felsenlabyrinth ist, kann man von oben nur erahnen.

Den französischen Kaiser hat sie nicht getötet: die »goldene« Kanonenkugel am Napoleonstein. Sie anzufassen, soll Glück bringen.

Da weiß man, was man sieht – dank dem Hinweisschild am 180-Grad-Blick vom Bernhardstein.

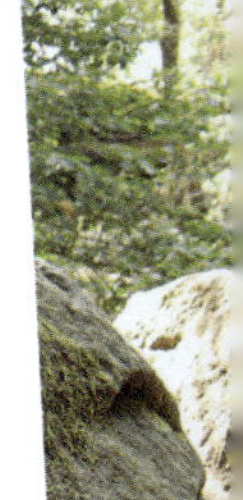

WANDERN & GENIESSEN

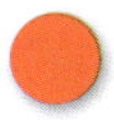

» START

Parkplatz Walderlebniszentrum

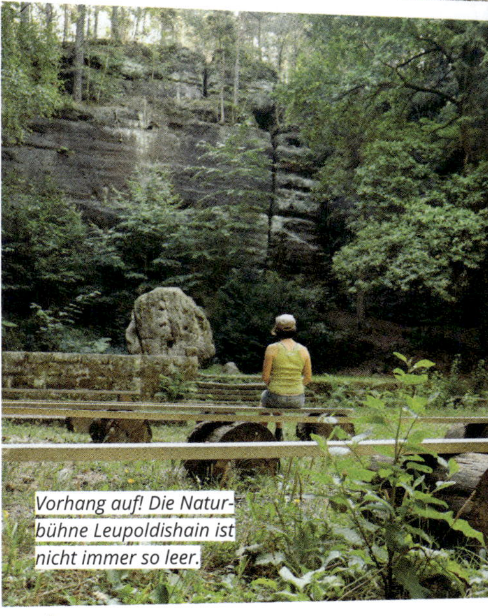

Vorhang auf! Die Naturbühne Leupoldishain ist nicht immer so leer.

KM 0

1 Walderlebniszentrum Leupoldishain

Lehrreicher Start

Es ist klein, aber fein: Direkt beim Wanderparkplatz am Nikolsdorfer Berg betreibt der Forstbezirk Neustadt seit 2011 eine »waldpädagogische Einrichtung«. Die ist nicht nur für Kinder interessant; auf dem kleinen Areal informieren mehrere Schautafeln über das Ökosystem Wald und seine Bewohner, dahinter liegen eine finnische Grillhütte und eine große Forsthütte nebst Barfußpfad, Ameisenlabor und Geschicklichkeitsstation. Zusätzlich bezaubert die Anlage mit einem Panoramablick hinüber zur Festung Königstein. Es wird nicht die letzte tolle Aussicht des Tages sein! Im Walderlebniszentrum kann man übrigens auch übernachten. Ein Biwaklager und eine große Hütte nehmen gern Wandernde auf.

Oberhalb des Walderlebniszentrums biegt der mit gelben Pinselstrichen markierte Forststeig nach rechts von der Straße ab und – aufgepasst! – zweigt sehr bald noch einmal als schmaler Pfad nach rechts in den Wald ab.

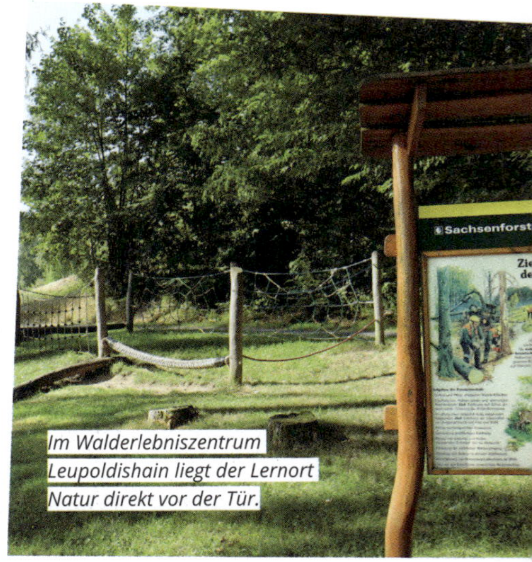

Im Walderlebniszentrum Leupoldishain liegt der Lernort Natur direkt vor der Tür.

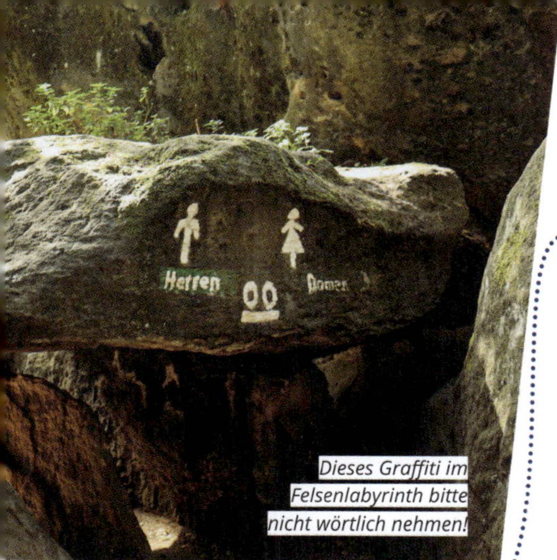

Dieses Graffiti im Felsenlabyrinth bitte nicht wörtlich nehmen!

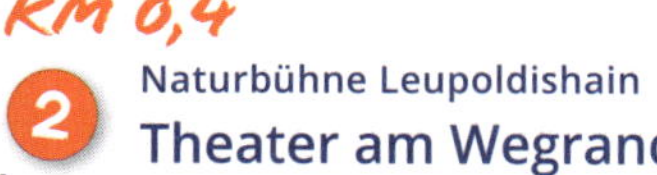

2 Naturbühne Leupoldishain

Theater am Wegrand

Hier beginnt das Märchenland! Der abrupte Eintritt von der Straße ist ebenso überraschend wie das Auftauchen der kleinen Freilichtbühne am Wegrand. Eine Schautafel zeigt, wie groß die Anlage war, als sie 1959 von den Leupoldishainern errichtet wurde. Der Uranhunger der Wismut AG machte allerdings bald einen Rückbau der Bühne notwendig, zu kostbar war das radioaktive Metall im Boden unter diesen Felsen. Davon ist heute nichts mehr zu sehen; man sieht aber auch nicht, wie viel Haldengestein zwischen den Felsen abgeladen wurde, die ursprünglich ein ganzes Stück höher aus dem Boden ragten. Mit viel Glück erwischt man hier eine Theateraufführung oder einen Auftritt des Bergfinken-Chors – ansonsten heißt es, selbst künstlerisch aktiv zu werden.

Der Weg führt links ab durch den Bärsgrund, dann auf dem Forststeig nach Süden. Wo er wieder auf den grünen Punkt trifft, folgt man diesem um den Felsstock herum, bis ein Wegweiser nach rechts bergan zum Labyrinth weist. Hier kann man einen Plan für den richtigen Weg hindurch mitnehmen.

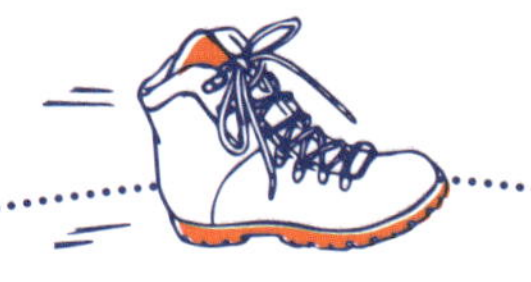

KM 2,4

3 Felsenlabyrinth

Für große und kleine Unternehmungslustige

Das Highlight der Region Leupoldishain hört man meist eher, als dass man es sieht – von außen macht der zerklüftete Felsblock keinen besonderen Eindruck und man würde wohl glatt vorbeilaufen. Aufgeregtes Rufen und Kindergeschrei weisen aber den Weg recht eindeutig, nur der Eingang ist nicht ganz so leicht zu finden. Eine Leiter führt dort steil hinauf zu einer Felsspalte, die breitbeinig und gleichzeitig gebückt durchquert werden muss. Danach wird es leichter; man folgt einfach den aufgemalten Ziffern, die von 1 bis 28 kreuz und quer durch, um und über den Felsstock führen. Ein herrliches Vergnügen (wenn man nicht gerade feststeckt ...)!

Vom Eingang des Labyrinths führt der Forststeig geradeaus bergab und immer weiter nach Süden. Er biegt nach etwa 500 Metern nach rechts ab und führt über eine kurze Treppenanlage zum nächsten Höhepunkt.

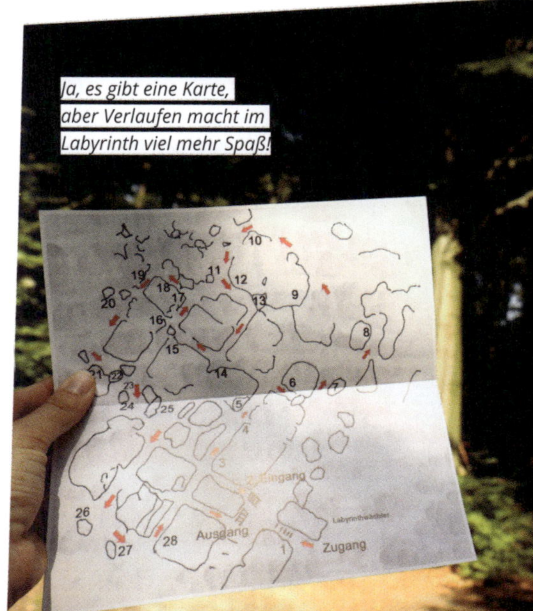

Ja, es gibt eine Karte, aber Verlaufen macht im Labyrinth viel mehr Spaß!

KM 3,5

4 Panoramablick Bernhardstein
Versteckte Aussicht

Es ist mal wieder einer dieser Momente: Man dreht sich um, erblickt das Panorama und muss anschließend daran denken, den Mund wieder zu schließen. Obwohl der eigentliche Bernhardstein noch einige hundert Meter weiter südlich im Wald liegt, ist dieser Ausguck nach ihm benannt. Das Panorama reicht im Halbrund von Nord nach Süd und zeigt sowohl die Festung Königstein und den Lilienstein als auch den Hohen Schneeberg in Tschechien. Gut, dass es hier ein Geländer zum Aufstützen gibt, denn diesen Blick genießt man gern lange und schweigend.

Weiter geht's um den Stein herum und auf den blau-roten Weg. Ein Schild weist dann nach rechts zum Parkplatz Labyrinth. Von dort führt der unmarkierte Weg im Wald weiter, parallel zur Straße, die man nach ca. 300 Metern kreuzt. Auf der anderen Seite kommt bald der nächste Wegweiser.

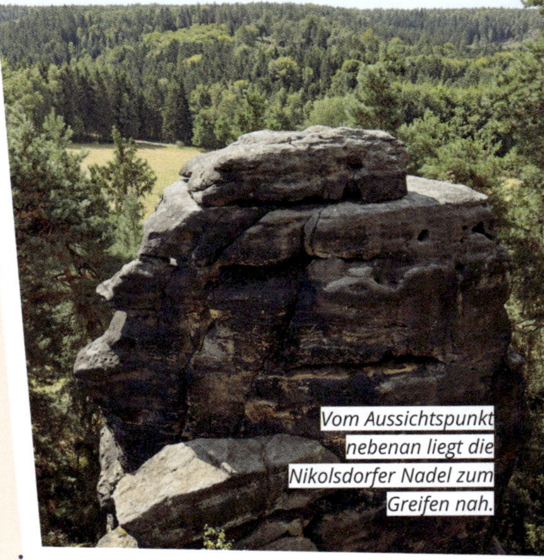

Vom Aussichtspunkt nebenan liegt die Nikolsdorfer Nadel zum Greifen nah.

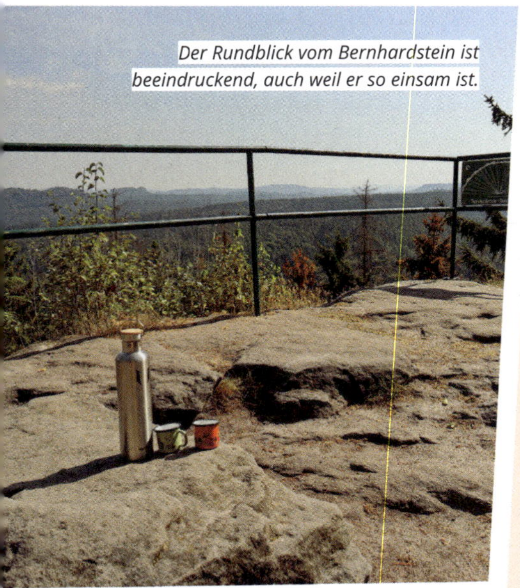

Der Rundblick vom Bernhardstein ist beeindruckend, auch weil er so einsam ist.

KM 4,8

5 Napoleonstein
Geschichtsstunde mit Augenzwinkern

Dass Napoleon hier in der Region nicht unbekannt ist, zeigte schon eine Infotafel am Bernhardstein-Ausblick. Vom Napoleonstein, der einer steil abbrechenden Klippe gleicht, soll der Franzose 1813 den Verlauf einer Schlacht beobachtet haben, als ihn beinahe eine Kanonenkugel getroffen hätte – die seitdem, man lese und staune, hier im Felsen steckt und (natürlich) Glück bringt! Schmunzelnd darf man die goldene Kugel berühren und den Blick von der Rastbank genießen, der allerdings, da er nach Süden geht, nur die sanften Kuppen des Osterzgebirges in der Ferne zeigt.

Durch lichten Wald führt der Weg zurück über die Straße und durchs Gelände des Sachsenforstes. Der danach unmarkierte Pfad biegt nach 400 Metern leicht rechts ab und führt bergab zurück in die Felsenwelt; über gerodete Lichtungen geht es stetig bergab. An der Kreuzung dem grünen Punkt nach rechts folgen, doch bald wieder links abzweigen.

KM 7,2

6 Nikolsdorfer Nadel

Picknick für Schwindelfreie

Hier beginnt wieder das Areal der Nikolsdorfer Wände – am Rand der Kuhweide ragt die Nikolsdorfer Nadel aus dem Wald, die das letzte Highlight werden soll, das jedoch nicht selbst bestiegen wird. Der Weg zu ihr führt über den als Kletterzustieg markierten Pfad um die Weide herum und am Nikolsdorfer Turm vorbei, dann nach rechts und nach einer sehr engen Felsspalte durch ein kleines Loch – danach muss ein kleiner Hang bezwungen werden, bis der Waldweg erreicht ist, der zum Aussichtspunkt führt. Dieser ist nur für Schwindelfreie geeignet, die ohne zitternde Knie an der Felskante sitzen können – und mit Glück die Kletternden beobachten, die die Nikolsdorfer Nadel direkt gegenüber erklimmen.

EXTRA INFOS:

Zum Picknicken gibt es auf dieser Runde reichlich Gelegenheiten, allerdings sitzt man dabei meist auf dem Felsboden. Doch etwa 150 Meter vom Walderlebniszentrum entfernt steht am Wegrand eine breite ● **Picknickbank**, von der man eine perfekte Sicht auf die Festung Königstein und den Lilienstein genießt. Bonus: Eine Toilette wartet gleich am Parkplatz beim Walderlebniszentrum.

Wer die abgeschiedene Felsenwelt ausführlicher erkunden will, sollte sich auf dem kleinen ● **Campingplatz am Nikolsdorfer Berg** niederlassen. Hier kann man auch ein Mobilheim mieten. (www.camping-nikolsdorferberg.de)

Von der Nadelspitze kommend wendet man sich auf dem Waldweg wieder nach rechts und läuft zurück und weiter, bis der grüne Punkt kreuzt. Auf diesem Waldweg geht es dann sanft bergab zum Parkplatz.

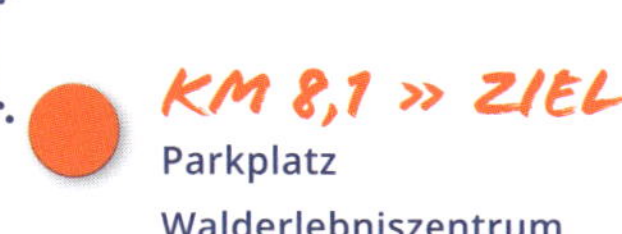

KM 8,1 » ZIEL

Parkplatz Walderlebniszentrum

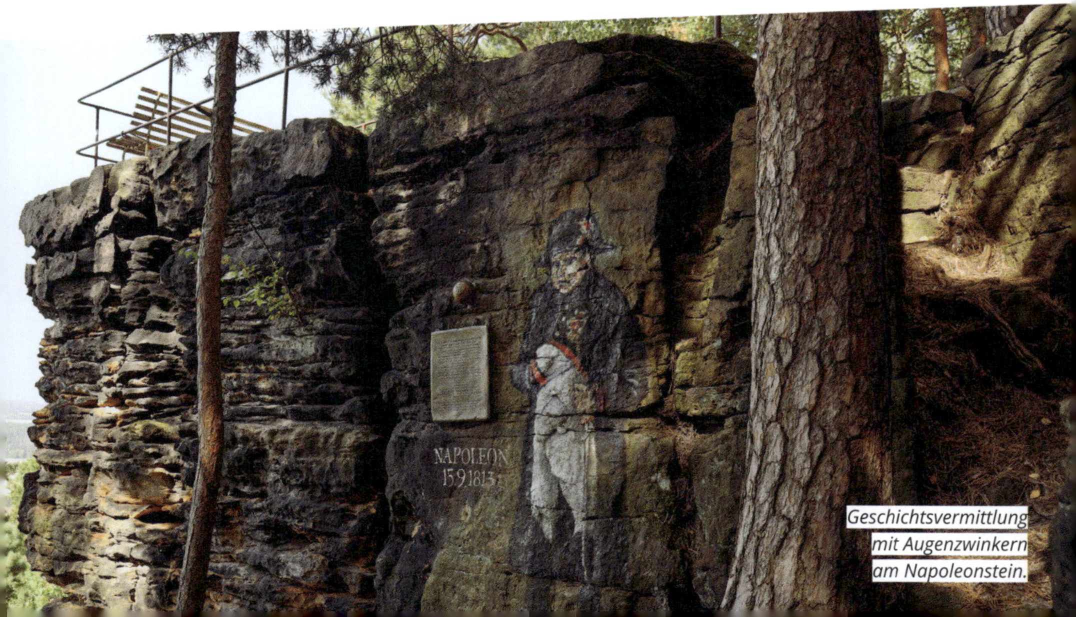

Geschichtsvermittlung mit Augenzwinkern am Napoleonstein.

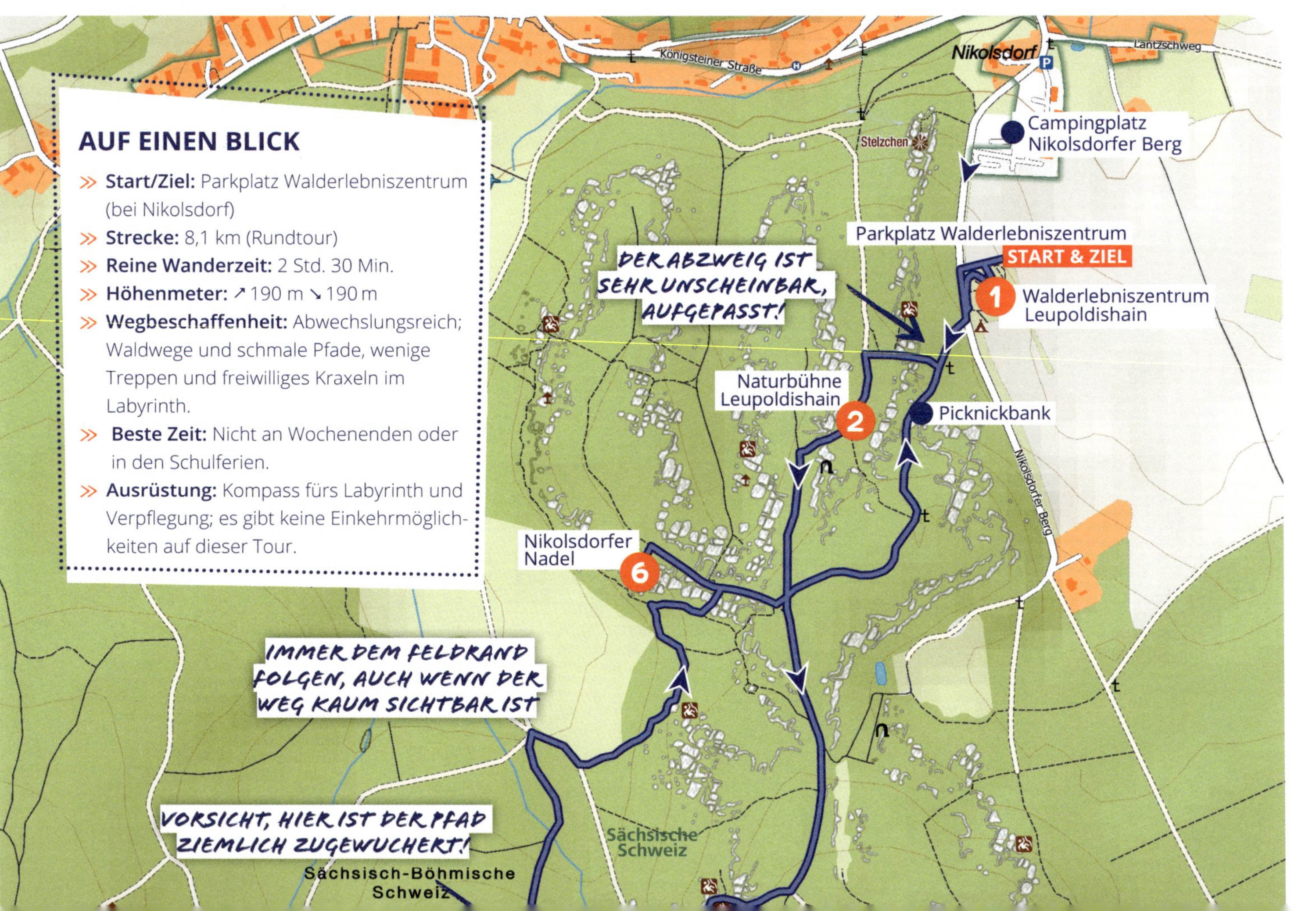

AUF EINEN BLICK

- **Start/Ziel:** Parkplatz Walderlebniszentrum (bei Nikolsdorf)
- **Strecke:** 8,1 km (Rundtour)
- **Reine Wanderzeit:** 2 Std. 30 Min.
- **Höhenmeter:** ↗ 190 m ↘ 190 m
- **Wegbeschaffenheit:** Abwechslungsreich; Waldwege und schmale Pfade, wenige Treppen und freiwilliges Kraxeln im Labyrinth.
- **Beste Zeit:** Nicht an Wochenenden oder in den Schulferien.
- **Ausrüstung:** Kompass fürs Labyrinth und Verpflegung; es gibt keine Einkehrmöglichkeiten auf dieser Tour.

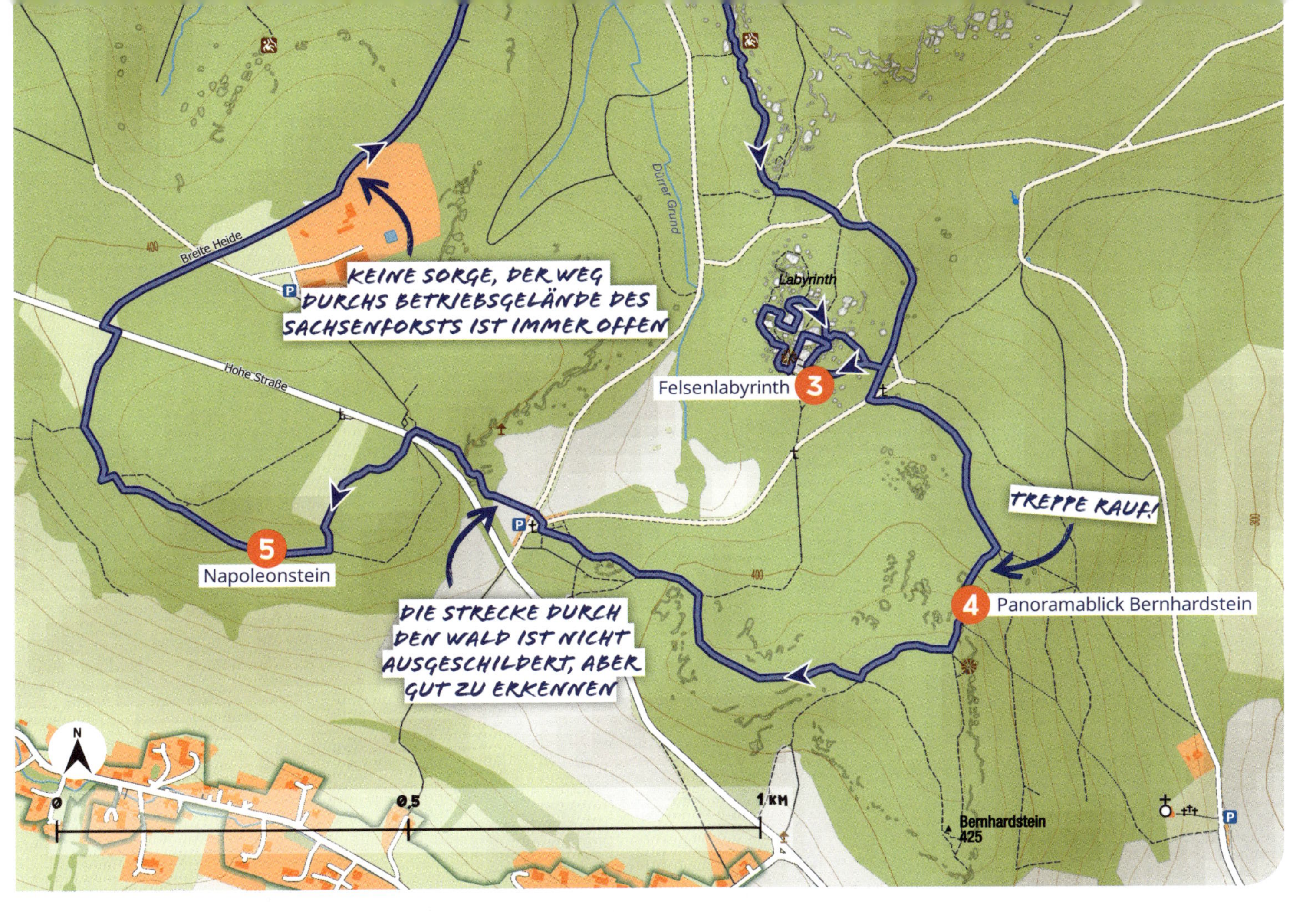

KEINE SORGE, DER WEG DURCHS BETRIEBSGELÄNDE DES SACHSENFORSTS IST IMMER OFFEN
Breite Heide
Dürrer Grund
Labyrinth
Felsenlabyrinth
3
Hohe Straße
TREPPE RAUF!
4
Panoramablick Bernhardstein
5
Napoleonstein
DIE STRECKE DURCH DEN WALD IST NICHT AUSGESCHILDERT, ABER GUT ZU ERKENNEN
400
Bernhardstein
425
N
0
0,5
1 KM

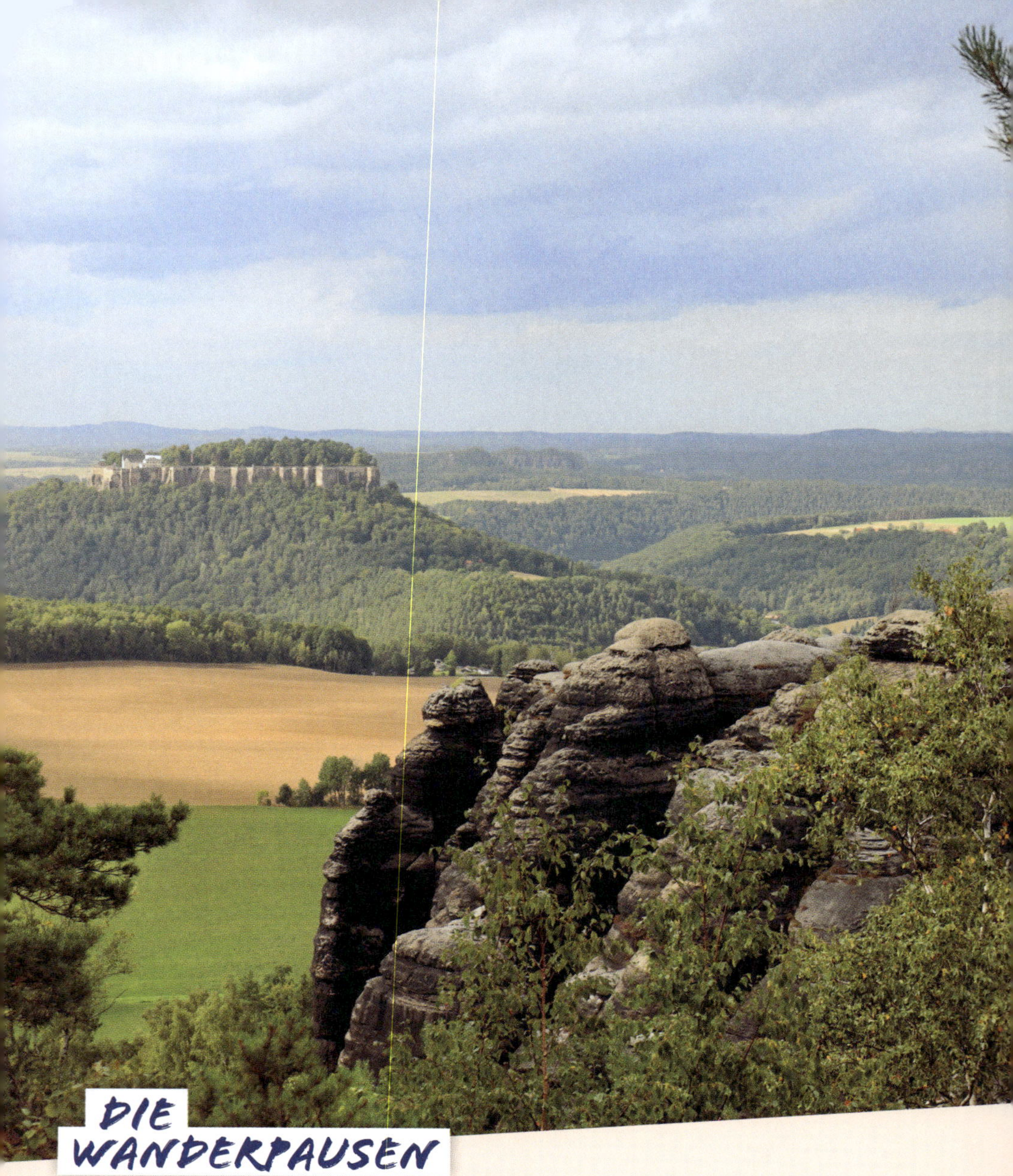

DIE WANDERPAUSEN

» START
Pfaffendorf Vereinshaus

KM 0,1
1 Provianter
Verpflegung aufnehmen

KM 1,9
2 Diebskeller
Höhlenerkundung

KM 3,3
3 Quirl-Klippe
Picknick mit Blick

10

ALLES AUF EINMAL

Vom Quirl zum Pfaffenstein

Weithin sichtbar ragt der Pfaffenstein aus der Ebene und bietet Traumblicke auf die Tafelberge ringsum. Der Aufstieg auf das Wahrzeichen der Sächsischen Schweiz gehört zu den Standardtouren in der Gegend, aber der Berg hat bei jedem Besuch etwas Neues zu bieten.

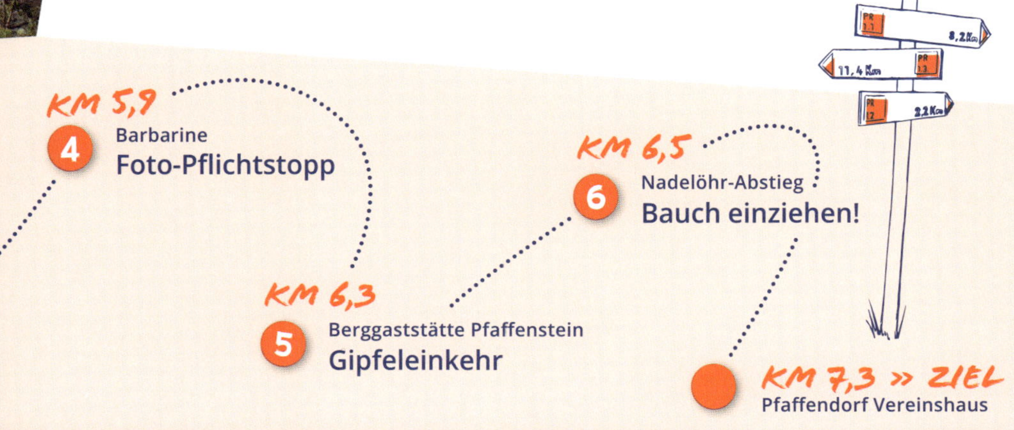

WIE BELIEBT DER 435 METER HOHE PFAFFENSTEIN IST, ...

... erkennt man schon an den Öffnungszeiten der **Berggaststätte,** die seit 1880 auf dem Gipfelplateau bei Pfaffendorf Speis und Trank für Wandergäste anbietet: Am Neujahrstag kann man hier ab 7 Uhr (!) einkehren, zum sogenannten Anwandern. Wer die Wanderung allerdings gleich mit einer Stärkung beginnen möchte, kann sich am **Provianter-Automat** direkt am Parkplatz eindecken. Den vielen Wander- und Kletterfans, die den Pfaffenstein schon seit Jahrhunderten besuchen, verdankt das isoliert stehende Sandsteinmassiv gleich mehrere Aufstiege mit unterschiedlichem Anspruch: Für gemütliche Touren ist der Bequeme Aufstieg (der tatsächlich so heißt) wie gemacht, der mit atemberaubenden Etappen (im doppelten Sinne) nicht geizt. Mit mehr Mut und Muskelkraft quetscht man sich durch den Klammweg oder gar durchs **Nadelöhr.**

EIN KURZER SPRUNG, EIN GROSSER SCHRITT – SCHON SITZT MAN AUF SEINEM EIGENEN FELSPLATEAU!

Der Pfaffenstein ist eine Ganzjahresdestination. Sein 1 Kilometer langes Gipfelplateau bietet zu jeder Jahreszeit neue fantastische Eindrücke – auf die ringsum verteilten Tafelberge wie den Lilienstein, den Königstein und den Papststein, aber auch auf die weiter entfernten Schrammsteine und den Falkenstein am anderen Elbufer. Der Berg selbst, der schon vor 3000 Jahren besiedelt wurde, ist ebenfalls äußerst vielseitig und zeigt seine verborgenen Ecken oft erst beim zweiten, dritten oder zehnten Besuch. Vom Opferkessel oder der Goldschmidthöhle haben viele Gäste der Berggaststätte noch nie gehört, und selbst die unwirklich schmale Felsnadel der **Barbarine** findet man nur, wenn man sich durch schmale Felsspalten quetscht.

Damit auf dieser Runde nicht nur Blicke vom, sondern auch auf den Pfaffenstein geworfen werden können, führt sie über seinen niedrigeren Nachbarn, der trotz der Nähe immer noch ein echter Geheimtipp ist: Am und auf dem 350 Meter hohen **Quirl** ist man (im Gegensatz zum Pfaffenstein) meistens allein. Der von dichtem Wald und Blaubeergestrüpp bestandene Tafelberg mit versteckten Höhlen wie dem **Diebskeller** und einsamen Pfaden ist so unscheinbar, dass man ihn vom Pfaffenstein aus kaum erkennen kann – dabei ist er nur 1,5 Kilometer entfernt. Wegen der Nähe zur Festung Königstein war der Quirl lange für Wandernde gesperrt, heute ist er der perfekte Ausguck zum Auftakt dieser Runde.

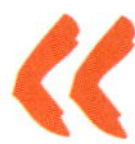

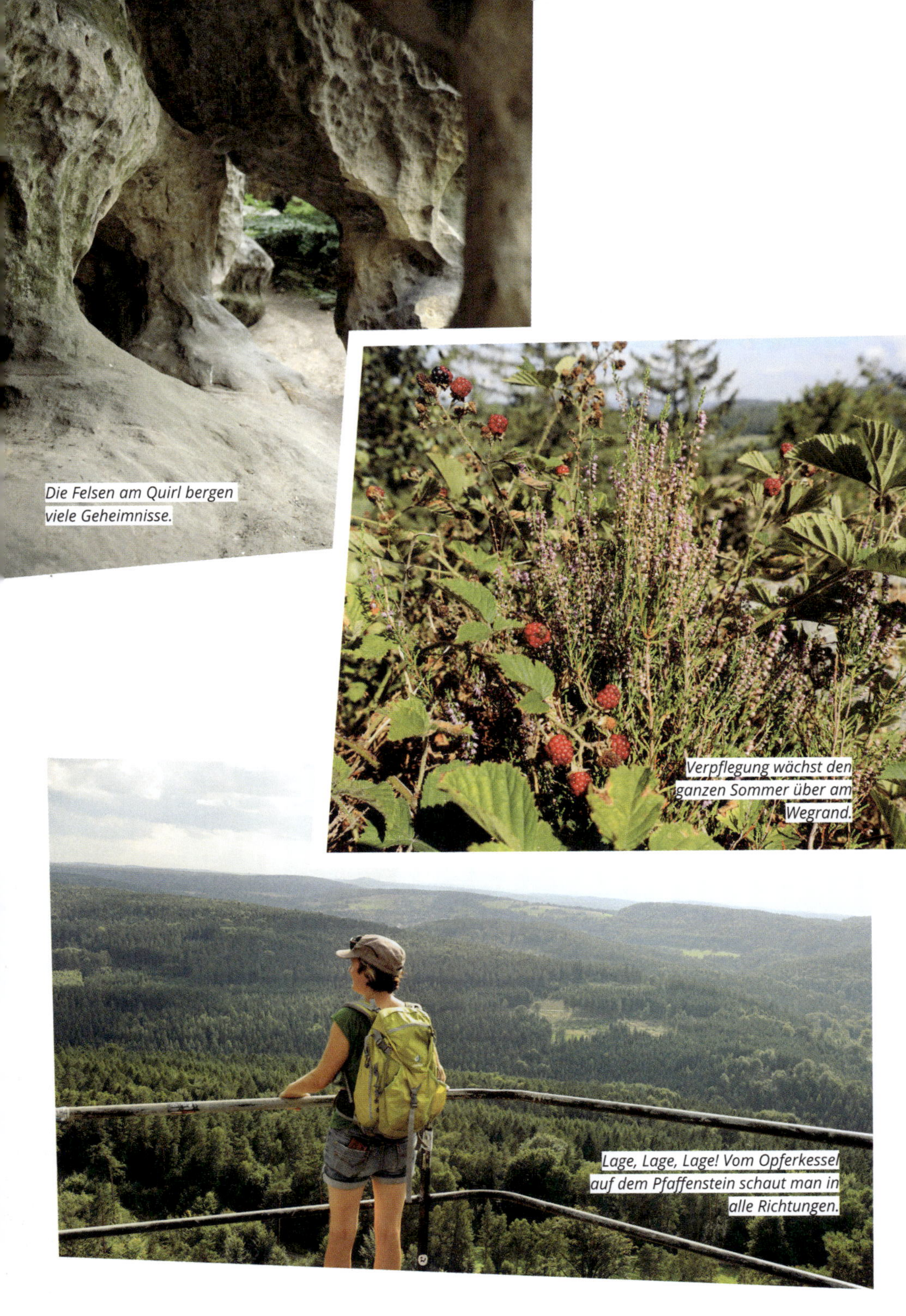

Die Felsen am Quirl bergen viele Geheimnisse.

Verpflegung wächst den ganzen Sommer über am Wegrand.

Lage, Lage, Lage! Vom Opferkessel auf dem Pfaffenstein schaut man in alle Richtungen.

WANDERN & GENIESSEN

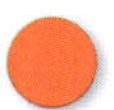

»START

Pfaffendorf Vereinshaus

An der Haltestelle des Wanderbusses 244a in Pfaffendorf, einem Ortsteil von Königstein, zweigt der Pfaffensteinweg ab zum großzügig angelegten Wanderparkplatz. Der Aufstieg vom S-Bahnhof Königstein wäre ebenfalls möglich, aber dann wäre die Tour nicht mehr ganz so entspannt.

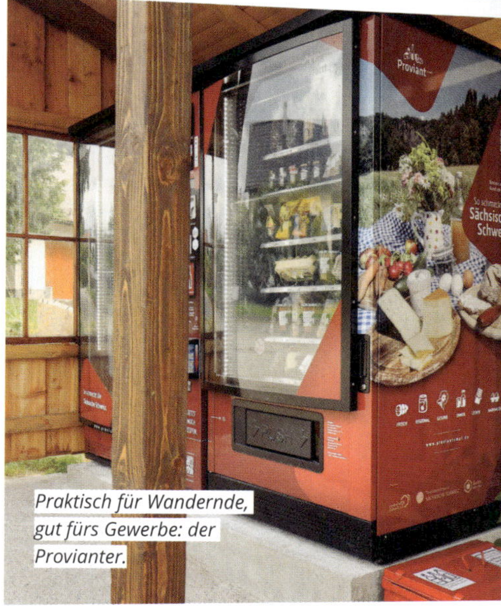

Praktisch für Wandernde, gut fürs Gewerbe: der Provianter.

KM 0,1

1 **Provianter**

Verpflegung aufnehmen

Direkt am Parkplatz wartet ein cooler Verkaufsautomat, den man unbedingt nutzen sollte, selbst wenn der Wanderrucksack bereits mit Proviant gefüllt ist: Der »Provianter« enthält ausschließlich Speisen und Getränke, die von lokalen Unternehmen hergestellt werden und gibt sie auf Geldeinwurf (auch Kartenzahlung ist möglich!) heraus. Schnell ein Pirnaer Stadtbier, eine Menschel-Zitronenlimo oder ein Paar Wiener aus Struppen aus dem Automaten gezogen und die regionale Wirtschaft unterstützt. Nun kann die Wanderung beginnen. (Nicht-Sachsen sollten unbedingt die Plakette mit dem Support-Hinweis lesen!)

Vom Parkplatz geht man an der Pfaffenstein-Schänke vorbei steil bergauf, direkt auf den Pfaffenstein zu – biegt dann aber nach rechts ab auf den mit einem grünen Punkt markierten Weg. Der Quirl und auch der Diebskeller sind von hier aus ausgeschildert.

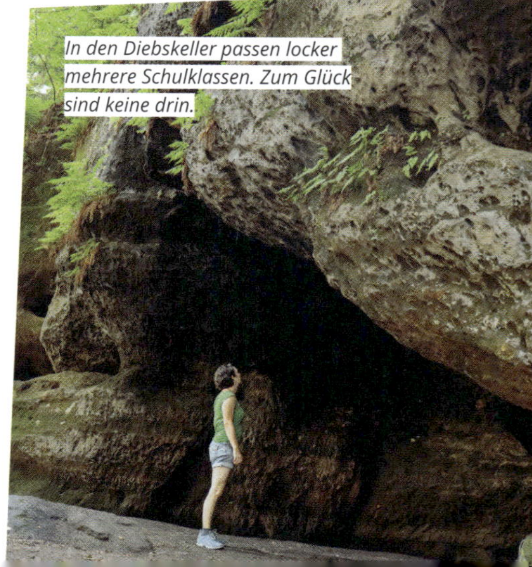
In den Diebskeller passen locker mehrere Schulklassen. Zum Glück sind keine drin.

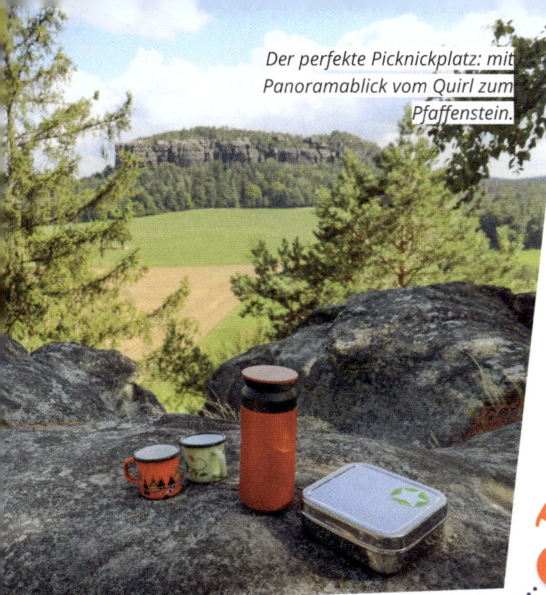

Der perfekte Picknickplatz: mit Panoramablick vom Quirl zum Pfaffenstein.

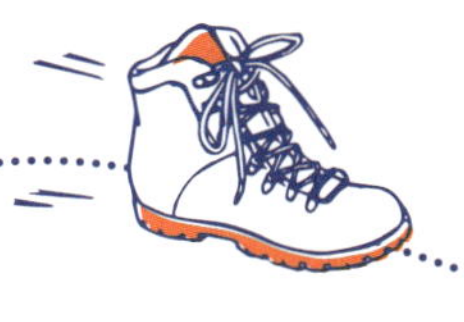

KM 1,9

2 Diebskeller
Höhlenerkundung

Fast könnte man den Höhleneingang verpassen, der ein paar Meter oberhalb des Wanderweges liegt. Ein Hinweisschild fehlt, also heißt es gut Ausschau halten nach einem langgestreckten Überhang. Selbst wenn man ihn entdeckt und den Rucksack am steinernen, über 250 Jahre alten (!) Tisch unter dem Höhlenvordach abgestellt hat, erfassen viele Wandernde die Dimension dieser Höhle noch nicht: Sie reicht an die 30 Meter tief in den Felsen hinein und ist eine der größten Schichtfugenhöhlen der Sächsischen Schweiz. Die Felsnischen an den Rändern wirken, als hätte hier eine mindestens 30-köpfige Räuberbande bequem schlafen können; tatsächlich nächtigten diese aber wohl in den Sterlhöhlen am gegenüberliegenden Rand des Quirls. Übernachten (alias »boofen«) ist hier übrigens nicht erlaubt!

Die Quirl-Promenade führt am Fuß des Felsens entlang, bis nach ca. 400 Metern unmarkiert der Forststeig kreuzt – ihm folgt man links eine Treppe hoch, dann erneut scharf links.

KM 3,3

3 Quirl-Klippe
Picknick mit Blick

Die gelben Striche des Forststeigs leiten idiotensicher über die schmalen Pfade des Gipfelplateaus auf dem Quirl, der komplett bewachsen ist – von lichtem Mischwald und einem Meer von Blaubeersträuchern. Nach einigen verlockenden Blicken auf die nahe Festung Königstein, die der Wald nach links eröffnet, erreicht man nach etwa einem Kilometer das erste Aussichts-Highlight dieser Tour: ein wunderschönes Panorama auf die Ebenheit rund um den Pfaffenstein (und natürlich auch diesen selbst), eingerahmt von weiteren Tafelbergen und sogar den Felsen am Elbufer bei Bad Schandau. Die zerklüfteten Klippen, die von quasi allen hier Vorbeikommenden zum Picknick genutzt werden, sind nicht abgezäunt, also heißt es Vorsicht beim Selfie-Shooting!

Der Forststeig biegt scharf links auf den mit Sandstein gepflasterten Kanonenweg ein, der unten am Berg den Rundweg Roter Punkt wiedertrifft. Dieser führt nach 1,2 Kilometern zum Fuß des Pfaffensteins, wo man nun dem grünen Punkt folgt.

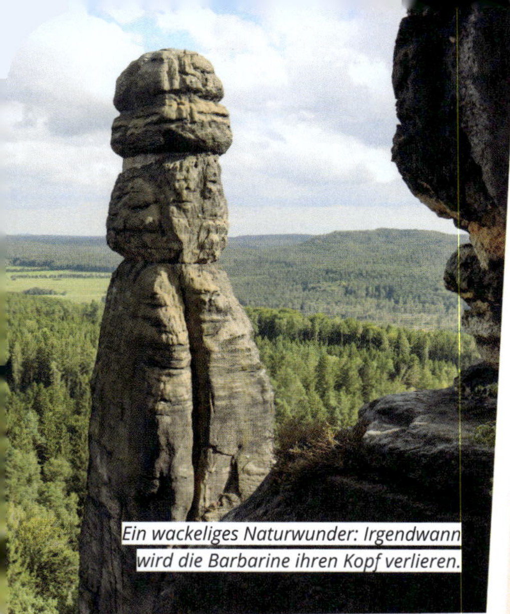

Ein wackeliges Naturwunder: Irgendwann wird die Barbarine ihren Kopf verlieren.

KM 6,3

Berggaststätte Pfaffenstein

5 Gipfeleinkehr

An Wochenenden und Feiertagen herrscht hier oben oft richtiger Trubel. Außerhalb der Stoßzeiten bekommt man in der Regel einen Sitzplatz auf dem kleinen Vorplatz oder im Gastraum des hübsch sanierten Häuschens im Fachwerkstil. Hier saß bereits der sächsische König Friedrich August III. mit seinen Töchtern! Im Nebengebäude ist heute eine kleine Ausstellung über die Geologie der Sächsischen Schweiz untergebracht. Seit 1992 ist die Wirtschaft Eigentum der Schutzgemeinschaft Sächsische Schweiz; die Pächter haben das Haus mit guter Küche auf Basis regionaler und fair gehandelter Produkte zu einer äußerst beliebten Einkehrmöglichkeit gemacht. (www.pfaffenstein.com)

Für den Abstieg bieten sich mehrere Optionen. Die kürzeste und aufregendste führt (ausgeschildert, dem grünen Punkt folgen) über das Nadelöhr, dessen Zugang auf der Nordseite des Plateaus liegt.

KM 5,9

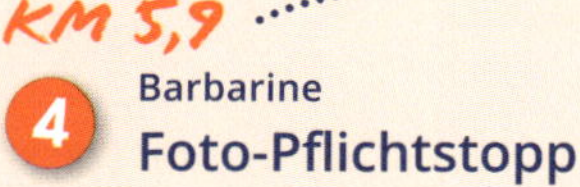

Barbarine

4 Foto-Pflichtstopp

Der Aufstieg auf dem Bequemen Weg mag nicht allen Wandernden so erscheinen, aber er führt immerhin ohne Treppen recht schnell hinauf auf den Pfaffenstein – der Weg ist vor allem im oberen Bereich eine wahre Freude. An der Kreuzung mit dem Wegweiser muss man sich entscheiden: Geht es direkt zur Berggaststätte oder hat man noch Puste für den 200-Meter-Abstecher zur Barbarine? Diese verbirgt sich hinter diversen Felsspalten, Treppen und Leitern – am Ende ist der Blick auf den ehemaligen Klettergipfel eine echte Überraschung, da man die 42 Meter hohe Felsnadel von keiner anderen Stelle aus sehen kann. Ein Foto ist ein echtes Muss, denn es ist gar nicht so unwahrscheinlich, dass die Barbarine zumindest ihren »Kopf« verlieren könnte. Vorsichtshalber darf man sie bereits seit 1975 nicht mehr besteigen.

Von der Barbarine geht es auf demselben Weg zurück zur Hauptkreuzung nahe der Berggaststätte.

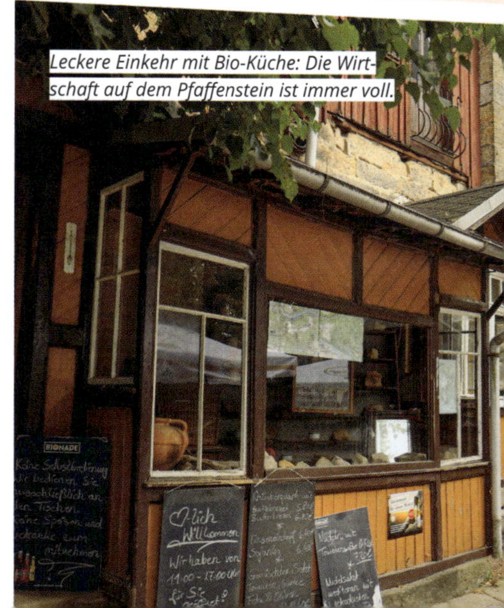

Leckere Einkehr mit Bio-Küche: Die Wirtschaft auf dem Pfaffenstein ist immer voll.

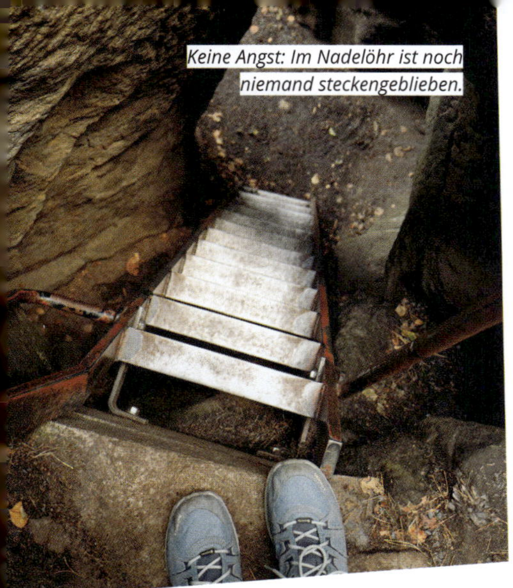

Keine Angst: Im Nadelöhr ist noch niemand steckengeblieben.

EXTRA INFOS:

Der Gipfel des Pfaffensteins hat außer der Barbarine und dem Gasthof noch wesentlich mehr in petto – je nach der Zeit, die hier zur Verfügung steht, kann und sollte man mindestens die ausgeschilderten Abstecher zum ● **Opferkessel** und zur ● **Goldschmidthöhle** machen und sich dort umschauen. Interessant ist auch der Aufstieg auf den 1904 errichteten ● **Aussichtsturm** neben der Berggaststätte (von dem man aufgrund der stetig wachsenden Bäume aber keinen 360°-Rundblick mehr hat) und der kurze Weg zu den Ruinen des alten ● **Vereinshauses des Bergschützenbunds**. Im Frühjahr bietet dieser Bereich des Gipfels einen besonders schönen Anblick, dann blühen die Rhododendronbüsche, die das Plateau stetig weiter überwuchern. Wer mag bei dieser Blütenpracht aber an Rodung denken …

KM 6,5

6 Nadelöhr-Abstieg

Bauch einziehen!

Mit einer Treppe geht es los, dann kommt eine Leiter und es wird für kurze Zeit richtig eng, wo diese durch ein horizontales Loch führt, das von mehreren aneinander gelehnten Sandsteinblöcken gebildet wird. Keine Sorge, hier passt am Ende jeder Bauch durch, vielleicht muss man ihn aber ein wenig einziehen oder allzu voluminöse Rucksäcke absetzen. Die 570 Treppenstufen, die nun folgen, sind dank stabiler Geländer gut zu bewältigen; seit ihrer Installation 1897 werden sie regelmäßig erneuert. Der große Vorteil: In Nullkommanichts ist man wieder unten am Pfaffenstein und hat am Ende noch einmal ein kleines Kletterabenteuer erlebt. Die hochroten Gesichter der Entgegenkommenden darf man dabei auch ein wenig bemitleiden!

Wo der Weg den Fuß des Felsens erreicht, wendet man sich nach rechts und läuft auf dem Malerweg geradeaus bergab zurück nach Pfaffendorf. Dabei gern noch einmal den Anblick der Festung Königstein genießen!

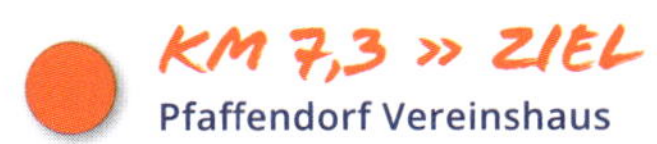

Pfaffendorf Vereinshaus

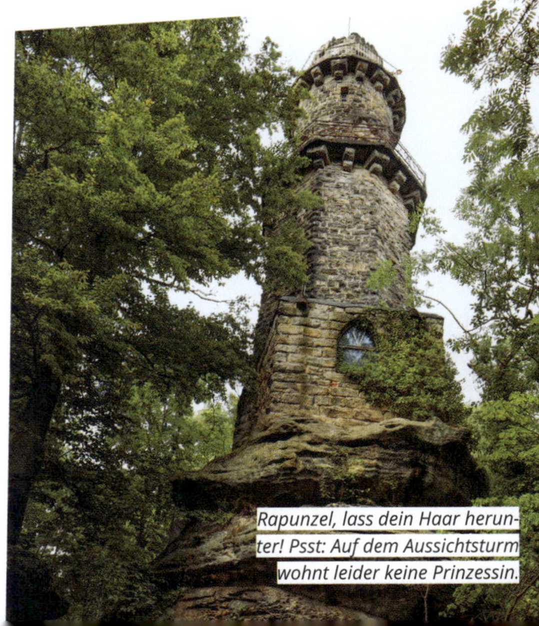

Rapunzel, lass dein Haar herunter! Psst: Auf dem Aussichtsturm wohnt leider keine Prinzessin.

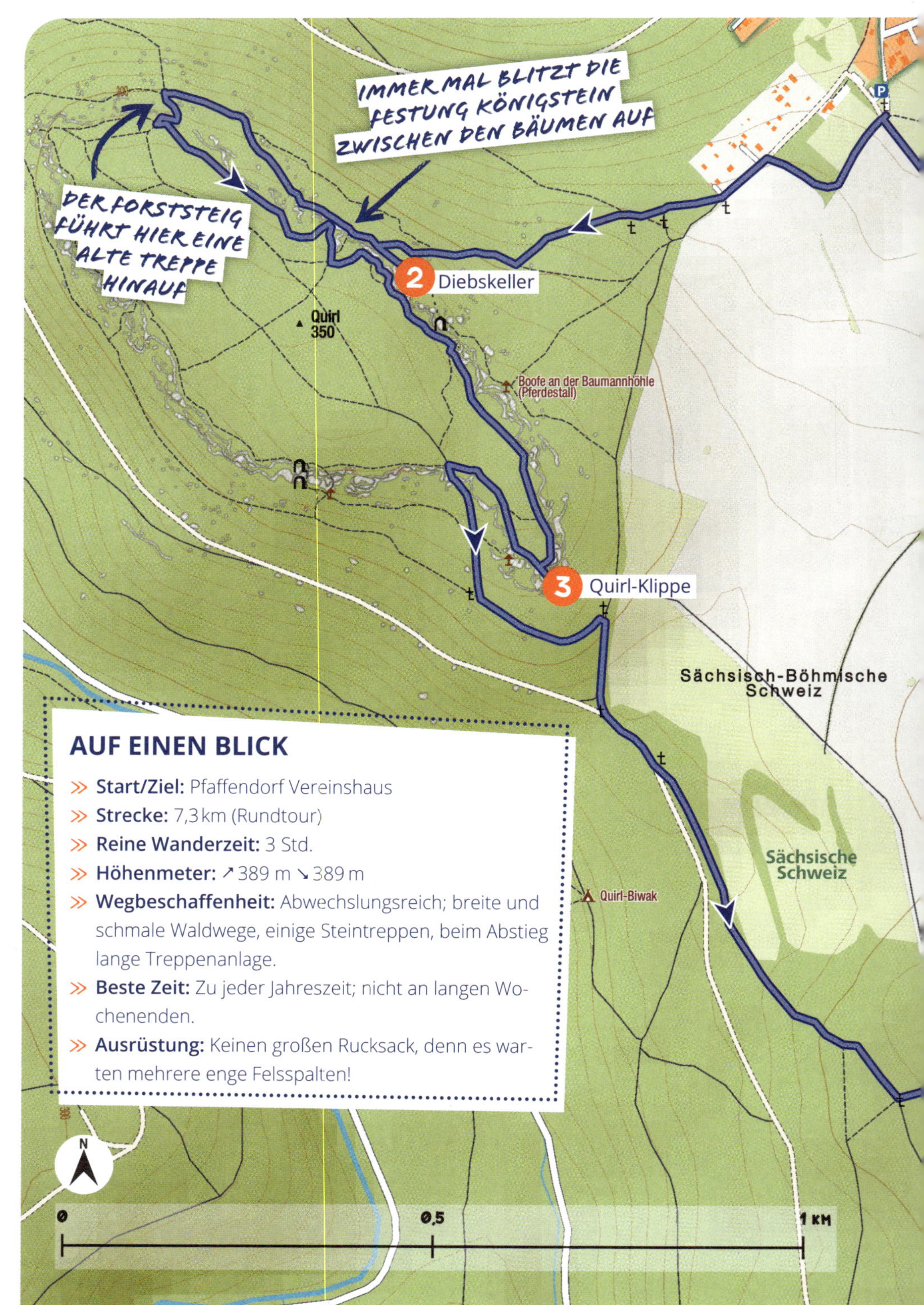

AUF EINEN BLICK

- **Start/Ziel:** Pfaffendorf Vereinshaus
- **Strecke:** 7,3 km (Rundtour)
- **Reine Wanderzeit:** 3 Std.
- **Höhenmeter:** ↗ 389 m ↘ 389 m
- **Wegbeschaffenheit:** Abwechslungsreich; breite und schmale Waldwege, einige Steintreppen, beim Abstieg lange Treppenanlage.
- **Beste Zeit:** Zu jeder Jahreszeit; nicht an langen Wochenenden.
- **Ausrüstung:** Keinen großen Rucksack, denn es warten mehrere enge Felsspalten!

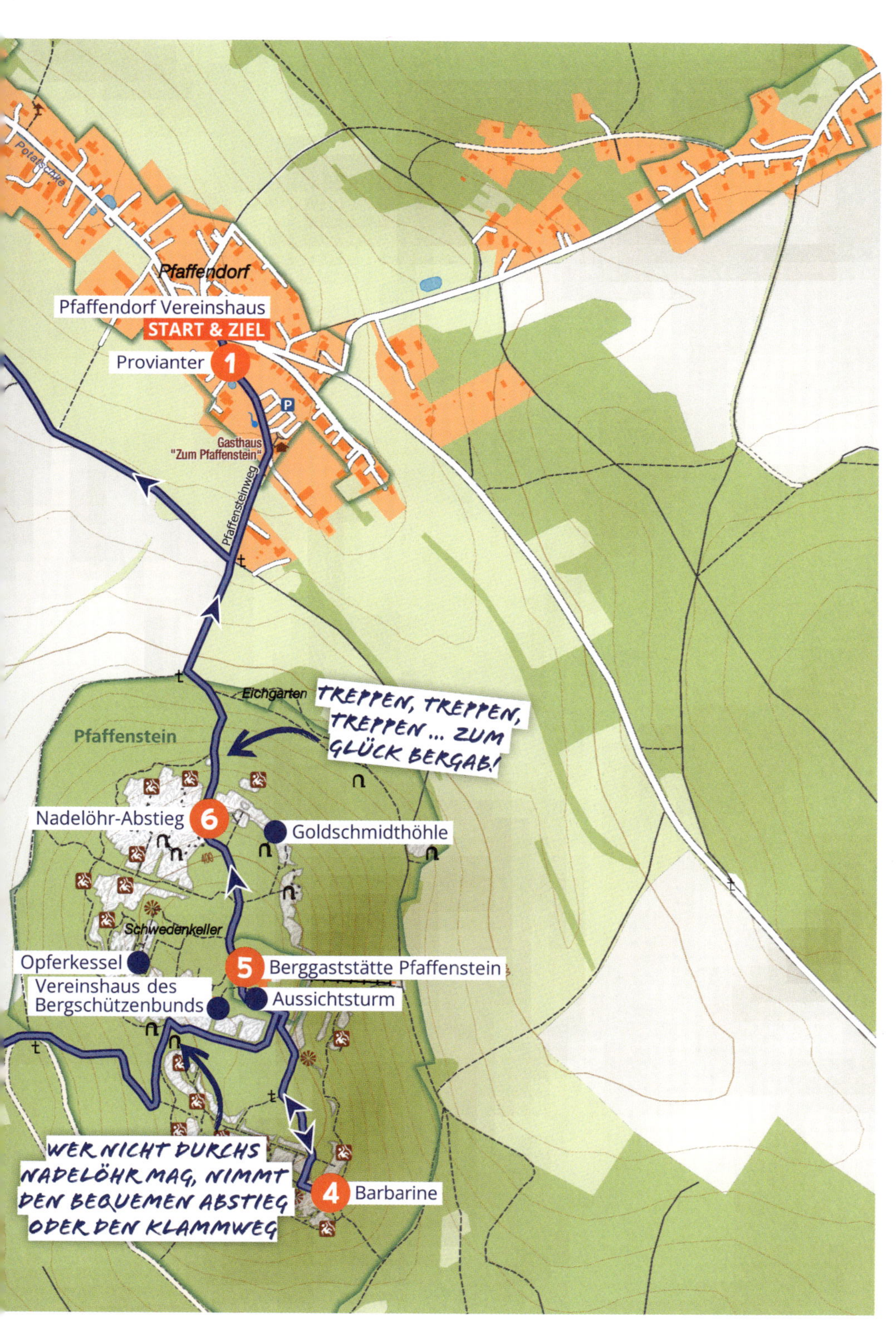

Potaschte
Pfaffendorf
Pfaffendorf Vereinshaus
START & ZIEL
1 Provianter
Gasthaus "Zum Pfaffenstein"
Pfaffensteinweg
Eichgarten
TREPPEN, TREPPEN, TREPPEN ... ZUM GLÜCK BERGAB!
Pfaffenstein
6 Nadelöhr-Abstieg
Goldschmidthöhle
400
Schwedenkeller
Opferkessel
5 Berggaststätte Pfaffenstein
Vereinshaus des Bergschützenbunds
Aussichtsturm
WER NICHT DURCHS NADELÖHR MAG, NIMMT DEN BEQUEMEN ABSTIEG ODER DEN KLAMMWEG
4 Barbarine

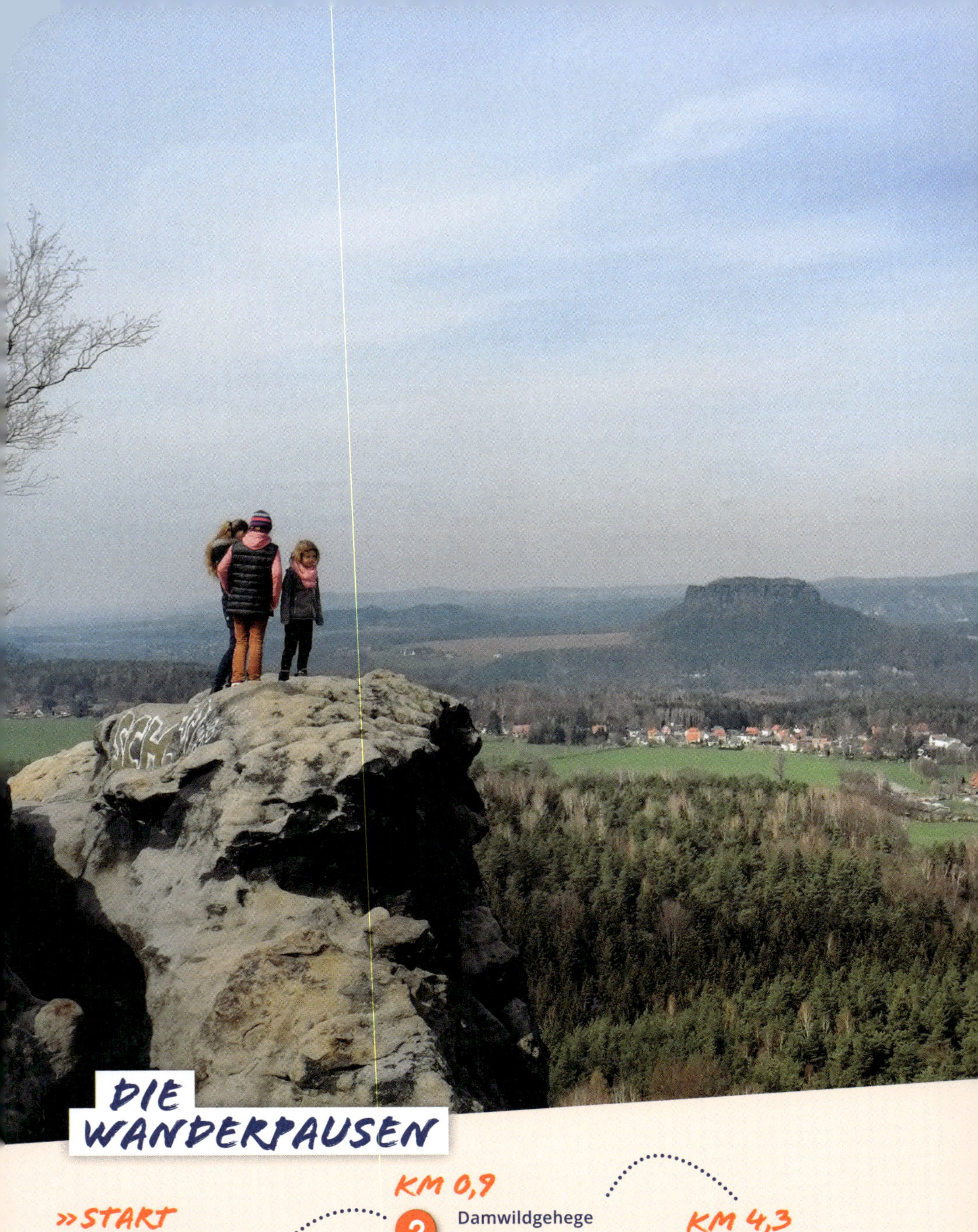

DIE WANDERPAUSEN

» START
Papstdorf Erblehngericht

KM 0,8
1 Schrammsteinblick
Sitzen und genießen

KM 0,9
2 Damwildgehege
Bitte nur streicheln!

KM 4,3
3 Lichterhöhle
Munkeln im Dunkeln

11 RAUF & RUNTER

Von Papstdorf über die drei Steine

Die Tafelberge südlich der Elbe sind weithin sichtbare Wahrzeichen der Sächsischen Schweiz. Drei von ihnen – Gohrisch, Papststein und Kleinhennersdorfer Stein – liegen wie Perlen hintereinander aufgereiht und lassen sich wunderbar in einer Tour verbinden.

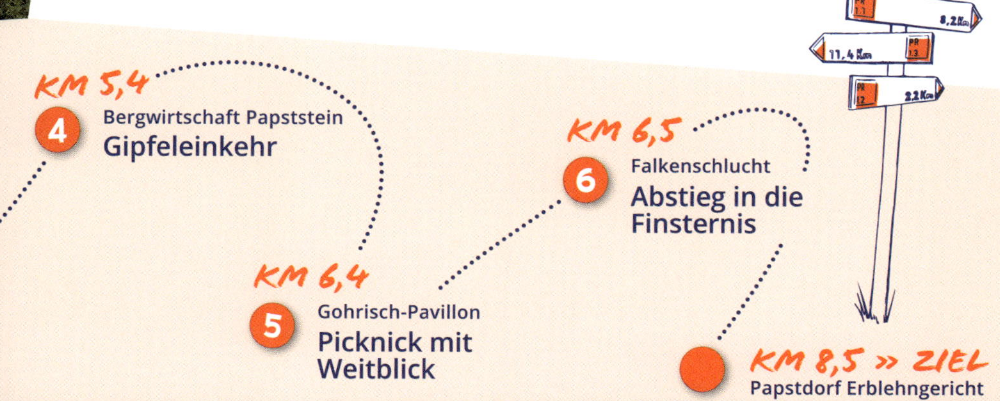

AUF WILDEN, TEILS KAUM BEGANGENEN PFADEN ...

... führt der Forststeig seit 2008 über eine Länge von 100 Kilometern längs durch die Sächsische Schweiz – anders als beim berühmten Malerweg hat man diese Strecke bewusst so geführt, dass sie durchgängig fernab der Zivilisation bleibt. Schmale Trampelpfade und Biwaklager im tiefen Wald sind die Markenzeichen des Forststeigs – eine schöne Abwechslung zu den bekannten Panoramawegen. Seinen gut sichtbaren gelben Markierungen folgt man auch auf dieser Tour über die drei Sandsteinkuppen, die zwischen den Ortschaften Gohrisch, Papstdorf und Kleinhennersdorf aus einer von Feldern bestandenen Hochebene aufragen.

»PROST!« KLINGT ES AUF DER TERRASSE DER BERGWIRTSCHAFT, AM HORIZONT GRÜSSEN DIE TAFELBERGE

Vor allem der 451 Meter hohe Papststein, eingebettet zwischen dem solitär stehenden, nur wenig kleineren Gohrisch im Norden und dem eher unscheinbaren, komplett bewaldeten Kleinhennersdorfer Stein im Süden, ist als Ausflugsziel beliebt. Vom Besucherparkplatz an seinem Fuß sind es nur wenige Minuten auf einem (abends beleuchteten!) Pfad hinauf zur **Bergwirtschaft Papststein,** die vor allem an Wochenenden gut besucht ist. Schon die ersten gedruckten Reiseführer Anfang des 19. Jahrhunderts empfahlen den Aufstieg, selbst Sachsens König Friedrich August II. erklomm den Papststein.

Einsame Waldwege finden sich dennoch zur Genüge auf der gemütlichen Runde, die von Papstdorf ausgehend am **Schrammsteinblick** und dem **Damwildgehege** vorbei alle drei Steine verbindet. Dabei zeigen sich deren unterschiedliche Charaktere sehr schön: Während der 391 Meter hohe Kleinhennersdorfer Stein nur aufmerksamen Wandernden die **Lichterhöhle** und andere spannende Höhlen offenbart, geizt der Papststein nicht mit seinen Reizen – an jeder Wegbiegung eröffnen sich hier neue spektakuläre Panoramablicke, ganz zu schweigen von den die Highlights auf dem Gipfelplateau!

Der Gohrisch bildet als dritter Tafelberg im Bunde das i-Tüpfelchen der Runde: Hinauf geht es wahlweise an der Ost- oder an der Westseite über steile Treppen und Leitern. Oben warten ein **Pavillon** und ein zerklüftetes Plateau, das auf allen Seiten neue schöne Fernblicke bietet und nebenbei deutlich mehr Ruhe als sein Nachbar. Wer zum Schluss ein Abenteuer sucht, der steigt durch die finstere, enge **Falkenschlucht** hinab, für die es eingezogene Bäuche und vielleicht sogar eine Taschenlampe braucht. Langweilig wird es auf dieser Tour sicher nicht! «

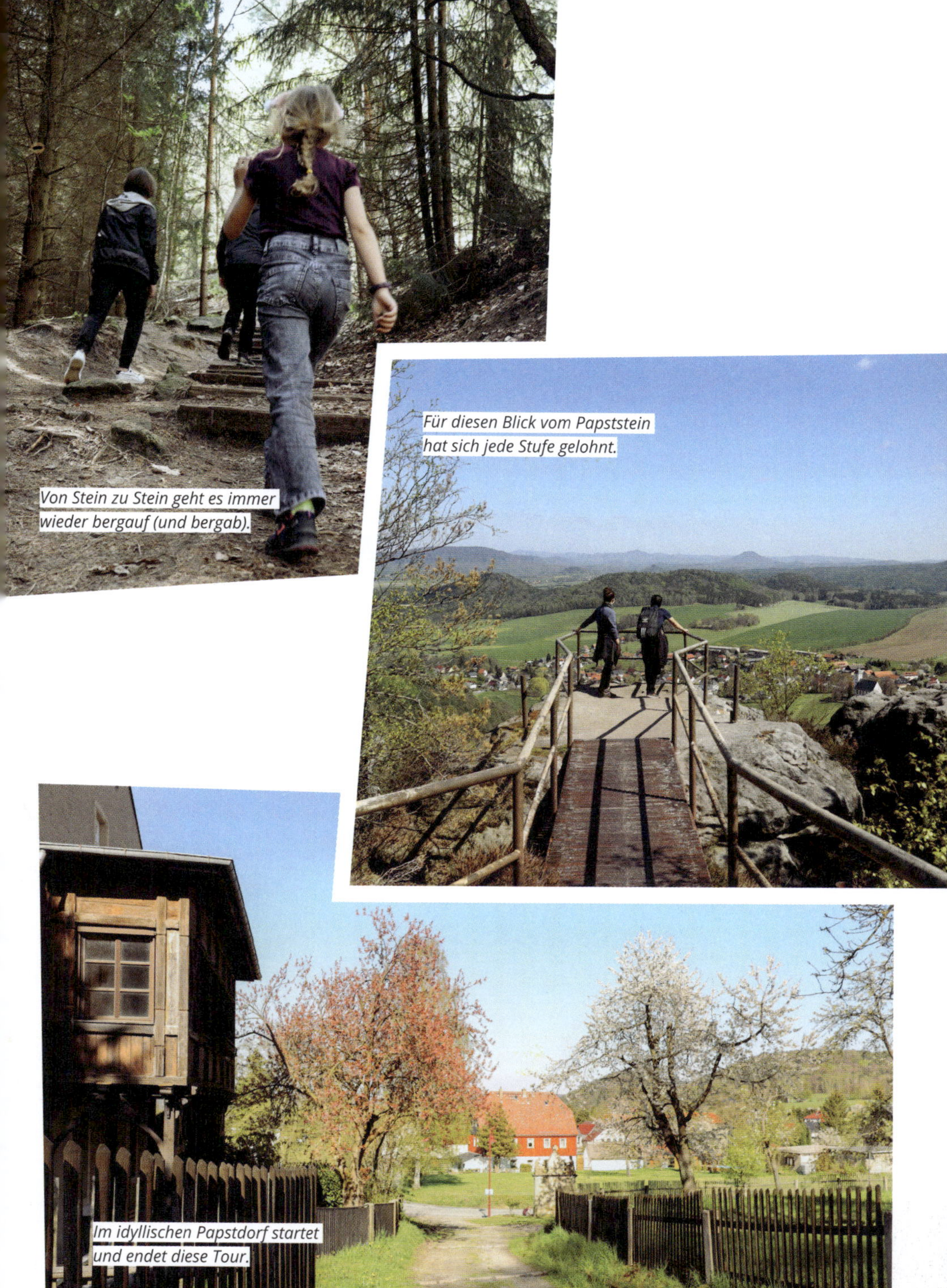

Von Stein zu Stein geht es immer wieder bergauf (und bergab).

Für diesen Blick vom Papststein hat sich jede Stufe gelohnt.

Im idyllischen Papstdorf startet und endet diese Tour.

WANDERN & GENIESSEN

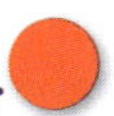

» START

Papstdorf Erblehngericht

Wer mit dem Bus 244a diese Haltestelle anfährt, hat keine Parkplatzsorgen zu fürchten. Aber hier im Ort findet sich auch für Autos fast immer noch ein Platz (anders als auf dem belebten Wanderparkplatz am Fuß des Papststeins). Zwischen herausgeputzten Bauernhäusern und blühenden Vorgärten führt der Weg, markiert mit rotem Strich, schnell hinaus aus Papstdorf und hinauf auf die Ebene vor dem Kleinhennersdorfer Stein.

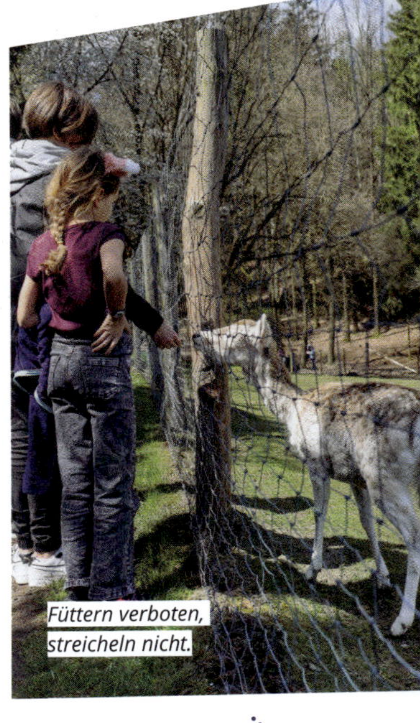

Füttern verboten, streicheln nicht.

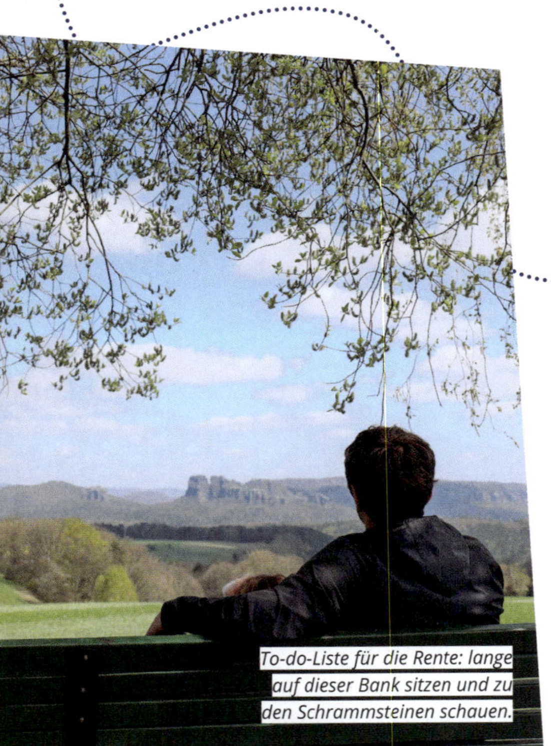

To-do-Liste für die Rente: lange auf dieser Bank sitzen und zu den Schrammsteinen schauen.

KM 0,8

Schrammsteinblick

Sitzen und genießen

Nach knapp 800 Metern ist die erste Steigung überwunden und eine Sitzbank am Wegrand bietet eine hervorragende Gelegenheit, um unauffällig zu verschnaufen. Der Traumblick über die Felder auf der Ebenheit nordöstlich von Papstdorf zu den Schrammsteinen und dem Falkenstein, die am anderen Elbufer aufragen, will schließlich ausgiebig genossen werden.

Weiter geht's – dankenswerter Weise zunächst wieder leicht bergab – auf dem rot markierten Weg, wo schon bald der nächste Stopp zu sehen ist.

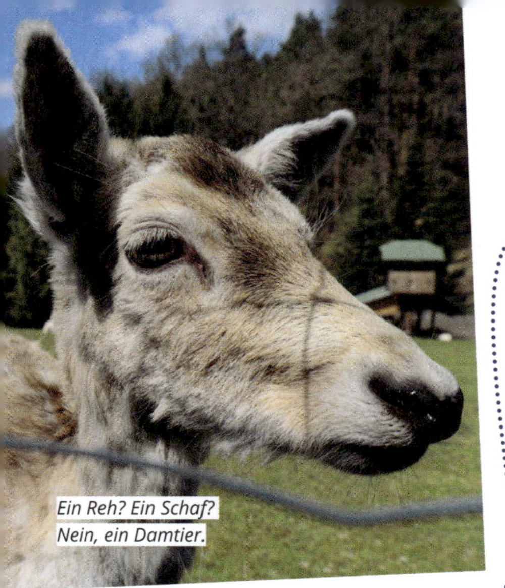

Ein Reh? Ein Schaf? Nein, ein Damtier.

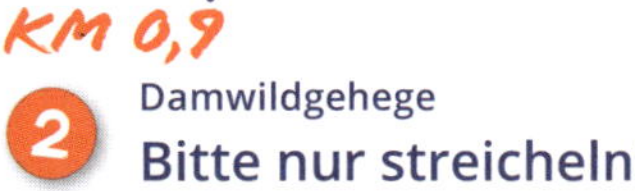

2 Damwildgehege
Bitte nur streicheln!

Hinter dem Zaun warten die vierbeinigen Bewohner eines Wildgeheges auf Streicheleinheiten: Bei den zarten Tieren handelt es sich weder um Rehe noch um die trendigen Alpakas, sondern um Damwild – erkennbar an den schaufelförmigen Geweihen der jungen Hirsche und den getupften Rücken. Auch wenn die Tiere sehr zahm und zutraulich sind, heißt es: Füttern verboten! Kekse und Stullen bleiben besser im Rucksack.

Weitere grandiose Blicke über die Ebenheit öffnen sich, während der Weg mit dem roten Strich um das Wildgehege herum und weiter nach rechts am Fuß des Kleinhennersdorfer Steins entlangführt. Auf dem Holzpodest in der nächsten Kurve singt der Bergsteigerchor »Kurt Schlosser« jedes Jahr im September. Bevor die ersten Häuser von Kleinhennersdorf auftauchen, verlässt man den roten Strich nach links und folgt dem Naturlehrpfad, bis nach 3 Kilometern der Forststeig nach links zum Felsen abzweigt. Der gelbe Strich führt durch die »Hölle« hinauf und dann in südwestlicher Richtung über den Felsstock.

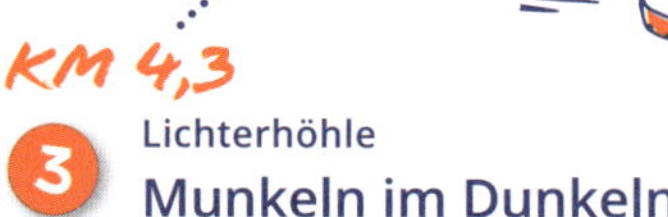

3 Lichterhöhle
Munkeln im Dunkeln

Der Kleinhennersdorfer Stein ist dicht bewaldet, sodass man den Gipfel kaum bemerkt. Fast am Ende des Felsplateaus liegt die Lichterhöhle: Ihren Namen hat sie von den Kerzen, die früher zur Weihnachtszeit hier aufgestellt wurden. Auch ohne Taschenlampe kann man den riesigen Raum bestaunen, der gern als Boofe zum Übernachten genutzt wird. Die 21 Meter tiefe Höhle ist eine der größten der Sächsischen Schweiz, aber menschengemacht: Friedrich Hempel bediente sich hier ab 1870 am Sandstein, den er als Scheuersand verkaufte.

Nachdem die (viel kleinere) benachbarte Eishöhle und die Hampelhöhle erkundet wurden, geht es dem gelben Strich folgend weiter auf dem gut erkennbaren Weg, der vom Berg hinab und hinauf auf den nächsten führt.

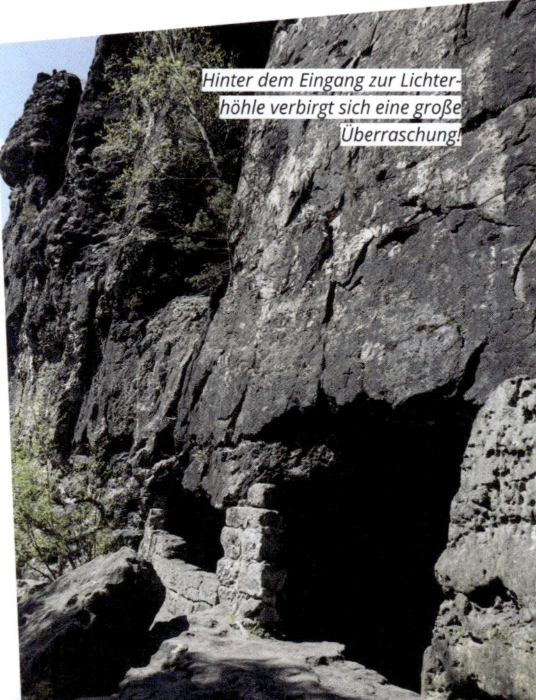

Hinter dem Eingang zur Lichterhöhle verbirgt sich eine große Überraschung!

KM 5,4

4 Bergwirtschaft Papststein

Gipfeleinkehr

Wer auf dem Gipfelplateau des Papststeins nicht ins Schwärmen gerät, der ist selbst schuld. Das liegt nur zum Teil an den guten Getränken, dem Eis und der leckeren Küche (auch vegetarisch und vegan!). Gleich neben dem kleinen Gasthaus, dessen Angebot man am besten draußen auf der Terrasse genießt, führt eine steile Treppe auf das nächste Aussichtslevel – auf keinen Fall sollte man diesen Abstecher weglassen! Neben dem Panorama kann man häufig auch Kletterpartien beobachten, die einen der Felsentürme ringsum bezwingen. (www.berggast.de/papststein)

Mit gefüllten Mägen geht es weiter zum letzten Stein auf dieser Runde – zum Glück zunächst einmal nur bergab, zuerst auf einigen Leitern und dann auf Holztreppen. Der Weg hinab zum Wanderparkplatz Galgenschänke ist nicht zu verfehlen; genau an der gegenüberliegenden Seite geht's hoch zum Gohrisch.

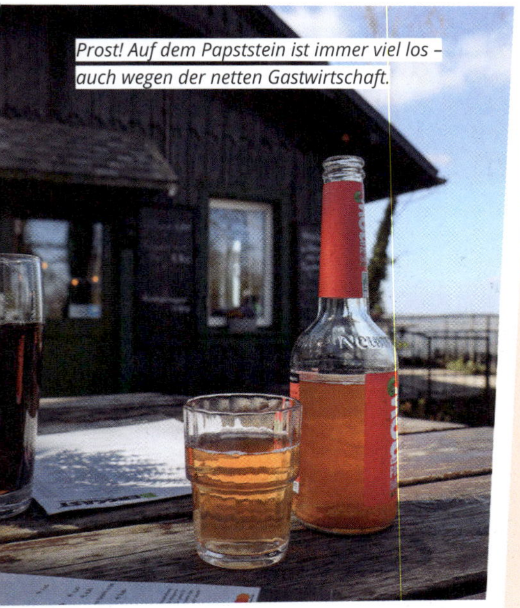

Prost! Auf dem Papststein ist immer viel los – auch wegen der netten Gastwirtschaft.

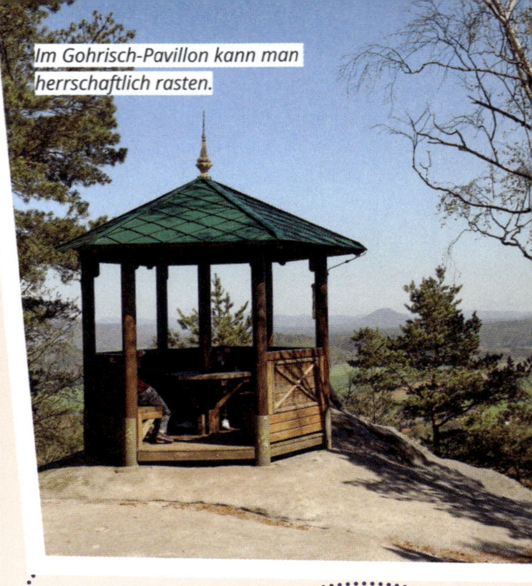

Im Gohrisch-Pavillon kann man herrschaftlich rasten.

KM 6,4

5 Gohrisch-Pavillon

Picknick mit Weitblick

Der Aufstieg zum Gohrisch führt vorbei am Speckstein-Stollen, in dem Fledermäuse übernachten, und über einige Treppen und Leitern, ist aber alles andere als anspruchsvoll. Schnell ist das Gipfelplateau mit dem weithin sichtbaren kleinen Pavillon erreicht, der schon mehrmals ersetzt wurde und seit Jahrhunderten eine schöne (und wettergeschützte) Picknickgelegenheit bietet. Die Aussicht unter der kleinen Wetterfahne ist genauso grandios wie der Blick von den weiter westlich gelegenen Felskuppen – je weiter man läuft und hüpft, desto einsamer wird es. Der Blick hinüber zum Pfaffenstein zeigt die ikonische Felsnadel der Barbarine, deren »Kopf« so wackelig ist, dass er nicht mehr beklettert werden darf.

Für den Abstieg bieten sich mehrere Routen an: Folgt man nicht dem Abzweig des gelb markierten Forststeigs nach links, führt einige Meter weiter eine schmale Treppe zwischen zwei Felsen links zur Falkenschlucht hinab, die mit dem Hinweis »schwieriger Abstieg« warnt.

KM 6,5

6

Falkenschlucht

Abstieg in die Finsternis

Aber keine Sorge: Die Falkenschlucht ist nicht gefährlich, wenn man nicht aus Angst vor der Dunkelheit ins Straucheln gerät (oder wirklich sehr breit gebaut ist). Eine Taschenlampe ist hilfreich, um in der zunehmenden Dunkelheit der engen Schlucht, die von zwei aneinander gelehnten Felswänden gebildet wird, die schmalen Treppenstufen noch zu erkennen. Eine kurze Leiter bildet das herausfordernde Ende der Schlucht, die sich auf eine von Felsbrocken übersäte Fläche öffnet, wo es noch mal die Gelegenheit zum Erkunden und Bewundern einiger Klettergipfel gibt.

Die gelben Pinselstriche des Forststeigs führen hinab vom Gohrisch in den nachwachsenden Mischwald hinein und weiter bergab, bis der Muselweg kreuzt, dem man nach links folgt. Nach dem Überqueren einer Straße geht man weiter geradeaus bis zur Alten Hauptstraße, die man auch überquert, um auf dem stillen Feldweg links der Straße relativ geradeaus zurück nach Papstdorf zu laufen. Die weiß getünchte Dorfkirche ist dabei ein gut sichtbarer Orientierungspunkt gleich neben dem Wanderparkplatz.

EXTRA INFOS:

Bleib doch einfach hier: Wer die Idylle der Ebenheit (so nennt man die Hochebenen in der Sächsischen Schweiz) auch über Nacht genießen will, der findet in der ● **Alten Gärtnerei** eine wunderschöne Unterkunft – wahlweise im urigen Schäferwagen für zwei Personen oder im noch rustikaleren Biwaklager am Forststeig, das ungewöhnlicherweise in einem Gewächshaus untergebracht ist – hier schläft man zuverlässig im Trockenen, ob im Zelt oder in der Hängematte! Die Alte Gärtnerei ist 15 Minuten zu Fuß vom Gohrisch-Stein entfernt. So sollte auch der Aufstieg zum Sonnenaufgang kein Problem sein! (www.urlaub-gohrisch.de)

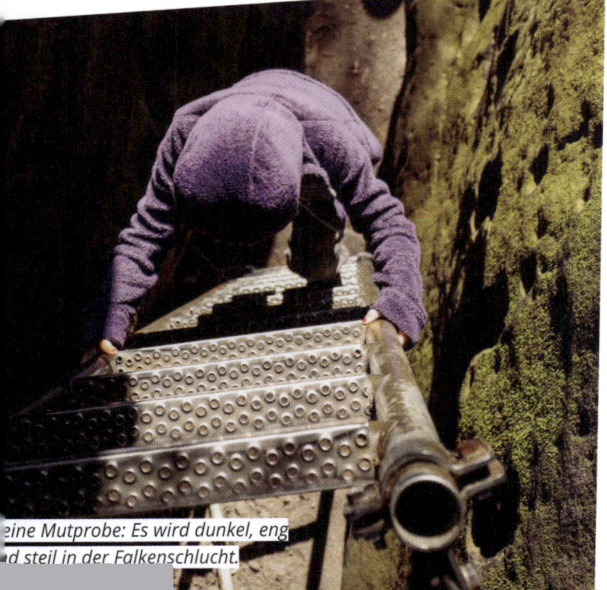

eine Mutprobe: Es wird dunkel, eng
d steil in der Falkenschlucht.

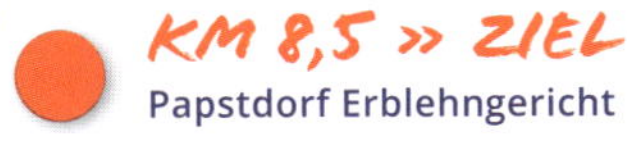

KM 8,5 » ZIEL

Papstdorf Erblehngericht

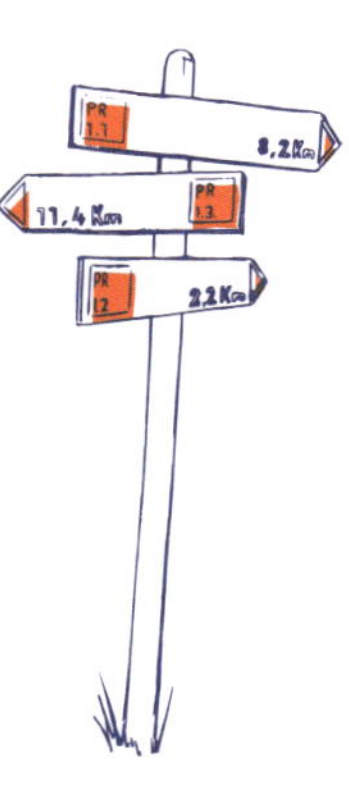

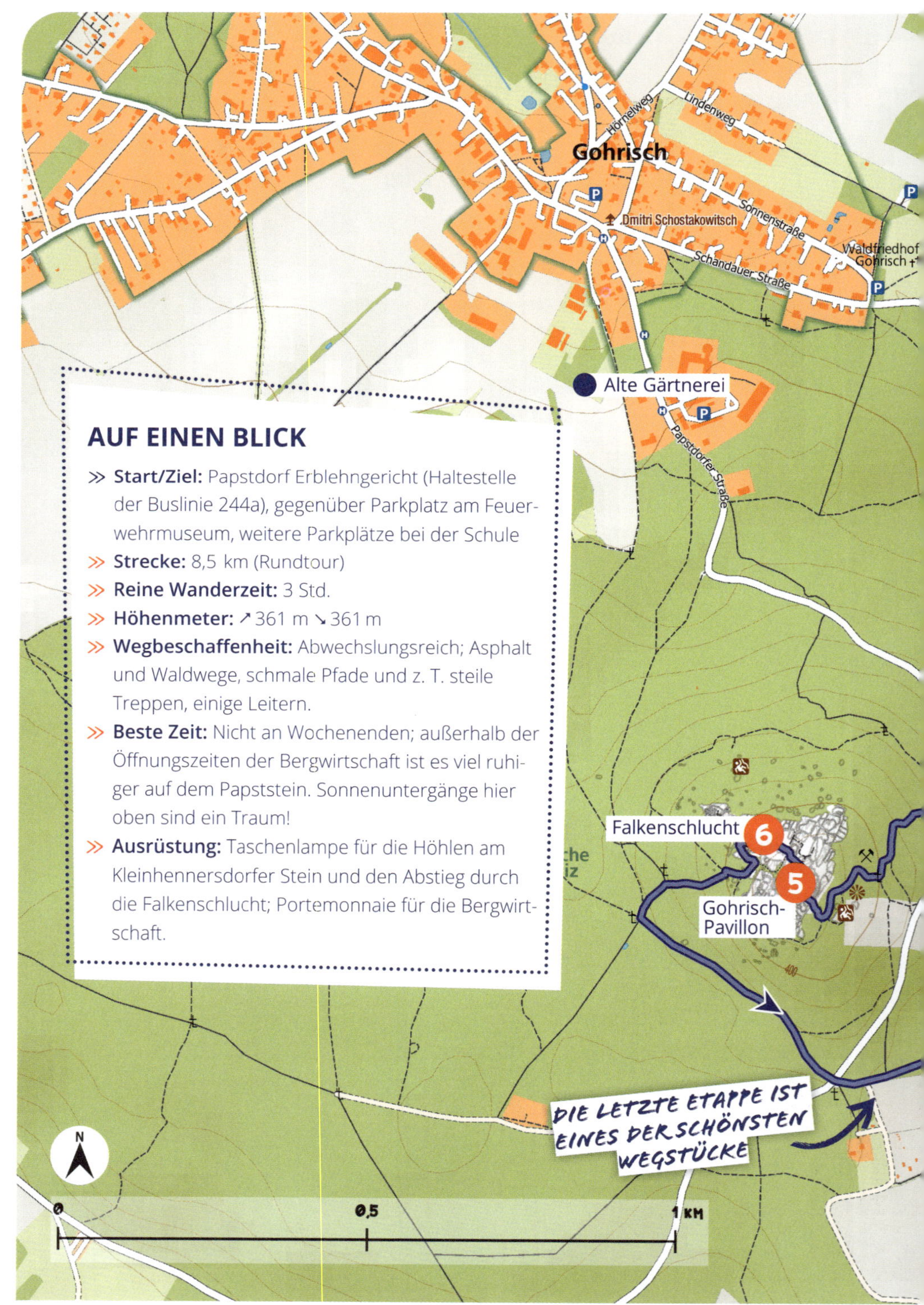

AUF EINEN BLICK

- **Start/Ziel:** Papstdorf Erblehngericht (Haltestelle der Buslinie 244a), gegenüber Parkplatz am Feuerwehrmuseum, weitere Parkplätze bei der Schule
- **Strecke:** 8,5 km (Rundtour)
- **Reine Wanderzeit:** 3 Std.
- **Höhenmeter:** ↗ 361 m ↘ 361 m
- **Wegbeschaffenheit:** Abwechslungsreich; Asphalt und Waldwege, schmale Pfade und z. T. steile Treppen, einige Leitern.
- **Beste Zeit:** Nicht an Wochenenden; außerhalb der Öffnungszeiten der Bergwirtschaft ist es viel ruhiger auf dem Papststein. Sonnenuntergänge hier oben sind ein Traum!
- **Ausrüstung:** Taschenlampe für die Höhlen am Kleinhennersdorfer Stein und den Abstieg durch die Falkenschlucht; Portemonnaie für die Bergwirtschaft.

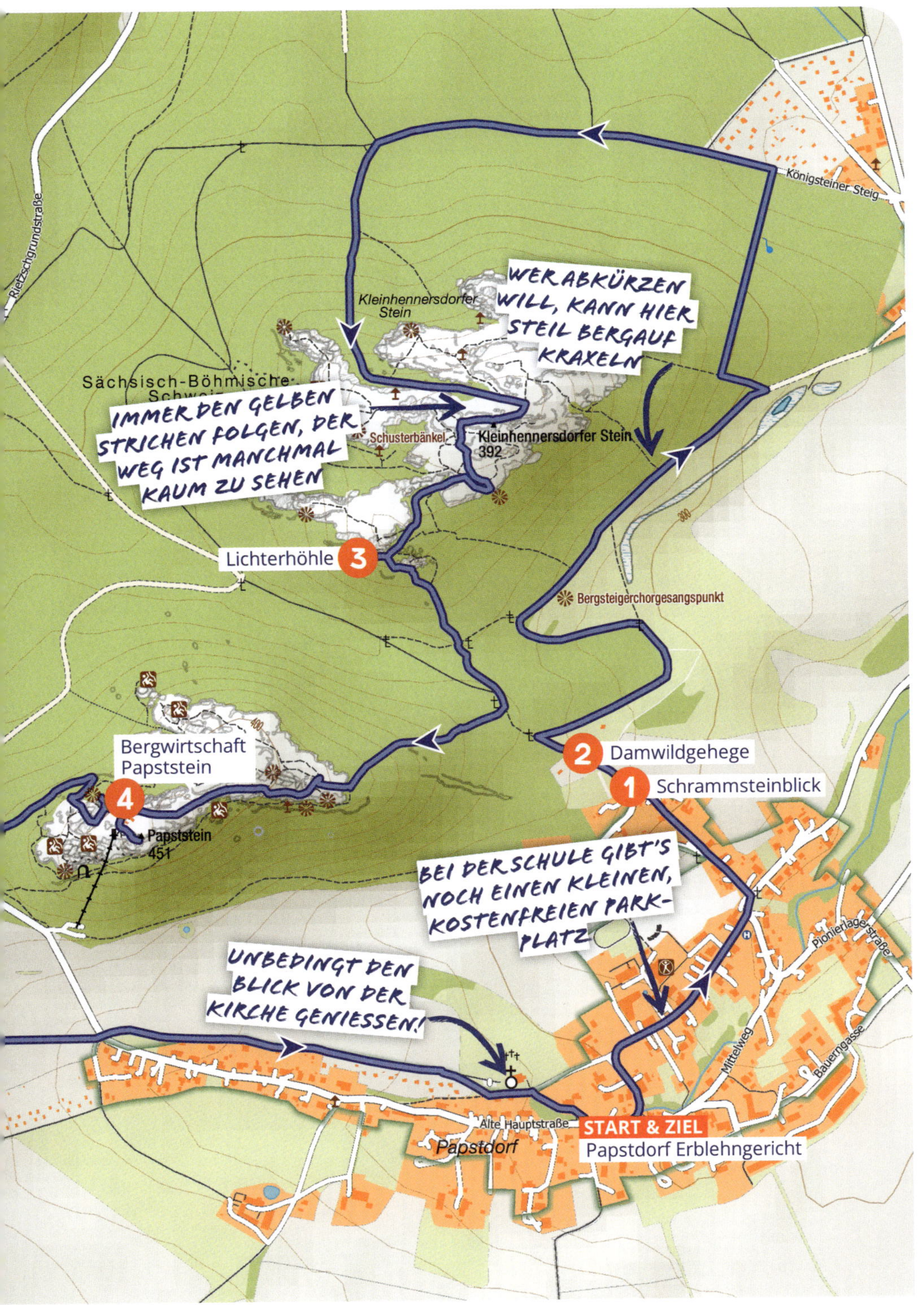

Rietzschgrundstraße
Königsteiner Steig
Kleinhennersdorfer Stein
WER ABKÜRZEN WILL, KANN HIER STEIL BERGAUF KRAXELN
Sächsisch-Böhmische Schweiz
IMMER DEN GELBEN STRICHEN FOLGEN, DER WEG IST MANCHMAL KAUM ZU SEHEN
Schusterbänkel
Kleinhennersdorfer Stein 392
300
Lichterhöhle 3
Bergsteigerchorgesangspunkt
400
Bergwirtschaft Papststein 4
2 Damwildgehege
1 Schrammsteinblick
Papststein 451
BEI DER SCHULE GIBT'S NOCH EINEN KLEINEN, KOSTENFREIEN PARKPLATZ
Pionierlagerstraße
UNBEDINGT DEN BLICK VON DER KIRCHE GENIESSEN!
Mittelweg
Bauerngasse
Alte Hauptstraße
START & ZIEL
Papstdorf Erblehngericht
Papstdorf

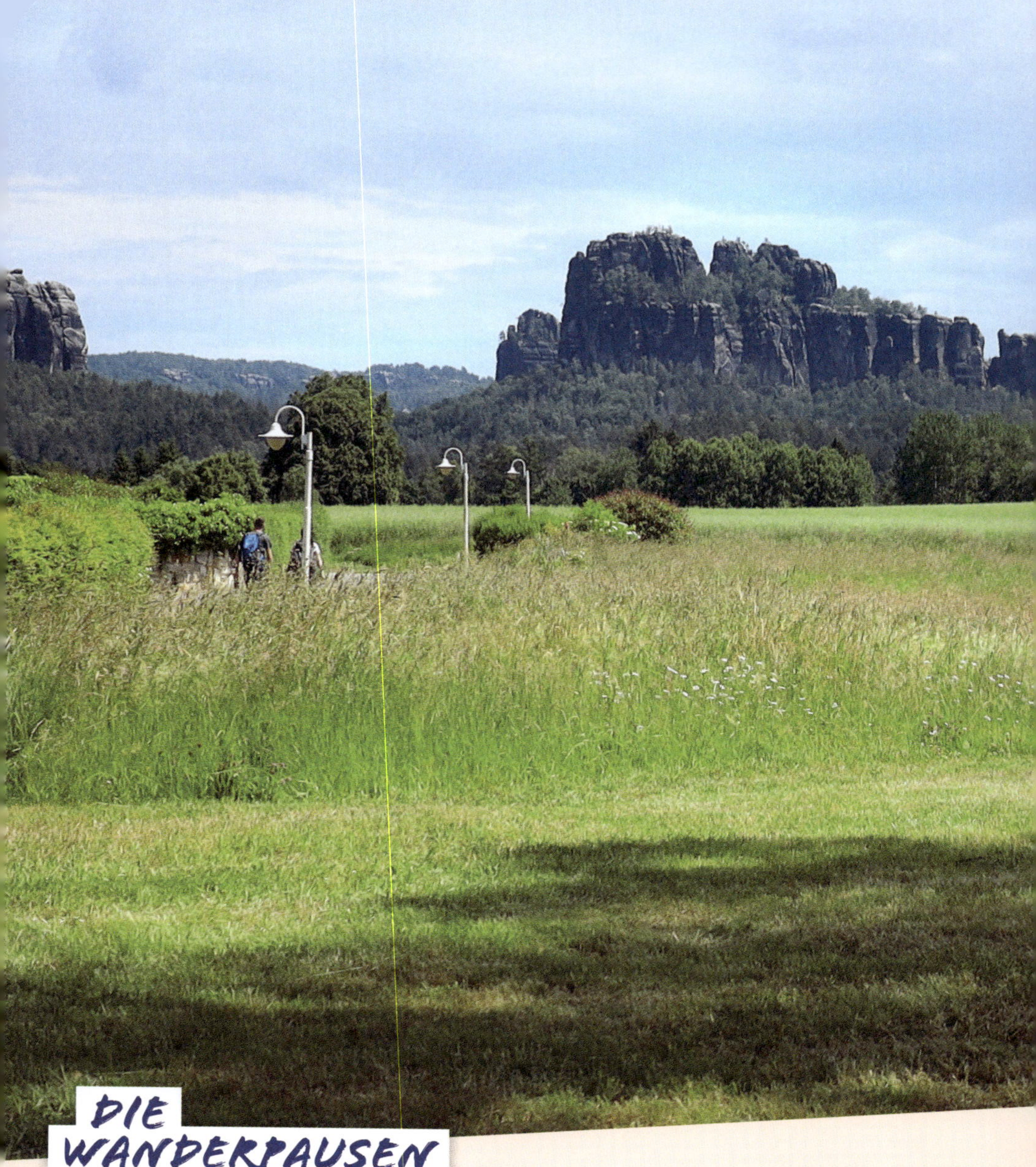

DIE WANDERPAUSEN

» START
Elbkai Bad Schandau

KM 1
1 Historischer Aufzug nach Ostrau
Aufstieg ohne Muskelschmalz

KM 3,2
2 Emmabank
Die schönste Rast des Elbsandsteingebirges

KM 4,6
3 Schrammsteinaussicht
Wer rückwärts geht, sieht mehr

12

VON FERN GENIESSEN

Bad Schandau samt Schrammstein-Panoramen

Der Kurort Bad Schandau hat mehr zu bieten als die grandiose Felsenlandschaft vor seinen Toren; auch im Ort selbst warten schöne Eindrücke. Dieser gemütliche Rundweg führt über bequeme Pfade und bietet dabei herrliche Blicke auf die Schrammsteine.

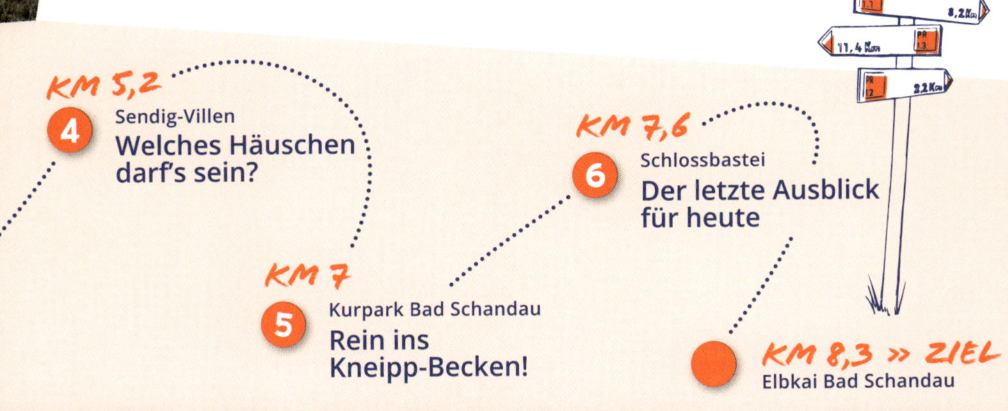

NICHT ALLE BEGEISTERN SICH FÜR …

… Kletterpartien über Felsen und Leitern. Manchmal möchte man einfach nur gemütlich geradeaus laufen und ist zufrieden damit, die spektakulären Gipfel der Sächsischen Schweiz aus der Ferne zu bewundern. So sind sie schließlich auch am besten zu sehen!

Für solche Tage und Bedürfnisse bietet Bad Schandaus hochgelegener Ortsteil Ostrau die perfekte Gelegenheit: Den ersten steilen Aufstieg übernimmt der **historische Personenaufzug,** der bereits seit 1904 Kurgäste und Touristen hinauf auf die Ostrauer Scheibe bringt, die 130 Meter über Elbniveau thront.

Von hier oben geht es gemächlich auf den Spuren von Bad Schandaus Ehrenbürger Rudolf Sendig weiter durch den Sendigpark; heute ein lichter Wald voller Blaubeersträucher und verblichener Wegsteine, bis die einsame **Emmabank** hoch über dem Zahnsgrund und der Elbe erreicht ist: Die Apotheose der Rastbank könnte man sie nennen, denn ein solch gewaltiges Panorama bietet sich kletterfaulen Spazierenden nur selten im Elbsandsteingebirge. Wer hier keine ausgiebige Picknickpause einlegt, ist selbst schuld!

VOM KURPARK DER FALKENSTEIN-KLINIK SCHWEIFT DER BLICK ÜBER EIN VERITABLES FELSENPANORAMA

Die fantastischen, bis zu 425 Meter aufragenden Formationen der **Schrammsteine** schieben sich auf dieser Runde immer wieder Beifall heischend ins Blickfeld, rücken aber nie zu nahe. Der Zahnsgrund trennt die Idylle rund um die Falkenstein-Klinik von dieser wilden Felsenwelt – doch das tief eingeschnittene Tal zu durchqueren, wäre alles andere als gemütlich. Nein, auf dieser Runde warten statt Kraxeln und Schnaufen malerische Ausblicke und die verträumten Dorfstraßen auf der Ostrauer Scheibe, wo sich die hölzernen **Sendig-Villen** im skandinavischen Stil aneinanderreihen und bewundert werden wollen.

Zurück in Bad Schandau lockt am Eingang des Kirnitzschtals der beschauliche **Kurpark.** Hier darf man es den Kurgästen nachtun und die Füße in die eiskalte Kneipp-Quelle tauchen. Mit auf diese Weise erfrischten Beinen geht es für einen letzten Ausblick hinauf auf die **Schlossbastei,** ein krönender Abschluss für eine rundum gelungene Wanderung! «

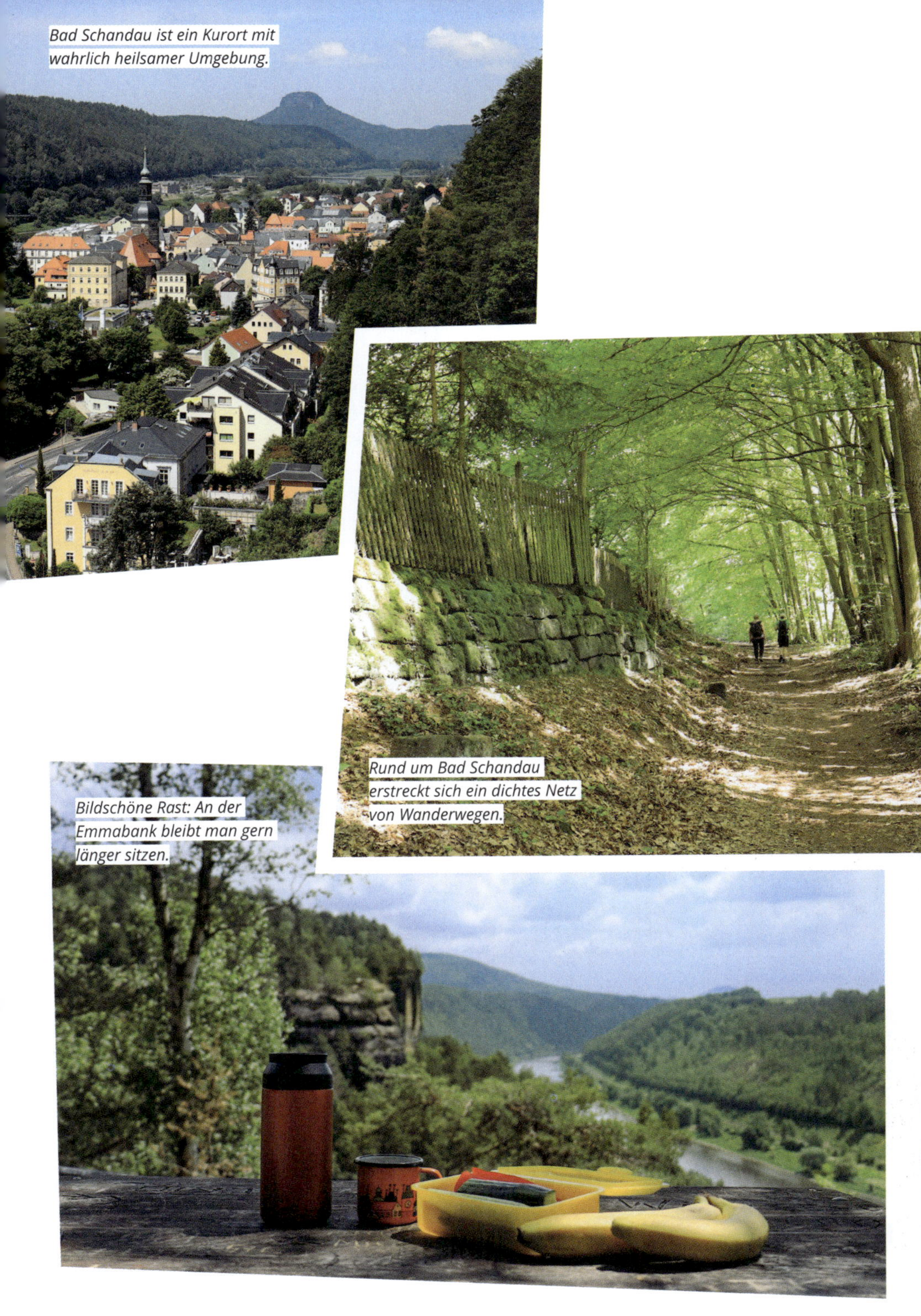

Bad Schandau ist ein Kurort mit wahrlich heilsamer Umgebung.

Rund um Bad Schandau erstreckt sich ein dichtes Netz von Wanderwegen.

Bildschöne Rast: An der Emmabank bleibt man gern länger sitzen.

WANDERN & GENIESSEN

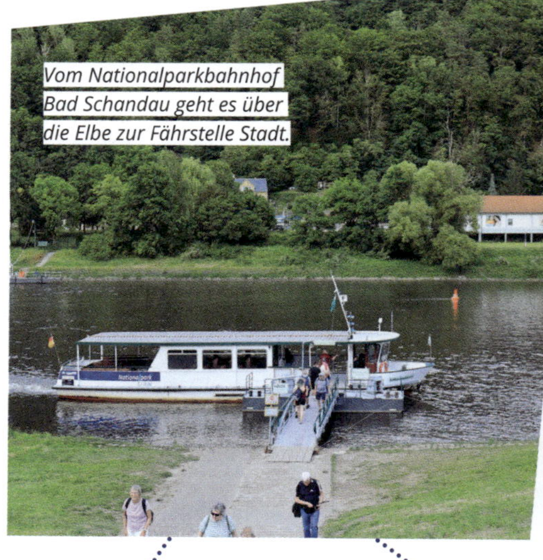
Vom Nationalparkbahnhof Bad Schandau geht es über die Elbe zur Fährstelle Stadt.

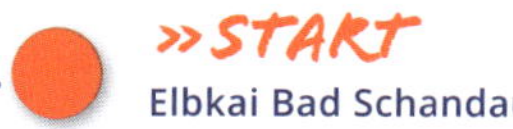
» START
Elbkai Bad Schandau

Den Startpunkt erreicht man per Fähre oder Bus vom Nationalparkbahnhof Bad Schandau am anderen Elbufer; oder man parkt das Auto direkt am Elbkai in Bad Schandau. Der Weg zum ersten Stopp führt direkt durch den Ort, über den kleinen Marktplatz und dann nach rechts an der Straße entlang.

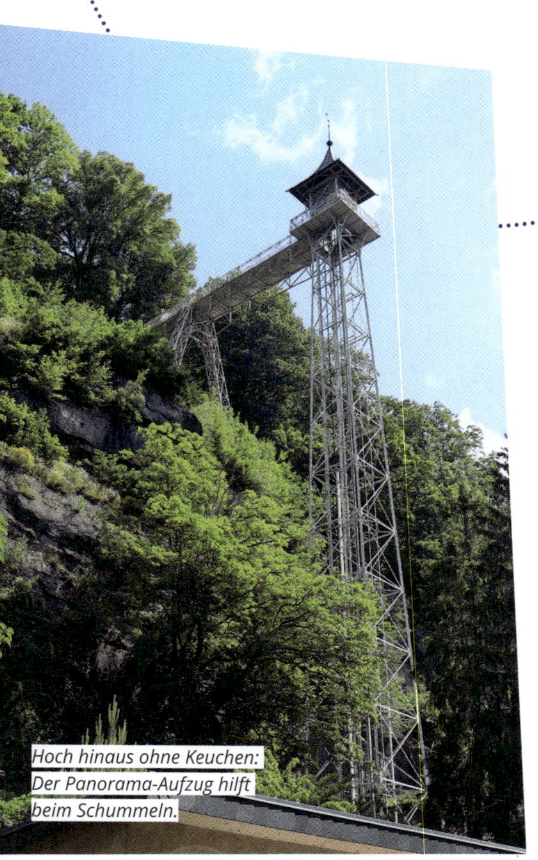
Hoch hinaus ohne Keuchen: Der Panorama-Aufzug hilft beim Schummeln.

KM 1

1

Historischer Aufzug nach Ostrau

Aufstieg ohne Muskelschmalz

Das filigrane Metallgerüst des freistehenden Personenaufzugs, dessen obere Plattform durch einen 35 Meter langen Laufsteg mit dem Felsplateau über Bad Schandau verbunden ist, wirkt wenig vertrauenerweckend. Aber der Fakt, dass es von einem Schüler Gustave Eiffels konstruiert wurde und seit 1904 funktioniert, sollte auch ängstliche Gemüter beruhigen. Immerhin ist der Aufzug die konkurrenzlos beste Möglichkeit, schnell auf die Höhe des Villenviertels Ostrau zu gelangen, wo diese Tour so richtig beginnt. Zur Beschwichtigung angespannter Nerven wartet an der Bergstation eine kleine Gaststätte, die Kaffee und Speisen serviert (nur Barzahlung).

Von hier führt der Weg nach Osten durch den (arg waldigen) Sendigpark; erst auf dem gelben Strich, dann weiter leicht nach links auf dem grünen Punkt. Der Wegweiser zur Emmabank führt dann scharf nach rechts.

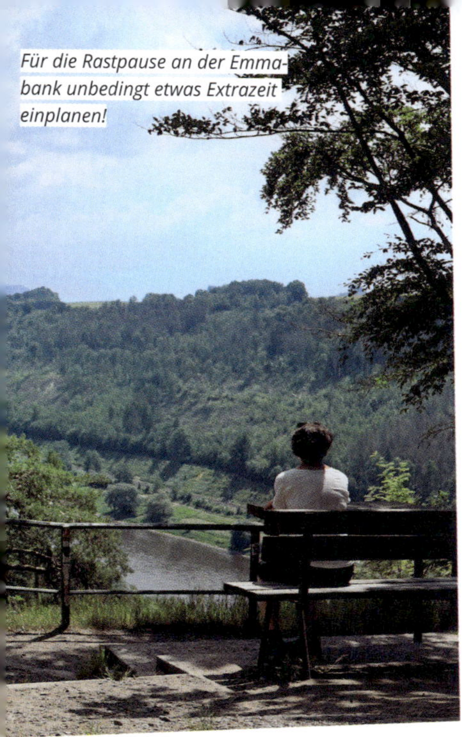

Für die Rastpause an der Emmabank unbedingt etwas Extrazeit einplanen!

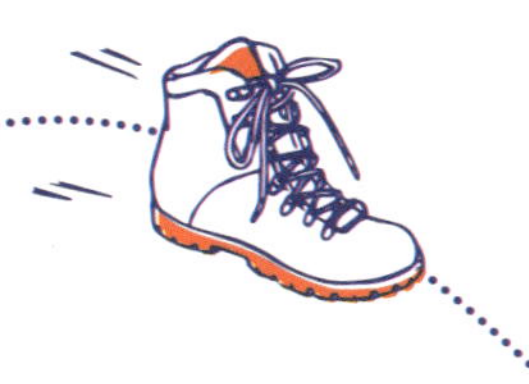

KM 4,6

3

Schrammsteinaussicht

Wer rückwärts geht, sieht mehr

Die Schrammsteine sind hier ganz nah und atemberaubend schön. Man mag die Augen kaum abwenden. Praktisch, dass der Weg erst am Straßenrand entlang und dann über einen gut gemähten Wiesenpfad vorbei an der Falkenstein-Klinik führt – da ist das Rückwärtsgehen einfach. Spätestens am Kurpark der Klinik sollten sich dann unbedingt alle mal umdrehen!

Die Strecke folgt der Einbahnstraße Ostrauer Ring entgegen der Fahrtrichtung.

KM 3,2

2

Emmabank

Die schönste Rast des Elbsandsteingebirges

Eine bessere Aussichtsbank kann es kaum geben: Auf der Spitze des Langen Horns geben drei nebeneinanderliegende Felsplateaus den Blick aus dem Wald auf die Obrigenwand auf der gegenüberliegenden Seite des Zahnsgrunds frei. Ganz rechts leuchtet sandgelb die glatte Abbruchwand der Königsnase über der Elbe. Die roten S-Bahnen und die blauen Fernzüge nach Prag wirken von hier oben wie Modellzüge. An diesem Platz sitzt man gern ein Weilchen – die Sitzbank mit Tisch bietet dabei Gelegenheit für ein Picknick.

An der Felsenkante entlang führt der Weg aus dem Wald heraus über weite Felder bis zum Wanderparkplatz am Eingang von Ostrau, wo man sich nach links wendet und in den Ort hineinläuft.

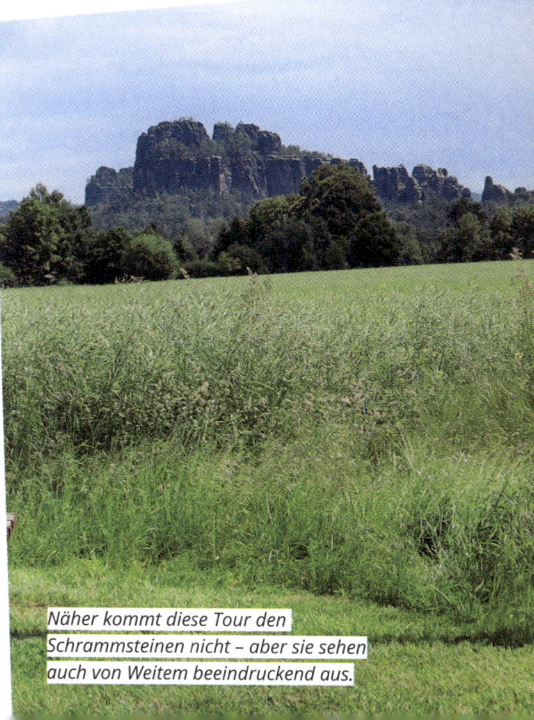

Näher kommt diese Tour den Schrammsteinen nicht – aber sie sehen auch von Weitem beeindruckend aus.

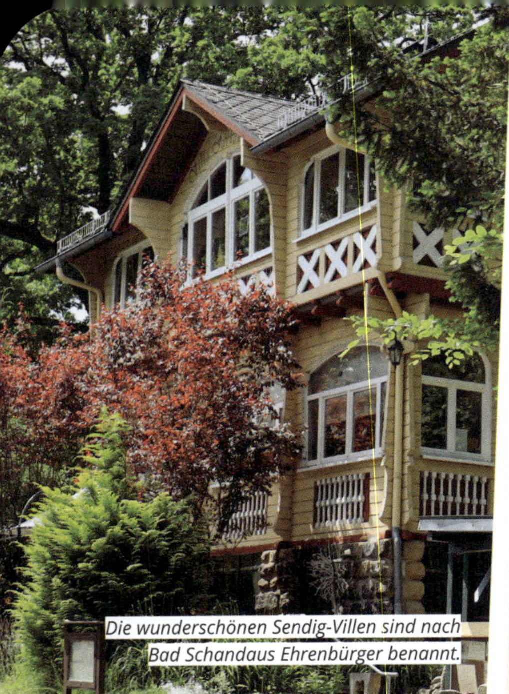
Die wunderschönen Sendig-Villen sind nach Bad Schandaus Ehrenbürger benannt.

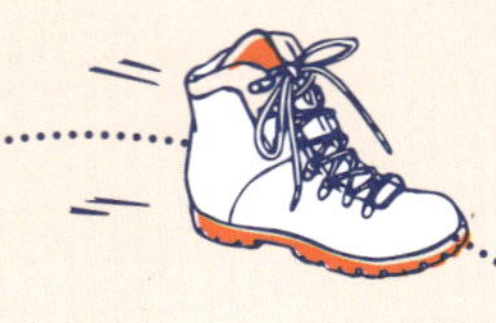

KM 7

5 Kurpark Bad Schandau

Rein ins Kneipp-Becken!

Dass Bad Schandau ein Kneipp-Kurort ist, hat bereits das Handtauchbecken angedeutet, an dem der Ostrauer Ring vorbeiführte. Im lauschigen Kurpark mit seinen Spazierwegen, Springbrunnen und einem kleinen Museum zur Stadtgeschichte darf man gern noch eine Extrarunde drehen, aber dann heißt es: Schuhe und Socken aus und rein bis zu den Knien ins eiskalte Wasser des Kneipp-Beckens. Laut Pfarrer Kneipp sorgt das für ein langes Leben!

Zum letzten Stopp wird die Kirnitzschtalstraße überquert. Rechts neben dem Haus der Evangelisch-Freikirchlichen Gemeinde führt eine Treppe am Hang hinauf.

KM 5,2

4 Sendig-Villen

Welches Häuschen darf's sein?

Auf dem Ostrauer Ring gibt es neue Gelegenheit zum Staunen. Hier ziehen die schmucken Holzgebäude der Villenkolonie alle Blicke auf sich, die der Hotelier Rudolf Sendig mit Gärten und Promenadenwegen errichten ließ – und zwar aus Fertigteilen. Man konnte sie damals komplett möbliert, inklusive Geschirr und Bettwäsche kaufen.

Wo der Ostrauer Ring nach rechts abbiegt, ragt in der Kurve der Skywalk Ostrau (auch Sendig-Blick genannt) mit gewagtem Schwung nach vorn ins Leere, eine barrierefreie Plattform ohne besondere Aussicht, die seit ihrer Errichtung für viel Spott gesorgt hat. An der nächsten Kurve geht's vom Ostrauer Ring nach links, zum letzten Mal winken die Schrammsteine. Der Schanzenweg wird zum Feld- und dann zum Waldweg, bis er als Bergsteigerpromenade bergab nach Bad Schandau führt. An der Waldpromenade dort links halten.

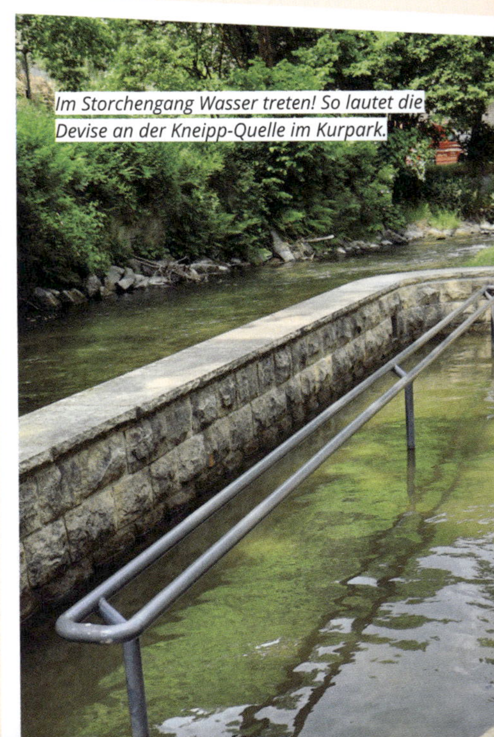
Im Storchengang Wasser treten! So lautet die Devise an der Kneipp-Quelle im Kurpark.

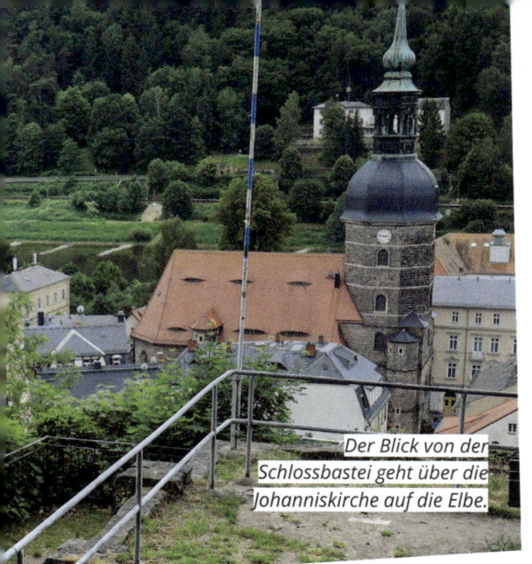

Der Blick von der Schlossbastei geht über die Johanniskirche auf die Elbe.

KM 7,6

6 Schlossbastei

Der letzte Ausblick für heute

Eigentlich könnte die Runde schon vorbei sein; aus dem Kurpark gelangt man zum Marktplatz und zurück zum Elbkai. Doch manche haben noch Schwung in den Beinen, auf die wartet am gegenüberliegenden Ufer der Kirnitzsch ein letzter grandioser Ausblick – also ab auf die Schlossbastei-Promenade! Auch wenn der zugewachsene Weg, der über alte Steinstufen steil bergan führt, kaum noch an eine Promenade erinnert. Unvermittelt landet man auf einem kleinen Ausguck hoch über der Stadt, umkränzt von alten Mauern. Hier stand bis in die 1970er-Jahre das Ausflugslokal Schlossbastei, bekannt als »Balkon von Bad Schandau« – schade, dass hier nicht mehr gespeist und getanzt wird.

Von der Schlossbastei folgt man dem Pfad über eine Treppe nach oben und biegt dann links ab auf die Zaukenpromenade. Von hier führt bald eine Metalltreppe hinab in den Ort, wo man über die Marktstraße zurück zum Elbkai gelangt.

EXTRA INFOS:

Wer mehr über den Nationalpark Sächsische Schweiz erfahren will, sollte noch das ● **Nationalparkzentrum** besuchen. Das ehemalige Kino an der Dresdner Straße zeigt auf drei Etagen die Besonderheiten der heimischen Tier- und Pflanzenwelt, vom winzigen Gartenschläfer bis zum Luchs. (www.nationalparkzentrum-saechsische-schweiz.de)

Ein entspanntes Ende dieser Runde genießt man in der ● **Toskana-Therme,** einem Wellness-Schwimmbad mit Saunalandschaft direkt am Elbkai. (www.toskanaworld.net/toskana-therme-bad-schandau-de)

KM 8,3 » ZIEL

Elbkai Bad Schandau

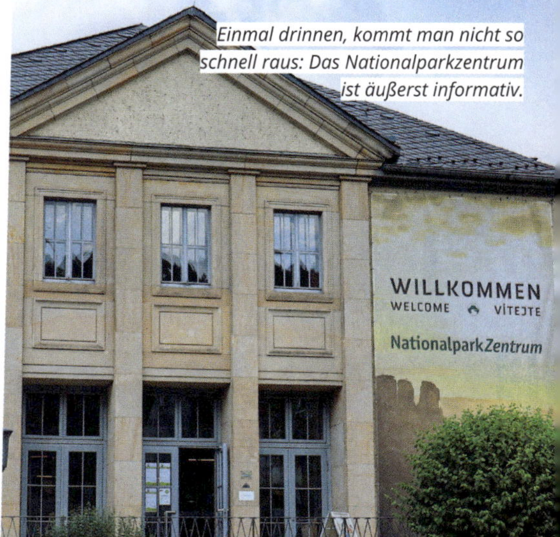

Einmal drinnen, kommt man nicht so schnell raus: Das Nationalparkzentrum ist äußerst informativ.

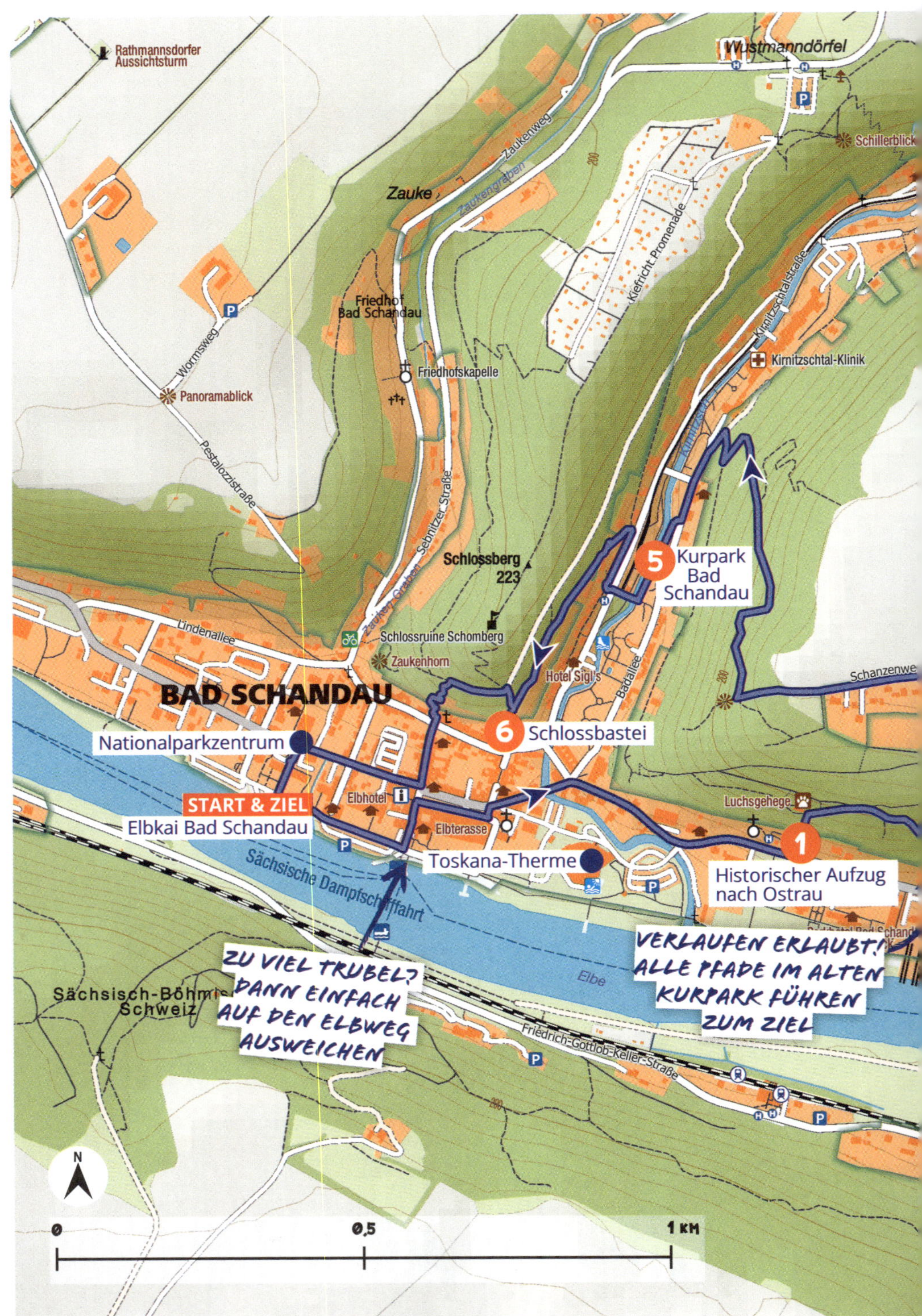

Rathmannsdorfer Aussichtsturm
Wustmanndörfel
Schillerblick
Zaukenweg
Zaukengraben
Zauke
Kiefricht Promenade
Friedhof Bad Schandau
Wormsweg
Friedhofskapelle
Panoramablick
Kirnitzschtalstraße
Kirnitzschtal-Klinik
Pestalozzistraße
Sebnitzer Straße
Schlossberg
223
5 Kurpark Bad Schandau
Lindenallee
Schlossruine Schomberg
Zaukenhorn
Hotel Sigl's
Badallee
Schanzenweg
BAD SCHANDAU
6 Schlossbastei
Nationalparkzentrum
Luchsgehege
Elbhotel
START & ZIEL
Elbkai Bad Schandau
Elbterasse
1
Toskana-Therme
Historischer Aufzug nach Ostrau
Sächsische Dampfschifffahrt
VERLAUFEN ERLAUBT! ALLE PFADE IM ALTEN KURPARK FÜHREN ZUM ZIEL
ZU VIEL TRUBEL? DANN EINFACH AUF DEN ELBWEG AUSWEICHEN
Elbe
Sächsisch-Böhmische Schweiz
Friedrich-Gottlob-Keller-Straße
N
0
0,5
1 KM

AUF EINEN BLICK

- **Start/Ziel:** Elbkai Bad Schandau
- **Strecke:** 8,3 km (Rundtour)
- **Reine Wanderzeit:** 3 Std.
- **Höhenmeter:** ↗ 206 m ↘ 206 m
- **Wegbeschaffenheit:** Asphaltierte Fußwege, breite Feld- und Waldwege; eine kurze Treppe führt zum Eingang des Personenaufzugs; für den letzten Aufstieg zur Schlossbastei müssen noch mehr Treppen bezwungen werden.
- **Beste Zeit:** An klaren Tagen (für einen schönen Blick auf die Schrammsteine); die Kneipp-Quelle ist im Hochsommer sehr erfrischend.
- **Ausrüstung:** Ein kleines Handtuch für nasse Füße.

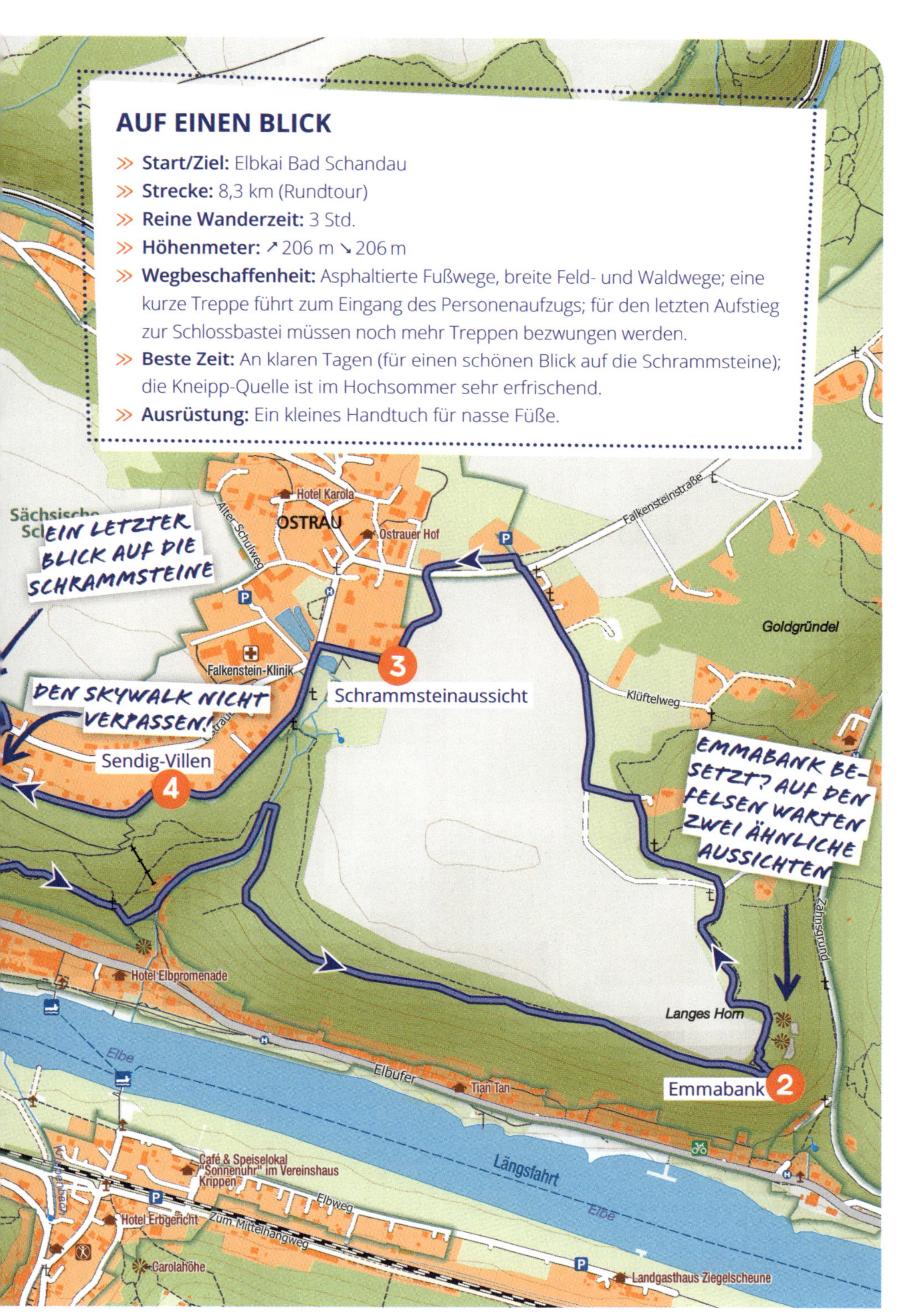

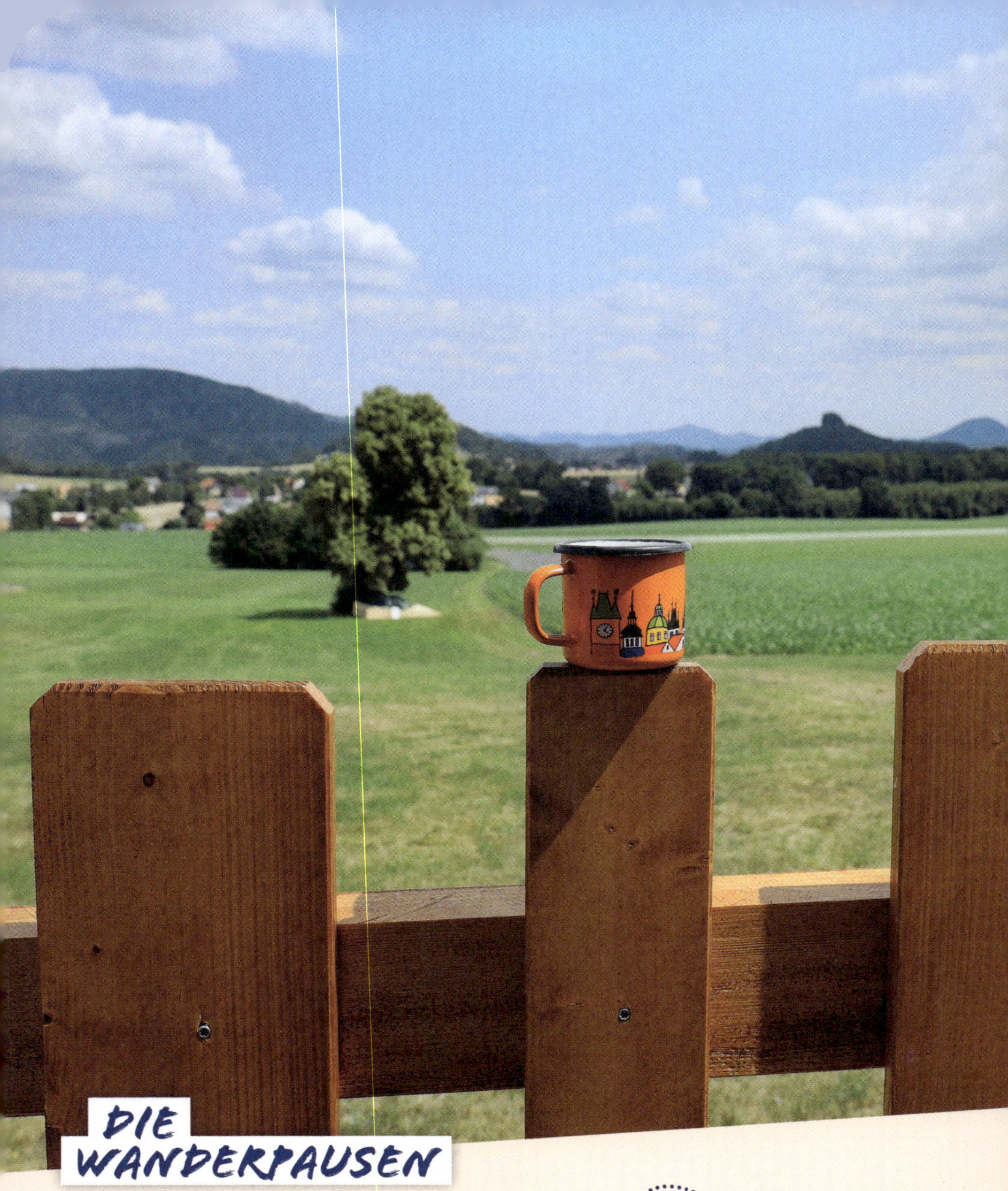

DIE WANDERPAUSEN

» START
S-Bahnhof Krippen

KM 0,8
1 Sonnenuhrenweg
Wem die Stunde scheint

KM 1,7
2 Kanigstein
Location-Scouting mal anders

KM 3,8
3 Barockkirche Reinhardtsdorf
Bibel-Bilderstunde

13 MALERISCH UNTERWEGS

Auf Caspar David Friedrichs Spuren von Krippen nach Schöna

Die Sächsische Schweiz hat mit ihrer Schönheit den romantischen Maler Caspar David Friedrich zu berührenden Kunstwerken inspiriert. Wo genau das passiert ist, zeigt diese Route, die zu den Motiven des Künstlers zwischen Krippen und Schöna führt.

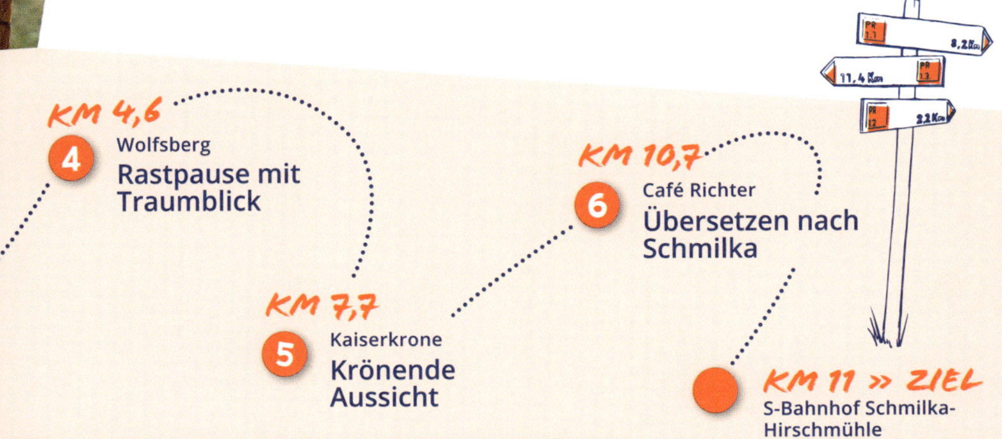

TIEF IM OSTEN DER SÄCHSISCHEN SCHWEIZ ...

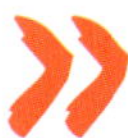

... finden sich die Orte Krippen und Schöna, die von Wandergästen gern übersehen werden. Dabei finden sich hier, kurz vor der Grenze zu Tschechien, an jeder Ecke die Spuren eines der berühmtesten romantischen Maler wieder: Caspar David Friedrich nahm u. a. am **Kanigstein** interessant geformte Felsen und Bäume in der Umgebung als Vorlage für seine Meisterwerke wie »Wanderer über dem Nebelmeer«.

Wie man sonst auf Drehorte-Jagd für bekannte Filme geht, erkennt man auf dieser gemütlichen Runde an jeder Ecke Motive von Ölbildern wieder. Angesichts der grandiosen Ausblicke vom **Wolfsberg** und den Schönaer Höhen auf die mächtigen Schrammsteine am gegenüberliegenden Elbufer fragt man sich allerdings, warum Friedrich nicht auch diese Sandsteinformationen auf der Leinwand verewigt hat – hier braucht es weder Mond noch Nebel für romantisches Seufzen. Kunst- und Kulturgenuss bietet diese Wanderung auch abseits der Malerei: angefangen beim **Sonnenuhrenweg,** der aus Krippen hinausführt, bis zur barocken **Dorfkirche von Reinhardtsdorf-Schöna,** deren schlichtes Äußeres ein absolutes Understatement ist.

WIE SICH IM KINO DER VORHANG TEILT, ERÖFFNET SICH DAS FELSPANORAMA DER SCHRAMMSTEINE – AH!

Die buchstäbliche Krönung dieser Streckenwanderung, die durch lichten Mischwald und über weite Felder voller Raps, Mais und Wildblumen führt, ist die **Kaiserkrone,** deren drei Gipfel Aussichten in jede Richtung eröffnen – sowohl auf den benachbarten Zirkelstein, der wie ein Bauklötzchen aus der Ebene ragt, als auch weit nach Osten und Süden zu den Zschirnsteinen, dem Großen Winterberg und dem tschechischen Rosenberg; sogar der Fernsehturm von Liberec ist bei klarer Sicht zu erkennen.

Wer nach dem anstrengenden Aufstieg und dem nicht weniger anstrengenden Abstieg auf den endlosen Stufen des Aschersteigs hinab zum Elberadweg noch Zeit hat, bevor die S-Bahn kommt (das passiert nämlich nur stündlich), dem sei ein schnelles Übersetzen mit der Fähre empfohlen: Drüben am anderen Elbufer wartet im Dorf Schmilka mit dem Mühlenhof und dem **Café Richter** ein genussvoller kulinarischer Abschluss. «

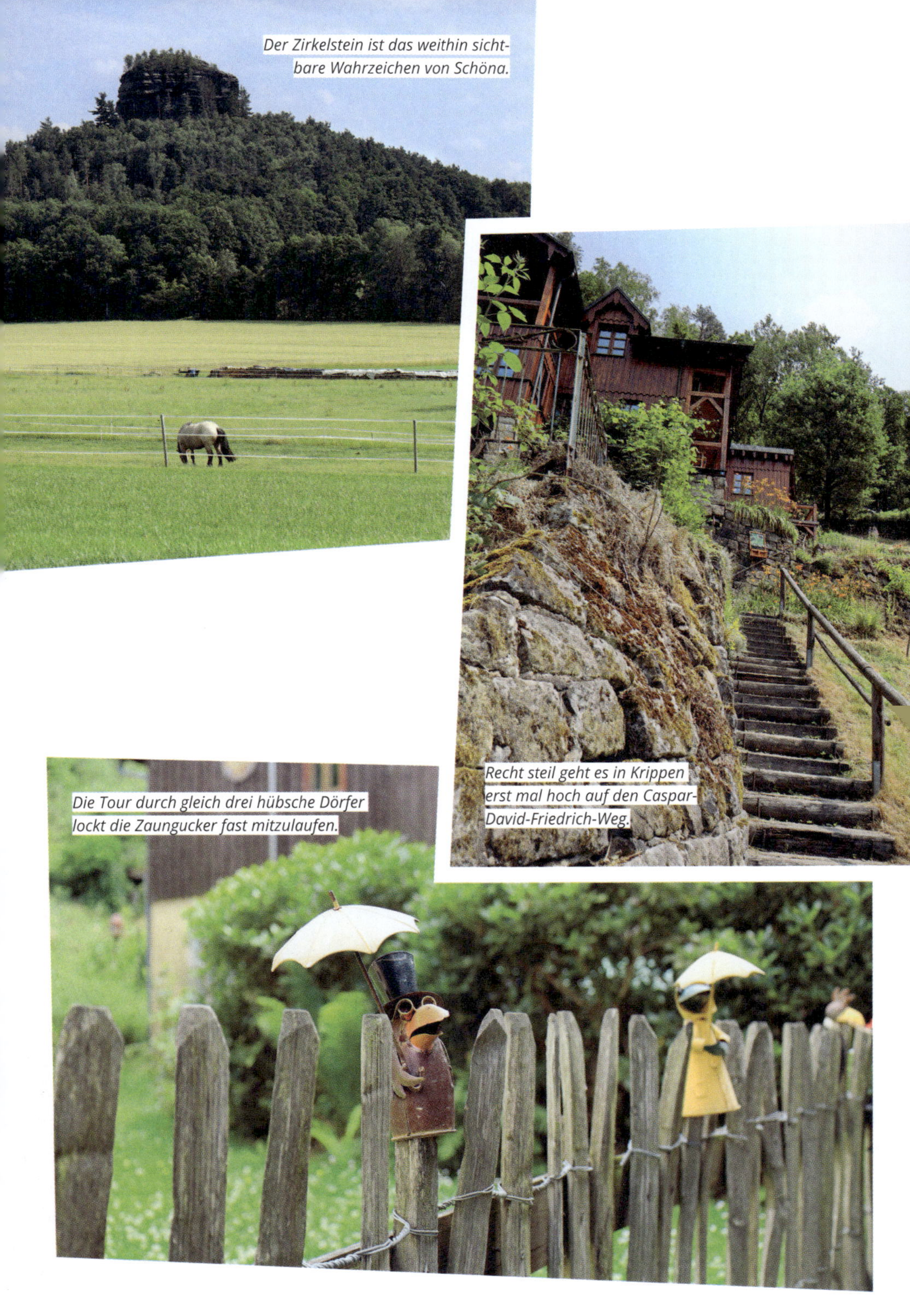

Der Zirkelstein ist das weithin sichtbare Wahrzeichen von Schöna.

Recht steil geht es in Krippen erst mal hoch auf den Caspar-David-Friedrich-Weg.

Die Tour durch gleich drei hübsche Dörfer lockt die Zaungucker fast mitzulaufen.

WANDERN & GENIESSEN

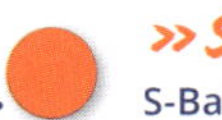

» START

S-Bahnhof Krippen

Vom S-Bahnhof geht die Straße am Bahndamm entlang nach Osten. Gleich neben der Unterführung, die zum Fähranleger führt, informiert eine Tafel über Caspar David Friedrich, dessen Spuren der Weg nun nach rechts (grüner Punkt) in den Ortskern von Krippen folgt.

KM 0,8

1

Sonnenuhrenweg

Wem die Stunde scheint

Der roten und dann grünen Markierung über den Krippenbach auf den Bächelweg folgend, entdeckt man gleich die erste Sonnenuhr an der Fassade eines Hauses – es wird nicht die letzte sein. Und alle sind unterschiedlich gestaltet. Jetzt heißt es Uhrenvergleich – welche Uhr geht richtig? Tipp: Dass Sonnenuhren im Februar 14 Minuten nachgehen und im November 16 Minuten vorgehen, ist ganz normal; im Sommer sind die naturnahen Zeitmesser dank der Nähe Krippens zum Nullmeridian in Görlitz allerdings ziemlich akkurat.

Noch mehr Sonnenuhren warten entlang der Hauptstraße. Diese Route biegt aber am Haus Nr. 18 vom Bächelweg links ab und führt als schmaler Pfad hangaufwärts in den Wald, hoch über den Häusern von Krippen.

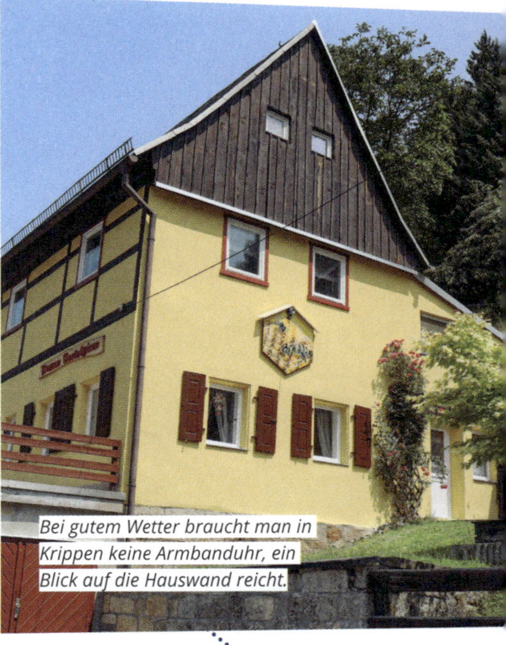

Bei gutem Wetter braucht man in Krippen keine Armbanduhr, ein Blick auf die Hauswand reicht.

DIE GELEGENHEIT, DEN SKIZZENBLOCK HERVORZUHOLEN

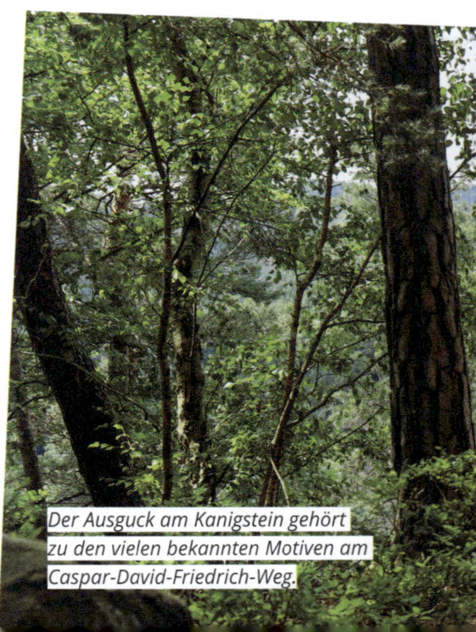

Der Ausguck am Kanigstein gehört zu den vielen bekannten Motiven am Caspar-David-Friedrich-Weg.

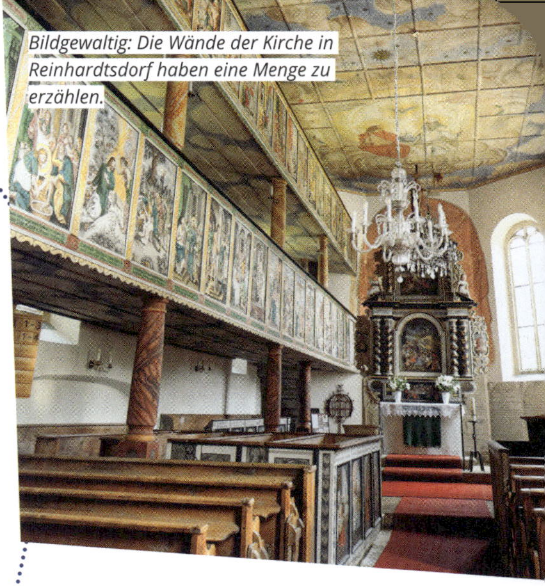

Bildgewaltig: Die Wände der Kirche in Reinhardtsdorf haben eine Menge zu erzählen.

KM 1,7

2 Kanigstein
Location-Scouting mal anders

Ist die sanfte Steigung bezwungen, wartet ein erster Ausguck, der weniger mit seinem Blick denn mit der umzäunten Kanzel an sich beeindruckt: Laut der nebenstehenden Informationstafel ließ sich Caspar David Friedrich in dieser Gegend zu vielen Motiven seiner in Öl verewigten Landschaften inspirieren. Bei einer kurzen Rast an diesem ruhigen Aussichtspunkt kann man sich selbst einmal an einer Baumskizze versuchen – aber bitte dafür weniger Zeit einplanen als der meditativ veranlagte Künstler, der für eine Fichtenzeichnung mehr als fünf Stunden brauchte.

Durch lichten Mischwald führt der Caspar-David-Friedrich-Weg mit dem grünen Punkt sanft bergauf an die ersten Häuser von Reinhardtsdorf-Schöna, wo man für ein kurzes Stück dem Malerweg folgt und dann auf Am Viehbigt nach rechts bergab in den Dorfkern läuft.

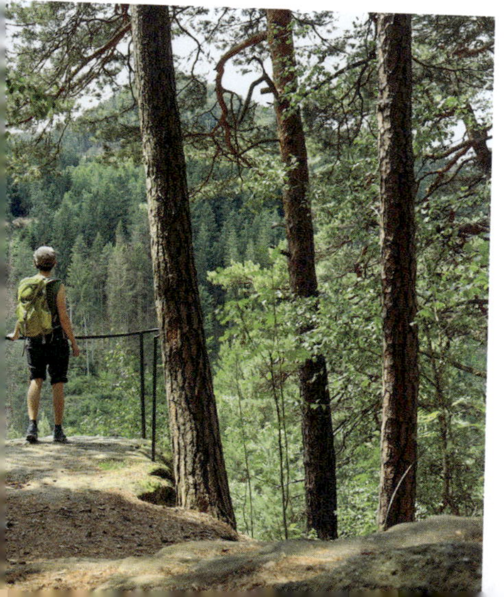

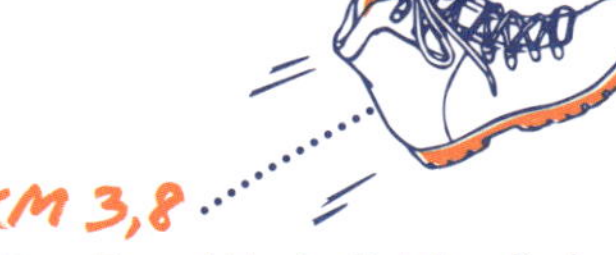

KM 3,8

3 Barockkirche Reinhardtsdorf
Bibel-Bilderstunde

Einen grandioseren Ausblick aus dem Badezimmerfenster kann man wohl kaum genießen als hier oben am Krippenberg! Nachdem sich die Augen am Panorama der Schrammsteine sattgesehen haben, wartet im etwas tiefer gelegenen Dorfkern ein kulturelles Highlight: Die grau verkleidete Dorfkirche von Reinhardtsdorf-Schöna dient nicht nur als weithin sichtbares Wegzeichen, sie ist auch von innen ein bildgewaltiger Anblick. Der kleine Altarraum der Bauernbarockkirche ist ein regelrechtes Wimmelbild; die 50 Szenen aus dem Alten und Neuen Testament sollte man sich ganz in Ruhe anschauen. Im Hintergrund sind auch Eindrücke aus der Sächsischen Schweiz zu erkennen.

Weiter geht's gerade aus dem Eingangsportal der Kirche hinaus, die Treppe hinunter nach links und über den kleinen Marktplatz von Reinhardtsdorf, dem Malerweg folgend nach Süden wieder aus dem Ort hinaus.

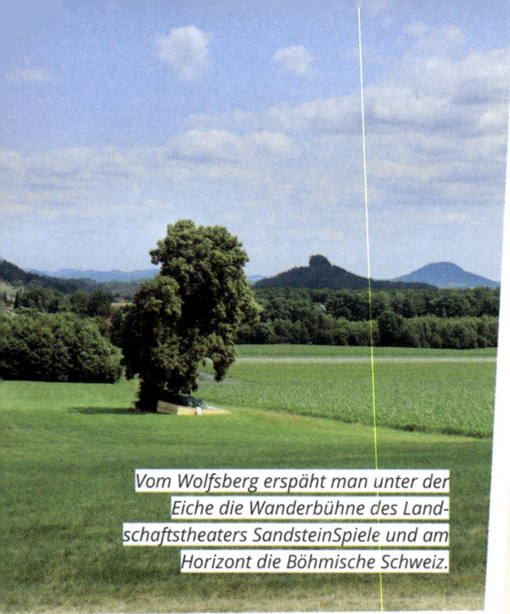

Vom Wolfsberg erspäht man unter der Eiche die Wanderbühne des Landschaftstheaters SandsteinSpiele und am Horizont die Böhmische Schweiz.

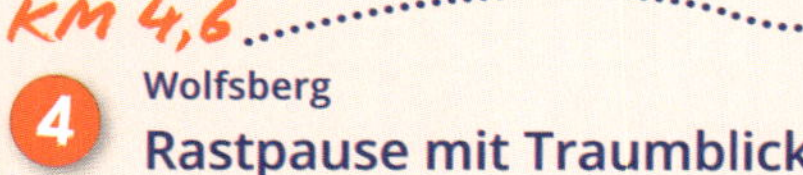

4

Wolfsberg

Rastpause mit Traumblick

Das grandiose Panorama, das sich passenderweise genau beim Erreichen der überdachten Ruhebank öffnet, erahnt man bereits beim Aufstieg auf den Wolfsberg; wer sich die Überraschung nicht verderben will, der dreht sich nicht um! Die 343 Meter hohe, sanfte Kuppe ragt nur etwa 30 Meter über ihre Umgebung hinaus, bietet aber dafür eine überraschend weite Aussicht. Vor allem der Blick nach Osten ist wunderschön: Von der Rastbank oder aber der Terrasse des Panoramahotels Wolfsberg schaut man auf die Schrammsteine und den Großen Winterberg auf der anderen Elbseite, während im Vordergrund der Zirkelstein und die Kaiserkrone aufragen, die nächsten Etappenziele. (www.panoramahotel-wolfsberg.de)

Direkt nach der Rastbank biegt der Weg im rechten Winkel nach links ab und führt über die Felder nach Schöna, wo die Tour dem roten Punkt durch den Ortskern zum Fuß der Kaiserkrone folgt.

KM 7,7

5

Kaiserkrone

Krönende Aussicht

Das Wahrzeichen von Schöna ist eigentlich der 384 Meter hohe Zirkelstein – einfach, weil seine schmale, wie ein Stöpsel aus den Feldern aufragende Kuppe von Ausgucken in der gesamten Sächsischen Schweiz zu sehen ist. Viel spannender ist aber die benachbarte Kaiserkrone. Das 350 Meter hohe Gipfelplateau des kleinsten Tafelbergs der Sächsischen Schweiz ist in drei Teile zerborsten, die jeweils mit einer eigenen kleinen Steiganlage versehen sind. Man munkelt, Caspar David Friedrich habe hier seinen »Wanderer über dem Nebelmeer« gemalt. Der Rundblick ist wirklich atemberaubend, er reicht von den Schrammsteinen über die näheren Gipfel der Böhmischen Schweiz bis ins Lausitzer Bergland weit im Osten.

Der Weg mit dem roten Punkt führt nach dem Abstecher zur Kaiserkrone erst sanft und dann immer steiler bergab ans Elbufer, wo er auf den Elberadweg trifft, der nach links zurück zum S-Bahnhof Schmilka-Hirschmühle führt.

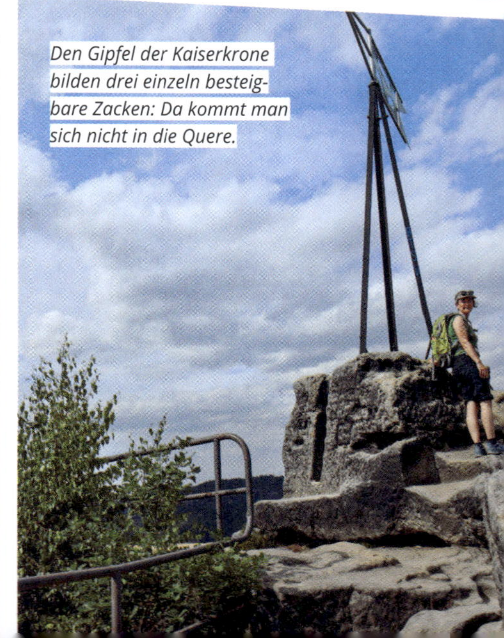

Den Gipfel der Kaiserkrone bilden drei einzeln besteigbare Zacken: Da kommt man sich nicht in die Quere.

Von der Kaiserkrone bietet sich ein wirklich royaler Rundblick.

EXTRA INFOS:

An Wochenenden von Juni bis September kann man diese Gegend mit noch mehr Kulturgenuss erleben: Dann führt der **SandsteinSpiele e. V.** auf mehreren Bühnen rund um Reinhardtsdorf-Schöna das Landschaftstheater auf; Szenenwechsel bedeuten hier: Es wird ein Stück weitergewandert. (www.sandsteinspiele.de)

Der Abstecher zum Zirkelstein – nur einen Steinwurf von der Kaiserkrone entfernt – ist verlockend. Und in der unterhalb des Berges gelegenen, gemütlichen Jugendherberge ● **Zirkelstein-Resort** kann man im Bungalowdorf oder im Zirkelstein-Haus übernachten und so zum Beispiel den Sonnenuntergangsblick vom Zirkelstein und von der Kaiserkrone vergleichen. (www.zirkelsteinresort.de)

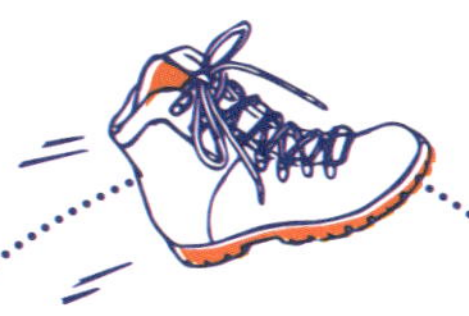

KM 10,7

6 Café Richter
Übersetzen nach Schmilka

Am S-Bahnhof legt die kleine Fähre ab, die Wandernde nach Bedarf über die Elbe ins eigentliche Dorf Schmilka bringt. Wenn noch Zeit ist bis zur nächsten S-Bahn, sollte man diese Überfahrt auf jeden Fall machen. Drüben wartet das Café Richter: In der historischen Villa Thusnelda mit ihrer von Rosen umrankten Elbblick-Terrasse werden Eis und hausgemachte Torten in Bio-Qualität serviert, außerdem vegetarische und vegane Mahlzeiten. Ein würdiger Abschluss für diese malerische Tour! Alternativ geht es ein paar Schritte weiter in den Gasthof zur Mühle. (www.schmilka.de)

Aufgegessen? Dann schnell wieder auf die Fähre gesprungen und in wenigen Minuten zurück zum S-Bahnhof.

KM 11 » ZIEL

S-Bahnhof Schmilka-Hirschmühle

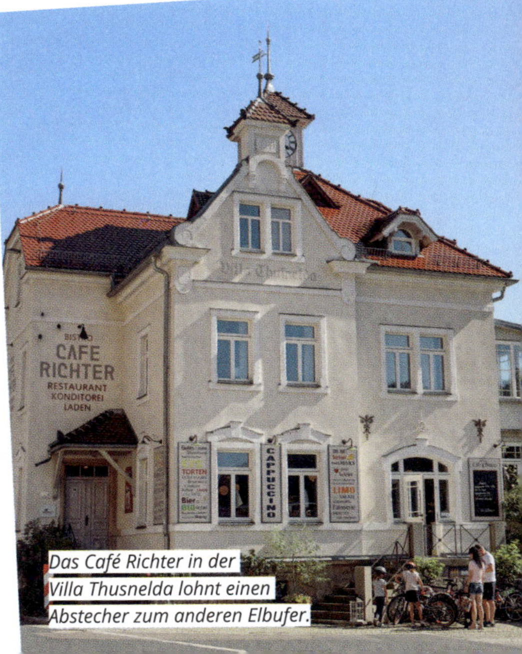

Das Café Richter in der Villa Thusnelda lohnt einen Abstecher zum anderen Elbufer.

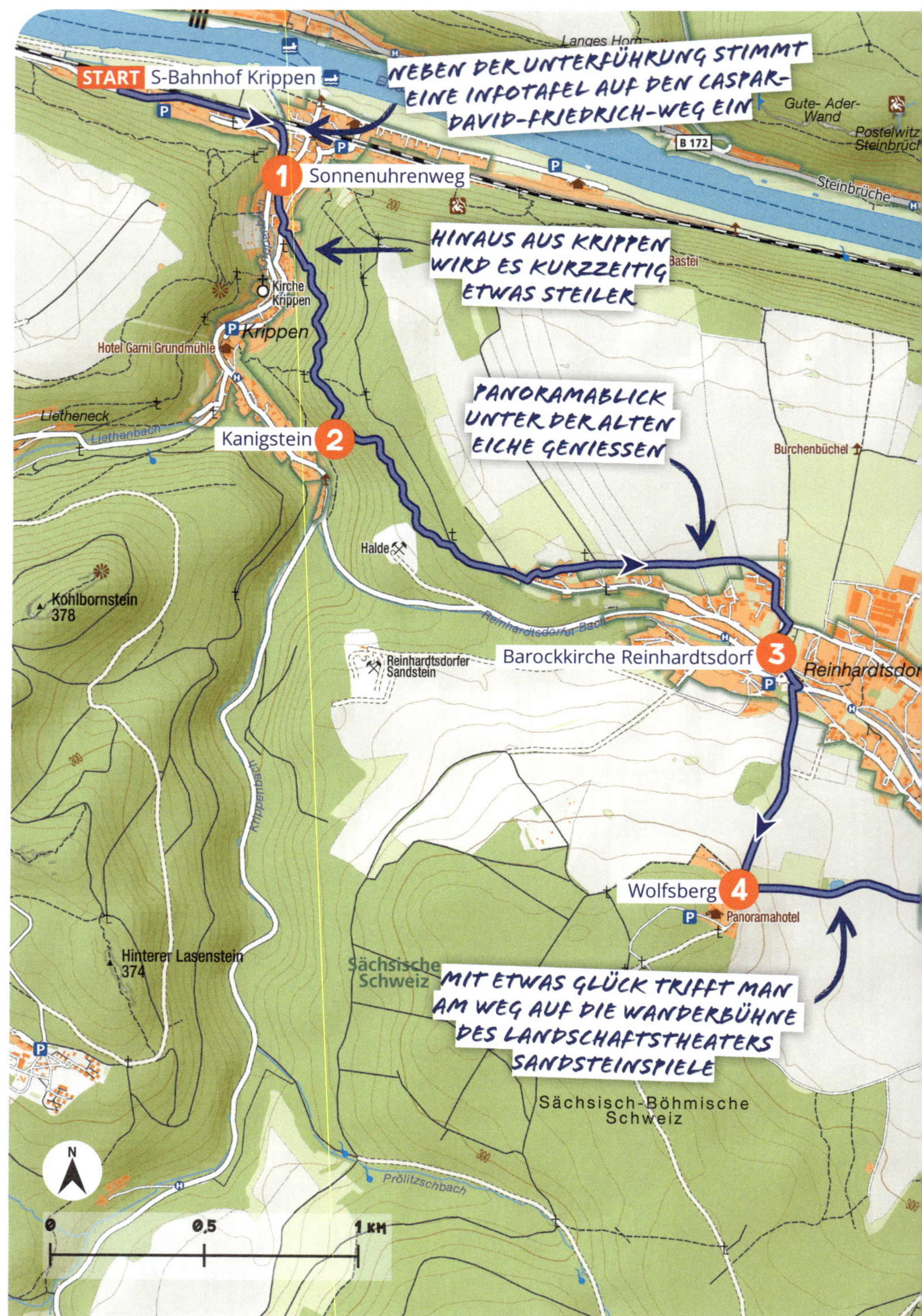

START S-Bahnhof Krippen
NEBEN DER UNTERFÜHRUNG STIMMT EINE INFOTAFEL AUF DEN CASPAR-DAVID-FRIEDRICH-WEG EIN
Langes Horn
Gute- Ader-Wand
Postelwitz Steinbrüch
B 172
Steinbrüche
1 Sonnenuhrenweg
HINAUS AUS KRIPPEN WIRD ES KURZZEITIG ETWAS STEILER
Bastei
Kirche Krippen
Krippen
Hotel Garni Grundmühle
Lietheneck
Liethenbach
2 Kanigstein
PANORAMABLICK UNTER DER ALTEN EICHE GENIESSEN
Burchenbüchel
Halde
Kohlbornstein 378
Reinhardtsdorfer Bach
Reinhardtsdorfer Sandstein
Barockkirche Reinhardtsdorf 3
Reinhardtsdor
Krippenbach
4 Wolfsberg
Panoramahotel
Hinterer Lasenstein 374
Sächsische Schweiz
MIT ETWAS GLÜCK TRIFFT MAN AM WEG AUF DIE WANDERBÜHNE DES LANDSCHAFTSTHEATERS SANDSTEINSPIELE
Sächsisch-Böhmische Schweiz
Prölitzschbach
N
0
0,5
1 KM

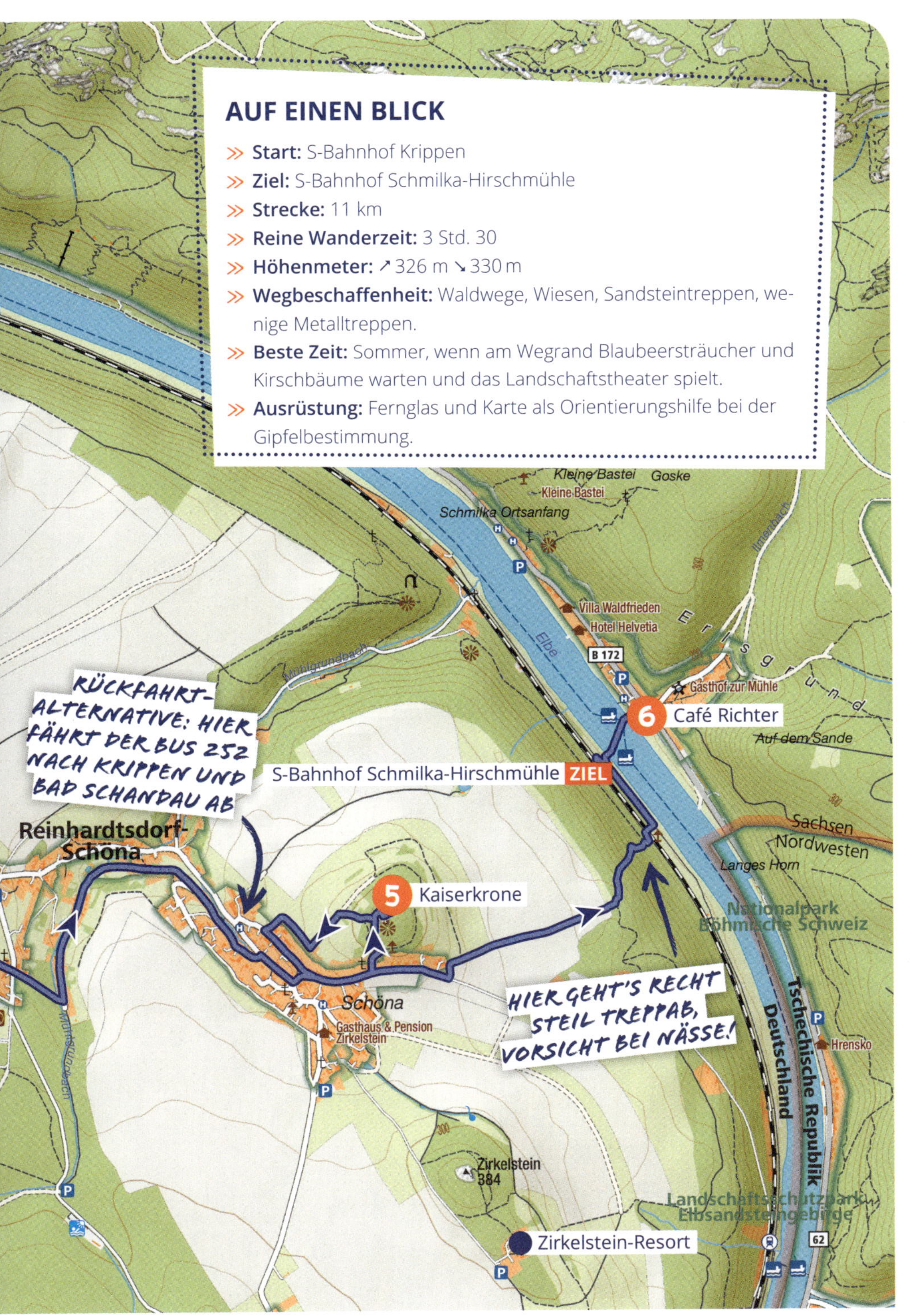

AUF EINEN BLICK

- **Start:** S-Bahnhof Krippen
- **Ziel:** S-Bahnhof Schmilka-Hirschmühle
- **Strecke:** 11 km
- **Reine Wanderzeit:** 3 Std. 30
- **Höhenmeter:** ↗ 326 m ↘ 330 m
- **Wegbeschaffenheit:** Waldwege, Wiesen, Sandsteintreppen, wenige Metalltreppen.
- **Beste Zeit:** Sommer, wenn am Wegrand Blaubeersträucher und Kirschbäume warten und das Landschaftstheater spielt.
- **Ausrüstung:** Fernglas und Karte als Orientierungshilfe bei der Gipfelbestimmung.

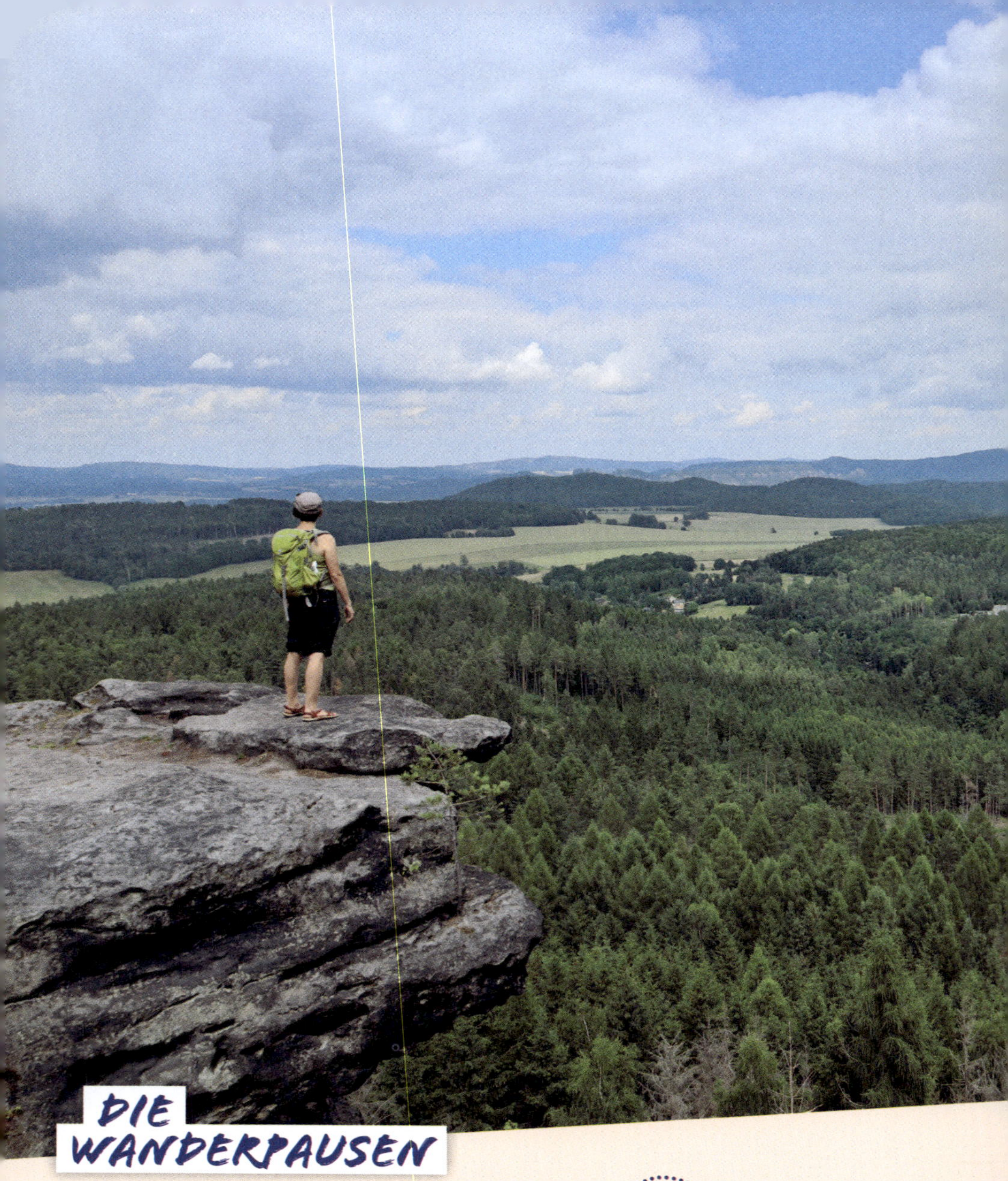

DIE WANDERPAUSEN

» START
Parkplatz Waldbad Cunnersdorf

KM 0

1 Lapidarium am Waldbad
Spur der Steine

KM 2,4

2 Spitzstein
Ausguck im Wald

KM 5,2

3 Schneebergblick
Rastpause mit Weitblick

14

FREMDE STEINE

Von Cunnersdorf zu Spitzstein und Katzfels

Viele meinen, sie kennen die Sächsische Schweiz ganz gut. Und entdecken auf dieser Tour dann doch noch Neuland – denn in den Südosten, die Gegend rund um Cunnersdorf, verirren sich in der Regel nur wenige. Aus dichtem Wald ragen hier kleine Überraschungen auf und fantastische Panoramen eröffnen sich, wo man sie kaum erwartet.

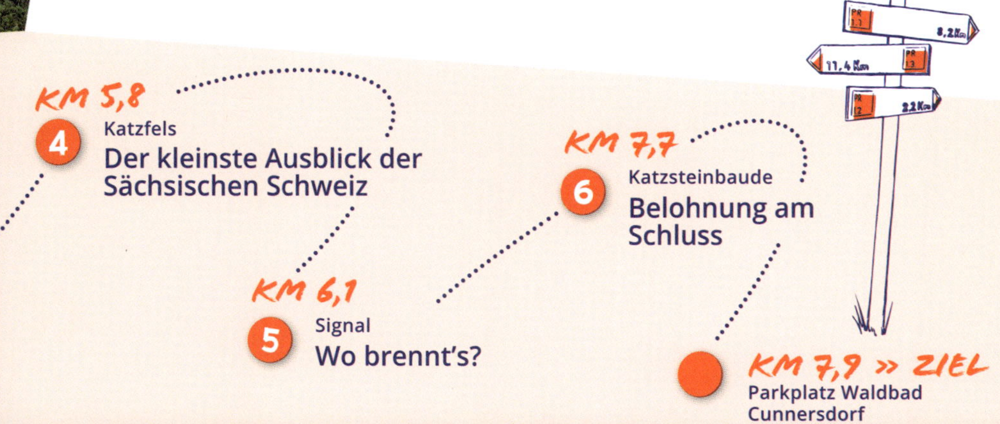

ABGESCHIEDEN INMITTEN EINES RIESIGEN WALDGEBIETS …

… liegt Cunnersdorf, ein Ortsteil der Gemeinde Gohrisch. (Aufgepasst bei der Routenplanung: Das Dorf hat Namensvettern im gar nicht weit entfernten Pirna sowie in Hohnstein!) So unscheinbar das kleine Dorf sein mag – es markiert ziemlich genau das Zentrum der linkselbischen Sächsischen Schweiz und befindet sich in ungefähr gleicher Entfernung zur Elbe im Norden und der tschechischen Grenze im Süden. Hier kommt man nicht zufällig vorbei, denn nach Cunnersdorf führen weder Bahnlinien noch Bundesstraßen und der Bus fährt wahrlich nicht oft.

Für Menschen, die sich auskennen im Elbsandsteingebirge, ist das Gebiet um Cunnersdorf ein Geheimtipp für lange Wochenenden und Feiertage, an denen man rund um Rathen und Bad Schandau im Gänsemarsch wandern muss. Im Gegensatz zu kilometerlangen Felsenriffen und beeindruckenden historischen Burganlagen andernorts muss man die Highlights in den Wäldern von Cunnersdorf etwas länger suchen – aber es gibt sie, und sie sind nicht weniger beeindruckend, wenn sie ganz überraschend vor einem aus dichtem Tann auftauchen.

AUF DER KLIPPE AM SCHNEEBERGBLICK STEHEN WIE AM BUG EINES OZEANDAMPFERS ÜBER DEM MEER

Apropos Tann: Cunnersdorf ist eines der wenigen Gebiete, in denen man den für das Erzgebirge und die Sächsische Schweiz bis vor wenigen Jahren so typischen Wald aus alten Nadelbäumen noch findet. Wie auf einer Kinderzeichnung ragen hier die Tannen und Fichten ausrufezeichengleich in die Höhe, aus einem Teppich weicher Nadeln, umkränzt von sattgrünen Farnwedeln. Hüpft da hinten nicht ein rotes Käppchen entlang?

Die hier vorgestellte gemütliche Runde führt von Cunnersdorf und dem ersten Stopp beim **Lapidarium am Waldbad** hinauf auf ein relativ geschlossenes Sandsteinmassiv, dessen touristisches Highlight – der **Katzfels** – eigentlich ein Mahnmal ist: Er erinnert an die letzte Wildkatze der Sächsischen Schweiz. Der langgezogene Müllerstein bricht an seiner Ostflanke abrupt zum Tal des Cunnersdorfer Bachs ab – wobei er einen Blick über den tiefen Südosten der Sächsischen Schweiz eröffnet, der weit hinein ins Tschechische reicht. Zurück in Cunnersdorf kann man bei der Einkehr in der rustikalen **Katzsteinbaude** ausdiskutieren, ob man den **Schneebergblick,** die Aussicht vom **Spitzstein** oder die vom **Signal** grandioser findet – sie alle verbindet der große Vorteil, dass man sowohl den Aufstieg als auch den Ausblick fast immer allein genießen kann. «

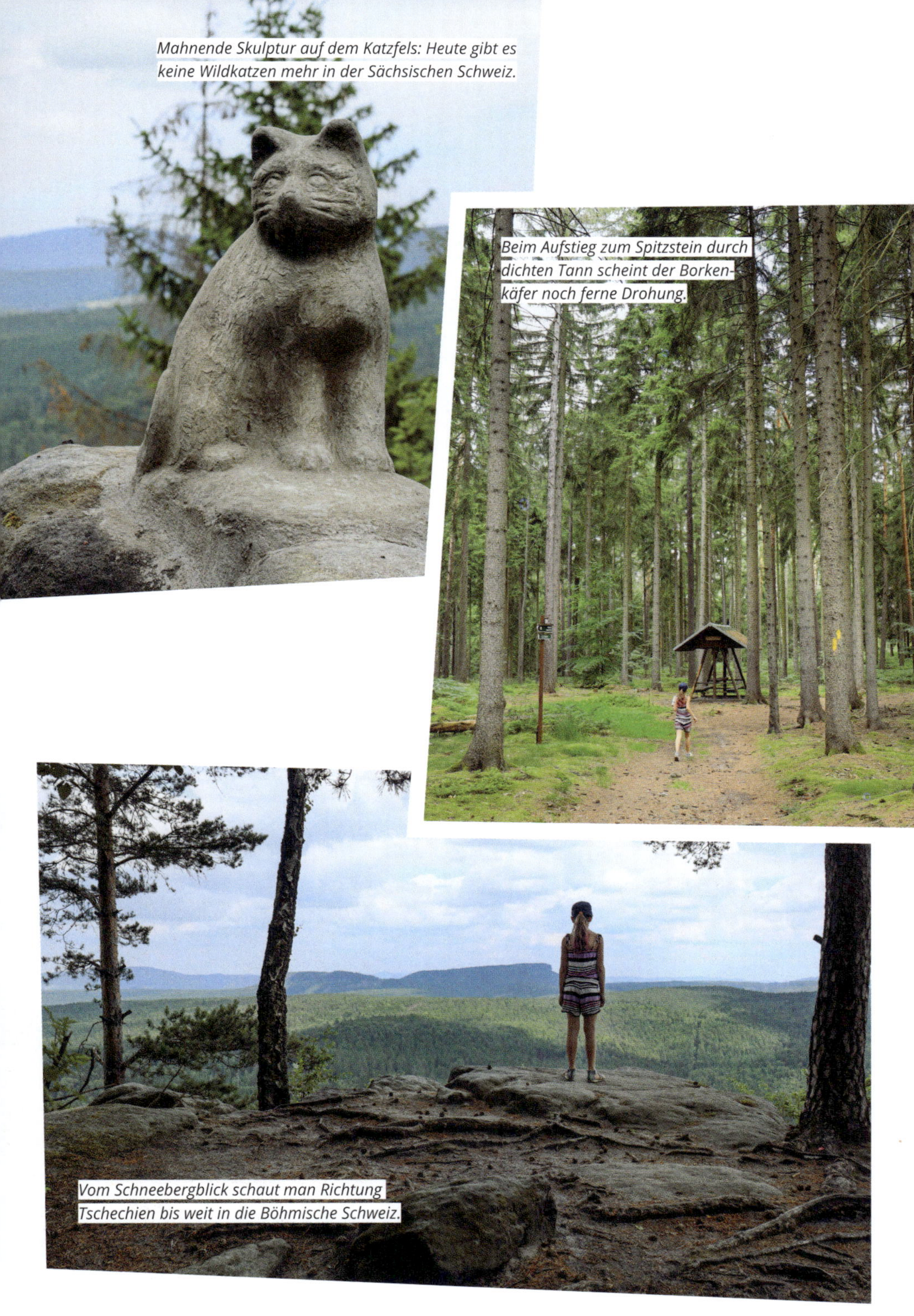

Mahnende Skulptur auf dem Katzfels: Heute gibt es keine Wildkatzen mehr in der Sächsischen Schweiz.

Beim Aufstieg zum Spitzstein durch dichten Tann scheint der Borkenkäfer noch ferne Drohung.

Vom Schneebergblick schaut man Richtung Tschechien bis weit in die Böhmische Schweiz.

WANDERN & GENIESSEN

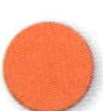

» START

Parkplatz Waldbad Cunnersdorf

Achtung: Der großzügige Besucherparkplatz neben dem Waldbad ist gebührenpflichtig, allerdings steht der Ticketautomat etwas versteckt erst am Eingang des Waldbads auf der anderen Straßenseite. Busreisende (Linie 244) steigen etwas weiter vorn an der Cunnersdorfer Straße am Deutschen Haus mitten im Ort aus.

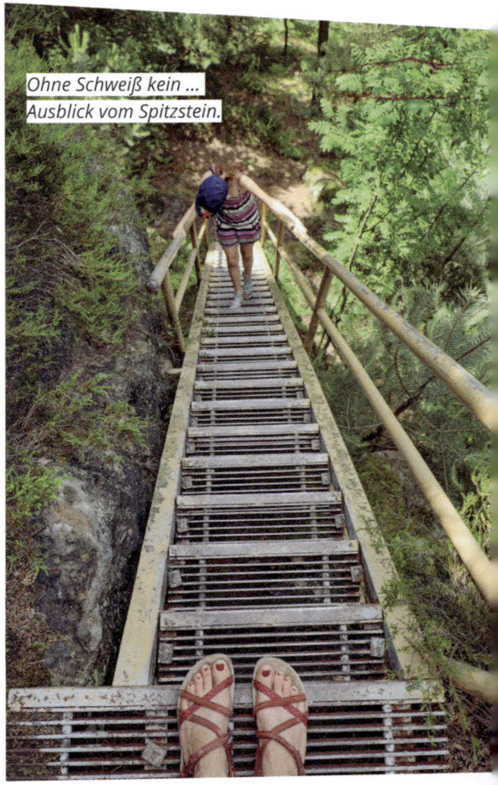

Ohne Schweiß kein ... Ausblick vom Spitzstein.

KM 0

Lapidarium am Waldbad

Spur der Steine

Unmittelbar am Ausgang des Parkplatzes wartet schon der erste Hingucker: Hier wurde ein Lapidarium aufgestellt, das auf die über 600-jährige Geschichte von Cunnersdorf hinweist. Neben rostigen Zahnrädern und einem Schleifstein aus der verschwundenen Mühle am Cunnersdorfer Bach sieht man auch eine zerbrochene Steinplatte, die als Wettin-Platte darauf verweist, dass dieses Kurfürstengeschlecht nicht nur in Dresden aktiv war. Tipp: Auch der Kohlenmeiler und die kleine Hütte mit Informationstafeln zur Tier- und Pflanzenwelt am anderen Parkplatzende sind interessant.

Das Waldbad Cunnersdorf rechts liegen lassend, folgt man dem Lehrpfad mit dem grünen Punkt bergauf, bis er auf den mit gelbem Pinselstrich markierten Forststeig trifft; diesem folgt man nach rechts.

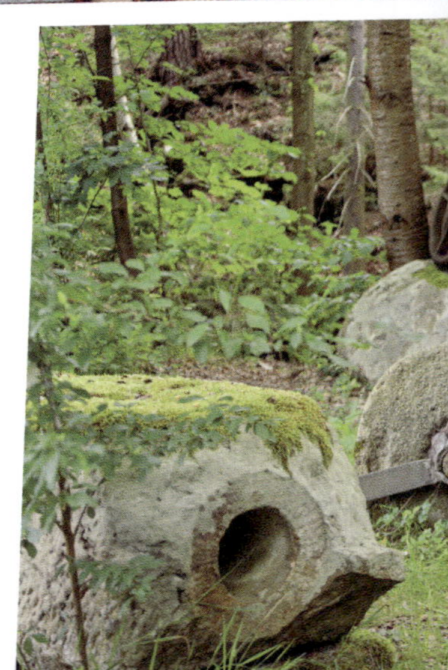

KM 2,4

2 Spitzstein
Ausguck im Wald

Bergauf und durch immer dichteren Wald führt der Weg, an dessen Rand viele Himbeer- und Blaubeersträucher die Wanderung versüßen (außerhalb der Saison muss man sich mit lehrreichen Hinweistafeln begnügen). Der Forststeig, ein Garant für urige Waldwege abseits der Wanderrouten, führt in einem Bogen um den nordwestlichen Ausläufer des Müllersteins herum – zuvor zweigt aber ein Abstecher zum Spitzstein ab, der (nach kurzem Aufstieg) einen überraschend guten Rundblick eröffnet. Man hat das Gefühl, seinen Kopf kurz aus dem Meer aus Baumkronen herauszustrecken. Zeit für eine kleine Rast hier oben!

Nach einer langen Kurve wird der Forststeig an der nächsten Wegkreuzung verlassen. Der Wurzelweg führt nach links weiter, dann hält man sich noch einmal links und steigt auf dem grünen Punkt durch dichten Wald bergan. Oben kreuzt wieder der Forststeig, dem man nun nach links folgt.

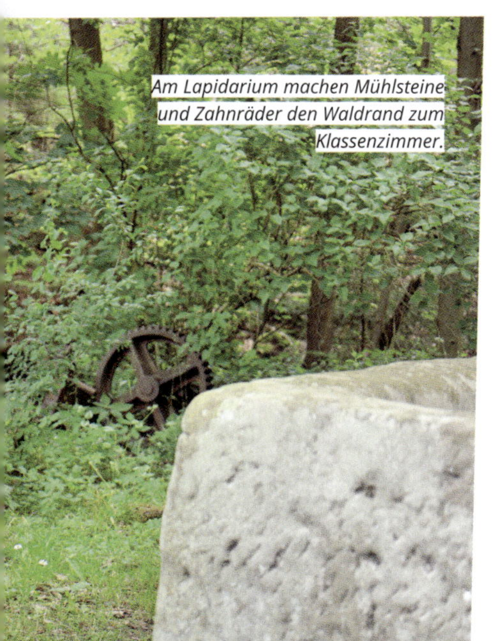

Am Lapidarium machen Mühlsteine und Zahnräder den Waldrand zum Klassenzimmer.

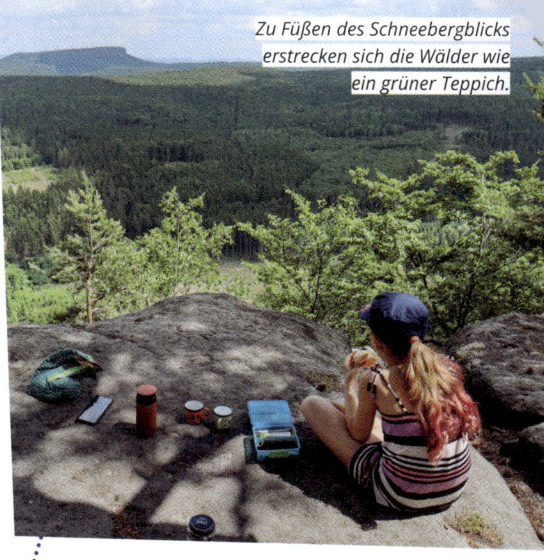

Zu Füßen des Schneebergblicks erstrecken sich die Wälder wie ein grüner Teppich.

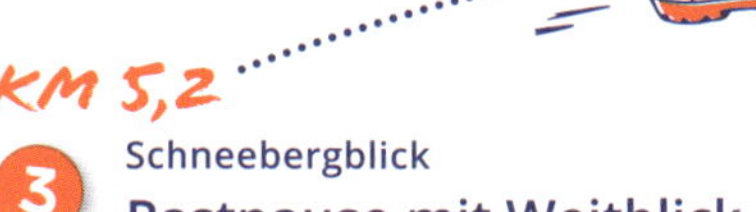

KM 5,2

3 Schneebergblick
Rastpause mit Weitblick

Dass man mitten im Wald einen so offenen Blick genießen kann, kommt hier völlig überraschend – und noch erfreulicher ist das Vorhandensein einer überdachten Rastgelegenheit an dieser Stelle. Bei schönem Wetter kann man auch ganz vorn auf dem Felsen Platz nehmen und den Blick frei schweifen lassen – als König oder Königin der Welt, als Wandernde über dem Nebelmeer, eben je nach Wetterlage. Der Name dieses völlig unterschätzten Aussichtspunkts rührt wohl daher, dass man im Süden den 721 Meter hohen Sněžník (auf Deutsch Schneeberg) bei Dečin erkennt – den höchsten Berg des gesamten Elbsandsteingebirges. Deutlich näher und besser zu sehen sind allerdings die beiden Zschirnsteine genau im Osten.

Der Forststeig führt weiter nach Norden und biegt bald nach rechts in den Wald hinein, wo man nach kurzer Zeit den Katzstein erreicht.

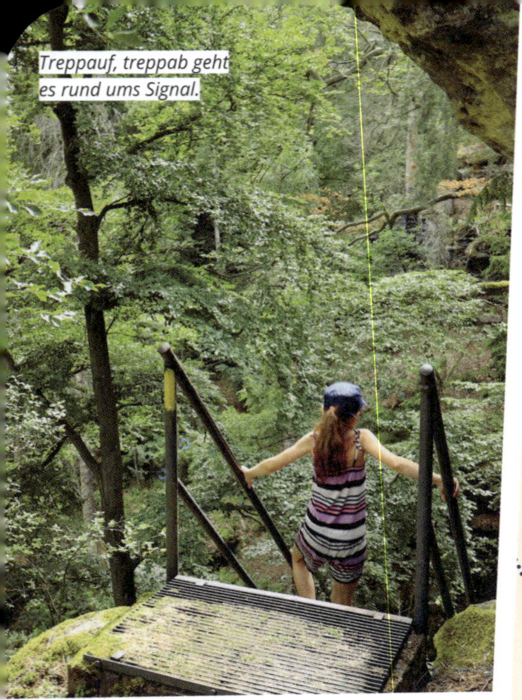

Treppauf, treppab geht es rund ums Signal.

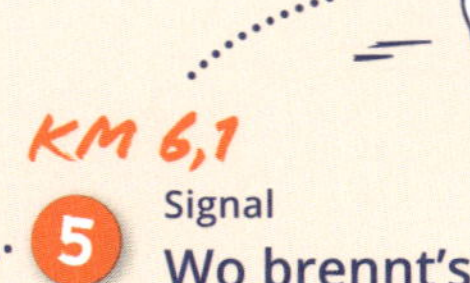

KM 6,1

5 Signal
Wo brennt's?

Auf das Schicksal von Karl Josef Focke geht eine Gedenktafel am Fuß des Signals ein – Spoiler: Es endet nicht gut. Zuvor steigt man aber zum Signal hinauf und das macht richtig Spaß. Ein Metallsteig überbrückt die letzte Felsspalte zum ehemaligen Ausguck der Feuerwehrleute, die von hier oben Waldbrände auf den Tafelbergen im Norden, in den Schrammsteinen und auf der großen Ebenheit davor rechtzeitig erkennen konnten (und eben dann ein Signal geben sollten).

Der Abstieg vom Signal ist etwas abenteuerlicher als der Aufstieg und führt über einige Treppen um den Fuß des Katzsteins herum. Unten trifft man auf den vertrauten grünen Punkt, dem man bergab nach rechts folgt.

KM 5,8

4 Katzfels
Der kleinste Ausblick der Sächsischen Schweiz

Bestimmt zehn Meter ragt der schmale Katzfels aus dem Sandsteinmassiv des Katzsteins auf, zu erklimmen über eine Leiter. Auf halber Höhe passiert man die Skulptur einer Katze – das Hinweisschild unten klärt auf, dass hier im Jahr 1809 vermutlich die letzte Wildkatze der Sächsischen Schweiz erlegt wurde. War der Schütze vielleicht Karl Josef Focke, der letzte Wilderer der Sächsischen Schweiz? Achtung: Auf dem winzigen Gipfel ist kaum Platz für zwei, deshalb sollte man vor dem Aufstieg genau prüfen, ob man oben allein sein wird! Die Wanderpass-Markierung weist darauf hin, dass man hier den höchsten Punkt der Region Cunnersdorf erreicht hat – 474 Meter!

An einer netten Aussicht vorbei führt der Forststeig auf dem felsigen Kamm des Katzsteins weiter zum Signalfelsen.

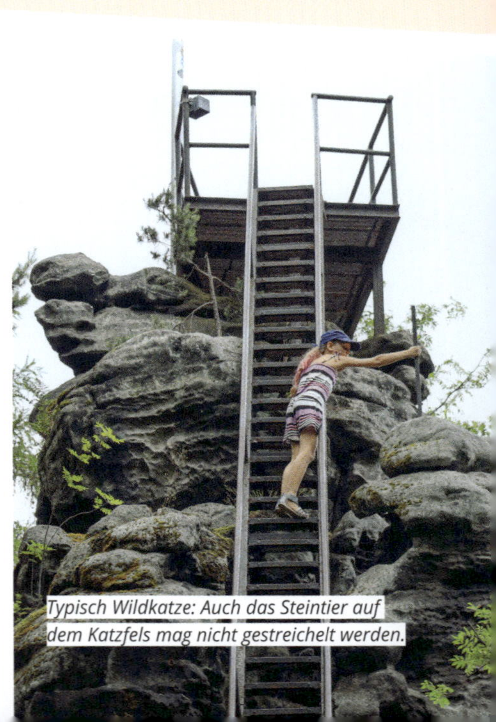

Typisch Wildkatze: Auch das Steintier auf dem Katzfels mag nicht gestreichelt werden.

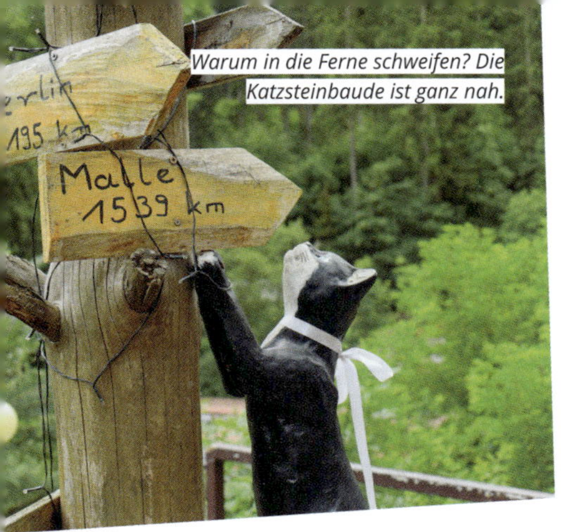

Warum in die Ferne schweifen? Die Katzsteinbaude ist ganz nah.

KM 7,7

6 Katzsteinbaude

Belohnung am Schluss

Die 1993 eröffnete Katzsteinbaude macht ihrem Namen alle Ehre, wie man beim Betreten der Terrasse und des verwinkelten Gartens schnell bemerkt. Vegetarier haben es hier nicht ganz einfach, der Rest der Gäste ist hochzufrieden mit den rustikalen Gerichten, die immer frisch gekocht werden. Im überraschend großen Gastraum geht es nach Wildwest-Art zu und man kann sogar Billard spielen! (www.katzsteinbaude-cunnersdorf.de)

Zum Parkplatz sind es nur noch wenige Schritte.

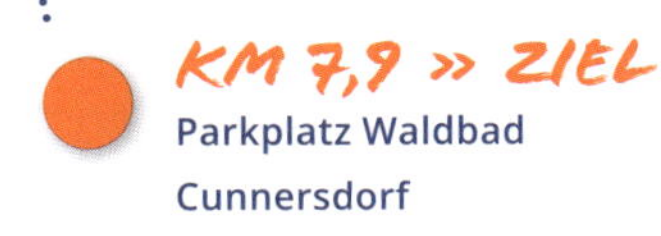

KM 7,9 » ZIEL

Parkplatz Waldbad Cunnersdorf

ETWAS VERSTECKT: DER HINWEIS FÜRS WANDERDIPLOM

EXTRA INFOS:

An Sommertagen ist das ● **Waldbad Cunnersdorf** ein gut gehüteter Geheimtipp bei den Einwohnern der umliegenden Orte. Der Eintritt ist niedrig, das große, solarbeheizte Becken mit der Breitrutsche sehr gepflegt und die Liegewiese ist einfach der perfekte Ort zum Ausruhen nach einer Wanderung. (www.gohrisch.de/tourismus/waldbad-cunnersdorf, keine Kartenzahlung möglich)

Die Gemeinde Gohrisch hat insgesamt sieben kleine Tafeln an den höchsten Punkten ihres Gebiets verteilt. Kann man in der Tourist-Info fünf Einträge auf seiner Gästekarte vorweisen, erhält man das begehrte **Wanderdiplom.** So wird aus dem Wanderurlaub direkt eine Weiterbildung! (www.gohrisch.de/tourismus)

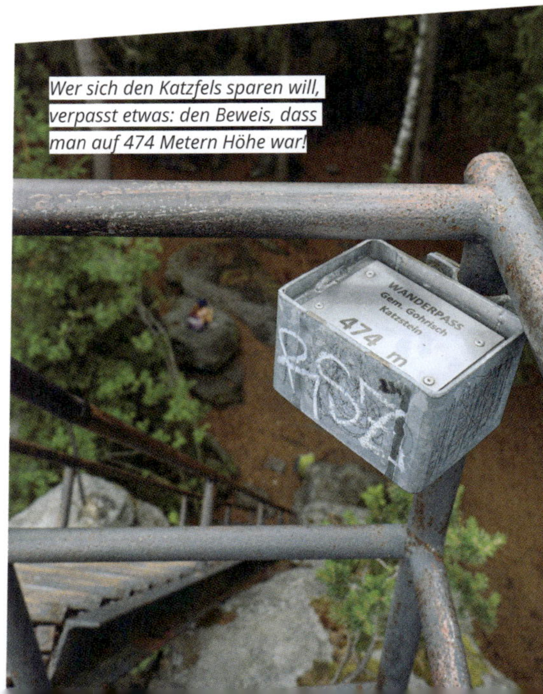

Wer sich den Katzfels sparen will, verpasst etwas: den Beweis, dass man auf 474 Metern Höhe war!

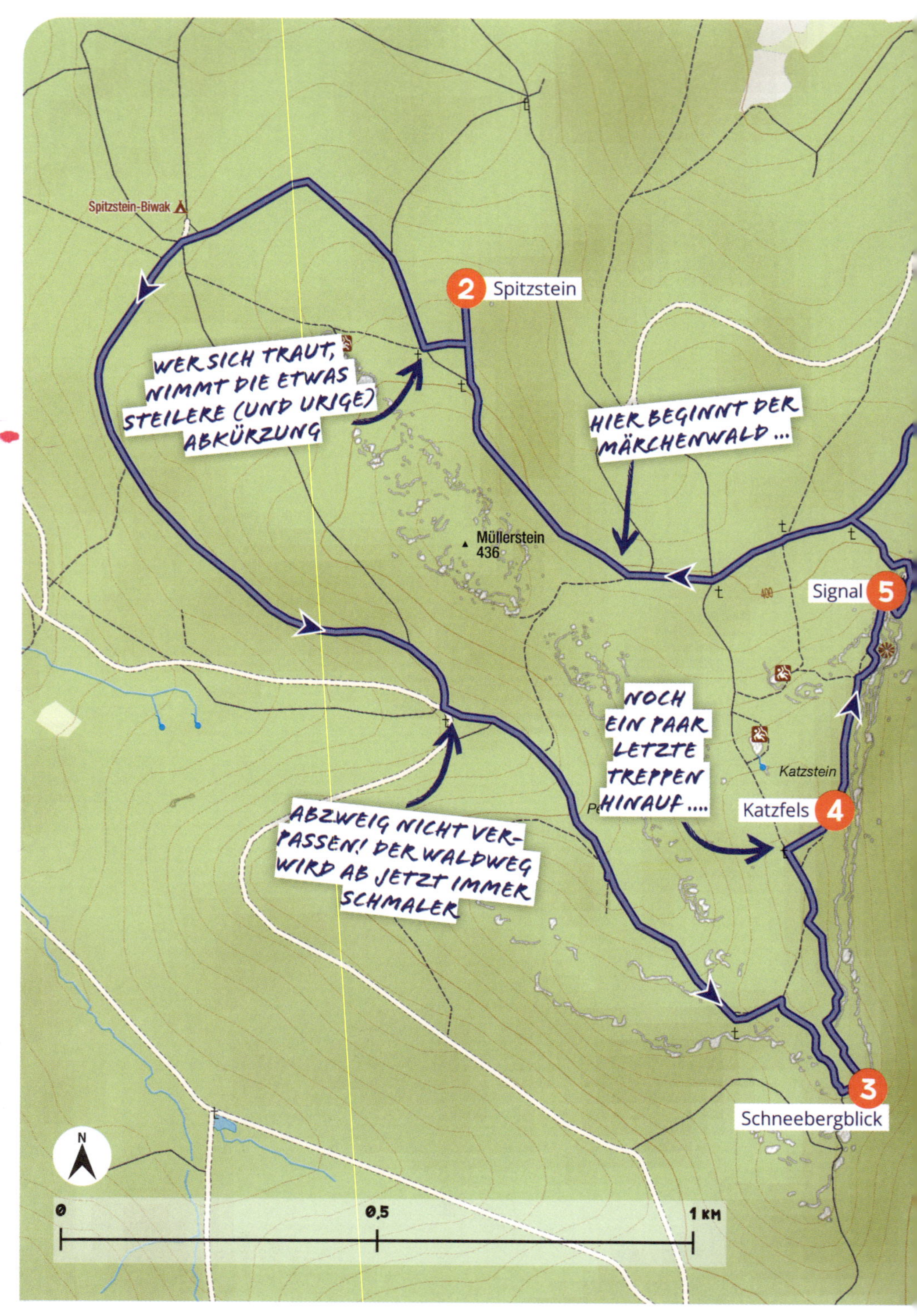
Spitzstein-Biwak
2 Spitzstein
WER SICH TRAUT, NIMMT DIE ETWAS STEILERE (UND URIGE) ABKÜRZUNG
HIER BEGINNT DER MÄRCHENWALD ...
Müllerstein 436
Signal 5
400
NOCH EIN PAAR LETZTE TREPPEN HINAUF ....
Katzstein
Katzfels 4
ABZWEIG NICHT VERPASSEN! DER WALDWEG WIRD AB JETZT IMMER SCHMALER
3 Schneebergblick
N
0
0,5
1 KM

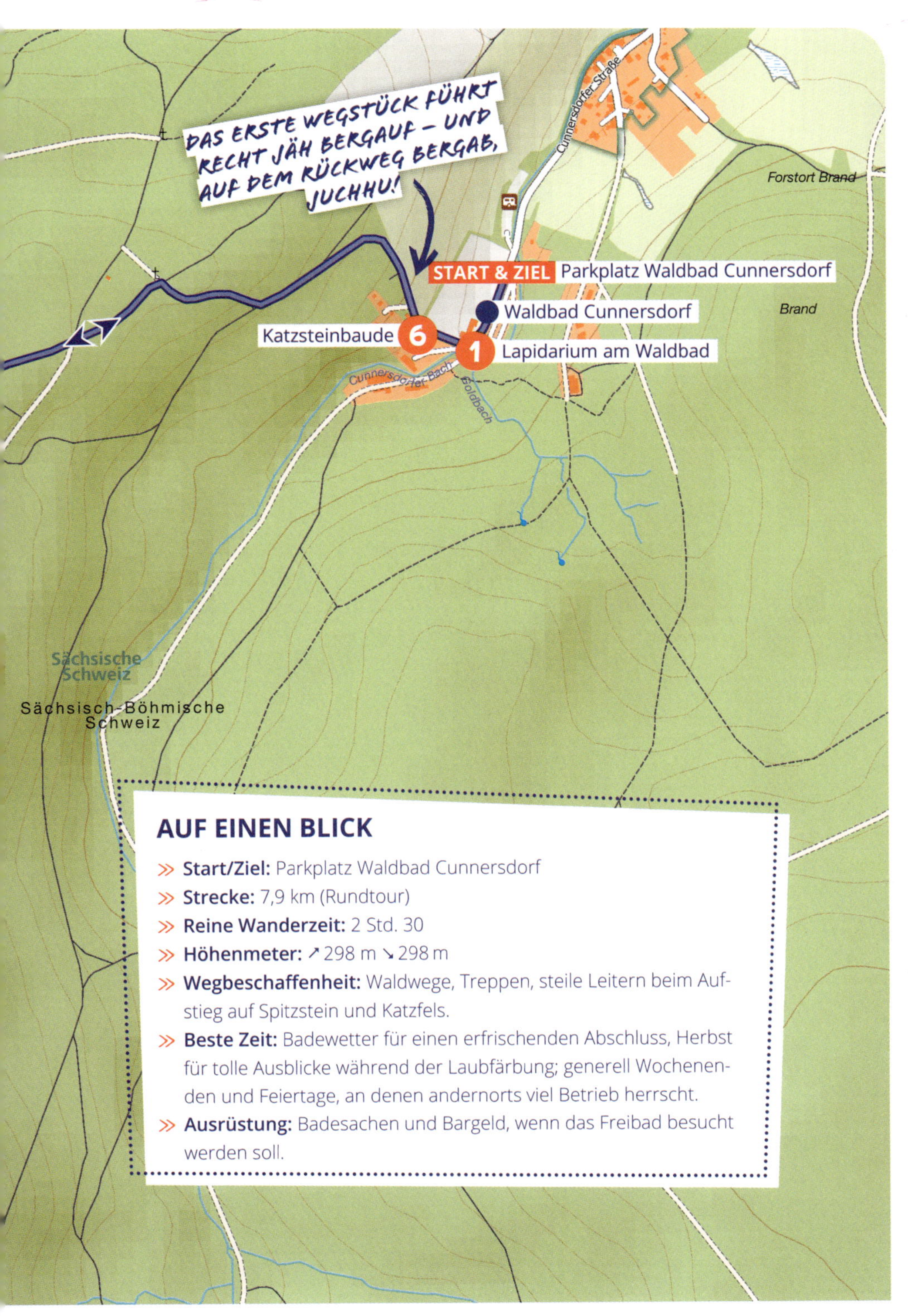

AUF EINEN BLICK

- **Start/Ziel:** Parkplatz Waldbad Cunnersdorf
- **Strecke:** 7,9 km (Rundtour)
- **Reine Wanderzeit:** 2 Std. 30
- **Höhenmeter:** ↗ 298 m ↘ 298 m
- **Wegbeschaffenheit:** Waldwege, Treppen, steile Leitern beim Aufstieg auf Spitzstein und Katzfels.
- **Beste Zeit:** Badewetter für einen erfrischenden Abschluss, Herbst für tolle Ausblicke während der Laubfärbung; generell Wochenenden und Feiertage, an denen andernorts viel Betrieb herrscht.
- **Ausrüstung:** Badesachen und Bargeld, wenn das Freibad besucht werden soll.

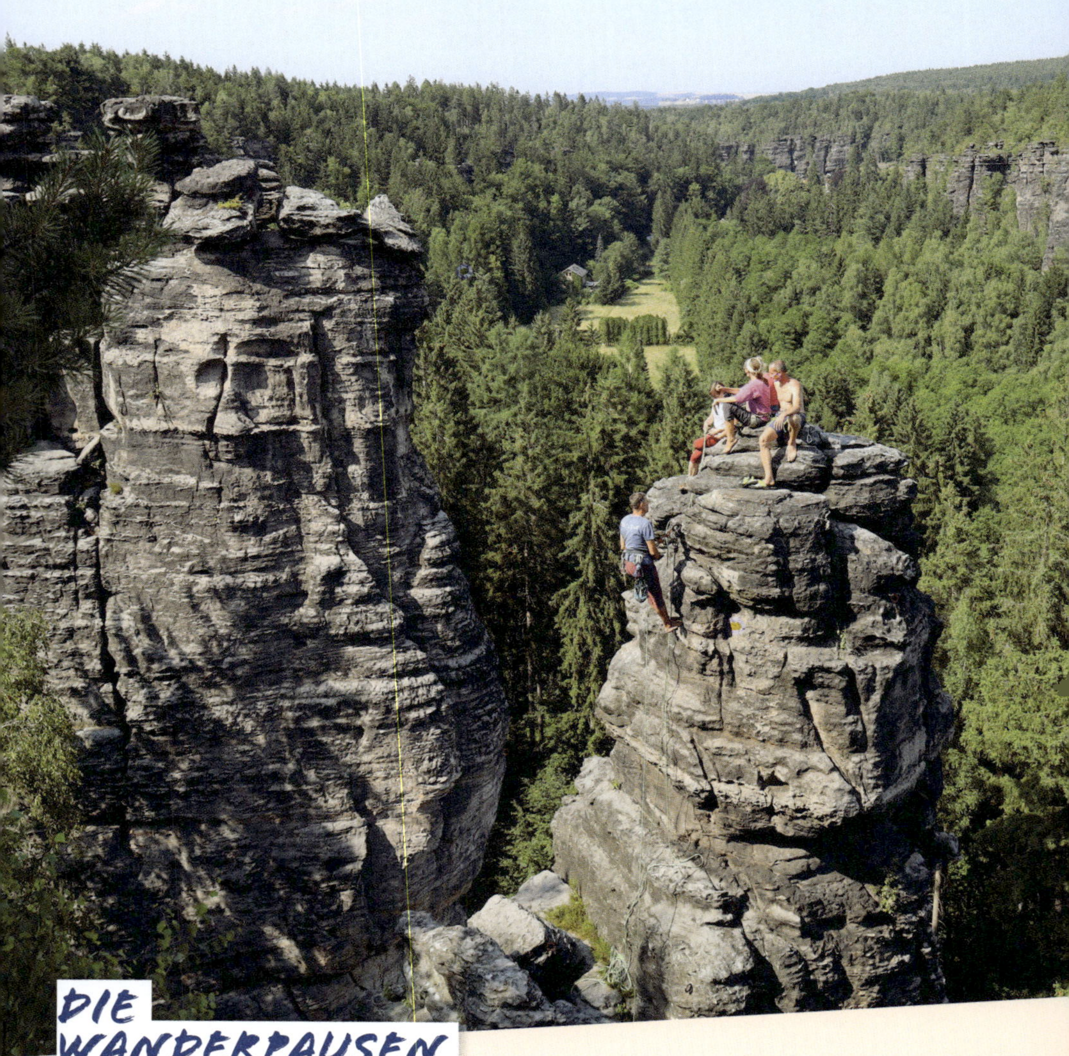

DIE WANDERPAUSEN

» START
Schweizermühle, Rosenthal-Bielatal

KM 0,8
1 Kaiser-Wilhelm-Feste
Verrückt, aber schön

KM 1,2
2 Herkulessäulen
Großes Felsenkino

KM 1,5
3 Kanzelstein-Aussicht
Himmlischer Weitblick

15 IM MÄRCHEN-LAND

Eine Runde durchs obere Bielatal

Das Bielatal kurz vor der tschechischen Grenze ist wie eine Schatzkiste der Sächsischen Schweiz in Miniatur: Hier finden sich auf kleinstem Raum die spektakulärsten Felsen und Ausblicke, übersichtlich angeordnet auf zwei gegenüberliegenden Talseiten.

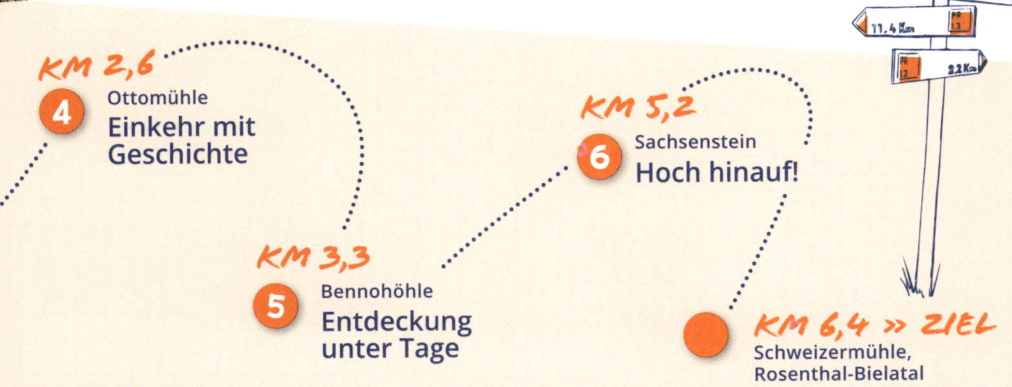

DIE UNMÖGLICHEN FORMEN DER HERKULESSÄULEN …

… muss man mit eigenen Augen sehen, um es zu glauben: In solch aberwitzige, der Schwerkraft trotzende Gebilde kann die Natur den weichen Sandstein zwingen? Was hält diese fragilen Gebilde aufrecht – oder anders gedacht: Wie lange wird es diese Naturwunder noch geben? Wenn man nur ein einziges Foto aus der Sächsischen Schweiz mitbringt, mit dem man für ungläubiges Staunen bei den Daheimgebliebenen sorgen möchte, dann sollte es die **Herkulessäulen** im Bielatal zeigen.

Fast genauso unglaublich wie die fast umkippenden Felsennadeln, die mit ihren Köpfen zu nicken scheinen, ist die Tatsache, dass man nicht einmal 30 Minuten relativ gemütlich durch den Wald laufen muss, um diese Wunder der Natur zu sehen. Und noch besser: Oft teilt man diese Erfahrung nur mit wenigen anderen Wandernden. Das Bielatal im Südosten der Sächsischen Schweiz liegt nahe der tschechischen Grenze und so abgelegen, dass nur sehr wenige Menschen von außerhalb den Weg hierher findet. Umso besser für alle, die die Anfahrt über kurvige Waldstraßen dennoch auf sich nehmen: Sie genießen kurze, spannende Wege durch verwunschene Wälder, zwischen wild aufgeschichteten Sandsteinblöcken und unter schlanken Felsnadeln hindurch in relativer Einsamkeit. Die **Kanzelstein-Aussicht** und andere überraschend auftauchende Ausgucke lenken den Blick übers nur wenige Meter schmale Bielatal.

KÖNNEN DIESE FELSEN ECHT SEIN? MAN FÜHLT SICH FAST IN EIN FANTASIEREICH VERSETZT

So still das obere Bielatal mit dem kleinen Ort Schweizermühle heute erscheinen mag: Es muss hier lebhafter zugegangen sein, als der Ort eine Kaltwasserheilanstalt beherbergte, die von Königen und Fürsten besucht wurde. Davon zeugen neben den herrschaftlichen Gebäuden des Felsenkellers, der Schweizermühle und des Jagdschlosses, die nach der Wende hübsch saniert wurden und nun Ferienwohnungen beherbergen, auch mehrere künstlich angelegte, romantische Ruinen wie die **Kaiser-Wilhelm-Feste** und die vielen Ausgucke beiderseits des Tals, die – wie zum Beispiel der **Sachsenstein** – mit viel Aufwand angelegt wurden und zum Teil echten Mut erfordern. Wer Höhenangst hat, bleibt lieber unten.

Durch das langgestreckte Tal zwischen Schweizermühle und **Ottomühle** führt eigentlich nur ein Weg – an einer Seite hin, an der anderen zurück. Verlaufen darf man sich auf den vielen kleinen Trampelpfaden dennoch, denn jeder führt zu einem neuen spannenden Felsen, dazwischen gilt es noch die **Bennohöhle** zu erkunden – nicht umsonst trifft man im Bielatal viele Familien mit Kindern. «

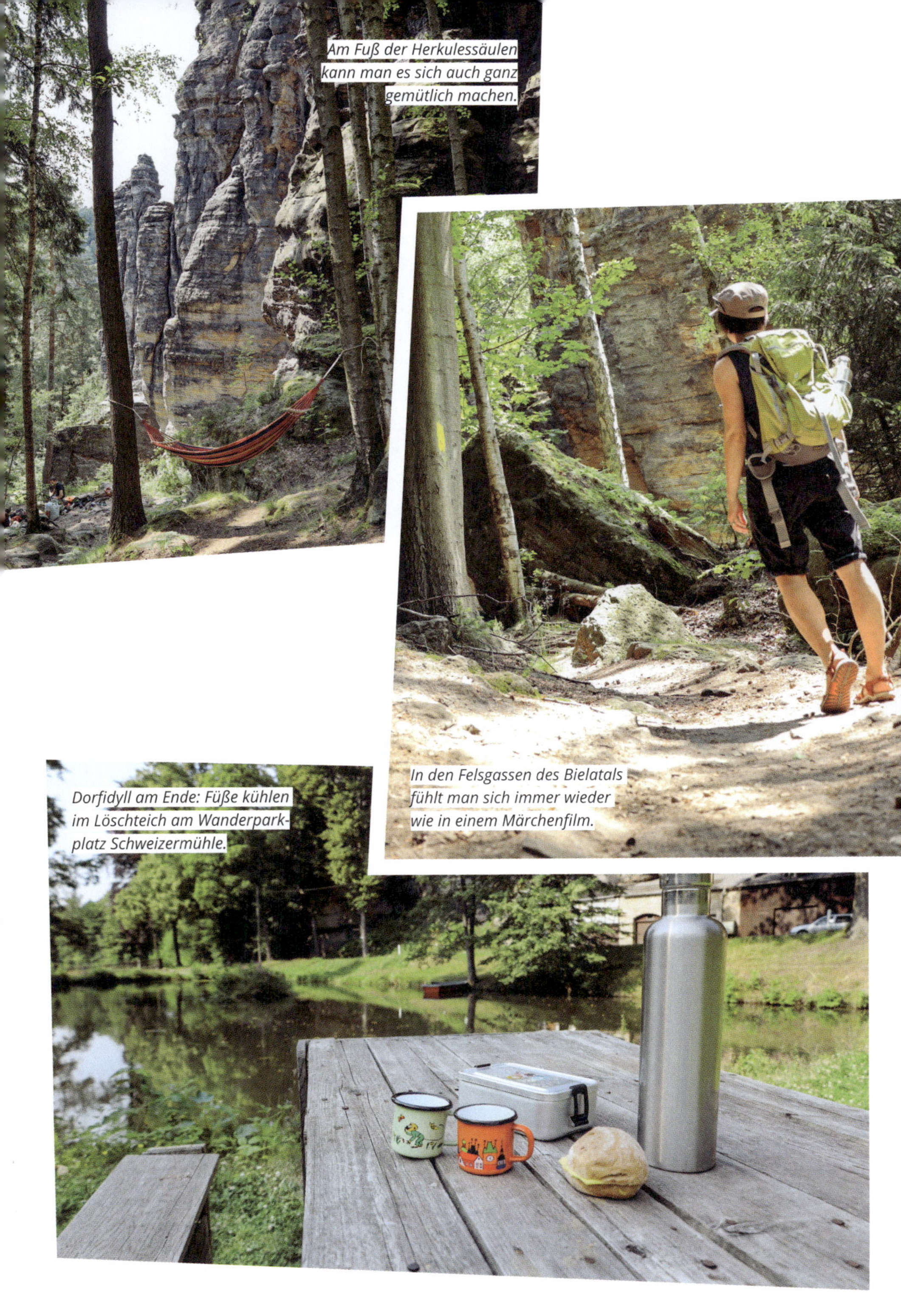

Am Fuß der Herkulessäulen kann man es sich auch ganz gemütlich machen.

In den Felsgassen des Bielatals fühlt man sich immer wieder wie in einem Märchenfilm.

Dorfidyll am Ende: Füße kühlen im Löschteich am Wanderparkplatz Schweizermühle.

WANDERN & GENIESSEN

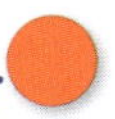

» START

Schweizermühle, Rosenthal-Bielatal

Vom großzügigen Wanderparkplatz, an dessen Rand auch der Bus (Linien 242 und 245) hält, läuft man zunächst an der Straße entlang nach Süden, biegt an der ersten Straße links ein und wendet sich dann nach rechts, dem gelben Punkt in den Wald hinein folgend.

KM 0,8

1 **Kaiser-Wilhelm-Feste**

Verrückt, aber schön

Diese seltsame Ruine ist wahrscheinlich nicht der erste Aussichtspunkt, an dem man auf dieser Strecke angehalten hat; schon auf den ersten Metern wird man so häufig von verlockenden Ausgucken und interessant geformten Felsen aufgehalten, dass man anfangen muss, eine Auswahl zu treffen: Welchen lassen wir links liegen? Diesen jedenfalls nicht! Die künstliche Ruine, die aufgrund einer Wette errichtet worden sein soll, bietet aus ihren Fensterhöhlen einen weiten Blick auf das obere Bielatal und gleichzeitig auf die andere Talseite, wo man klitzeklein noch mehr Wandernde entdecken kann.

Weiter geht's auf den Felsen entlang, wobei man nach 100 Metern den unmarkierten Abzweig nach rechts nicht verpassen darf: Alte Holztreppen führen durch den Wald ins Tal und treffen unten auf den gelb markierten Forststeig, dem man nun nach links folgt.

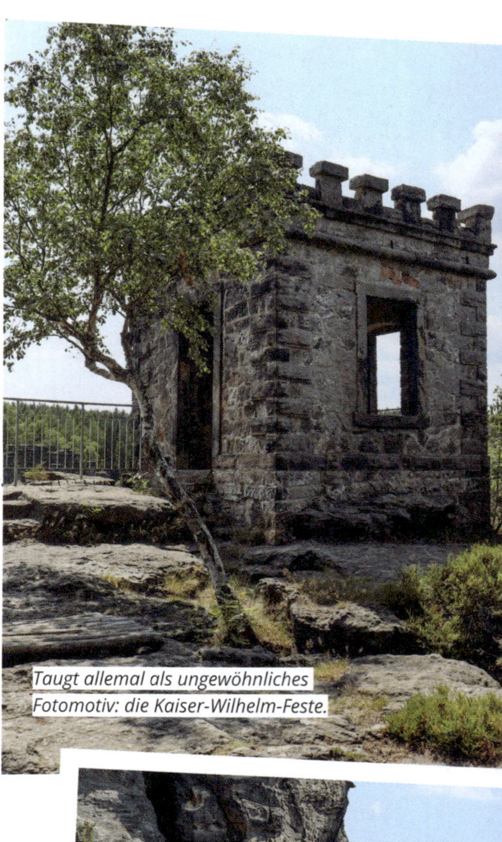

Taugt allemal als ungewöhnliches Fotomotiv: die Kaiser-Wilhelm-Feste.

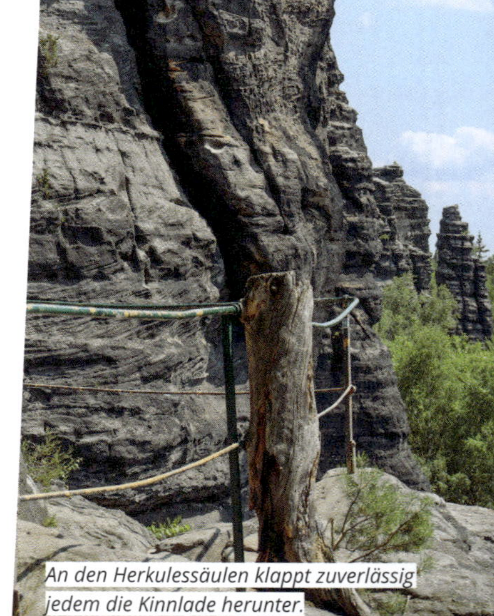

An den Herkulessäulen klappt zuverlässig jedem die Kinnlade herunter.

KM 1,2

2

Herkulessäulen

Großes Felsenkino

Eine kleine Sitzbank am Wegrand lädt zur Rast ein, und die braucht man: weniger zum Ausruhen denn zum Bewundern. Streng genommen heißen nur die zwei nächstliegenden Felsnadeln Herkulessäulen, aber auch die weiter hinten liegenden Klettergipfel sind spektakulär geformt. Je nach Wetter und Lichteinfall kann dieser Ausguck völlig unterschiedlich wirken, eines ist jedoch sicher: Die Herkulessäulen sehen auf jeden Fall spektakulär aus. Ihren Namen erhielten sie von Carl Merkel, der das Bielatal 1826 als erster beschrieb. Er bezog sich dabei auf die Straße von Gibraltar, die von zwei Bergen eingerahmt wird: den Säulen des Herakles. Ihre Form verdanken sie einer besonderen Sandsteinart, die der Erosion mehr entgegensetzt als ihre Kolleginnen im Rest der Sächsischen Schweiz.

Nicht dem bald scharf rechts abzweigenden Forststeig folgen, sondern ein Stück weiter geradeaus laufen und dann nach links bergauf steigen, bis auf einen breiten Waldweg mit gelbem Punkt. Hier geht es rechts weiter, aber nicht weit!

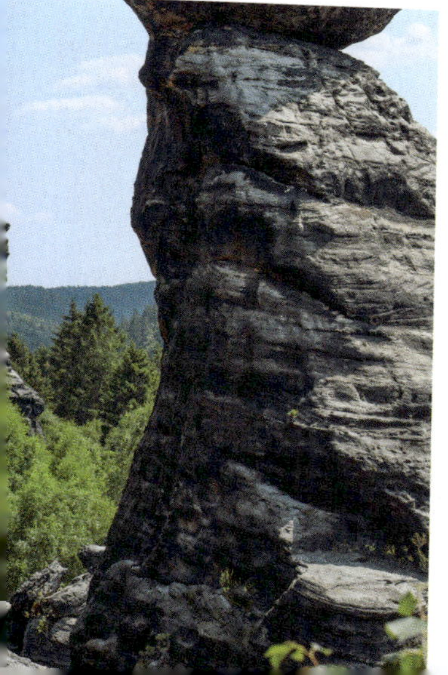

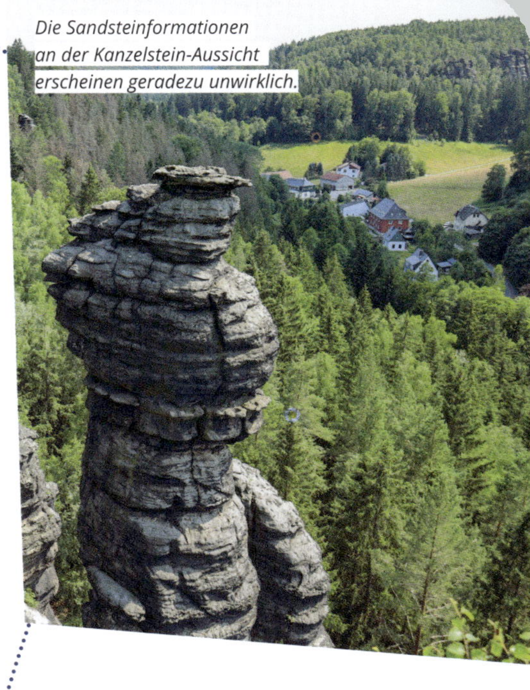

Die Sandsteinformationen an der Kanzelstein-Aussicht erscheinen geradezu unwirklich.

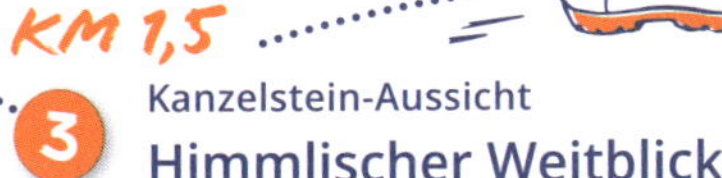

KM 1,5

3

Kanzelstein-Aussicht

Himmlischer Weitblick

Knall auf Fall kommt hier das nächste Highlight: Die Kanzelstein-Aussicht eröffnet einen spannenden Blick auf die Klettergipfel, die man bereits von Weitem gesehen hat. Denn nun kann man auch die Kletternden besser bewundern, die hier auf dem Kanzelturm, der Puppe oder dem Glück-auf-Turm bei fast jedem Wetter ihre Kräfte mit dem Fels messen. Auf der gegenüberliegenden Talseite ragen die noch seltsamer geformten Felsnadeln der Johanniswacht aus dem Wald, während man unten im Tal die Ottomühle sieht – das nächste Ziel der Wanderung, also weiter geht's!

Der Weg mit gelbem Punkt führt sanft bergab in einer weiten Kurve um die Mühlenwächter und den Ottostein herum ins obere Talstück, wo Häuser am Ufer der Biela warten.

KM 2,6

4 Ottomühle
Einkehr mit Geschichte

Die Gelegenheit zur Einkehr kommt genau zum richtigen Zeitpunkt, immerhin ist hier das Ende des Tals erreicht und der Weg wendet sich zurück zum Ausgangspunkt. In der fast 500 Jahre alten Ottomühle, die seit 1880 von der Familie Otto betrieben wird (mit einer Zwangspause während der DDR-Zeit), sorgt ein junges Team mit viel Engagement, Liebe und Ideen für Verpflegung und Unterkunft. Es kann mal etwas länger dauern, dafür wird immer frisch und saisonal gekocht. Tipp: Für den kleinen Hunger bietet sich auch der Imbiss Daxensteinbaude gegenüber an. (www.ottomuehle.de)

Nun läuft man die Straße zurück und dem roten Strich folgend leicht nach rechts. Nach wenigen Metern biegt der Weg rechts zwischen die Häuser auf den Forststeig ab. Doch schon bald lässt man den Forststeig links abzweigen und steigt auf schmalen Pfaden geradeaus bergan, wobei zwei Wanderwege gequert werden. Nur Mut!

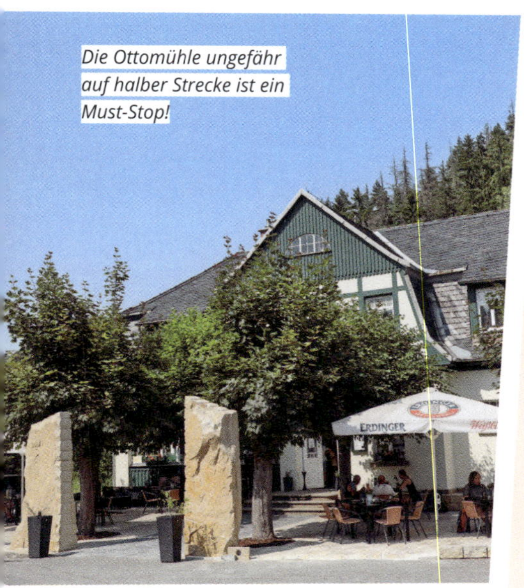

Die Ottomühle ungefähr auf halber Strecke ist ein Must-Stop!

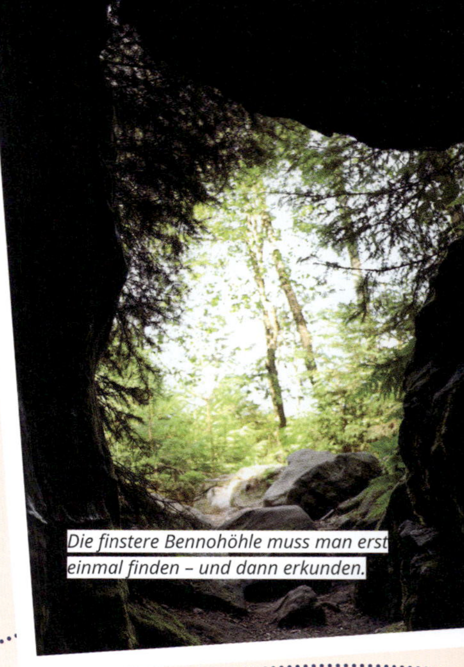

Die finstere Bennohöhle muss man erst einmal finden – und dann erkunden.

KM 3,3

5 Bennohöhle
Entdeckung unter Tage

Mitten zwischen den Felsen entdeckt man das Hinweisschild zur Bennohöhle, die sich bald darauf mit einem eiskalten Hauch bemerkbar macht: Ein schwarzes Loch lädt Abenteuerlustige zum Erkunden ein. Ohne Taschenlampe geht hier nichts, die Bennohöhle ist mit 30 Metern Tiefe eine der längsten Höhlen der Sächsischen Schweiz. Entdeckt wurde sie 1824 von einem Förster und danach noch einmal von Carl Merkel (der zuvor die Herkulessäulen benannt hatte). Wer auf den Geschmack gekommen ist, kann zwischen den benachbarten Felsen noch weitere Höhlen entdecken; dafür ist aber ziemlich viel Gekraxel durch dichtes Buschwerk nötig.

Vom Höhleneingang steigt man auf demselben Weg wieder ab und biegt links auf den Forststeig (da ist er wieder!), der auf der südlichen Talseite zurückführt. Zunächst kommt rechts der Abstecher zur Johanniswacht, ca. 400 Meter weiter führt eine Treppe rechts runter Richtung Sachsenstein.

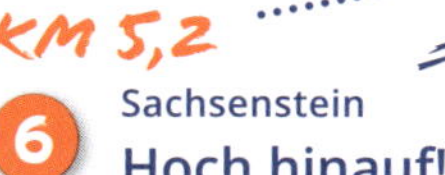

6 Sachsenstein
Hoch hinauf!

Die südliche Seite des Bielatals hat eine waschechte Mutprobe für Höhenängstliche zu bieten: Nachdem man am vorherigen Aussichtspunkt, der Johanniswacht, getestet hat, wie empfindlich man diesbezüglich ist, stellt der Sachsenstein sozusagen die Reifeprüfung dar. Die schmale Felsnadel steht isoliert im Wald und erreicht eine Höhe von bestimmt 30 Metern. Eine leuchtend orangegelb gestrichene Leiter führt schnurgerade hinauf, allerdings warten kurz vor dem Gipfel noch einige gewagte Übertritte und eine besonders enge Felsspalte – den Rucksack sollte man also unten lassen. Der Ausblick oben ist gar nicht mal so interessant; hier ist ganz entschieden der Weg das Ziel.

Damit man den Rest des Weges nicht an der Straße im Tal entlanglaufen muss, steigt man die Treppe wieder hinauf, geht rechts weiter auf dem Wanderweg und folgt dem gelben Punkt zurück zur Schweizermühle.

EXTRA INFOS:

Mehrere hübsche Ferienhäuser laden zu längeren Aufenthalten im Bielatal ein und zu Wanderungen, die in dieser ruhigen Umgebung auch ohne Weiteres über die tschechische Grenze führen können. Die schönste Unterkunft ist zweifellos das stilvoll sanierte ● **Jagdschloss Bielatal Sophia** (der Name der Tochter der Besitzer). Während im Haupthaus die Eigentümer, Familie Lubbers, wohnen, umfasst die komfortable Ferienwohnung die Schlosskapelle und den Pavillon, wo bis zu vier Personen wahrhaft fürstlich logieren. (www.felsenkeller-bielatal.de)

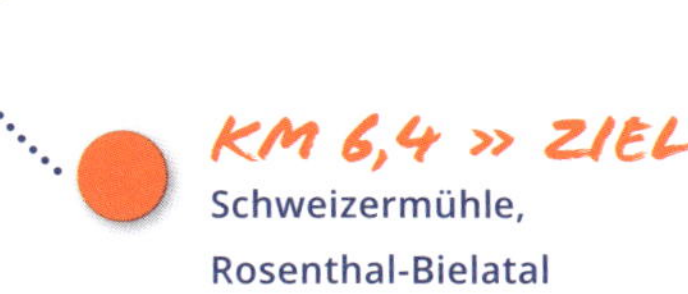

Schweizermühle, Rosenthal-Bielatal

BESSER RÜCKWÄRTS ABSTEIGEN!

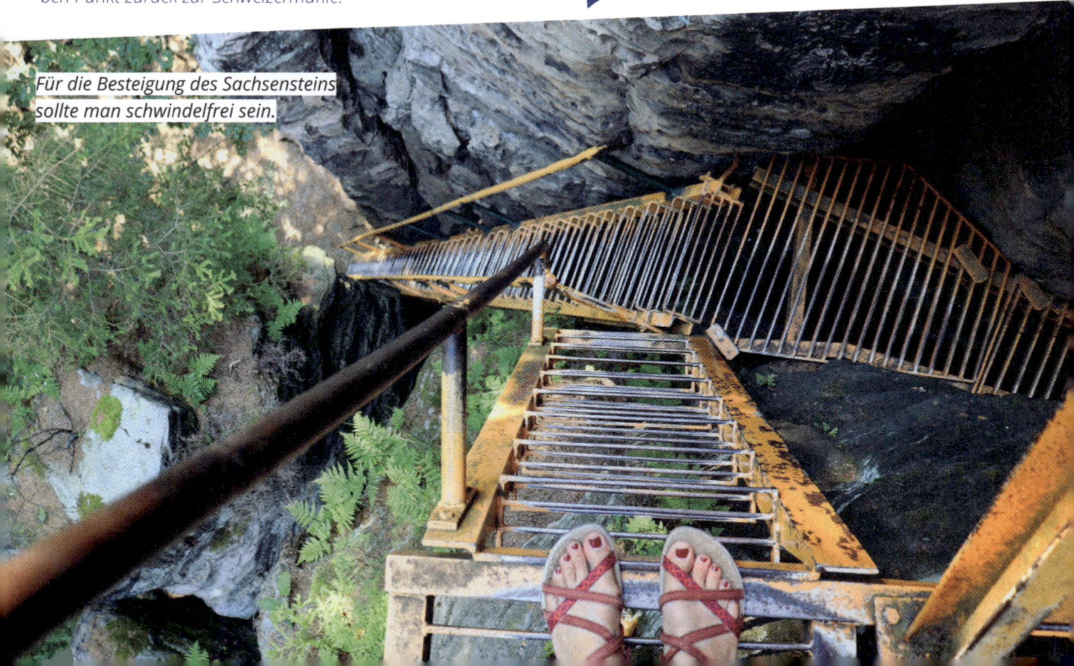

Für die Besteigung des Sachsensteins sollte man schwindelfrei sein.

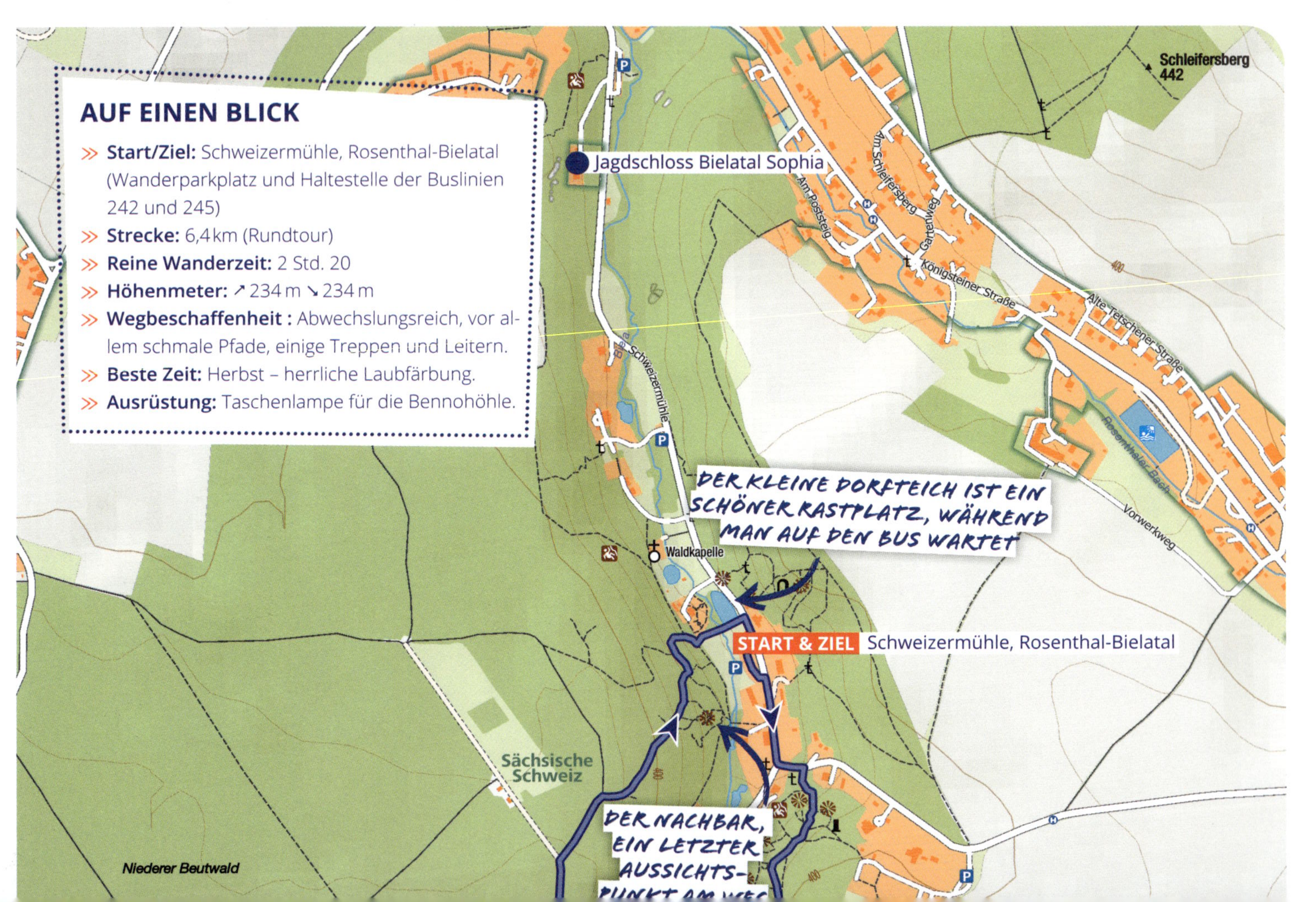
AUF EINEN BLICK
» Start/Ziel: Schweizermühle, Rosenthal-Bielatal (Wanderparkplatz und Haltestelle der Buslinien 242 und 245)
» Strecke: 6,4 km (Rundtour)
» Reine Wanderzeit: 2 Std. 20
» Höhenmeter: ↗ 234 m ↘ 234 m
» Wegbeschaffenheit : Abwechslungsreich, vor allem schmale Pfade, einige Treppen und Leitern.
» Beste Zeit: Herbst – herrliche Laubfärbung.
» Ausrüstung: Taschenlampe für die Bennohöhle.
Schleifersberg 442
Jagdschloss Bielatal Sophia
Am Poststeig
Am Schleifersberg
Gartenweg
Königsteiner Straße
Alte Tetschener Straße
Rosenthaler Bach
Vorwerkweg
Schweizermühle
Biela
Waldkapelle
DER KLEINE DORFTEICH IST EIN SCHÖNER RASTPLATZ, WÄHREND MAN AUF DEN BUS WARTET
START & ZIEL Schweizermühle, Rosenthal-Bielatal
Sächsische Schweiz
Niederer Beutwald
DER NACHBAR, EIN LETZTER AUSSICHTS-

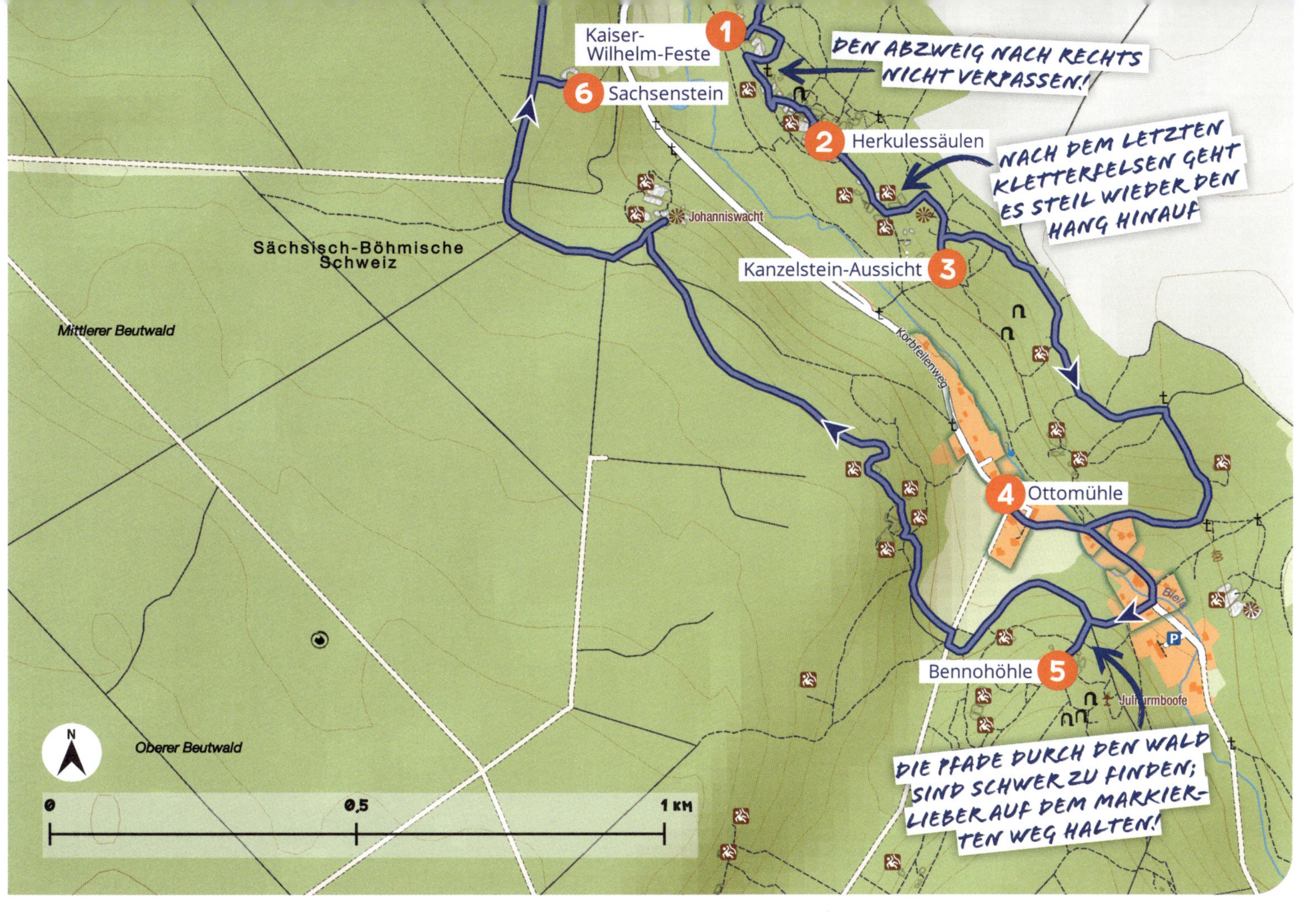

1 Kaiser-Wilhelm-Feste
DEN ABZWEIG NACH RECHTS NICHT VERPASSEN!
6 Sachsenstein
2 Herkulessäulen
NACH DEM LETZTEN KLETTERFELSEN GEHT ES STEIL WIEDER DEN HANG HINAUF
Johanniswacht
Sächsisch-Böhmische Schweiz
3 Kanzelstein-Aussicht
Mittlerer Beutwald
Korbfeilenweg
4 Ottomühle
Biela
5 Bennohöhle
Oberer Beutwald
DIE PFADE DURCH DEN WALD SIND SCHWER ZU FINDEN; LIEBER AUF DEM MARKIERTEN WEG HALTEN!
N
0
0,5
1 KM

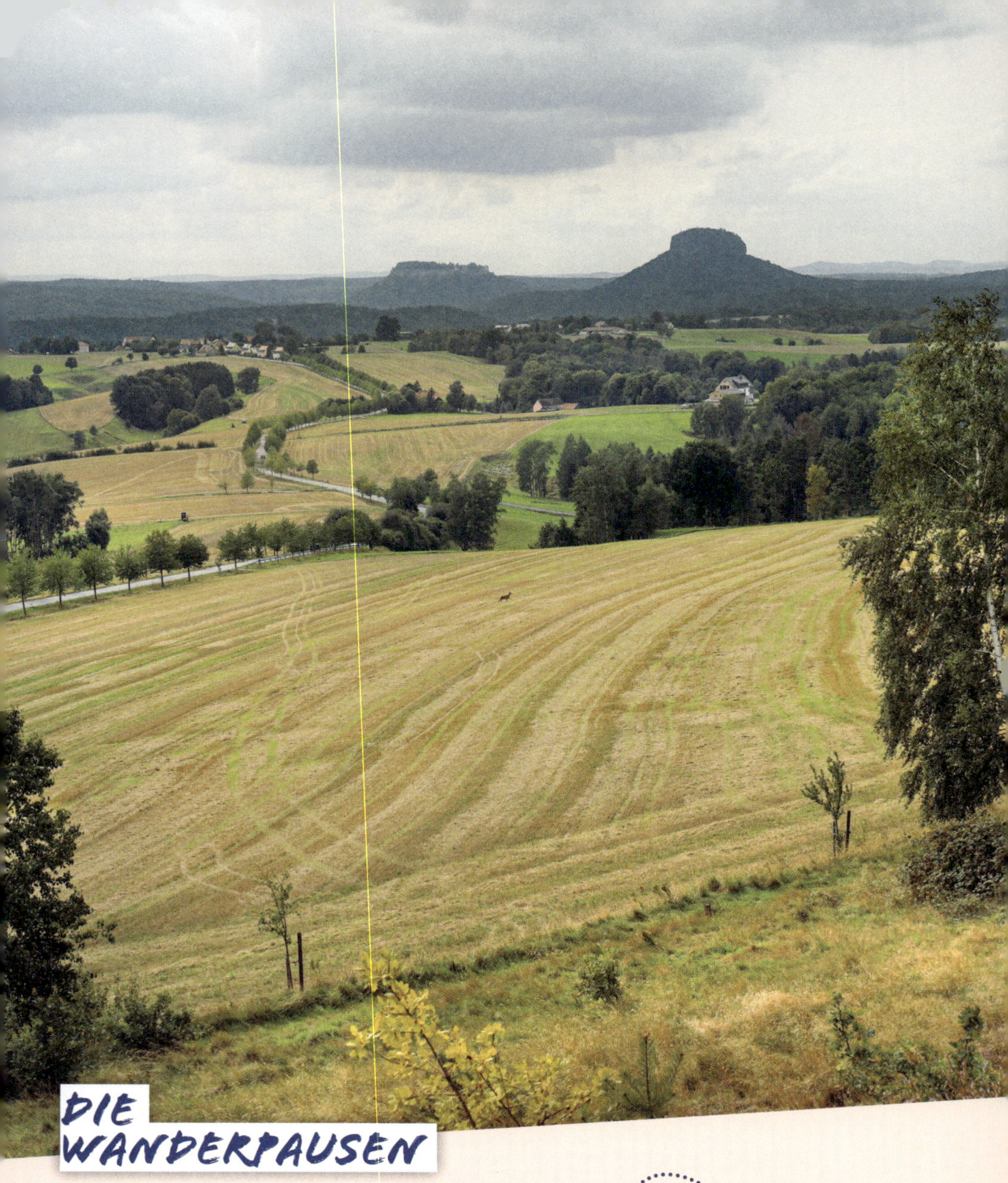

DIE WANDERPAUSEN

» START
Parkplatz Altendorf

KM 2,9
1 Picknickbank
Aussicht von Mittelndorf

KM 5,5
2 Sputhmühle
Die Geburtsstätte des Bierdeckels

KM 6,5
3 Rad am Kohlbach
Gästebuch mal anders

16

AUS- & RÜCKBLICKE

Von Altendorf ins Sebnitztal

An Fernsichten und Rundblicken ist die Sächsische Schweiz nicht arm, und der Panoramaweg von Altendorf nach Mittelndorf liefert hier zu 100 Prozent ab. Das stille Sebnitztal öffnet derweil Rückblicke in die Vergangenheit.

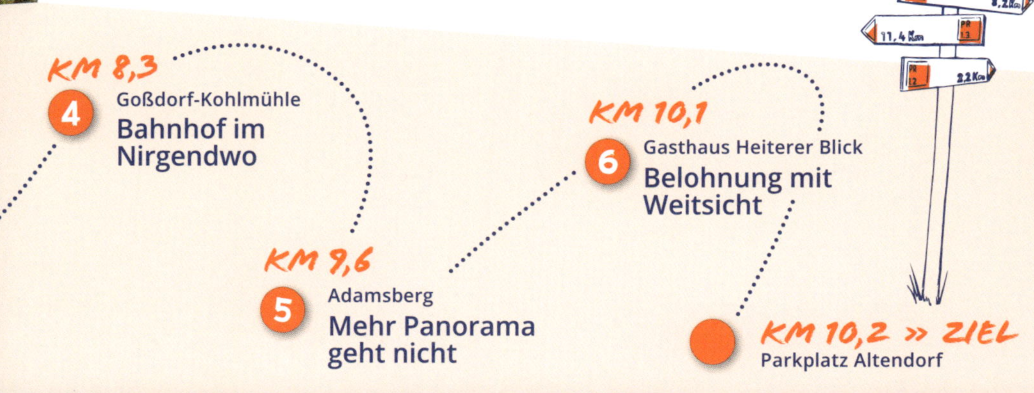

WIE PERLEN AUF EINER KETTE ANEINANDERGEREIHT …

… liegen auf der weiten Ebene südlich von Sebnitz mehrere kleine Ortschaften hoch über dem Tal, das die Kirnitzsch mit geduldiger Wasserkraft tief in den weichen Sandstein gegraben hat. Die Menschen, die in Altendorf, Mittelndorf oder Lichtenhain (alles Ortsteile der Stadt Sebnitz) in den hübsch sanierten Fachwerkhäusern leben und täglich den traumhaften Blick von dieser Hochebene über das Felsenpanorama der Hinteren UND der Vorderen Sächsischen Schweiz genießen, müssen wahrlich glücklich sein.

Alle anderen können an diesem Glück wenigstens für die Zeit einer Wanderung auf dem Panoramaweg teilhaben. Dieser gemütliche, gut markierte Wanderweg erstreckt sich ohne größere Steigungen über 14 Kilometer von Bad Schandau bis nach Saupsdorf bei Sebnitz, wobei die Etappe mit den atemberaubendsten und malerischsten An- und Aussichten zwischen dem Start in Altendorf und der **Picknickbank** am Campingplatz in Mittelndorf liegt.

Weil aber selbst das schönste Panorama irgendwann langweilig wird, verbindet die hier vorgestellte Wanderung die traumhaften Blicke nach Süden mit einem Abstieg »hinter die Kulissen«, ins verwunschene Sebnitztal, das die Ebene nach Norden begrenzt. Hier fließt die wesentlich weniger bekannte Sebnitz durch lichte Auwälder und an lauschigen Wiesen entlang. Begleitet wird der Sebnitztalweg von den Gleisen der Nationalparkbahn U28, die alle zwei Stunden Wandergäste von Bad Schandau über Sebnitz bis in die Böhmische Schweiz nach Tschechien bringt. Zwischen den Haltepunkten Goßdorf-Kohlmühle und Sebnitz steigt hier allerdings kaum jemand ein oder aus.

VOM ADAMSBERG DAS PANORAMA WIEDERSEHEN, DAS IMMER NOCH SO SCHÖN IST WIE BEIM START

Das war nicht immer so, wie die verfallende Linoleumfabrik in **Goßdorf-Kohlmühle** oder die kaum noch auffindbaren Überreste der **Sputhmühle** und anderer Mühlen zeigen, die einst das Wasser der Sebnitz nutzten. Wer die Augen offen hält, findet hier unten im Tal neben dem kleinen **Rad am Kohlbach** noch weitere spannende – manche würden sagen: verrückte – Entdeckungen. Die schönste Überraschung wartet schließlich kurz vorm Ende der Rundtour, nach der einzigen größeren Steigung, die allerdings schnell überwunden ist. Ein »Aaah!« ist fast garantiert, nachdem man den **Adamsberg** bei Altendorf erklommen hat – und wieder möchte man den Anwohnenden zu ihrem Glück ob dieser Aussicht gratulieren. Wer selbst noch weiter im Wohlsein baden möchte, darf im **Gasthaus Heiterer Blick** Speis und Trank und Panorama genießen.

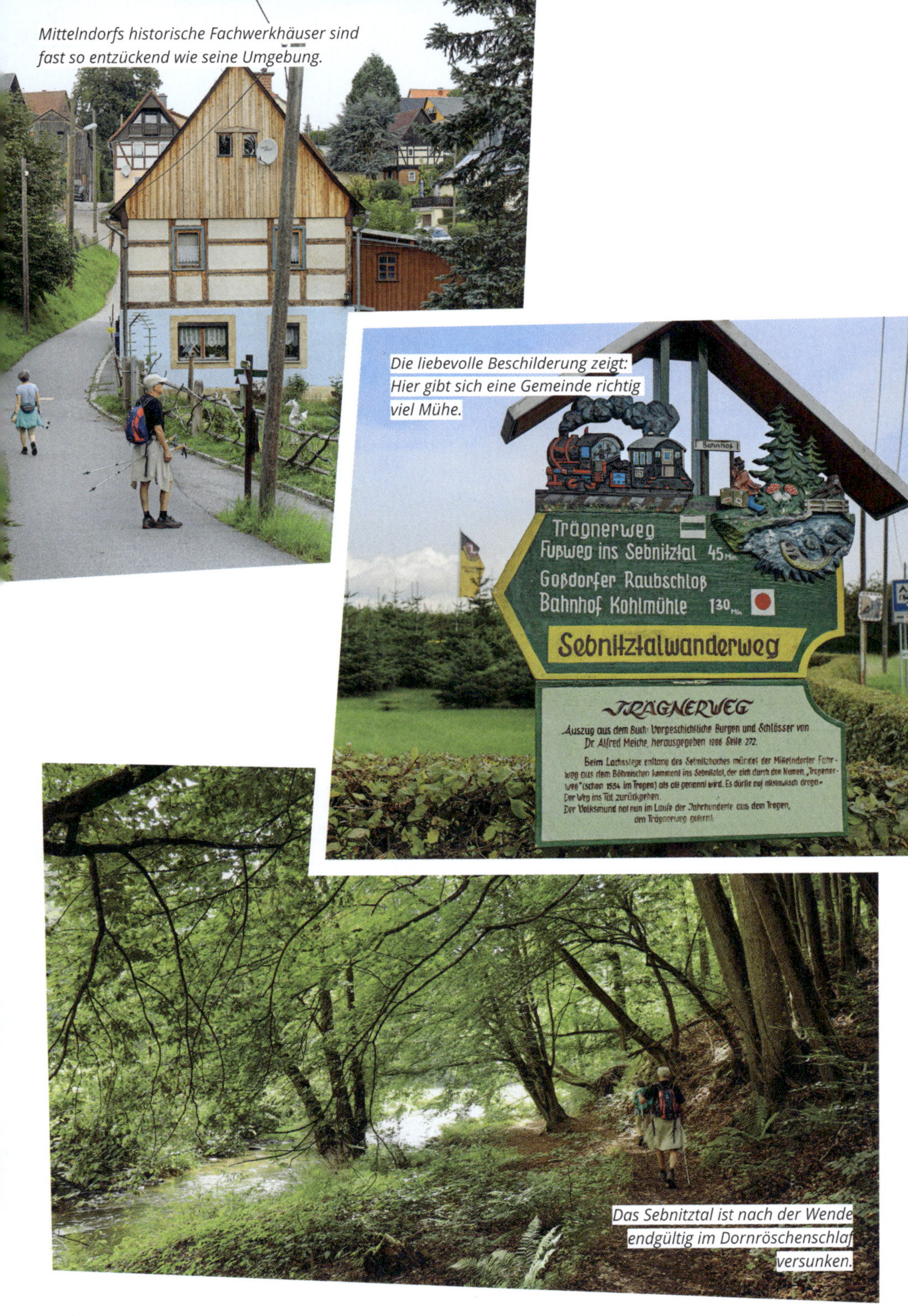

Mittelndorfs historische Fachwerkhäuser sind fast so entzückend wie seine Umgebung.

Die liebevolle Beschilderung zeigt: Hier gibt sich eine Gemeinde richtig viel Mühe.

Das Sebnitztal ist nach der Wende endgültig im Dornröschenschlaf versunken.

WANDERN & GENIESSEN

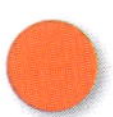

»START

Parkplatz Altendorf

Der Parkplatz am Ortsausgang, neben dem Gasthaus Heiterer Blick, ist wahrscheinlich einer der schönstgelegenen Parkplätze in der gesamten Sächsischen Schweiz. Von hier geht es auf dem gelb markierten Panoramaweg durch den Ort – vorbei an der Bushaltestelle Erbgericht, Altendorf (Linie 260) –, bis man rechts aufs Feld abbiegt.

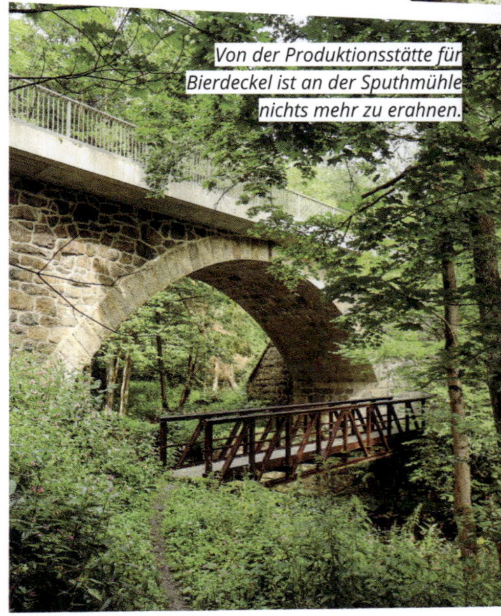

Von der Produktionsstätte für Bierdeckel ist an der Sputhmühle nichts mehr zu erahnen.

KM 2,9

1 **Picknickbank**

Aussicht von Mittelndorf

Der gelbe Punkt führt von Altendorf nach Mittelndorf und bietet dabei traumhafte Ausblicke über die Sächsische Schweiz. Die Krönung samt Picknickbank und schattenspendender Linde wartet am Ortsrand von Mittelndorf, gleich neben dem Campingplatz Kleine Bergoase. Da sich die Route nun vom Panorama abwendet, kann man dieses bei einer kleinen Stärkung noch einmal ganz in Ruhe in sich aufnehmen: Vom Südwesten, wo die Tafelberge Lilienstein, Königstein und ihre kleineren Brüder aus der Ebenheit ragen, über die eindrucksvollen Formationen der Hohen Liebe, der Schramm- und der Affensteine direkt im Süden, gleitet der Blick über den Neuen Wildenstein und den Zschand nach Osten. Bei guter Sicht zeigt sich hinter den Zschirnsteinen sogar als winziger Stecken der Fernsehturm von Ústí nad Labem.

Nachdem Mittelndorf auf der Oberen Straße durchquert wurde, geht es über die Schandauer Straße (Achtung, schneller Durchgangsverkehr!) und auf dem grün markierten Trägnerweg hinab ins Sebnitztal.

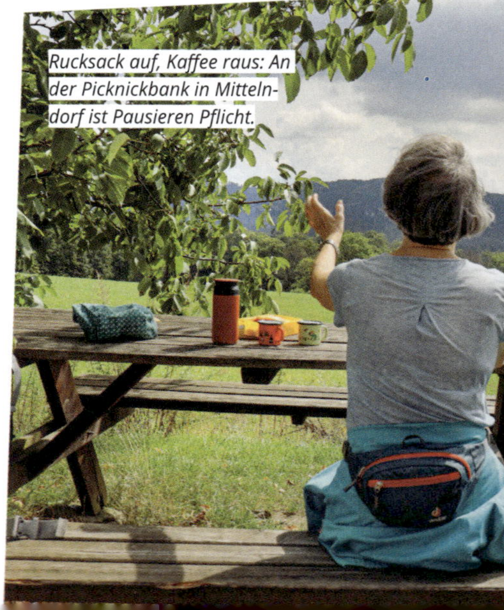

Rucksack auf, Kaffee raus: An der Picknickbank in Mittelndorf ist Pausieren Pflicht.

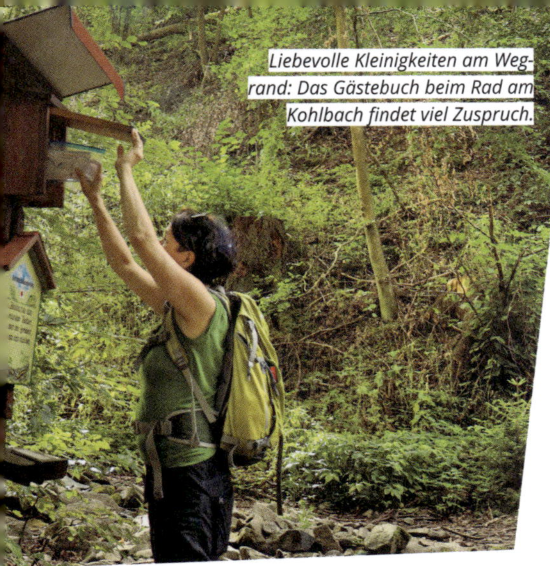
Liebevolle Kleinigkeiten am Wegrand: Das Gästebuch beim Rad am Kohlbach findet viel Zuspruch.

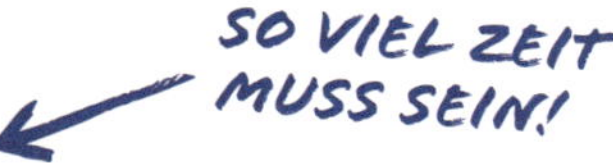

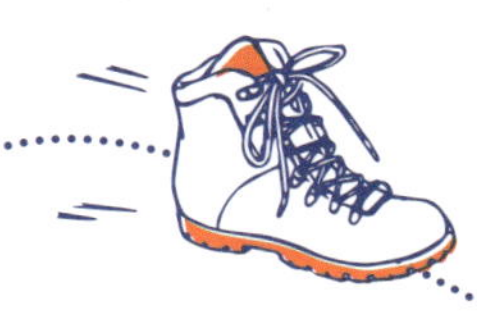

KM 5,5

2 Sputhmühle

Die Geburtsstätte des Bierdeckels

Im dicht bewachsenen Grund der Sebnitz trifft man auf die Bahnlinie der U28 und sogar ein Haltestellenhäuschen oben auf dem Bahndamm – Warten ist allerdings vergeblich, die Regionalbahn hält hier nicht mehr. Am Bahndamm entlang und darunter hinweg führt der Weg für einen kurzen Abstecher nach rechts, denn hier versteckt sich ein echtes Kuriosum: Die Sputhmühle besteht zwar nur noch aus einer verfallenden Steinmauer, die große Infotafel klärt aber ausführlich über die Bedeutung dieses Ortes auf. Hier erfand Robert Sputh im Jahr 1882 unsere heutigen Holzfilz-Bierdeckel! Die Untersetzer aus billigem Holzschliff-Papier wurden bis nach Brasilien geliefert, bis zu 120 Menschen arbeiteten in der Mühle. Ein Großbrand im Jahr 1937 vernichtete die Fabrik vollständig; man fragt sich, wo die Bierdeckel seitdem wohl herkommen?

Es geht zurück zum ehemaligen Bahnhof Mittelndorf und dem roten Punkt folgend immer zwischen Bahnlinie und Sebnitzbach nach Westen.

KM 6,5

3 Rad am Kohlbach

Gästebuch mal anders

Nachdem der Weg die Sebnitz überquert und die kleine Rasthütte passiert hat, die den einzigen Hinweis auf den ehemaligen Standort der Buttermilchmühle bildet, gluckert ein winziges Bächlein links vom Wegrand. Der Kohlbach ist klein, scheint aber seine Fans zu haben, denn jemand hat hier ein aufwendiges Hinweisschild samt Aufbewahrungsbox für ein rege genutztes Gästebuch errichtet – im September 2023 war die zwölfte Auflage schon fast bis auf die letzte Seite gefüllt. Das kleine Wasserrad, dessen Baugeschichte ordentlich dokumentiert ist, liefert in der Adventszeit genug Energie, um eine Lichterkette an einem Weihnachtsbäumchen zum Leuchten zu bringen. Warum ausgerechnet der Kohlbach als Gästebuch-würdig erachtet wird? Wer weiß?

Der rote Punkt führt immer weiter nach Westen, verlaufen ist quasi unmöglich.

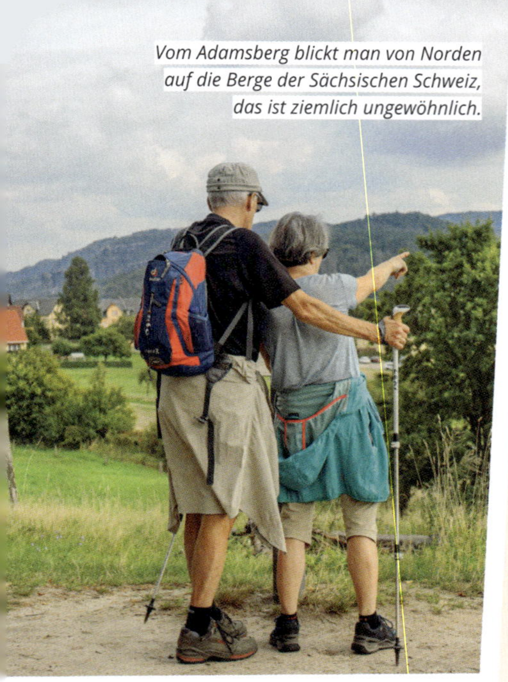

Vom Adamsberg blickt man von Norden auf die Berge der Sächsischen Schweiz, das ist ziemlich ungewöhnlich.

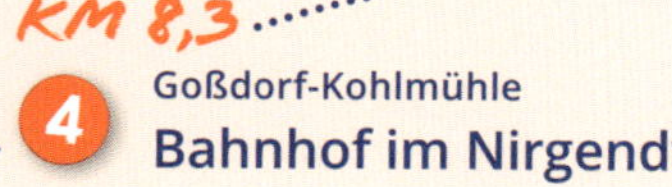

4

Goßdorf-Kohlmühle

Bahnhof im Nirgendwo

An den Gleisen entlang führt der Rote-Punkt-Weg nach Goßdorf-Kohlmühle, wo man die Nationalparkbahn nach Bad Schandau bzw. Sebnitz (und weiter nach Rumburk) besteigen kann. Bis 1951 fuhr an dieser Stelle noch die Schwarzbachbahn, von deren Strecke mittlerweile fast nichts mehr zu sehen ist (die Tour Nr. 7, Seite 74, folgt ihrem Verlauf). Auch wartende Fahrgäste sind in der Regel hier nicht zu sehen; der Bahnhof wurde ursprünglich für die Arbeiter der gegenüberliegenden Linoleumfabrik errichtet, die 2014 stillgelegt wurde. Das riesige Backsteingebäude, heute ein veritabler Lost Place, soll umfassend saniert und neu genutzt werden, allerdings darf man an diesen Plänen durchaus zweifeln.

Vom Abstecher nach Kohlmühle geht es 500 Meter an den Gleisen zurück, wo gut sichtbar der Weg zum Adamsberg abzweigt und stetig bergauf führt.

KM 9,6

5

Adamsberg

Mehr Panorama geht nicht

Warum der kurze, nicht allzu steile Aufstieg durch nachwachsenden Laubwald unbedingt ans Ende dieser Wanderung gehört, zeigt sich erst nach der letzten Wegkurve: Vom Südhang des etwa 410 Meter hohen Berges genießt man noch einmal das herrliche Panorama, das sich bereits am Beginn des Weges auf dem Parkplatz am Heiteren Blick eröffnet hat – nur diesmal noch einige Höhenmeter weiter oben. Einige Bänke laden zum seufzenden Niedersinken ein und mit Hilfe der bereitstehenden Infotafeln lässt sich jeder Berggipfel am weiten Horizont zuordnen. Mit einem Fernglas kann man sogar den Menschen auf der Bastei zuwinken! Das einzige, was dem Adamsberg fehlt, ist ein ordentlicher eigener Gipfel; die sanfte Kuppe, die einige Meter hinter dem Aussichtspunkt im Wald liegt, lohnt den Weg nicht.

Den Rückweg zum Parkplatz kann man von hier oben wunderbar sehen; es geht über das Feld und an der Freiwilligen Feuerwehr vorbei bis zur Sebnitzer Straße und an dieser entlang zum Parkplatz.

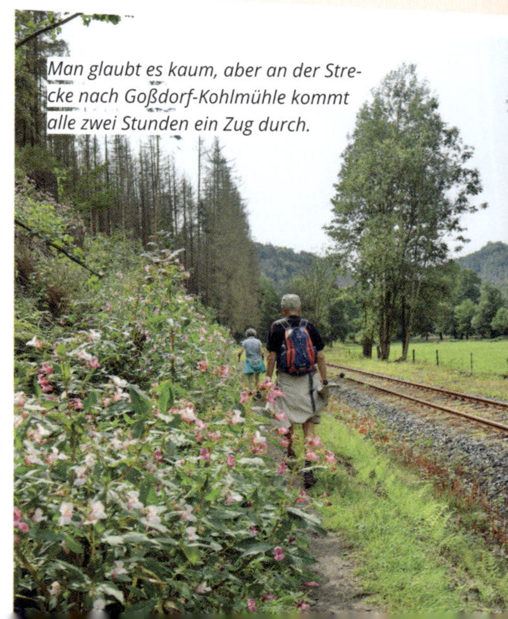

Man glaubt es kaum, aber an der Strecke nach Goßdorf-Kohlmühle kommt alle zwei Stunden ein Zug durch.

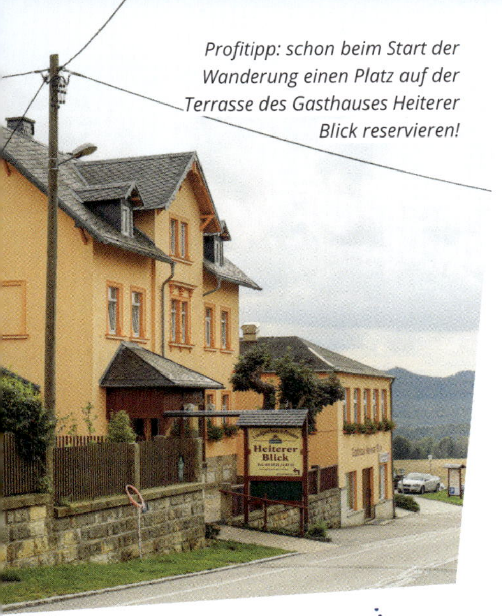

Profitipp: schon beim Start der Wanderung einen Platz auf der Terrasse des Gasthauses Heiterer Blick reservieren!

EXTRA INFOS:

Am Aussichtspunkt in Mittelndorf ist es so schön, dass man direkt dort bleiben möchte. Das geht! Der ● **Campingplatz Kleine Bergoase,** betrieben von Familie Balogh, liegt direkt neben der Picknickbank und bietet Stellplätze, von denen der Blick ebenso schön ist. Wer nicht campen mag, kann in den wunderbar gemütlichen Panorama-Apartments in der ehemaligen Scheune oder im alten Bauernhaus sein Bett aufschlagen; im Erdgeschoss unter den Wohnungen gibt es sogar einen Saunabereich. Sparfüchse kommen im beheizten Hüttenlager unter. (www.berg-oase.de)

KM 10,1

6 Gasthaus Heiterer Blick

Belohnung mit Weitsicht

Es gibt nicht viele Gasthäuser in der Sächsischen Schweiz, deren Besucherterrasse mit einer solch fantastischen Sicht aufwarten kann; entsprechend ist diese an Wochenenden mit schönem Wetter immer gut besucht. Einen Platz ergattert man am ehesten, wenn man außerhalb der Kaffeezeit kommt – oder rechtzeitig reserviert. Zum Essen wird Wild und Fleisch aus der hauseigenen Metzgerei serviert, auch die Liköre sind aus eigener Produktion und selbst Vegetarier finden mehrere Optionen. (www.gasthaus-heiterer-blick.de)

Von der Terrasse des Gasthauses sind es nur wenige Schritte zum Parkplatz.

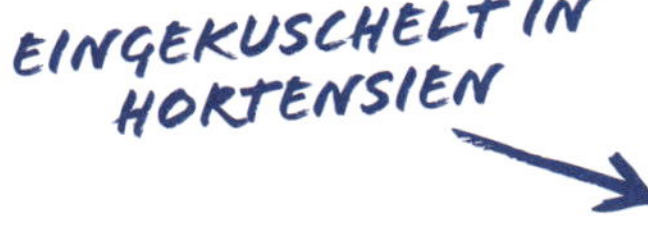

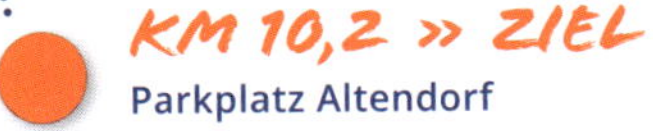

Parkplatz Altendorf

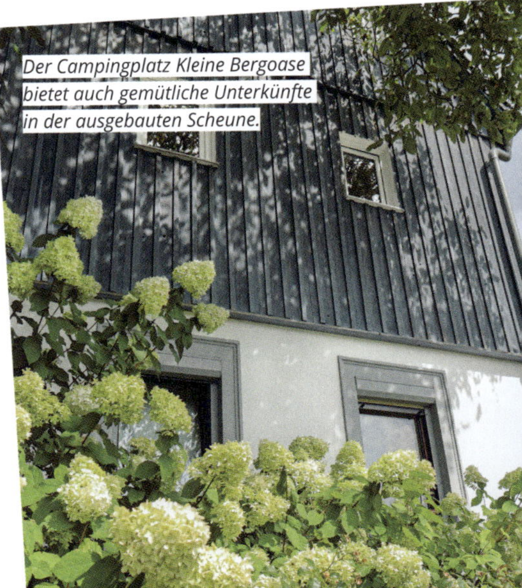

Der Campingplatz Kleine Bergoase bietet auch gemütliche Unterkünfte in der ausgebauten Scheune.

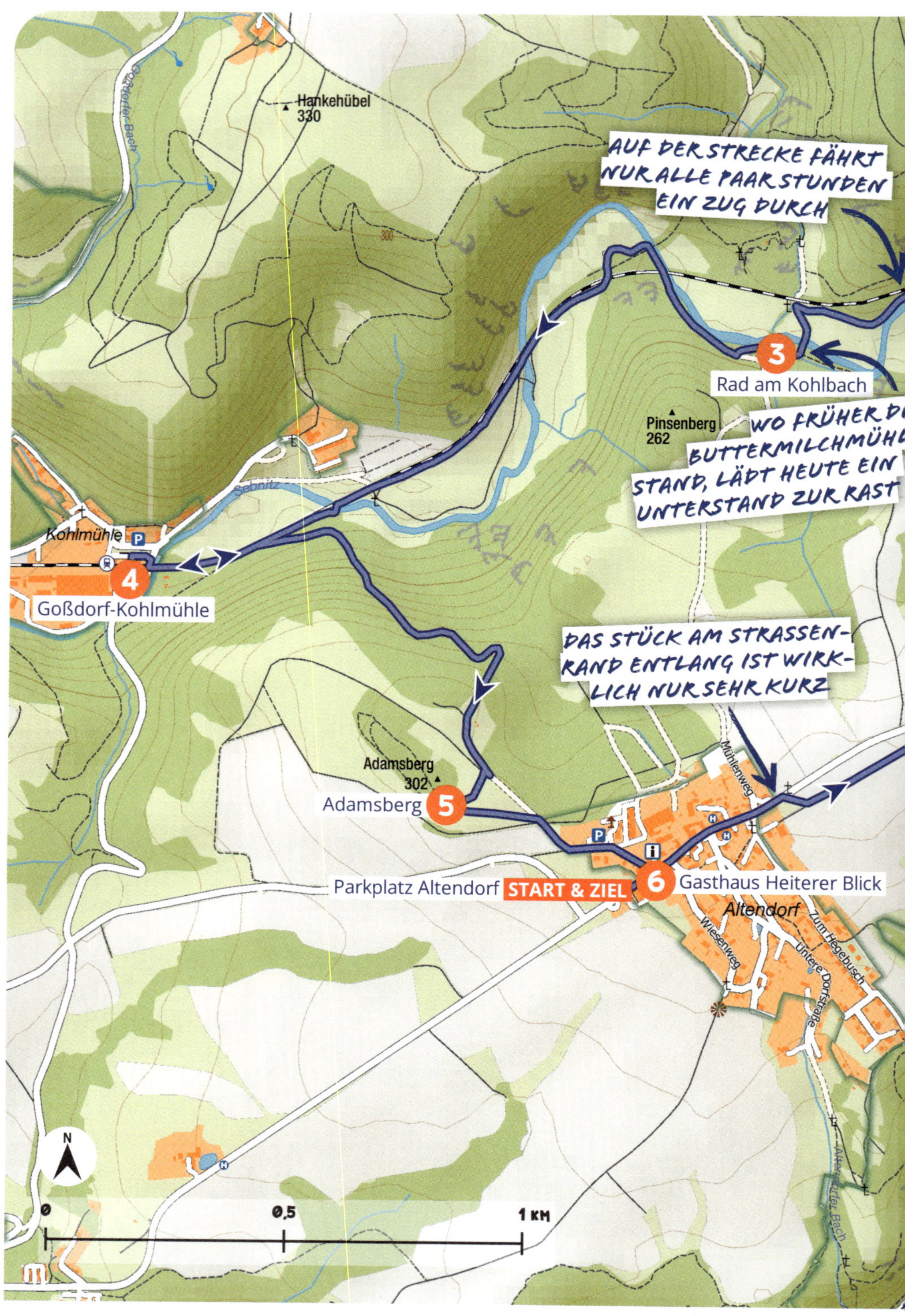

Hankehübel 330
Goßdorfer Bach
AUF DER STRECKE FÄHRT NUR ALLE PAAR STUNDEN EIN ZUG DURCH
3
Rad am Kohlbach
Pinsenberg 262
WO FRÜHER D
BUTTERMILCHMÜHL
STAND, LÄDT HEUTE EIN UNTERSTAND ZUR RAST
Sebnitz
Kohlmühle
4
Goßdorf-Kohlmühle
DAS STÜCK AM STRASSENRAND ENTLANG IST WIRKLICH NUR SEHR KURZ
Mühlenweg
Adamsberg 302
5
Adamsberg
6
Parkplatz Altendorf
START & ZIEL
Gasthaus Heiterer Blick
Altendorf
Wiesenweg
Zum Hegebusch
Untere Dorfstraße
Altendorfer Bach
N
0
0,5
1 KM

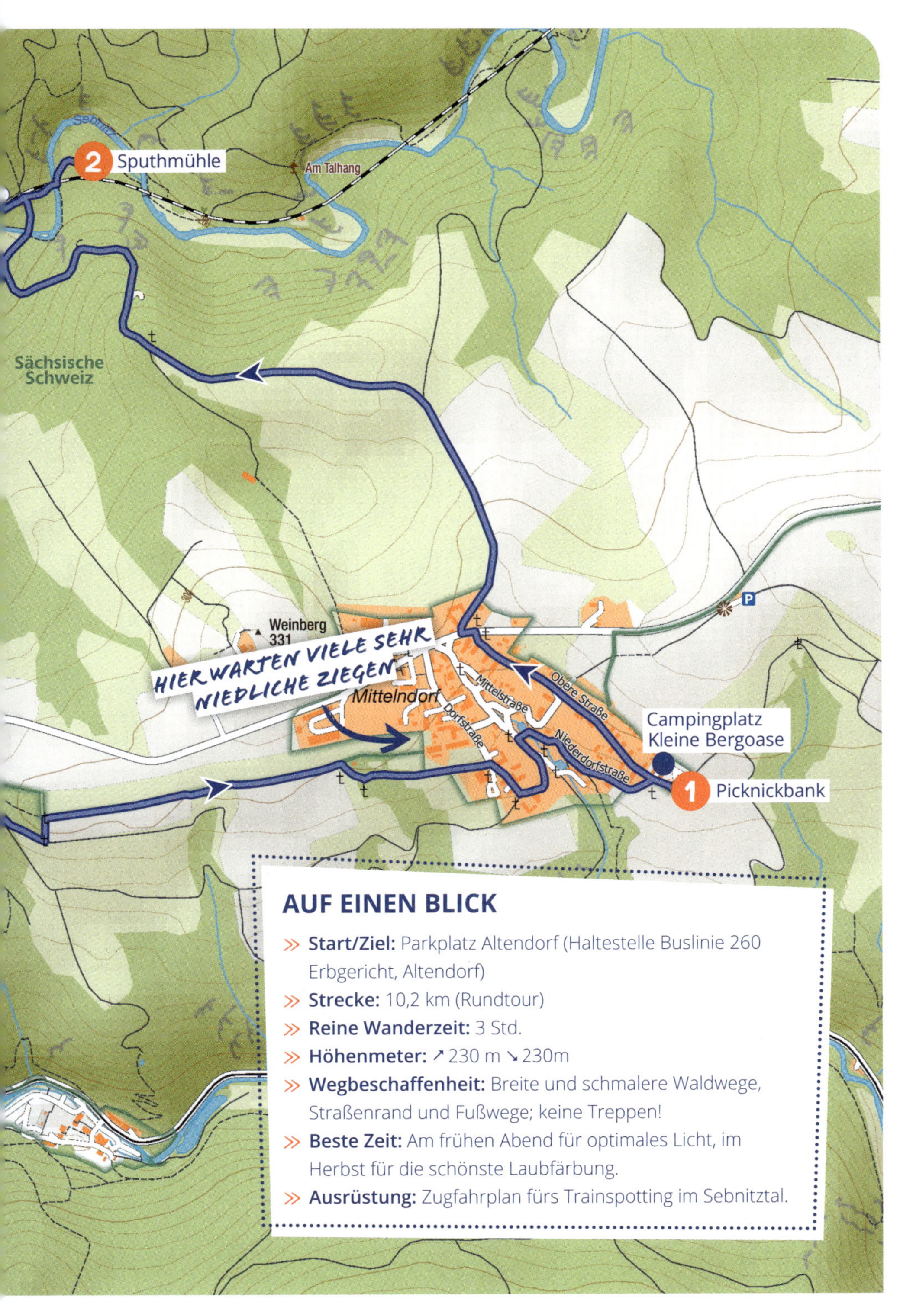

AUF EINEN BLICK

- » **Start/Ziel:** Parkplatz Altendorf (Haltestelle Buslinie 260 Erbgericht, Altendorf)
- » **Strecke:** 10,2 km (Rundtour)
- » **Reine Wanderzeit:** 3 Std.
- » **Höhenmeter:** ↗ 230 m ↘ 230m
- » **Wegbeschaffenheit:** Breite und schmalere Waldwege, Straßenrand und Fußwege; keine Treppen!
- » **Beste Zeit:** Am frühen Abend für optimales Licht, im Herbst für die schönste Laubfärbung.
- » **Ausrüstung:** Zugfahrplan fürs Trainspotting im Sebnitztal.

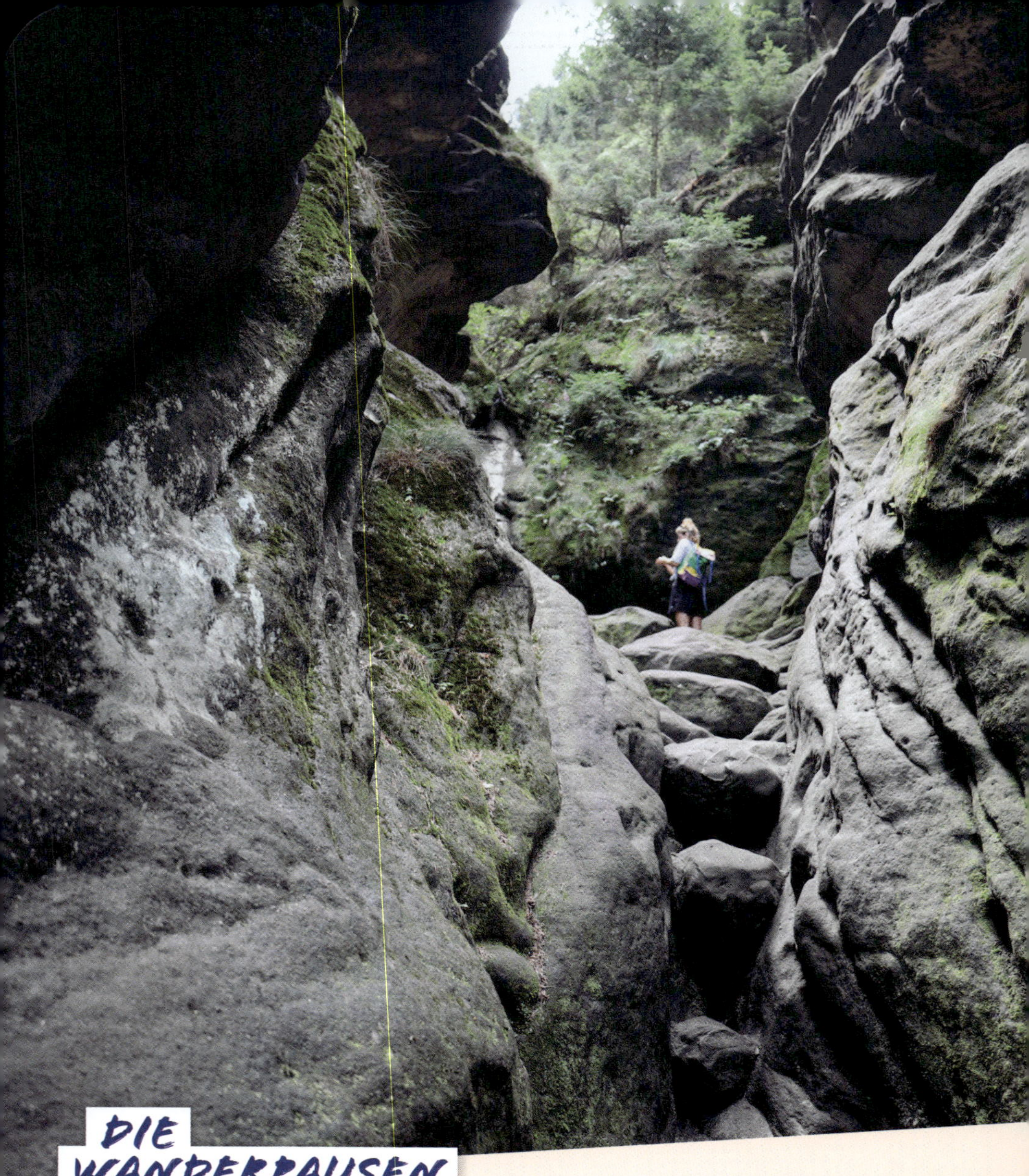

DIE WANDERPAUSEN

» START
Beuthenfall

KM 2,3

1 Wilde Hölle
Kleine Klettertour

KM 2,9

2 Carolafelsen
Picknick mit Aussicht

KM 3,8

3 Fluchtwandstiege
Überraschung am Wegrand

IN DEN AFFENSTEINEN KRAXELN

17

Durch die Wilde Hölle zum Frienstein

Lust auf eine richtig schöne Wandertour im Herzen der Sächsischen Schweiz, mit etwas Nervenkitzel und einigen Klettereinlagen? Die kurze Runde über die Affensteine und den Frienstein bietet ein perfektes Potpourri – ohne dass es dabei zu anstrengend wird.

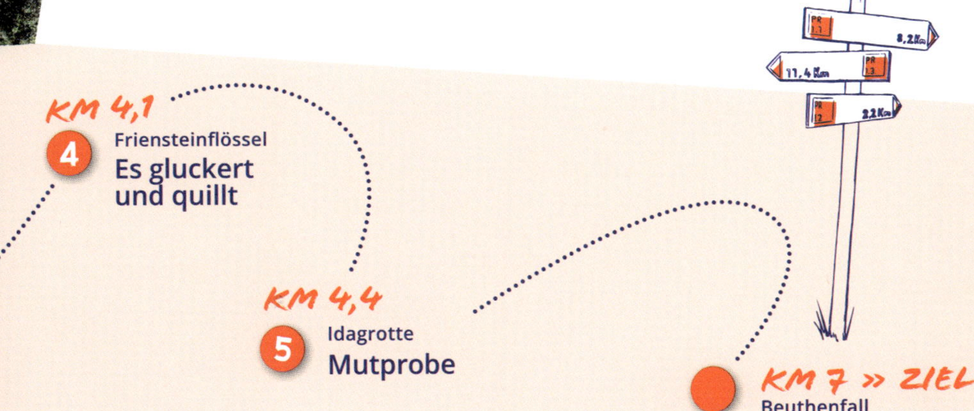

KM 4,1
4 Friensteinflössel
Es gluckert und quillt

KM 4,4
5 Idagrotte
Mutprobe

KM 7 » ZIEL
Beuthenfall

DIE ATEMBERAUBENDSTEN EINDRÜCKE …

… bietet die Sächsische Schweiz Wandernden, die bereit sind, sich etwas Mühe zu geben – denn auf die zerklüfteten Felsplateaus, die die gar nicht mal so hohen, aber abrupt aus dem Flusstal der Elbe aufragenden Sandsteine krönen, gelangt man in aller Regel nur mit Einsatz von Muskelschmalz.

Das macht aber auch Spaß, denn die meisten Wanderwege, auf denen man zu den wirklich spektakulären Aussichten gelangt, führen nicht einfach nur steil bergauf. Stattdessen sind uralte hölzerne und steinerne Treppenanlagen und übereinandergewürfelte Steinbrocken zu bezwingen, hin und wieder muss man eine Leiter besteigen oder gar mit Unterstützung eiserner Steighilfen eine glatte Felswand überqueren. Solche Wege, für die es übrigens keinerlei Sicherung braucht und die für einigermaßen Trittsichere leicht zu bewältigen sind, nennt man im Elbsandsteingebirge »Stiegen« (nicht zu verwechseln mit den alpinen Klettersteigen).

Eine der romantischsten und schönsten Stiegen, die auch ein ganz klein wenig abenteuerlich ist, führt als **Wilde Hölle** durch die Affensteine in der Hinteren Sächsischen Schweiz. In diesem Teil des Elbsandsteingebirges drängen sich die Felsengebiete zwischen dem Kirnitzsch- und dem Elbtal eng zusammen und sind von einem dichten Netz aufregender Wanderwege durchzogen – auch die meisten Stiegen finden sich in diesem Gebiet. Das eigentliche Klettervergnügen in der Wilden Hölle ist nur kurz, aber auch der Rest dieser Wanderung überzeugt mit abgeschiedenen Wegen, abenteuerlichen Abstechern zum **Carolafelsen** und zur **Fluchtwandstiege** sowie tollen Ausblicken über die Schrammsteine, den isoliert aufragenden Falkenstein und die Hintere Sächsische Schweiz. Zudem wartet auf alle, die ihre Höhenangst im Griff haben, am Frienstein beim Weg in die **Idagrotte** eine echte Mutprobe. Wer sich diese ersparen möchte, pausiert derweil am friedlich gluckernden **Friensteinflössel.**

MIT JEDEM SCHRITT AUF DEN FELSEN NACH VORN WIRD DER BLICK SCHÖNER UND DAS HERZ WEITER

Zugegeben: Auf dieser Runde, die im romantischen Kirnitzschtal startet, geht es nicht immer auf gemütlichen Wegen voran. Oft steigt man durch enge Schluchten und auf schmalen Pfaden bergauf und bergab. Wer aber in kurzer Zeit und mit wenig Anstrengung die wilde Schönheit der Hinteren Sächsischen Schweiz sozusagen komprimiert erleben will, für den ist diese erlebnisreiche Tour genau die richtige. «

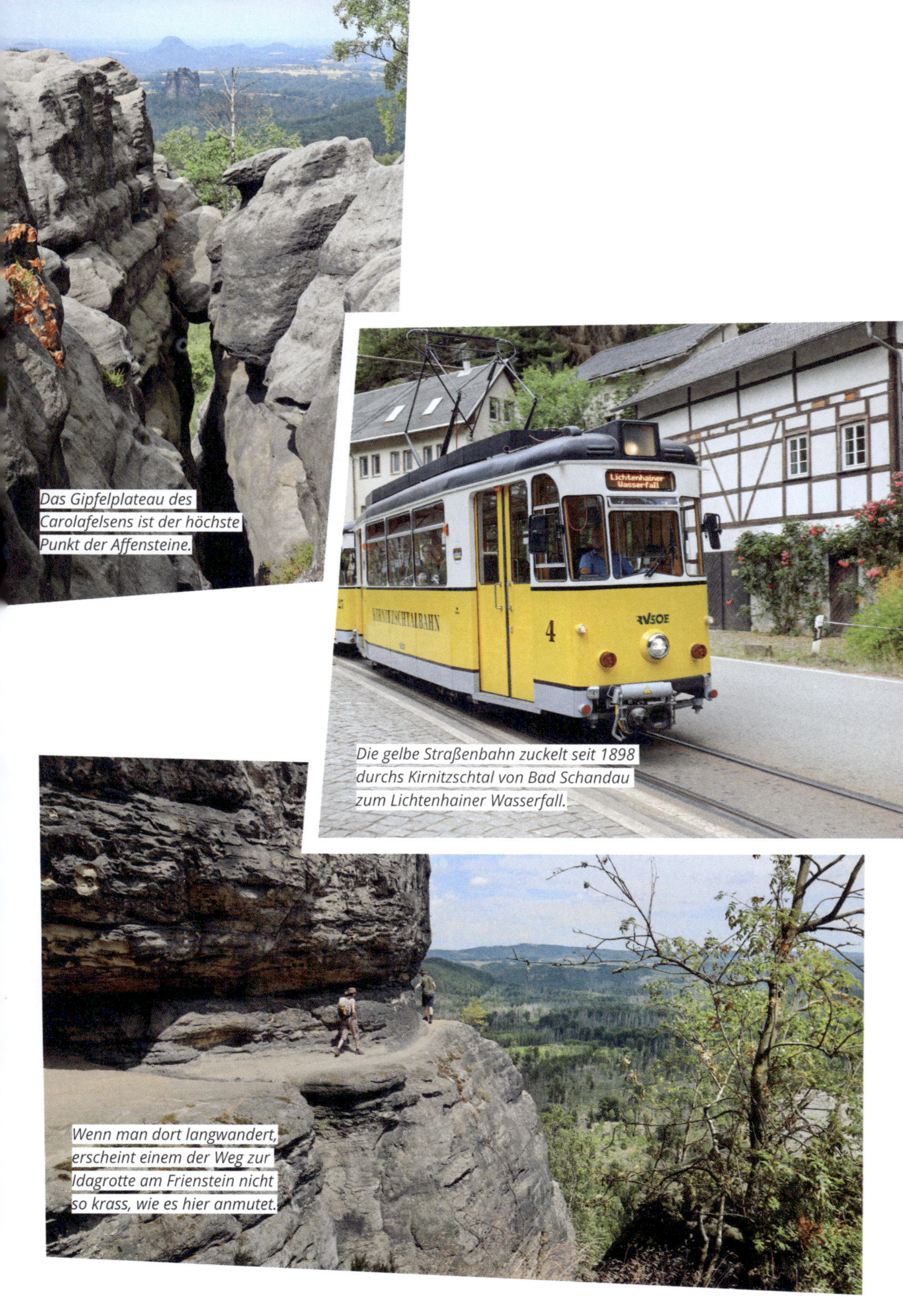

Das Gipfelplateau des Carolafelsens ist der höchste Punkt der Affensteine.

Die gelbe Straßenbahn zuckelt seit 1898 durchs Kirnitzschtal von Bad Schandau zum Lichtenhainer Wasserfall.

Wenn man dort langwandert, erscheint einem der Weg zur Idagrotte am Frienstein nicht so krass, wie es hier anmutet.

WANDERN & GENIESSEN

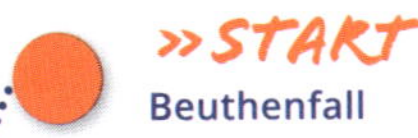

Beuthenfall

Am Wanderparkplatz Beuthenfall, wo auch die Buslinie 241 und die Kirnitzschtalbahn halten, lädt keine Mühle zur Einkehr und nicht einmal der Wasserfall selbst ist ohne Weiteres zu entdecken. Der Weg führt über die Kirnitzsch und schnurstracks bergan in den Dietrichsgrund hinein. Man folgt zuerst der Markierung des grünen Punkts (und gleichzeitig dem Malerweg), bis in einer engen Kurve ein schmaler Pfad links in den dunklen Wald abzweigt – aus dem ein kalter Hauch herausweht …

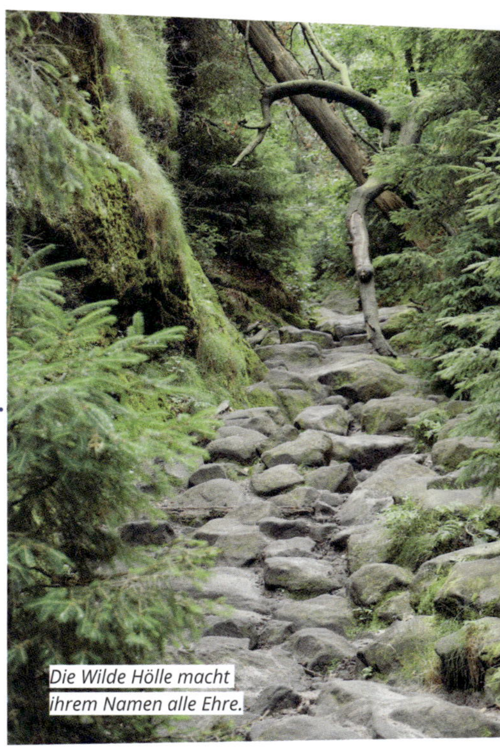

Die Wilde Hölle macht ihrem Namen alle Ehre.

KM 2,3

1 **Wilde Hölle**

Kleine Klettertour

Sie beginnt als harmloser Waldweg, aber schon bald zeigt die Wilde Hölle ihr wildromantisches Gesicht: Über Stock und Stein geht es stetig bergauf durch eine immer schmaler werdende Schlucht, schließlich wird für eine kurze Strecke von etwa 50 Metern sogar der Einsatz der Hände nötig, mit denen man sich über Felsbrocken ziehen muss. Kleinere Kinder brauchen hierbei vielleicht hin und wieder eine stützende Hand; alle anderen sollten (mit etwas Schnauferei) gut zurechtkommen. Die Wilde Hölle wurde schon Anfang des 20. Jahrhunderts angelegt; die alten hölzernen Steiganlagen sind inzwischen durch solide Metallleitern und -klammern ersetzt. Der Weg ist in beide Richtungen begehbar, weshalb man hier des Öfteren Gegenverkehr abwarten muss. Die Wartezeit nutzt man am besten zum Fotografieren!

Nachdem die Steiganlage und die Felsbrocken bezwungen sind, wird der Weg einfacher und geht »nur noch« stetig bergauf. Die schmale Treppe, die nach rechts abzweigt, führt zum Aussichtspunkt Carolafelsen – nicht verpassen!

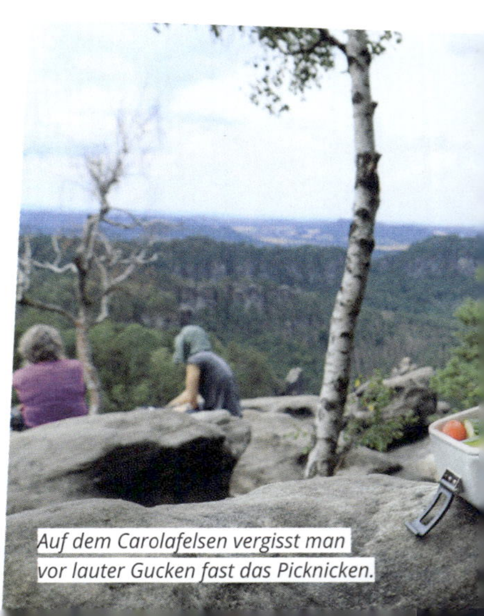

Auf dem Carolafelsen vergisst man vor lauter Gucken fast das Picknicken.

WANDERN & GENIESSEN

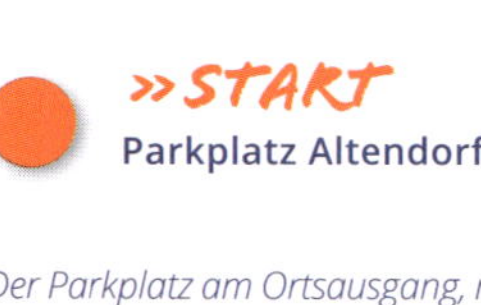

» START

Parkplatz Altendorf

Der Parkplatz am Ortsausgang, neben dem Gasthaus Heiterer Blick, ist wahrscheinlich einer der schönstgelegenen Parkplätze in der gesamten Sächsischen Schweiz. Von hier geht es auf dem gelb markierten Panoramaweg durch den Ort – vorbei an der Bushaltestelle Erbgericht, Altendorf (Linie 260) –, bis man rechts aufs Feld abbiegt.

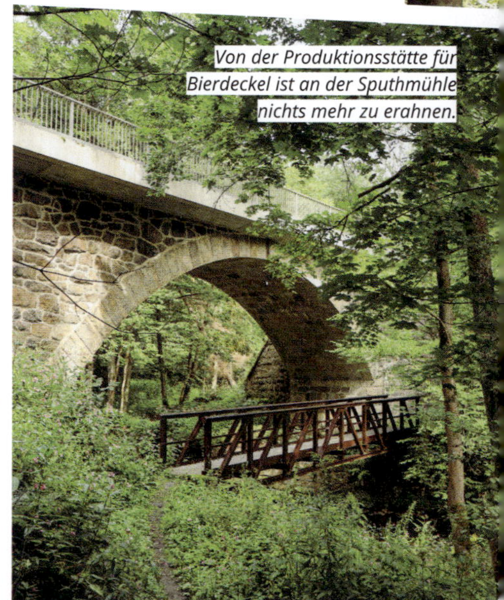

Von der Produktionsstätte für Bierdeckel ist an der Sputhmühle nichts mehr zu erahnen.

KM 2,9

1 Picknickbank

Aussicht von Mittelndorf

Der gelbe Punkt führt von Altendorf nach Mittelndorf und bietet dabei traumhafte Ausblicke über die Sächsische Schweiz. Die Krönung samt Picknickbank und schattenspendender Linde wartet am Ortsrand von Mittelndorf, gleich neben dem Campingplatz Kleine Bergoase. Da sich die Route nun vom Panorama abwendet, kann man dieses bei einer kleinen Stärkung noch einmal ganz in Ruhe in sich aufnehmen: Vom Südwesten, wo die Tafelberge Lilienstein, Königstein und ihre kleineren Brüder aus der Ebenheit ragen, über die eindrucksvollen Formationen der Hohen Liebe, der Schramm- und der Affensteine direkt im Süden, gleitet der Blick über den Neuen Wildenstein und den Zschand nach Osten. Bei guter Sicht zeigt sich hinter den Zschirnsteinen sogar als winziger Stecken der Fernsehturm von Ústí nad Labem.

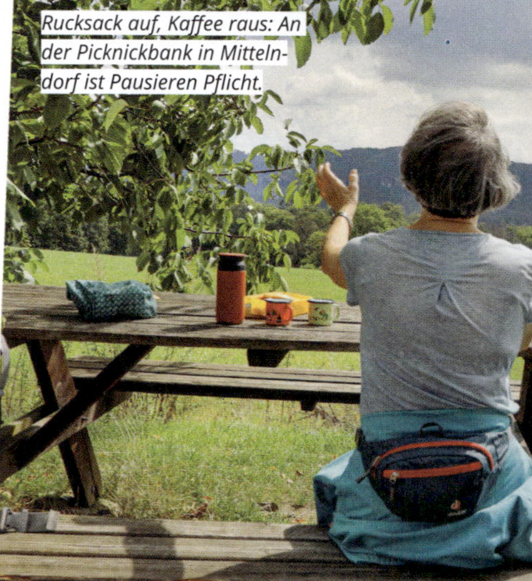

Rucksack auf, Kaffee raus: An der Picknickbank in Mittelndorf ist Pausieren Pflicht.

Nachdem Mittelndorf auf der Oberen Straße durchquert wurde, geht es über die Schandauer Straße (Achtung, schneller Durchgangsverkehr!) und auf dem grün markierten Trägnerweg hinab ins Sebnitztal.

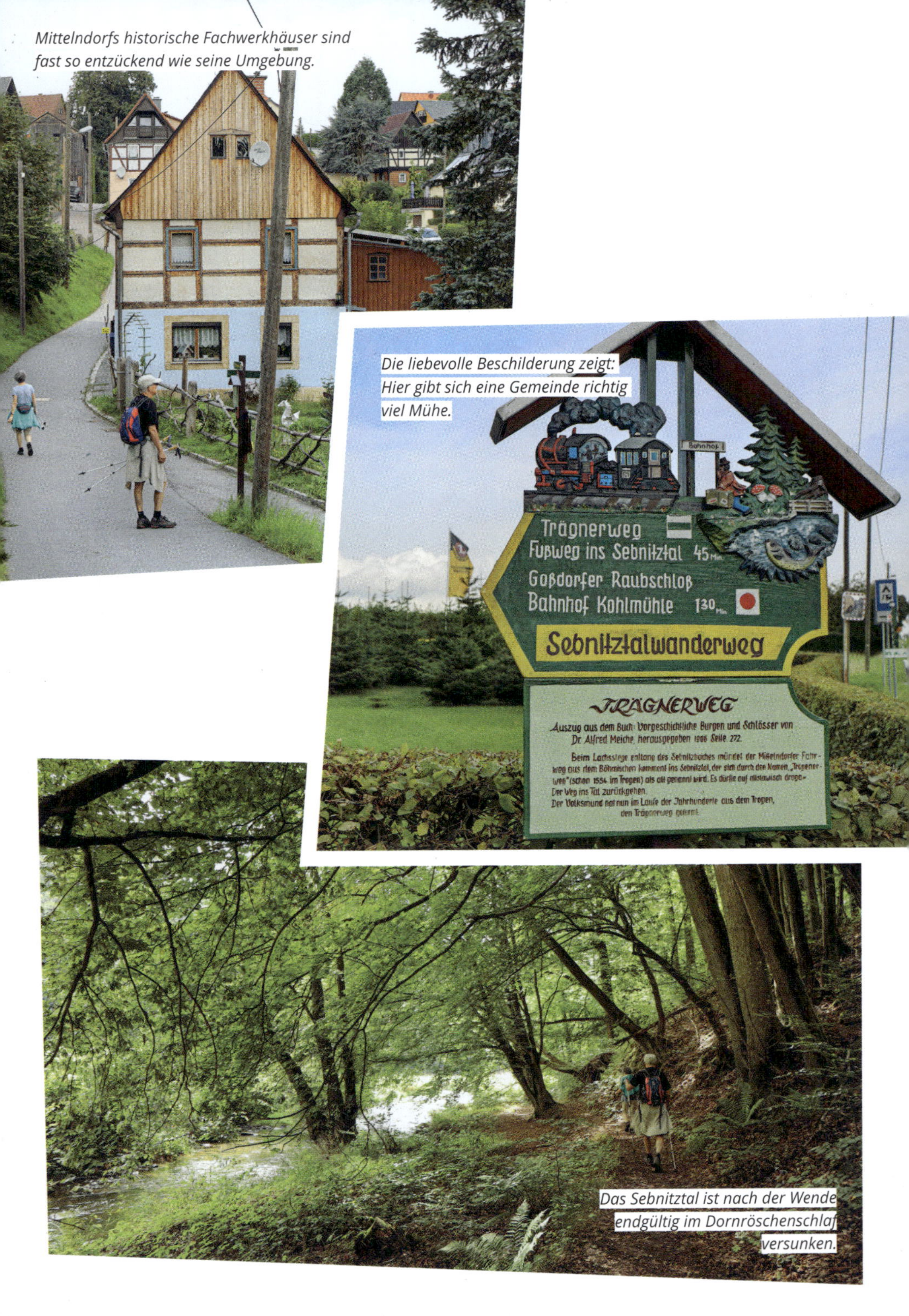

Mittelndorfs historische Fachwerkhäuser sind fast so entzückend wie seine Umgebung.

Die liebevolle Beschilderung zeigt: Hier gibt sich eine Gemeinde richtig viel Mühe.

Das Sebnitztal ist nach der Wende endgültig im Dornröschenschlaf versunken.

KM 2,9

2 Carolafelsen
Picknick mit Aussicht

Wer das weite, von zahlreichen Spalten durchzogene Felsplateau betritt, dem klappt zuverlässig erst einmal die Kinnlade nach unten – wetten? Der mit schmerzenden Oberschenkeln erkämpfte Ausblick ist einer der beeindruckendsten, den die Sächsische Schweiz zu bieten hat. Sachsens letzte Königin, Carola von Wasa-Holstein-Gottorp, darf sich geehrt fühlen, dass dieser royale Aussichtspunkt ihren Namen trägt. Auch wenn der 453 Meter hohe Carolafelsen ein sehr beliebter Zwischenstopp ist, findet man auf dem zerklüfteten Plateau doch immer ein Plätzchen, wo man sich mit traumhafter Aussicht zum Picknick niederlassen kann.

Nach dem Abstecher auf den Felsen folgt man dem Weg weiter bergauf; doch das Gipfelplateau der Affensteine ist bald erreicht. Nun geht es bequem geradeaus weiter, wobei der Weg mit dem blau markierten Reitsteig zusammenläuft, der in Richtung Tschechien führt.

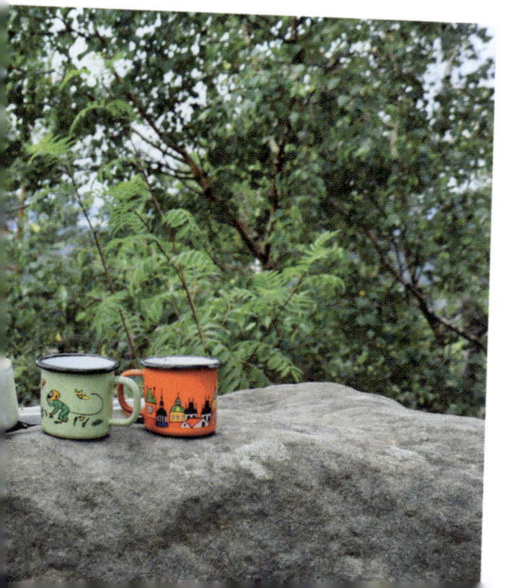

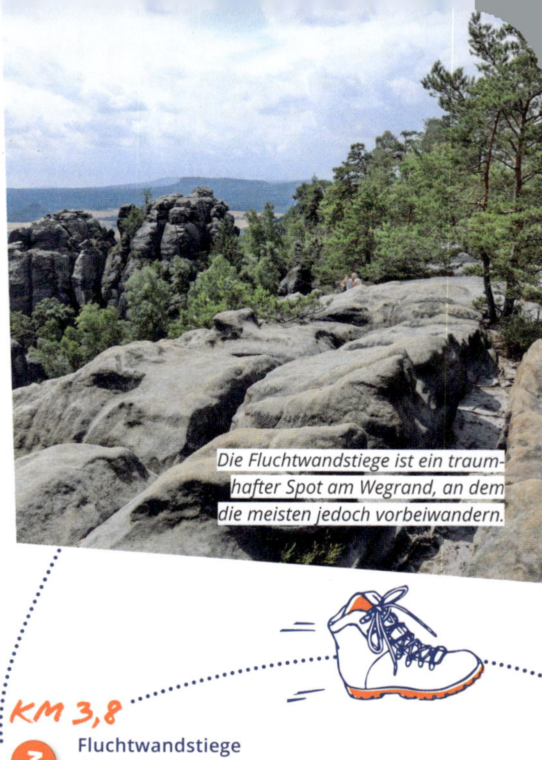

Die Fluchtwandstiege ist ein traumhafter Spot am Wegrand, an dem die meisten jedoch vorbeiwandern.

KM 3,8

3 Fluchtwandstiege
Überraschung am Wegrand

Das Felsenband rechts vom Reitsteig ist nicht markiert und kein Hinweisschild verrät, was man verpasst, wenn man hier zielstrebig vorbeiläuft: einen grandiosen Ausblick auf den sogenannten Schmilkaer Kessel, das Elbtal und die gegenüberliegenden Tafelberge, vom Zirkelstein im Osten bis zum Königstein im Westen. Dazu aber auch eine Gelegenheit zur Rast, bei der man seinen Felsensitz mit wesentlich weniger Menschen teilen muss als eben noch auf dem Carolafelsen. Tipp: Ganz links bis zum Ende des Felsens laufen, wo eine knorrige Kiefer im Sommer Schatten und eine Möglichkeit zum Anlehnen spendet – wie schön kann es bitte noch werden?

Auf dem Reitsteig geht es jetzt noch ein paar Meter weiter, bis der Wegweiser nach links zum Frienstein zeigt. Von hier aus führt der schmale Waldweg über Wurzeln und Treppen bergab.

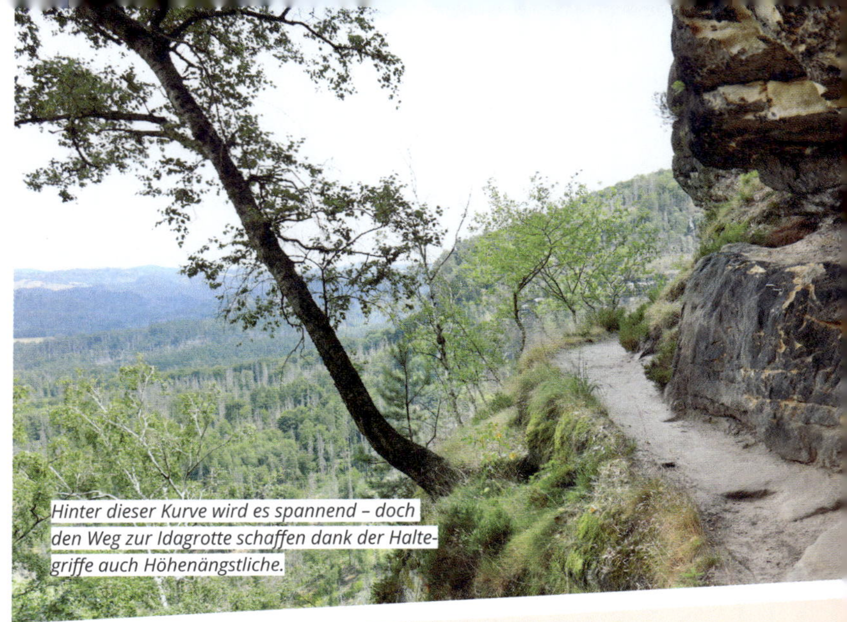

Hinter dieser Kurve wird es spannend – doch den Weg zur Idagrotte schaffen dank der Haltegriffe auch Höhenängstliche.

KM 4,1

4 Friensteinflössel

Es gluckert und quillt

Am Fuß des 130 Meter hohen Friensteins gluckert eine kleine Quelle: Das Friensteinflössel ist von einem schützenden Häuschen überdacht und bietet eine schöne Möglichkeit, vor dem nächsten Aufstieg kurz innezuhalten und die heiß gelaufenen Füße zu kühlen. Die Trinkflaschen sollte man hier vorsichtshalber nicht auffüllen, denn das Wasser der Quelle hat keine Trinkwasserqualität. Vor allem im Sommer kommt hier leider oft nur ein sparsames Tröpfeln zutage, und das sollte man zudem den tierischen und pflanzlichen Bewohnern des Friensteins gönnen.

An der Quelle vorbei führt der Weg weiter zu einem von riesigen Steinbrocken umgebenen Felsblock und links darum herum. Auch ohne die Markierung des grünen Strichs erkennt man recht gut, wo es langgeht; im Zweifel folgt man den Fußabdrücken, die im weichen Sand gut zu erkennen sind.

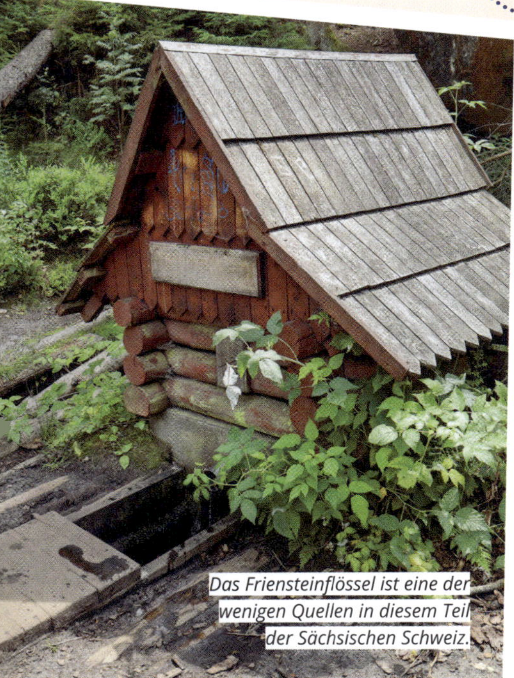

Das Friensteinflössel ist eine der wenigen Quellen in diesem Teil der Sächsischen Schweiz.

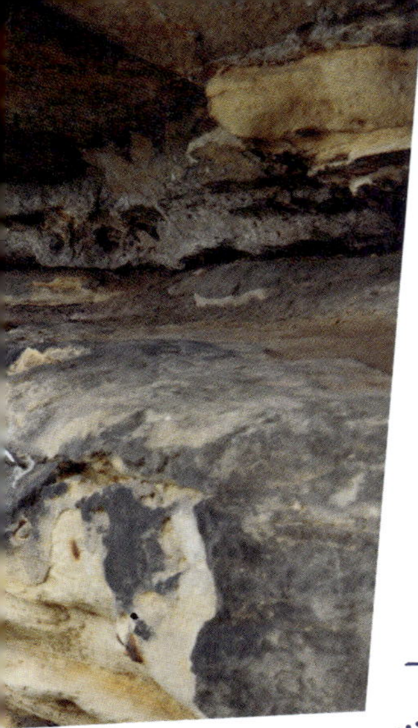

EXTRA INFOS:

Wie in der gesamten Hinteren Sächsischen Schweiz ragen an der Nordseite des Affensteinmassivs Tausende sterbende und **tote Fichten** auf oder liegen gebrochen in wildem Mikado an Hängen und auf Wegen. Der Nationalparkstatus verbietet das Räumen der toten Bäume, sie sollen stattdessen in den Kreislauf der Natur zurückkehren. Für Wandernde bedeutet das nicht nur traurige Ausblicke, es erfordert auch erhöhte Aufmerksamkeit: Hin und wieder heißt es über Baumstämme steigen oder drunter durchkriechen. Nach Herbststürmen oder Starkregen kann die Nationalparkverwaltung Wanderwege auch kurzfristig komplett sperren – diese Verbote müssen unbedingt beachtet werden, denn die morschen Stämme können unversehens kippen und bedeuten Lebensgefahr.

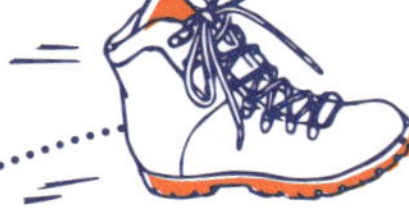

KM 4,4

5 Idagrotte

Mutprobe

Kaum zu glauben, aber auch auf dem zerklüfteten Gipfel des Friensteins hatten böhmische Adlige vor über 500 Jahren eine Burganlage errichtet – daher wird er auf Wanderkarten oft als Vorderes Raubschloss bezeichnet. Wer nicht zum Klettern hierherkommt (der Frienstein war der erste Gipfel, der im Affensteinmassiv bestiegen wurde), der hat wahrscheinlich von der Idagrotte gehört, die man nur auf einem atemberaubend gefährlichen Weg erreicht, der auf einem schmalen Felsenband hoch über dem Abgrund entlangführt. Ganz so schlimm ist es dann doch nicht, wird man feststellen – eiserne Haltegriffe verhindern zuverlässig Abstürze, womit der Erkundung der großen Felsengrotte und dem Genießen des Blicks zum Neuen Wildenstein nichts entgegensteht. Mutprobe bestanden! Oder?

Weiter geht's auf demselben »gefährlichen« Weg zurück zum Fuß des Friensteins, wo der grün markierte Weg zum Beuthenfall nach rechts abbiegt und erst sanft und dann immer steiler bergab zurück ins Kirnitzschtal führt.

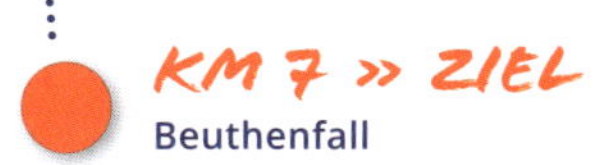

KM 7 » ZIEL

Beuthenfall

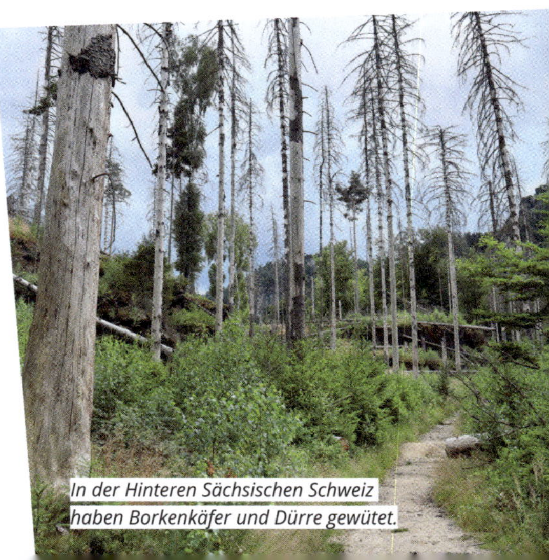

In der Hinteren Sächsischen Schweiz haben Borkenkäfer und Dürre gewütet.

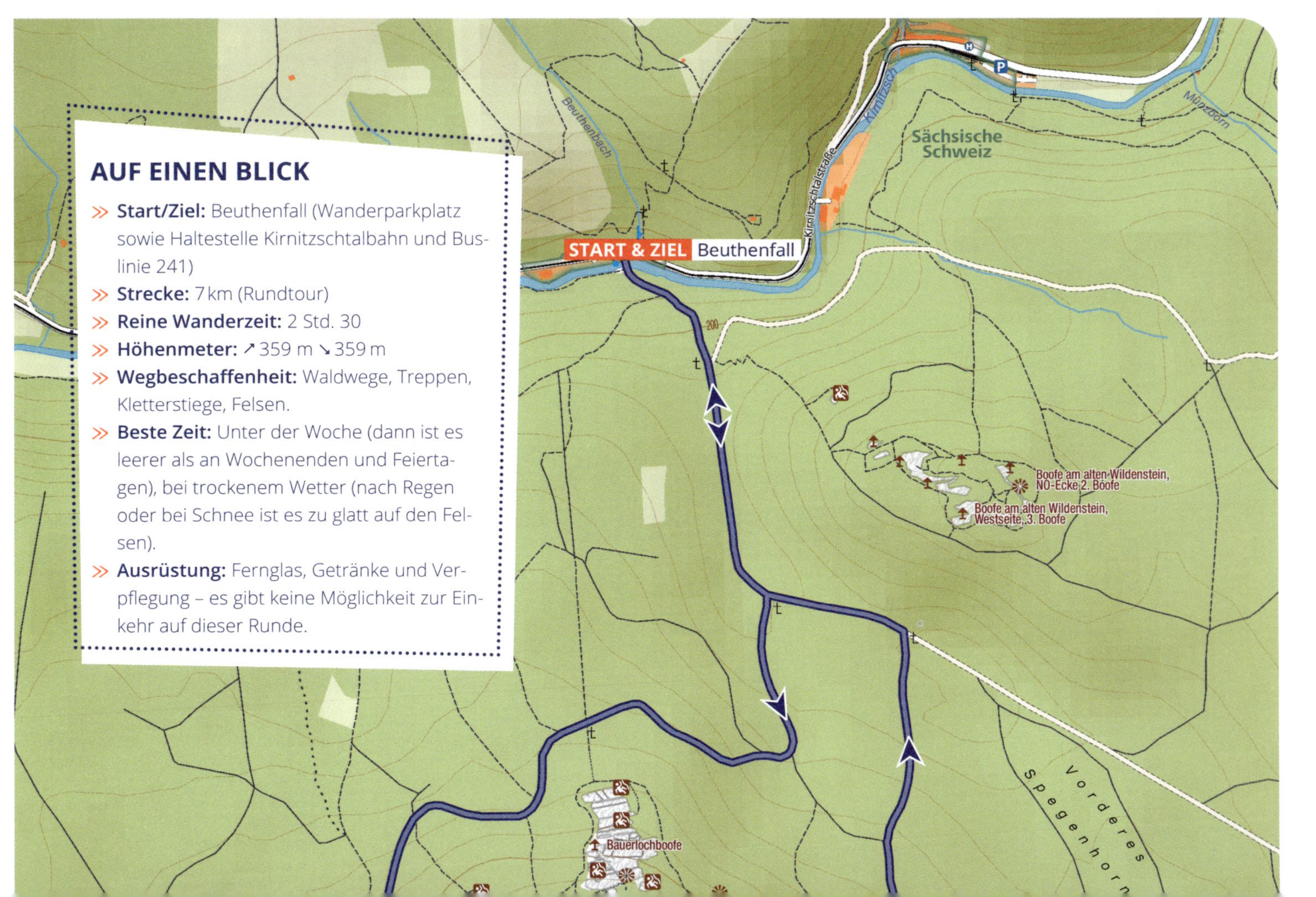

AUF EINEN BLICK

- **Start/Ziel:** Beuthenfall (Wanderparkplatz sowie Haltestelle Kirnitzschtalbahn und Buslinie 241)
- **Strecke:** 7 km (Rundtour)
- **Reine Wanderzeit:** 2 Std. 30
- **Höhenmeter:** ↗ 359 m ↘ 359 m
- **Wegbeschaffenheit:** Waldwege, Treppen, Kletterstiege, Felsen.
- **Beste Zeit:** Unter der Woche (dann ist es leerer als an Wochenenden und Feiertagen), bei trockenem Wetter (nach Regen oder bei Schnee ist es zu glatt auf den Felsen).
- **Ausrüstung:** Fernglas, Getränke und Verpflegung – es gibt keine Möglichkeit zur Einkehr auf dieser Runde.

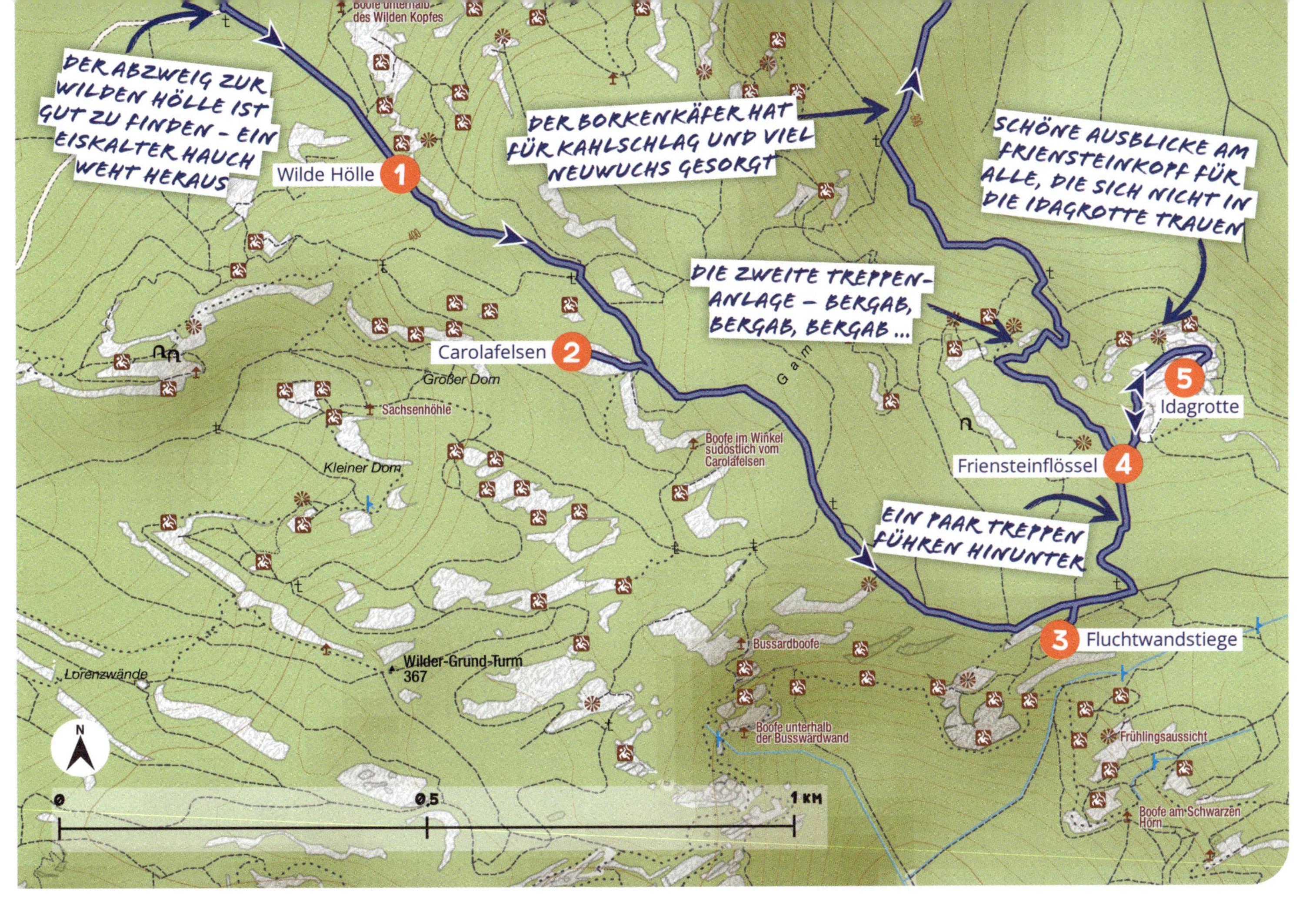
DER ABZWEIG ZUR WILDEN HÖLLE IST GUT ZU FINDEN – EIN EISKALTER HAUCH WEHT HERAUS
DER BORKENKÄFER HAT FÜR KAHLSCHLAG UND VIEL NEUWUCHS GESORGT
SCHÖNE AUSBLICKE AM FRIENSTEINKOPF FÜR ALLE, DIE SICH NICHT IN DIE IDAGROTTE TRAUEN
DIE ZWEITE TREPPEN-ANLAGE – BERGAB, BERGAB, BERGAB …
EIN PAAR TREPPEN FÜHREN HINUNTER
1 Wilde Hölle
2 Carolafelsen
3 Fluchtwandstiege
4 Friensteinflössel
5 Idagrotte
Boofe unterhalb des Wilden Kopfes
Großer Dom
Sachsenhöhle
Kleiner Dom
Boofe im Winkel südöstlich vom Carolafelsen
Wilder-Grund-Turm 367
Lorenzwände
Bussardboofe
Boofe unterhalb der Busswardwand
Frühlingsaussicht
Boofe am Schwarzen Horn
N
0
0,5
1 KM

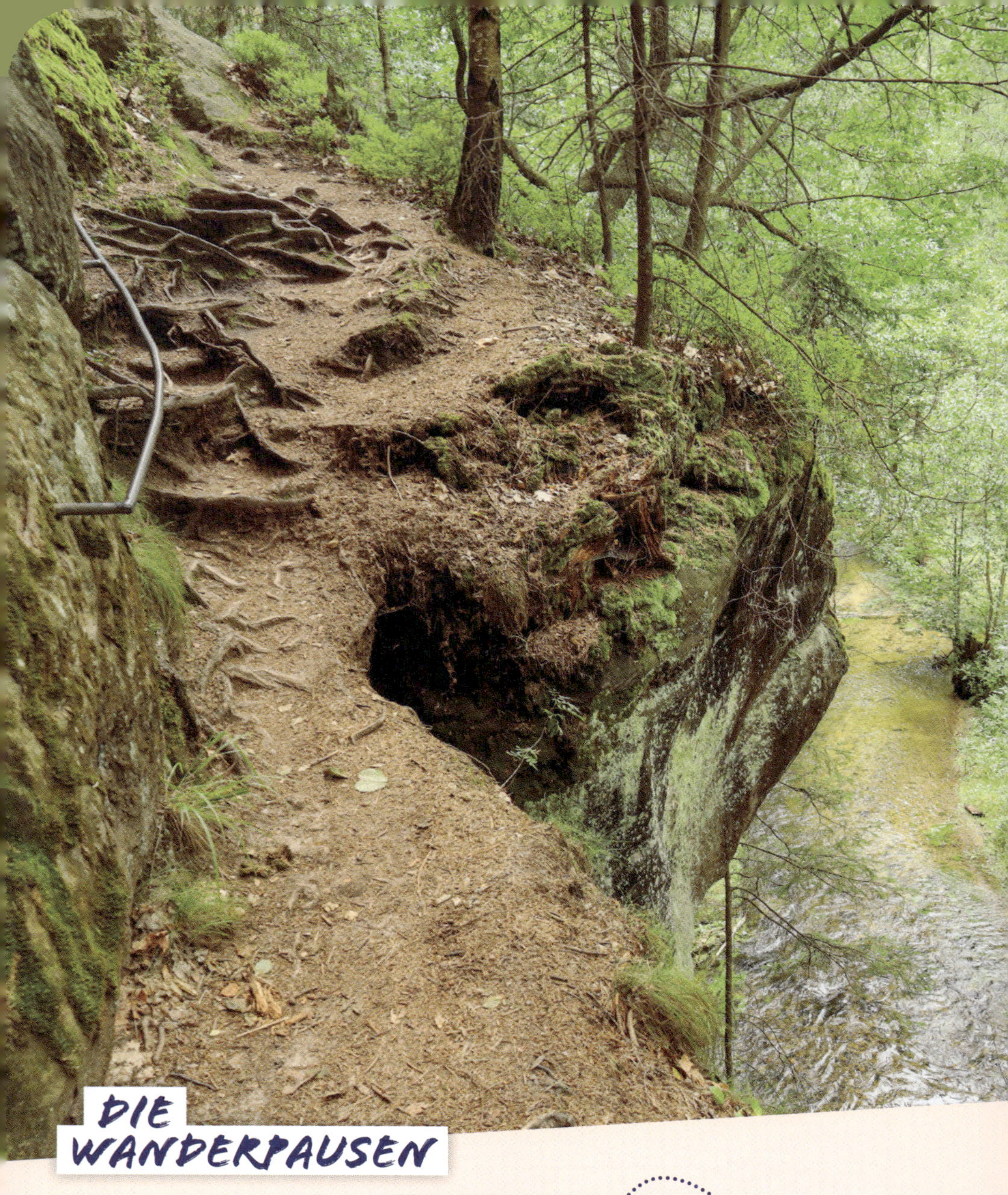

DIE WANDERPAUSEN

» START
Neumannmühle

KM 2,6

1 Kuhstall mit Himmelsleiter
Kletterspaß mit Aussicht

KM 3,7

2 Naturkunst am Wegrand
Mitmachen erlaubt

KM 4,4

3 Gasthof Lichtenhainer Wasserfall
Einst ein rauschendes Erlebnis

18 FLÖSSER-STEIG MIT BONUS

(Fast) immer entlang der Kirnitzsch

Nicht immer lädt das Wetter zum Wandern ein; wenn die Sommersonne brutzelt oder Bewölkung keinen Fernblick zulässt, ist der Flößersteig ideal für alle, die es dennoch ins Elbsandsteingebirge zieht. Ein kleiner Umweg macht eine aufregende Tour draus.

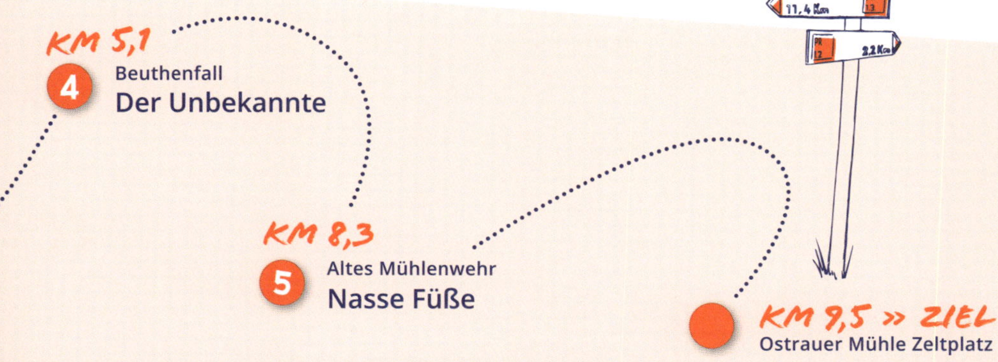

EINER DER ÄLTESTEN PFADE DER SÄCHSISCHEN SCHWEIZ …

… begleitet als Flößersteig über 9 Kilometer die Kirnitzsch in ihrem Verlauf von der Neumannmühle bis zu ihrer Mündung in die Elbe. Ab dem 16. Jahrhundert diente er den Flößern als Arbeitsweg. Vom schmalen Ufer aus hievten und schoben sie die Stämme aus der schwer zugänglichen Hinteren Sächsischen Schweiz flussabwärts nach Bad Schandau. Die Holzwirtschaft war lange die wichtigste Einnahmequelle dieser Region; die großen Fichtenwälder, die heute dank Dürre und Borkenkäfer massenhaft absterben, zeigen dies heute noch.

Genauso historisch wie der Flößersteig sind die vier Mühlen, die man auf dem Weg passiert; bis ins 20. Jahrhundert trieb die Kirnitzsch Wasserräder an, mit denen Mahl- und Sägewerke liefen. Heute hat sich das Antlitz des Kirnitzschtals stark verändert; von den Holzschliff- und Papierfabriken ist nichts mehr zu sehen, der **Beuthenfall** ist kaum noch zu finden, der **Lichtenhainer Wasserfall** ist seit der Flut 2021 nur noch ein Schatten seiner selbst – dafür hat sich die Natur die Ufer zurückgeholt. Wer auf dem Flößersteig flussabwärts läuft, erblickt mit Glück Feuersalamander, Eisvögel und Bachforellen. Spannende Informationen zur Geologie und Geschichte, Tier- und Pflanzenwelt bieten die 92 (!) Tafeln entlang des Weges.

Auch wenn an einigen Stellen die Fichten nur noch als trauriges Mikado auf dem Hang liegen – und so zuweilen als Basis für **Naturkunst am Wegrand** dienen –, garantieren die Flussufer dennoch ein angenehm kühles Mikroklima, was Sommerwanderungen hier perfekt macht. Wer es wagt, kann in den tieferen Bereichen des Flusses – zum Beispiel am **Alten Mühlenwehr** – im Stil eines *quick dip* kurz eintauchen oder zumindest die Füße kühlen.

WANDERSCHUHE AUSZIEHEN UND DIE ZEHEN INS EISKALTE WASSER DER KIRNITZSCH TAUCHEN – BRRR…

Ein Abstecher von der Flusswandertour, der sich nahezu aufdrängt, ist der Weg hinauf zum Neuen Wildenstein, den meisten eher bekannt als **Kuhstall mit Himmelsleiter.** Das zweitgrößte Felsentor der Sächsischen Schweiz ist ein echtes Aha-Erlebnis und bietet die begehrten Aus- und Fernblicke, die man auf dem Flößersteig vermisst.

Da die Tour am Ende wieder über weite Strecken der Kirnitzschtalstraße folgt, kann man sie nach Gusto abkürzen und sich vom Bus oder der historischen Kirnitzschtalbahn mitnehmen lassen. Bequemer geht's kaum! «

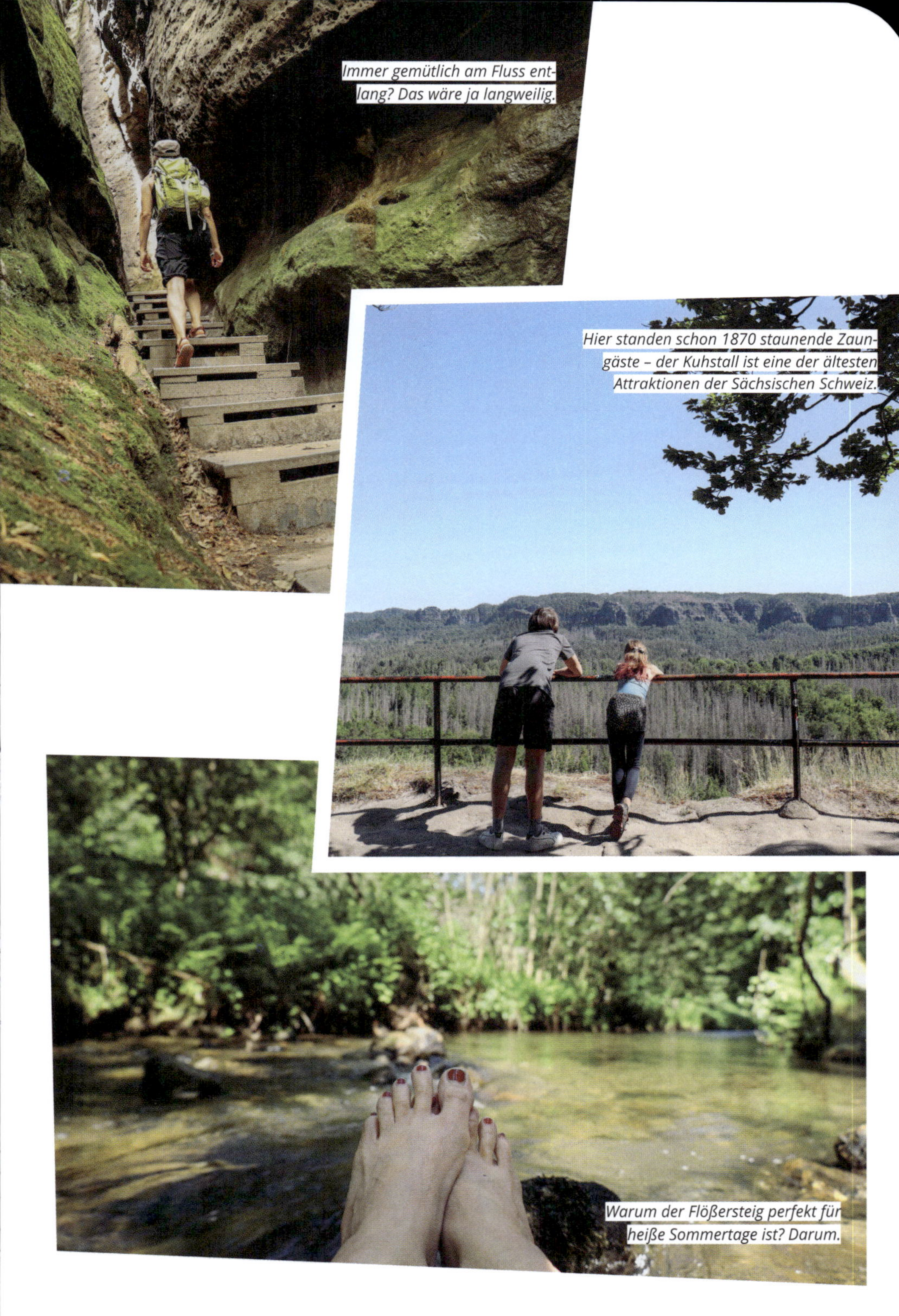

Immer gemütlich am Fluss entlang? Das wäre ja langweilig.

Hier standen schon 1870 staunende Zaungäste – der Kuhstall ist eine der ältesten Attraktionen der Sächsischen Schweiz.

Warum der Flößersteig perfekt für heiße Sommertage ist? Darum.

WANDERN & GENIESSEN

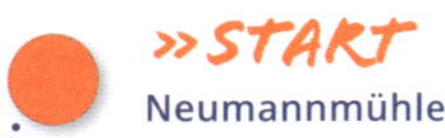

Neumannmühle

Von der Haltestelle der Kirnitzschtalbahn und der Buslinie 241 quert man die Brücke, links wäre der Wanderparkplatz, aber diese Tour biegt vorher rechts ab, wo der Flößersteig als holpriger Pfad beginnt (als Malerweg ausgezeichnt). Ab der Felsenmühle geht's durch den Kleinen Zschand bergan zu den Ferkelschlüchten, dann links auf den Haussteig. Nach kurzem, aber steilem Aufstieg über Leitern und Treppen heißt es, den Ausblick nach Süden auf die Affensteine und den 11 Meter hohen Felsenbogen Kuhstall bewundern.

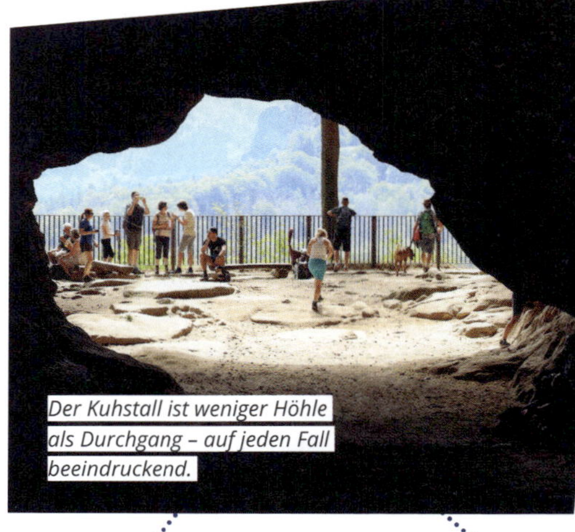

Der Kuhstall ist weniger Höhle als Durchgang – auf jeden Fall beeindruckend.

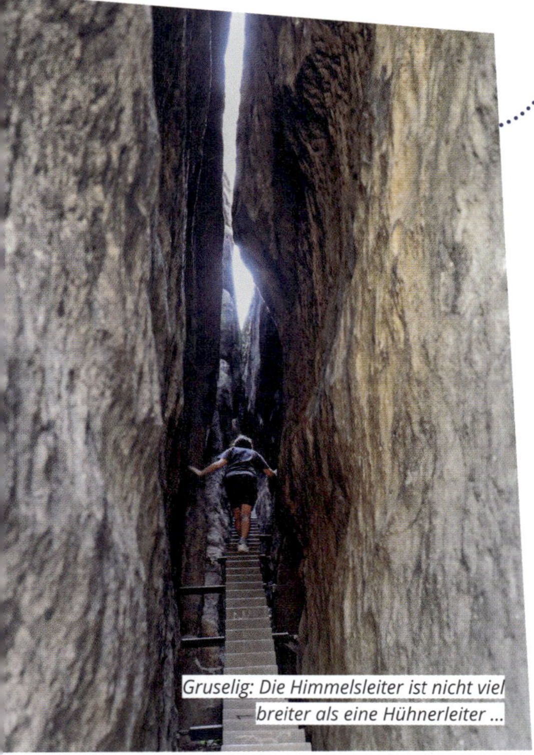

Gruselig: Die Himmelsleiter ist nicht viel breiter als eine Hühnerleiter …

KM 2,6

1 Kuhstall mit Himmelsleiter

Kletterspaß mit Aussicht

Einige der »Schmierereien« an den Wänden dieses Felsentors sind fast 200 Jahre alt! Und dem Kuhstall kann man auch aufs Dach steigen: Das 337 Meter hohe Gipfelplateau des Neuen Wildensteins ist über eine durch eine Felsspalte geführte Metalltreppe zu erreichen. Diese Himmelsleiter ist eine Einbahnstraße. Wer sich dafür nicht trittsicher genug fühlt, kann den bequemen Weg nehmen, der hinter dem Selbstbedienungstresen des benachbarten Gasthauses abzweigt. Oben warten eine noch bessere Aussicht und die Reste einer Burgruine. Von hier aus herrschte Heinrich von der Duba im 15. Jahrhundert über ein kleines Reich, bevor er zum Raubritter verkam und von den sächsischen Kurfürsten besiegt wurde. Der Alte Wildenstein gegenüber war damals ebenfalls von einer Burg gekrönt. Nach dem bequemen Abstieg vom Plateau lockt für eine Pause die schöne Berggast-Wirtschaft. (www.berggast.de/kuhstall)

Nun folgt man einfach der breiten Kuhstallstraße bergab.

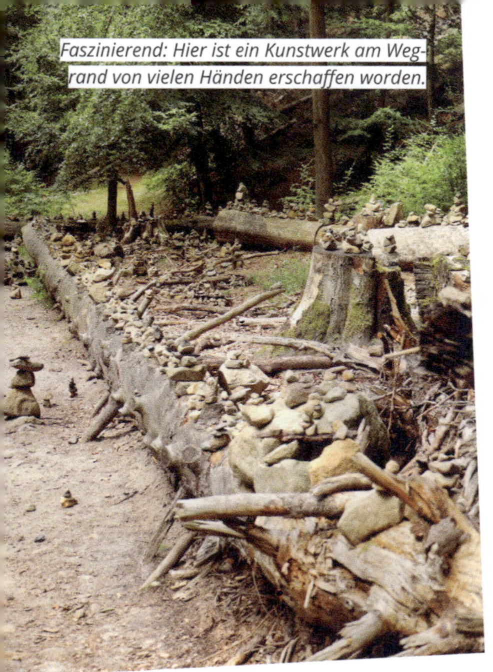

Faszinierend: Hier ist ein Kunstwerk am Wegrand von vielen Händen erschaffen worden.

KM 3,7

2 Naturkunst am Wegrand
Mitmachen erlaubt

Ein vergängliches, aber umso beeindruckenderes Gemeinschaftskunstwerk aus Naturmaterialien fängt den Blick schon von Weitem ein: Auf mehreren gefällten Baumstämmen haben sich an die 100 Steinmännlein angesammelt, gesäumt von weiteren kreativen Gestaltungen am Boden. Wer vorbeikommt, fühlt sich fast schon genötigt, auch einen Beitrag zu leisten – oder zumindest den anderen Kunstschaffenden eine Weile zuzusehen. Spannend zu beobachten vor allem für »Wiederholungstäter«: Wie wird dieses Kunstwerk wohl nach einigen Monaten aussehen?

Weiter geht es leicht nach links bergab über einige Treppenstufen auf dem Malerweg, der nun zum Lichtenhainer Wasserfall führt und sich kurz vorher wieder mit dem Flößersteig vereinigt. Von nun an folgt die Route fast durchgängig der Kirnitzsch flussabwärts.

KM 4,4

3 Gasthof Lichtenhainer Wasserfall
Einst ein rauschendes Erlebnis

Reges Treiben und mehrere Gastwirtschaften umgeben eines der ältesten touristischen Highlights der Sächsischen Schweiz. Seit man hier 1830 ein aufziehbares Stauwehr einbaute und so einen Wasserfall »zum Anschalten« erzeugte, war es ein unglaublich beliebtes Ausflugsziel. Die Kirnitzschtalbahn brachte täglich Tausende Menschen her und vom historischen Wasserfallhäuschen starteten die Wanderlustigen zu Fuß, auf Eseln oder auf Sesseln (!) ihre Touren, unter anderem hinauf zum Kuhstall. Seit 2021 ist Schluss; ein Unwetter zerstörte das Wehr, für dessen Sanierung nun Spenden gesammelt werden. Die kulinarische Versorgung immerhin funktioniert noch einwandfrei; Zeit für ein Eis oder ein kühles Radler vor dem Weitermarsch! (www.lichtenhainer-wasserfall.de)

Der offizielle Flößersteig geht nun 600 Meter am Straßenrand entlang, aber das ist langweilig. Der Rundweg I führt links neben dem Imbiss den Berg hinauf, hoch über dem Hang mit Blick auf Straße und Kirnitzsch, bis er auf den Folgenweg trifft, wo man links dem grünen Punkt folgt.

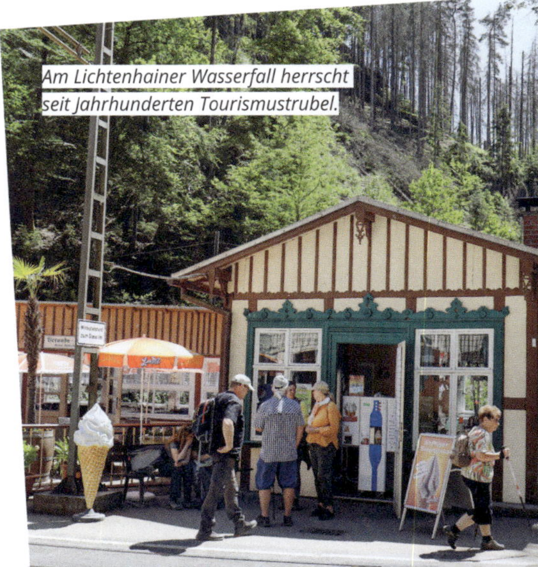

Am Lichtenhainer Wasserfall herrscht seit Jahrhunderten Tourismustrubel.

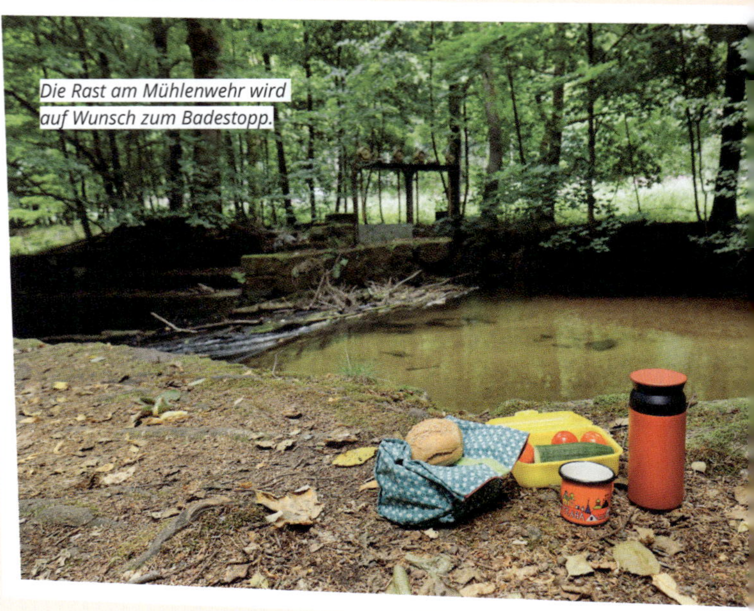

Die Rast am Mühlenwehr wird auf Wunsch zum Badestopp.

KM 5,1

4 Beuthenfall

Der Unbekannte

Der mit dem grünen Punkt markierte Folgenweg, der steil bergab führt, bietet gruselige Ausblicke auf entwaldete Bergkuppen, eröffnet dann aber den Blick auf ein echtes Geheimnis: Der Beuthenfall, nach dem eine Haltestelle der Kirnitzschtalbahn benannt ist, zeigt sich von der Straße aus als verfallener Gasthof. Den tatsächlichen Wasserfall, der im Sommer meist nicht merh als ein dünner Wasserstrahl ist, sieht man nur vom Folgenweg aus, der sozusagen hinter den Kulissen entlangführt. Von der historischen Stauvorrichtung, die auch den Beuthenfall zur Attraktion machte, ist nichts mehr zu erkennen. So ändern sich die Zeiten ...

Nun überquert man die Kirnitzschtalstraße und die Kirnitzsch und folgt ihr in Fließrichtung. Dabei führt der Flößersteig teilweise recht weit oben am Hang entlang, die Markierung (grüner Schrägstrich) ist nicht ganz einfach zu finden.

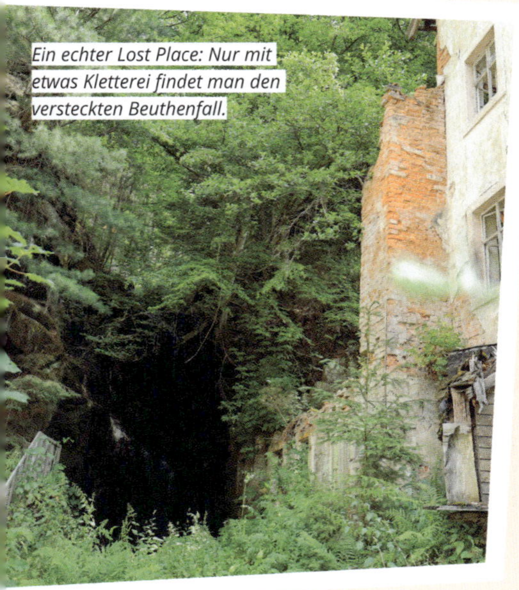

Ein echter Lost Place: Nur mit etwas Kletterei findet man den versteckten Beuthenfall.

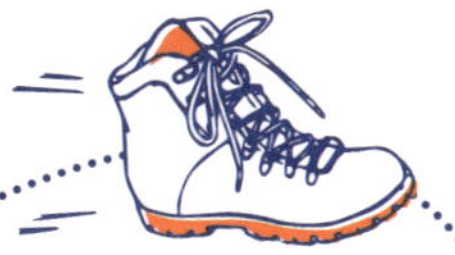

KM 8,3

5 Altes Mühlenwehr

Nasse Füße

Über Stock und Stein, Baumwurzeln und gefallene Baumstämme, Felsbrocken und Matschpfützen führt der Flößersteig am Fluss entlang. Gerade an heißen Tagen bietet das verfallene Mühlenwehr zwischen der Gaststätte am Forsthaus und der Mittelndorfer Mühle (die heute eine Pension ist) eine schöne Gelegenheit zur Abkühlung: einfach ins flache Wasser des aufgestauten Mühlenkanals steigen und so weit eintauchen, wie man sich traut. Man kann sich Zeit lassen beim Planschen; bis zum Ende der Tour an der Ostrauer Mühle (Haltestelle der Kirnitzschtalbahn und der Buslinie 241) ist es nicht mehr weit.

Der letzte Teil des Flößersteigs ist tatsächlich »schwierig«, wie das Schild warnt: Wer das nicht wagen mag, kreuzt am Mühlenwehr die Kirnitzsch und beendet die Wanderung an der Haltestelle Kirnitzschtal Forsthaus.

EXTRA INFOS:

Wer gern klettert und kraxelt, ist am Kuhstall genau richtig. Hier warten neben der Himmelsleiter noch mehr verborgene Winkel, etwa das ● **Schneiderloch** oder das ● **Wochenbett** – finden Sie sie?

Bleib doch einfach hier: Entlang des Flößersteigs bieten sich nicht nur viele Möglichkeiten zur Einkehr und zum Übernachten in den historischen Mühlen, es geht auch viel urtümlicher: Der ● **Campingplatz an der Ostrauer Mühle** liegt direkt am sonnigen Ufer der Kirnitzsch und ist einer der ältesten Campingplätze Deutschlands. (www.ostrauer-muehle.de)

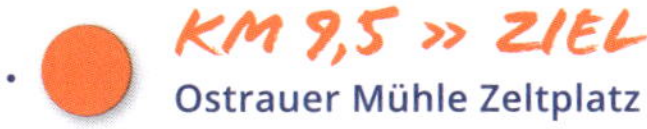

KM 9,5 » ZIEL

Ostrauer Mühle Zeltplatz

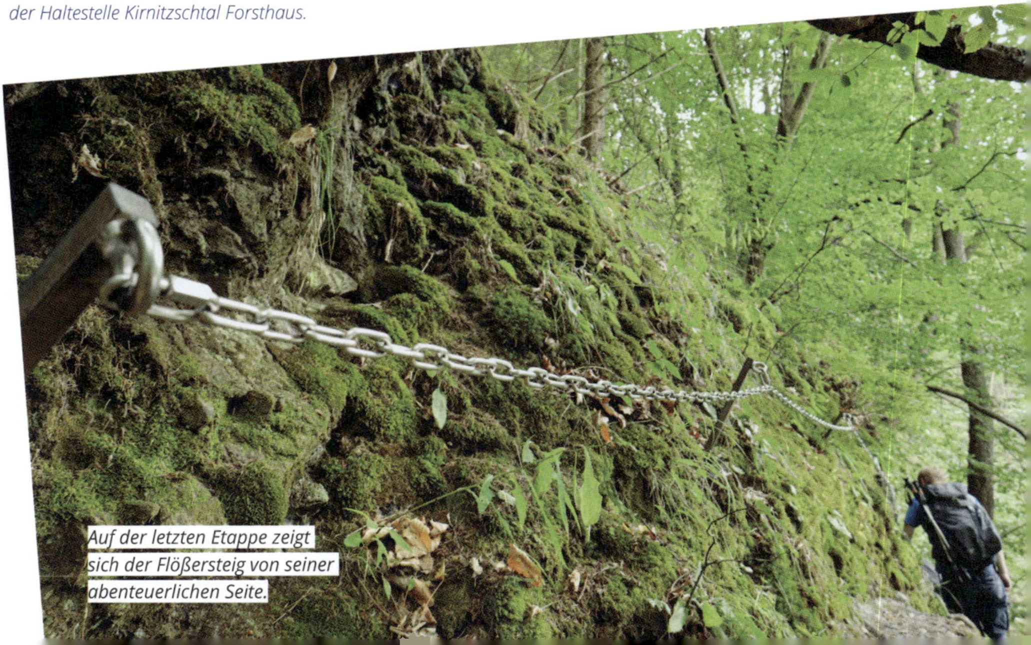

Auf der letzten Etappe zeigt sich der Flößersteig von seiner abenteuerlichen Seite.

AUF EINEN BLICK

- **Start:** Neumannmühle (Haltestelle Kirnitzschtalbahn und Buslinie 241 sowie Wanderparkplatz)
- **Ziel:** Ostrauer Mühle Zeltplatz (Haltestelle Kirnitzschtalbahn und Buslinie 241)
- **Strecke:** 9,5 km
- **Reine Wanderzeit:** 3 Std. 20
- **Höhenmeter:** ↗ 257 m ↘ 324 m
- **Wegbeschaffenheit:** Breite Waldwege, schmale Pfade, teilweise über Stock und Stein, einige Treppen auf dem Weg zum Kuhstall; der Aufstieg über die Himmelsleiter und das letzte Wegstück des Forststeigs sind kurz, aber anspruchsvoll und nur für Trittsichere geeignet.
- **Beste Zeit:** Im Hochsommer, wenn es ansonsten zu heiß zum Wandern ist; bei oder kurz nach Regen ist es zu glatt und matschig!
- **Ausrüstung:** Feste Schuhe zum Laufen und ein Handtuch zum Füßeabtrocknen.

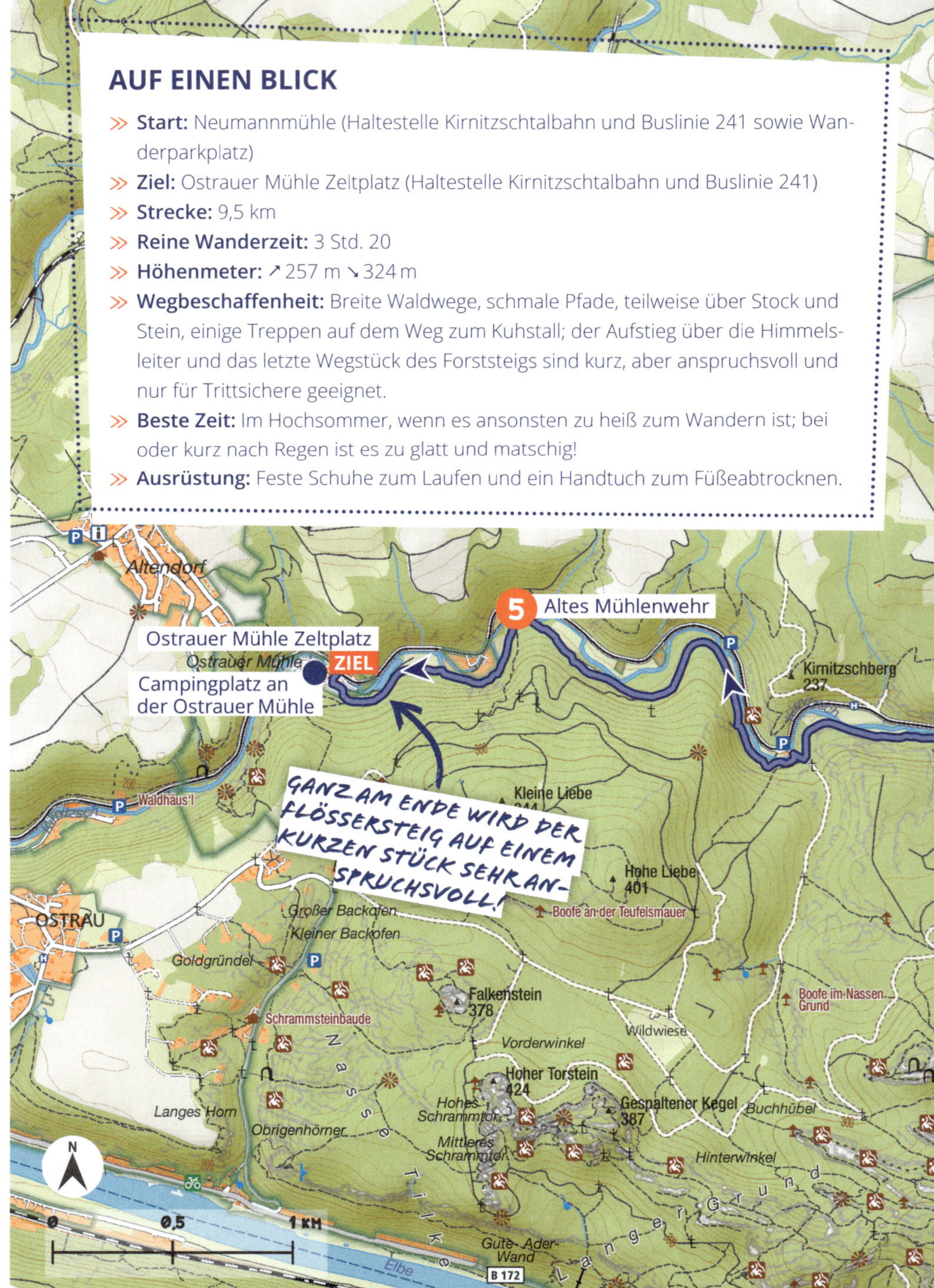

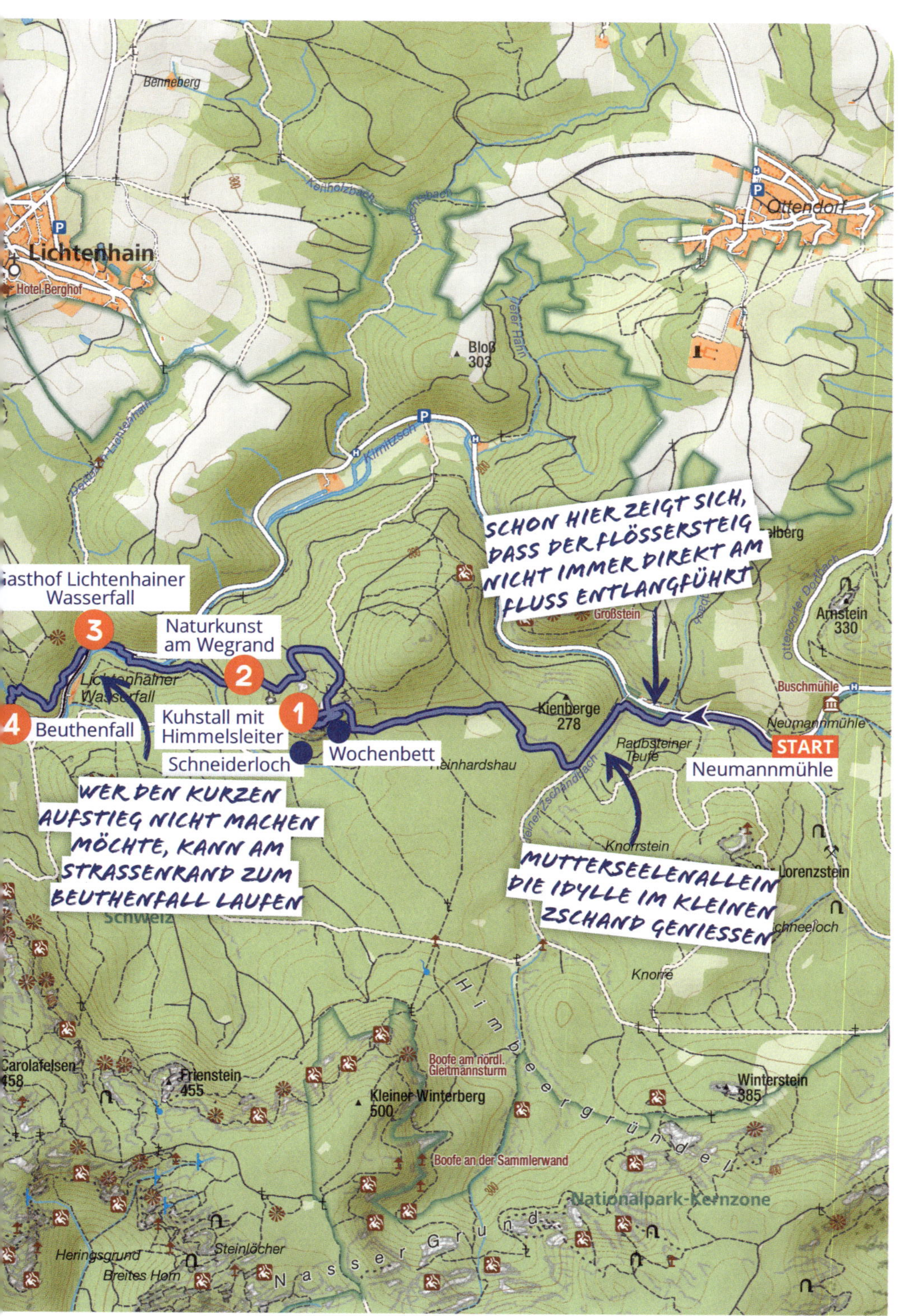
Benneberg
Lichtenhain
Hotel Berghof
Ottendorf
Bloß
303
Kirnitzsch
Schon hier zeigt sich, dass der Flössersteig nicht immer direkt am Fluss entlangführt
Gasthof Lichtenhainer Wasserfall
Naturkunst am Wegrand
Lichtenhainer Wasserfall
Beuthenfall
Kuhstall mit Himmelsleiter
Schneiderloch
Wochenbett
Kienberge
278
Raubsteiner Teufe
Großstein
Arnstein
330
Buschmühle
Neumannmühle
START
Neumannmühle
Wer den kurzen Aufstieg nicht machen möchte, kann am Straßenrand zum Beuthenfall laufen
Mutterseelenallein die Idylle im Kleinen Zschand geniessen
Knorrstein
Lorenzstein
Schneeloch
Knorre
Carolafelsen
458
Frienstein
455
Kleiner Winterberg
500
Boofe am nördl. Gleitmannsturm
Boofe an der Sammlerwand
Winterstein
385
Himbeergründel
Nationalpark-Kernzone
Heringsgrund
Breites Horn
Steinlöcher
Nasser Grund

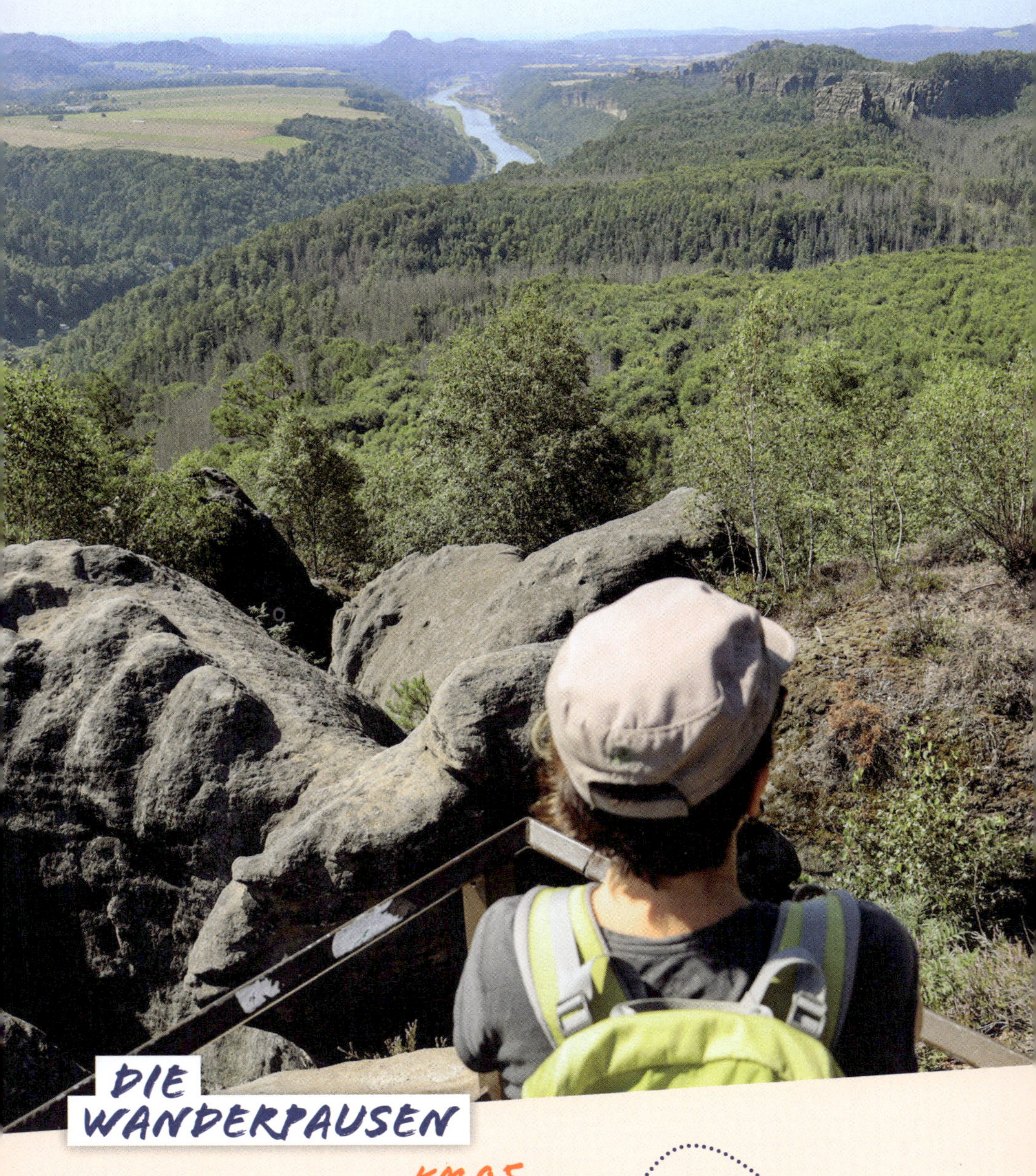

DIE WANDERPAUSEN

»START
Neumannmühle

KM 0
1 Mühlenmuseum Neumannmühle
Wissenswertes zum Start

KM 0,5
2 Pulverkammer
Explosive Geschichte

KM 2,3
3 Winterstein
Traumblick für Mutige

19

STILLE SCHLUCHTEN, EINSAME GIPFEL

Vom Winterstein zum Großen Winterberg

An langen Wochenenden und Feiertagen muten viele Wanderwege in der Sächsischen Schweiz wie Ameisenstraßen an. Nicht jedoch die majestätischen Felsen, die südlich des Großen Zschands aufragen – hier wandert und genießt man ganz allein.

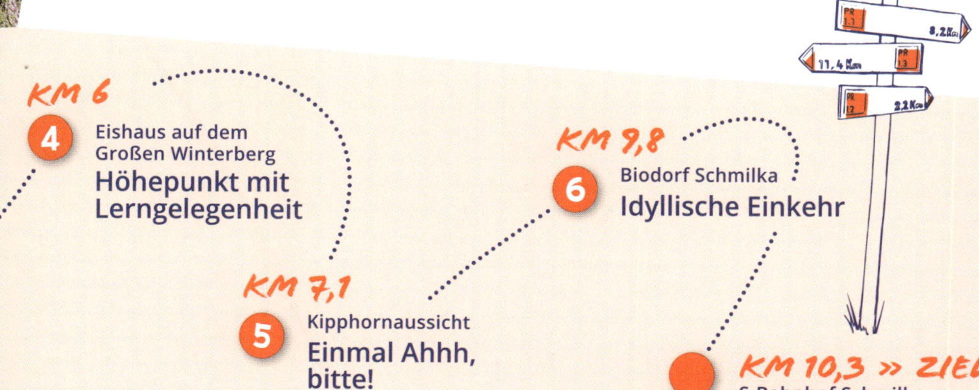

WER WÜRDE NEIN DAZU SAGEN, ...

... den zweithöchsten Berg der Sächsischen Schweiz zu besteigen? Der **Große Winterberg,** mit 554 Metern Höhe der höchste Gipfel auf der rechten Elbseite, bietet sich mit seiner sanften Kuppe, die von vielen Wanderrouten gekreuzt wird, als Ziel für eine recht entspannte Tour an. Diese Streckenwanderung verbindet das idyllische Kirnitzschtal mit dem nicht weniger idyllischen Elbtal und führt zwischendrin durch die stillen Schlüchte südlich des Großen Lorenzsteins, eine Region des Elbsandsteingebirges, die vergleichsweise wenige Wandergäste sieht.

Mittlerweile sind die Wege, die von den Trockentälern des Kleinen und Großen Zschands abzweigen, immer häufiger von Totholz versperrt, das die Nationalparkverwaltung im Bemühen um Naturschutz nicht sofort (oder überhaupt nicht) wegräumt. Der Borkenkäfer, die Trockenheit und neuerdings auch der Feuerteufel haben aus den endlosen, geheimnisvollen Wäldern der Hinteren Sächsischen Schweiz stellenweise struppige Lichtungen oder Kahlflächen gemacht, auf denen man beim Wandern eine Träne im Auge hat. Dennoch zeigen sich überall Zeichen der Hoffnung: Es grünt an jeder Ecke, und wo die mächtigen Nadelbäume ihren Platz räumen mussten, werden die moosigen Felsblöcke inzwischen von Farnen, Brombeerhecken und Laubbäumen beschattet.

ERLEICHTERT TRITT MAN VON DER SCHMALEN LEITER AUF DEN GIPFEL DES WINTERSTEINS – UND STAUNT

Vom Gipfel des solitär stehenden **Wintersteins** sieht man das Ausmaß des Waldumbruchs und kommt ins Grübeln: Wie wird diese wilde Felsenwelt in fünf, zehn oder fünfzig Jahren aussehen? Während die Aussicht in die Zukunft Spekulation ist, erinnert diese Route auch interessante Details aus der Vergangenheit: als eine Raubritterburg den Winterstein krönte, in der Pulverkammer **Schwarzpulver** lagerte, der Große Winterberg die ersten »Schweizreisenden« begrüßte, in der **Neumannmühle** aus den Bäumen der Sächsischen Schweiz Papier gemacht wurde oder im tristen Grenzort **Schmilka** die Häuser verfielen. Alles verändert sich, immer. Nur der Blick von der **Kipphornaussicht** bleibt spektakulär.

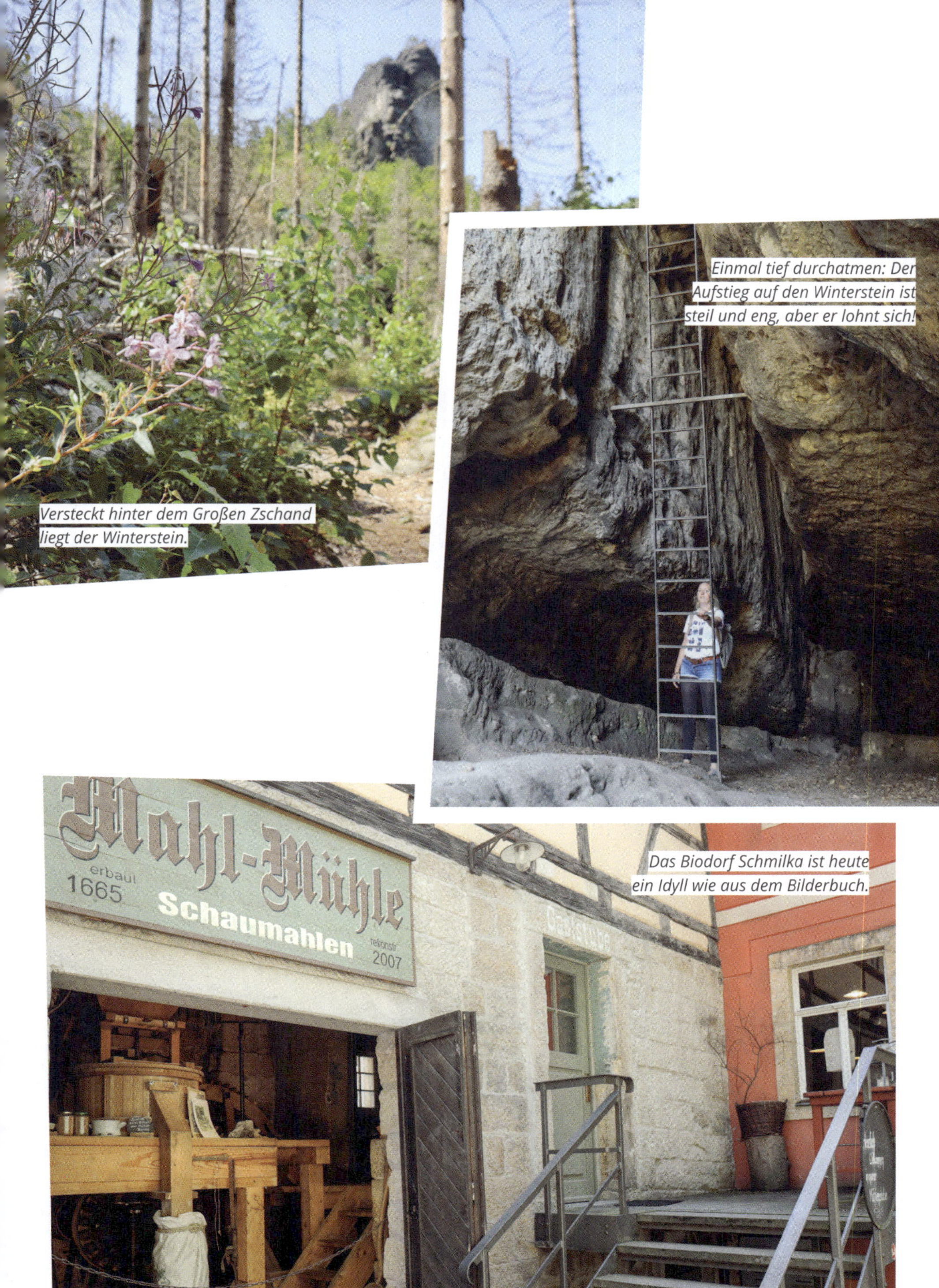

Versteckt hinter dem Großen Zschand liegt der Winterstein.

Einmal tief durchatmen: Der Aufstieg auf den Winterstein ist steil und eng, aber er lohnt sich!

Das Biodorf Schmilka ist heute ein Idyll wie aus dem Bilderbuch.

WANDERN & GENIESSEN

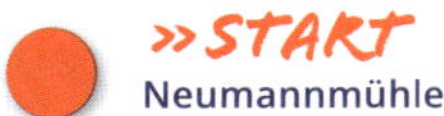

» START
Neumannmühle

Vom Halt der Buslinie 241 und dem Wanderparkplatz daneben sind es nur wenige Schritte zur Neumannmühle, einem offiziellen Etappenziel des Malerwegs. Das Gasthaus (www.saechsische-schweiz.com) wartet hier am Ufer der Kirnitzsch auf hungrige und müde Wandernde, doch da jetzt am Start der Wanderung wahrscheinlich noch niemand Hunger hat, geht's direkt rüber auf die andere Straßenseite, wo es noch interessanter wird.

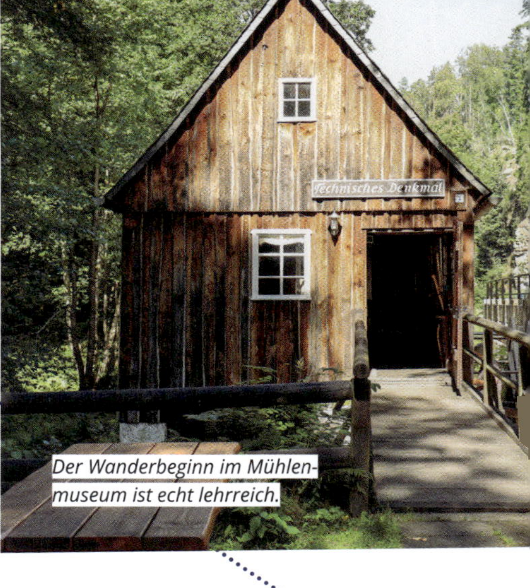

Der Wanderbeginn im Mühlenmuseum ist echt lehrreich.

KM 0

Mühlenmuseum Neumannmühle

Wissenswertes zum Start

Deutlich rustikaler und älter als das steinerne Wirtshaus wirkt das Holzgebäude der historischen Sägemühle gegenüber – ihres Zeichens die älteste der vielen Mühlen, die noch heute im Kirnitzschtal zu finden sind. Hier wurde bis 1945 mit der Kraft des Wassers Holz gesägt und dann zu feinem Sägemehl geschliffen – die Basis für günstiges, industriell hergestelltes Papier. Als technisches Denkmal erklärt die Neumannmühle genau, wie all das funktionierte und was Gottlob Keller, ein Erfinder aus dem nahen Ort Krippen, damit zu tun hatte. Spannendes Denkfutter für die Wanderung! (www.neumann-muehle.de)

Von der Neumannmühle führt der breite Weg mit gelbem Strich gerade in den Wald hinein, durch den sogenannten Großen Zschand.

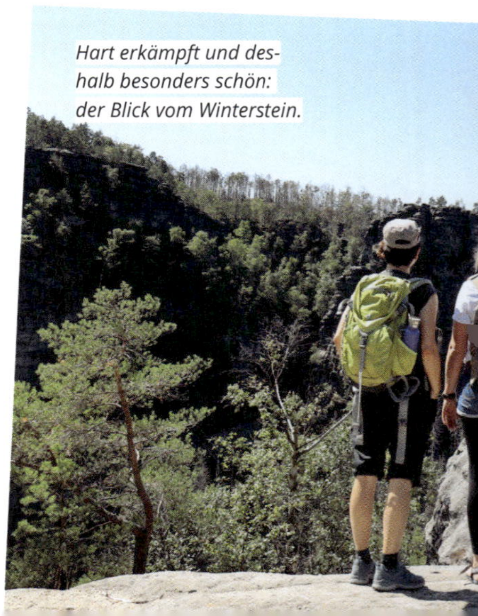

Hart erkämpft und deshalb besonders schön: der Blick vom Winterstein.

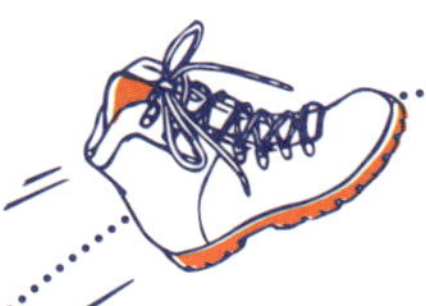

KM 0,5

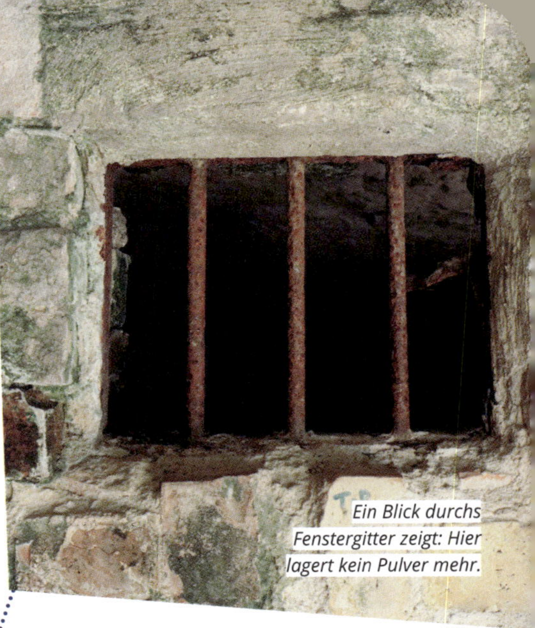

Ein Blick durchs Fenstergitter zeigt: Hier lagert kein Pulver mehr.

2 Pulverkammer
Explosive Geschichte

Der Große Zschand ist ein 6 Kilometer langes Trockental, das von hier bis in die Böhmische Schweiz führt (der Grenzübergang ist allerdings gesperrt); sein Name rührt daher, dass kein Fluss hindurchfließt. An den Seiten des alten Handelswegs türmen sich die Sandsteinfelsen bis zu 50 Meter hoch auf und bilden gefährlich anmutende Überhänge. Nicht nur mittelalterliche Händler nutzten diesen Weg, auch die Nazis bedienten sich der regionalen Vorteile und legten im Zweiten Weltkrieg ein Depot für Schwarzpulver in einer Felsenkammer an. Die eiserne Tür ist noch immer fest verriegelt; das kleine Fenster zeigt, dass man wohl keine Angst vor plötzlichen Explosionen mehr haben muss.

Nach etwa 700 Metern biegt der Weg vom gelben Strich nach rechts ab auf den roten Strich, der in die Raubsteinschlüchte hineinführt.

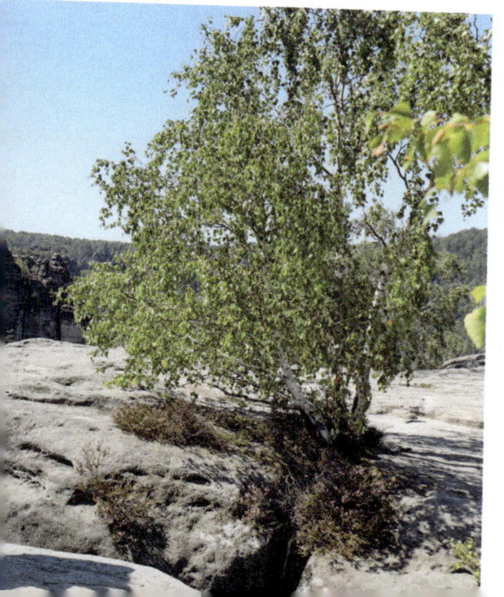

KM 2,3

3 Winterstein
Traumblick für Mutige

Zugegeben: Der Aufstieg auf den freistehenden, etwa 100 Meter aus dem Wald aufragenden Winterstein, dessen schmaler Gipfel die Ruinenreste des gleichnamigen Raubschlosses trägt, ist nicht allzu gemütlich. Bis zum Fuß des Felsens gelangt man über schmale Pfade mit etwas Kraxelei. Aber wer dann die schwindelerregend hohe Leiter nicht erklimmen mag, die aus einer großen Höhle aufs Gipfelplateau führt, der kann auch an ihrem Fuß schon wunderbare Aussichten genießen – ganz oben ist der Rundblick allerdings zweifelsohne noch atemberaubender. Außerdem wartet hier überraschend eine Informationstafel zur Geschichte des Raubschlosses; es soll das größte der Hinteren Sächsischen Schweiz gewesen sein, auch wenn heute kaum noch Spuren zu erkennen sind.

Auf dem rot markierten Königsweg geht's wieder bergab bis zum Heringsloch, dort auf dem gleichnamigen, grün markierten Weg bergauf und weiter auf dem Fremdenweg.

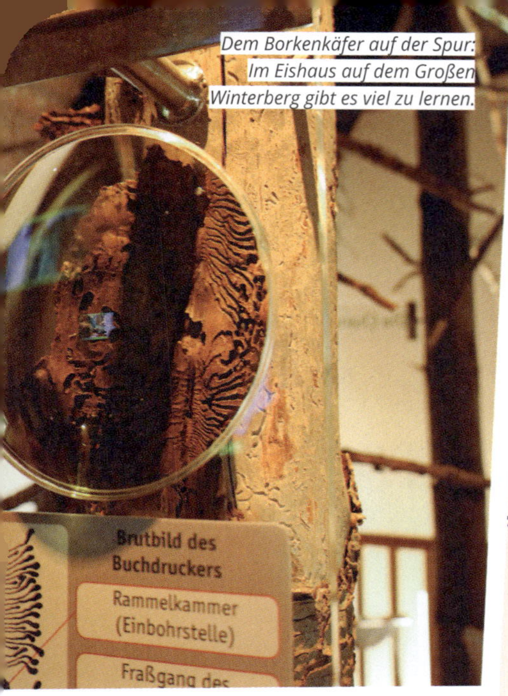

Dem Borkenkäfer auf der Spur: Im Eishaus auf dem Großen Winterberg gibt es viel zu lernen.

KM 7,1

5 Kipphornaussicht

Einmal Ahhh, bitte!

Was der Große Winterberg an Ausblick und Spektakularität vermissen lässt, holt die Kipphornaussicht allemal nach. Von der Bergseite aus völlig unscheinbar wirkend, eröffnet sich denjenigen, die bis ganz nach vorn an die kleine Bank treten, ein absoluter Panoramahammer. Wie eine Kinoleinwand präsentiert sich hier der Blick auf die linkselbische Sächsische Schweiz in ihrer gesamten Breite: vom Schneeberg an der tschechischen Grenze bis zu den Tafelbergen im Westen. Dazu kommen noch sämtliche Felsen des Schmilkaer Kessels und der Schrammsteine am diesseitigen Elbufer – wirklich einzigartig und einfach wunderschön. Kein Wunder, dass man beim Picknick auf dieser Rastbank nur selten seine Ruhe hat; freundlicherweise sollte man den Platz nach einigen Minuten für andere freimachen.

Zurück von diesem Abstecher, geht es weiter auf der Winterbergstraße, die nun in breiten Serpentinen hinab in den Erlsgrund führt, dem man einfach bergab bis zu den Häusern von Schmilka folgt.

KM 6

4 Eishaus auf dem Großen Winterberg

Höhepunkt mit Lerngelegenheit

Der Große Winterberg ist mit einer Höhe von 554 Meter der zweithöchste Gipfel der Sächsischen Schweiz, wobei er gar nicht als solcher zu erkennen ist – seine sanfte Kuppe besteht aus Basalt und ist dicht bewaldet. Dank der Höhe liegt hier im Winter tatsächlich meist Schnee. Die wunderschöne Wirtschaft im Schweizerhaus-Stil ist genauso wie die Imbisshütte leider seit Jahren geschlossen; statt Verpflegung gibt's einmal mehr eine Ladung Wissen, und zwar im historischen Eishaus, wo der Nationalpark Sächsische Schweiz über die Besonderheiten dieser Region und die Geschichte des hiesigen Tourismus informiert.

Vom Winterberg folgt man dem roten Punkt auf der Winterbergstraße etwa 800 Meter geradeaus, bis ein erneuter Abstecher nach rechts winkt – den sollte man nicht verpassen!

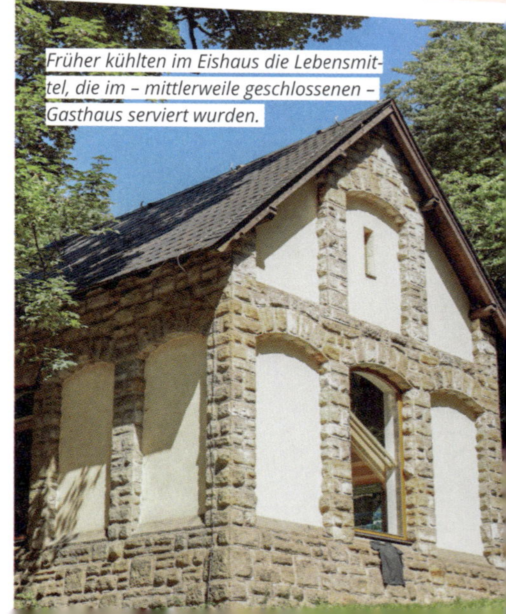
Früher kühlten im Eishaus die Lebensmittel, die im – mittlerweile geschlossenen – Gasthaus serviert wurden.

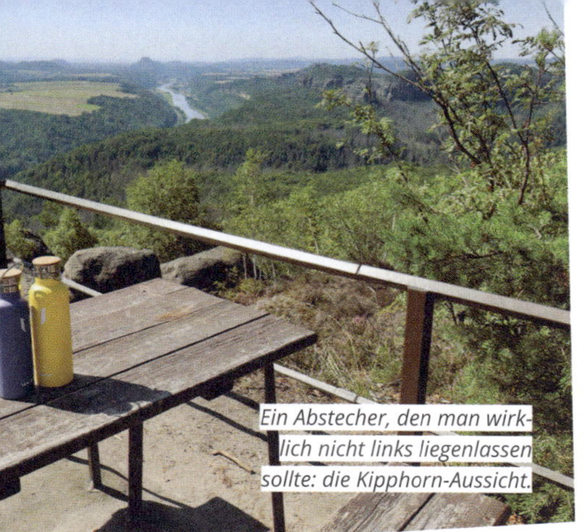

Ein Abstecher, den man wirklich nicht links liegenlassen sollte: die Kipphorn-Aussicht.

EXTRA INFOS:

Wer etwas mehr Zeit hat, der sollte über eine Übernachtung (oder mehrere) im **Biodorf Schmilka** nachdenken. Ob man es im Helvetia, dem ersten zertifizierten Biohotel Sachsens, oder in den rustikalen Apartments des Forsthauses gemütlicher findet, ist Geschmackssache. (www.schmilka.de)

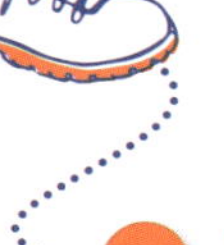

KM 9,8

6 Biodorf Schmilka

Idyllische Einkehr

Der Ortsteil von Bad Schandau ist die letzte Siedlung auf dieser Elbseite vor der tschechischen Grenze. Dank der Initiative von Sven-Erik Hitzer hat er sich seit der Wende von einem tristen Grenzdorf zu einem touristischen Juwel entwickelt. Entlang der einzigen Straße, die steil bergab entlang des Ilmenbachs führt, läuft man an Kiosken, Restaurants und sogar einer Fass-Sauna vorbei, auch ein kleines Mühlenmuseum wartet am Wegrand sowie eine Bäckerei und eine Brauerei. Hier hat man die Qual der Wahl, wo und womit man sich nach dem langen Abstieg verwöhnen lassen möchte! Wenn man nur Zeit für eine Mahlzeit hat, ist wahrscheinlich der Gasthof Zur Mühle die beste Wahl, da hier sozusagen die Seele von Schmilka lebt. Im Biergarten neben dem unermüdlichen Wasserrad der Mühle kommt man mit anderen Reisenden ins Gespräch, winkt den Weiterwandernden zu und plant schon mal die nächste Wanderung. (www.schmilka.de)

Hat man alle Einkehrmöglichkeiten passiert, überquert man die Bundesstraße B172 und läuft geradeaus zum Elbufer hinunter, wo die Fähre zum S-Bahnhof schon wartet. Im VVO-Tagesticket ist die Überfahrt enthalten.

KM 10,3 » ZIEL

S-Bahnhof Schmilka-Hirschmühle

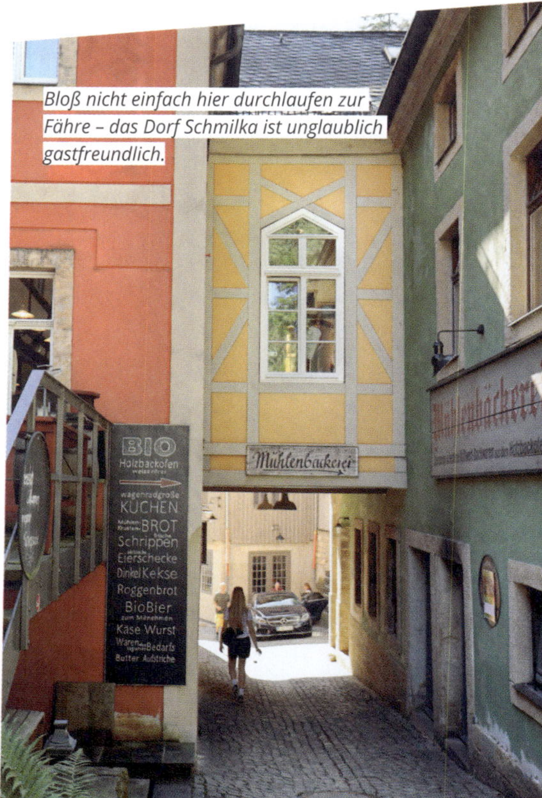

Bloß nicht einfach hier durchlaufen zur Fähre – das Dorf Schmilka ist unglaublich gastfreundlich.

AUF EINEN BLICK

- **Start:** Neumannmühle (Haltestelle von Kirnitzschtalbahn und Buslinie 241 sowie Wanderparkplatz)
- **Ziel:** S-Bahnhof Schmilka-Hirschmühle
- **Strecke:** 10,3 km
- **Reine Wanderzeit:** 3 Std. 30
- **Höhenmeter:** ↗ 431 m ↘ 512 m
- **Wegbeschaffenheit:** Breite Fahr- und Waldwege, steinige Pfade und Treppenstufen; eine freistehende Metallleiter und schmale Treppen führen auf den Gipfel des Wintersteins.
- **Beste Zeit:** An Wochenenden und Feiertagen, wenn andere Wanderrouten in der Sächsischen Schweiz überlaufen sind, trifft man hier kaum Menschen.
- **Ausrüstung:** Picknick (bis auf dem Winterberg wieder ein Gasthaus eröffnet).

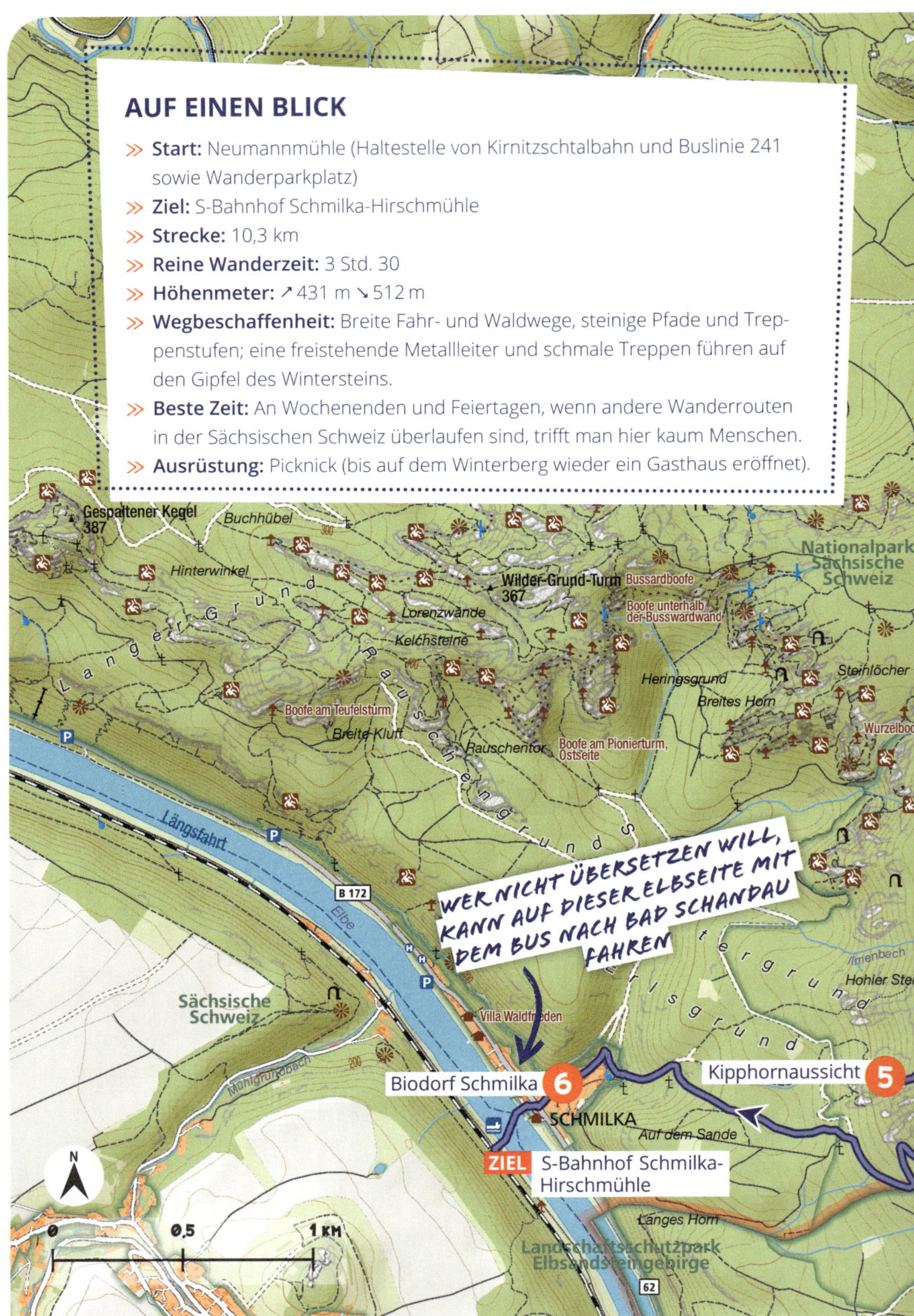

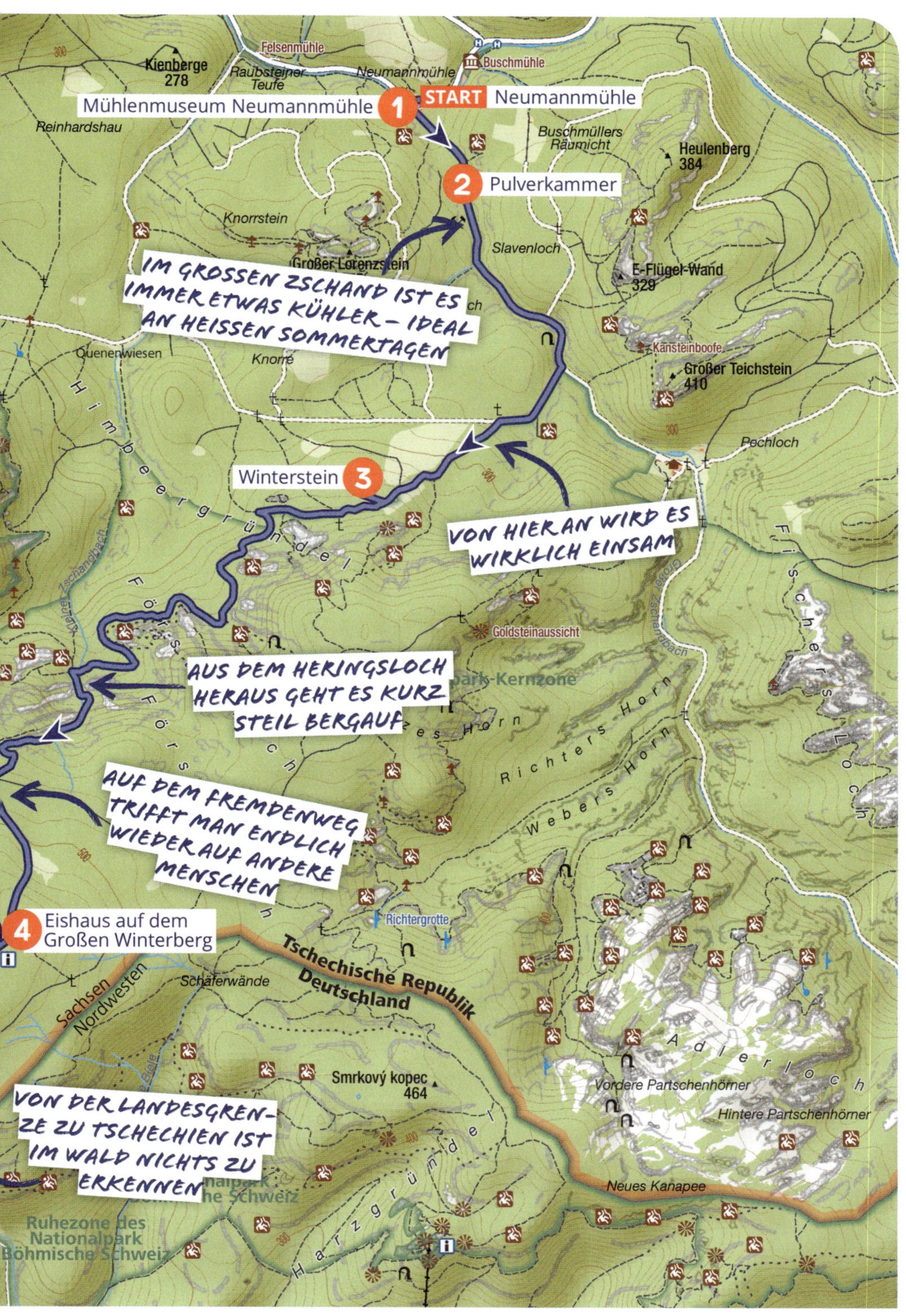

START Neumannmühle
Mühlenmuseum Neumannmühle
Pulverkammer
Winterstein
Eishaus auf dem Großen Winterberg
IM GROSSEN ZSCHAND IST ES IMMER ETWAS KÜHLER – IDEAL AN HEISSEN SOMMERTAGEN
VON HIER AN WIRD ES WIRKLICH EINSAM
AUS DEM HERINGSLOCH HERAUS GEHT ES KURZ STEIL BERGAUF
AUF DEM FREMDENWEG TRIFFT MAN ENDLICH WIEDER AUF ANDERE MENSCHEN
VON DER LANDESGRENZE ZU TSCHECHIEN IST IM WALD NICHTS ZU ERKENNEN
Felsenmühle
Kienberge 278
Raubsteiner Teufe
Neumannmühle
Buschmühle
Reinhardshau
Buschmüllers Räumicht
Heulenberg 384
Knorrstein
Großer Lorenzstein
Slavenloch
E-Flügel-Wand 329
Kansteinboofe
Großer Teichstein 410
Quenenwiesen
Knorre
Himbeergründel
Pechloch
Försterloch
Goldsteinaussicht
Großer Zschandbach
Kleiner Zschandbach
Fischersloch
Richters Horn
Webers Horn
Richtergrotte
Tschechische Republik
Deutschland
Sachsen Nordwesten
Schäferwände
Adlerloch
Vordere Partschenhörner
Hintere Partschenhörner
Smrkový kopec 464
Harzgründel
Neues Kanapee
Ruhezone des Nationalpark Böhmische Schweiz

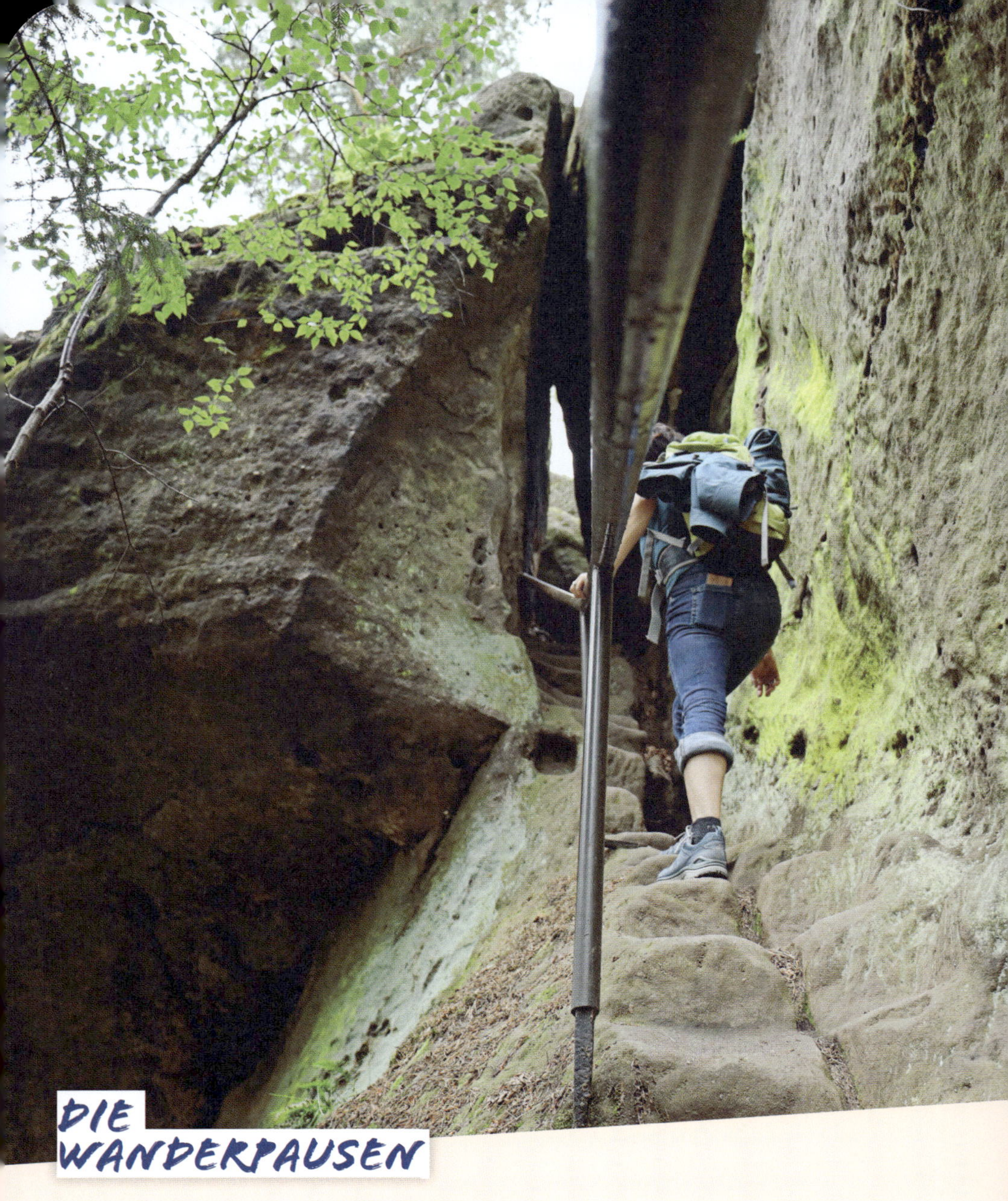

DIE WANDERPAUSEN

» START
Sturmbauers Eck

KM 0,6
1 Kleinsteinhöhle
Überraschend groß

KM 2,1
2 Weifbergblick
Kehrtwende

KM 4,8
3 Tägers Wonne
Klippenpause

20 RAUBSCHLÖSSER & RIESENHÖHLEN

Vom Kleinstein zum Arnstein

Zwischen Sturmbauers Eck und der historischen Buschmühle warten die wahren Highlights des Kirnitzschtals: Im dichten Wald verstecken sich der zweitgrößte Felsbogen des Elbsandsteins und die Ruine eines Raubschlosses. Obendrauf gibt's Panoramen satt.

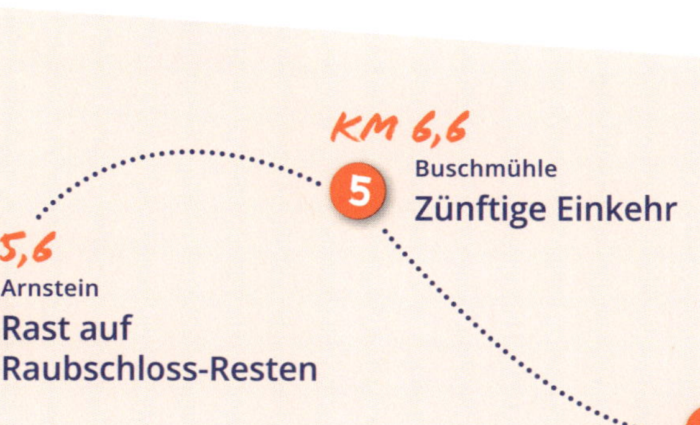

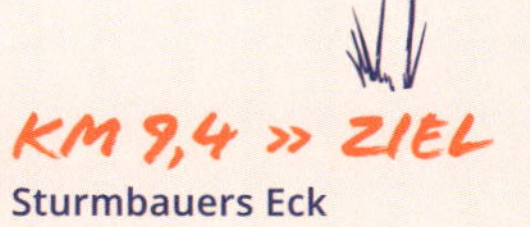

DIE KRÖNUNG DIESER TOUR VON EINEM FELSEN …

… zum anderen ist der Wald, in den die beiden eingebettet sind. So dicht und wild sieht man ihn selbst in der Hinteren Sächsischen Schweiz nur selten; mitunter muss man sich zwischen Farnwedeln und Grasbüscheln regelrecht seinen Weg bahnen. Typisch Elbsandsteingebirge: Mittendrin im scheinbar unberührten Wald entdeckt man auf Schritt und Tritt Spuren der Geschichte. Die gemütliche Wanderung auf der wenig begangenen Nordseite des Kirnitzschtals ist dafür ein Paradebeispiel.

Die tropfenförmige Öffnung der **Kleinsteinhöhle**, die wie auf ein riesiges Leinwand-Panorama blickt, beeindruckte die Menschen bereits vor Jahrhunderten – Ludwig Richter verewigte die Szenerie 1820 in einer Radierung. Aber bereits lange vorher muss die Kleinsteinhöhle entdeckt worden sein, das zeigt eine in den Fels gravierte Zahl: Wenn 1586 korrekt ist, dann handelt es sich hier um die zweitälteste Inschrift der Sächsischen Schweiz.

MÄRCHENWALD-FEELING, WENN DER WEG ZWISCHEN FARNWEDELN UND BLAUBEERBÜSCHEN ZU VERSCHWINDEN SCHEINT

Noch einmal ein Jahrhundert älter ist die Ruine der Burg **Arnstein,** im Volksmund »Ottendorfer Raubschloss«, die sich auf dem gleichnamigen Berg 327 Meter hoch über dem Kirnitzschtal erhebt. Mit ihren uralten Felszeichnungen und den kaum noch erkennbaren Überresten der Burganlage stellt sie ein weiteres Highlight der Wanderung dar. Nach dem Aufstieg über eine lange, schmale Treppe und einige gewagt angeordnete Leitern fragt man sich zunächst, wie die böhmischen Raubritter hier wohl täglich hinaufgeklettert sind – und beneidet sie dann um die fantastische Aussicht auf die Affensteine und die Schrammsteine, aber auch hinüber zum Neuen Wildenstein.

Die goldenen Felder auf der Ebene von Ottendorf, die zwischendrin überquert werden, bilden einen aufregenden Kontrast zur ansonsten waldigen Tour. Kein Wunder: Hier »endet« die Sächsische Schweiz und der Lausitzer Granit beginnt, der die sanften Hügel Ostsachsens prägt. Somit zählt auch der weite **Blick** über die Felder gen Osten bis zum **Weifberg** zu den Wow-Momenten dieser Tour. Am Aussichtspunkt **Tägers Wonne** eröffnet sich dafür das Panorama Richtung Süden über bewaldete Kuppen bis zum Großen Winterberg. Wer trotz all dieser wunderbaren Picknickspots am Ende noch hungrig ist, findet in der **Buschmühle** sein Tischlein-deck-dich. «

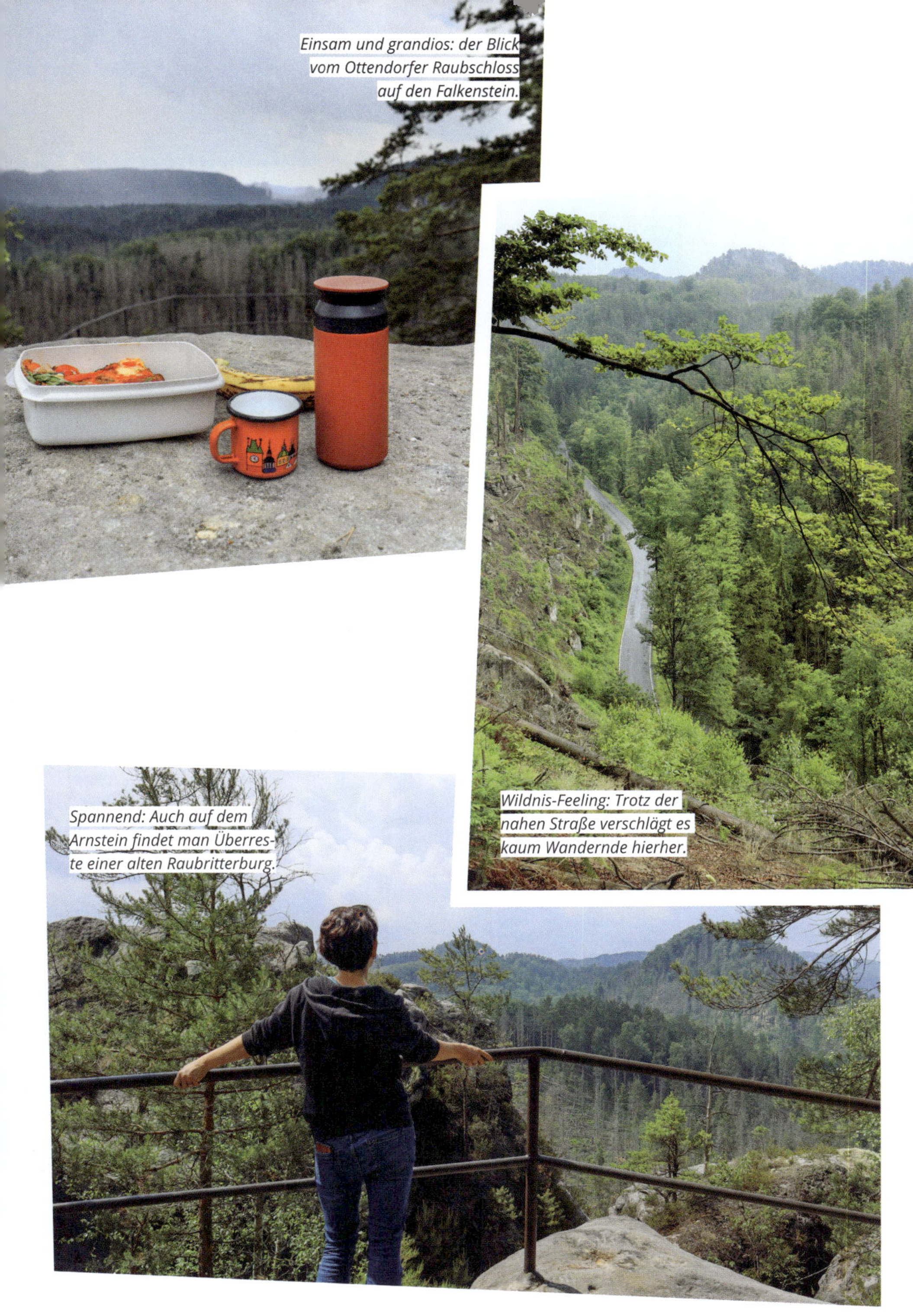

Einsam und grandios: der Blick vom Ottendorfer Raubschloss auf den Falkenstein.

Wildnis-Feeling: Trotz der nahen Straße verschlägt es kaum Wandernde hierher.

Spannend: Auch auf dem Arnstein findet man Überreste einer alten Raubritterburg.

WANDERN & GENIESSEN

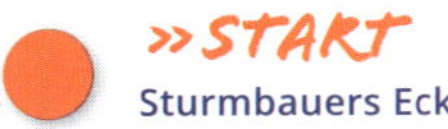

» START

Sturmbauers Eck

Neben der Haltestelle der Buslinie 241 liegt ein Wanderparkplatz und auf der anderen Seite der Straße windet sich der rot markierte Weg breit und bequem sanft bergan, bis rechts der schmale Zustieg zur Kleinsteinhöhle ins Gebüsch abzweigt.

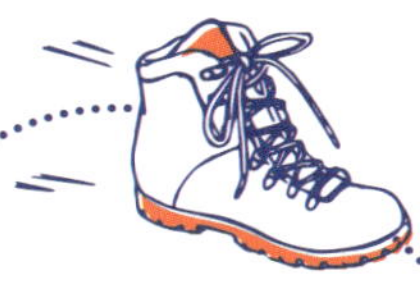

KM 0,6

1 **Kleinsteinhöhle**

Überraschend groß

Einige Treppen sind zu erklimmen, um die erste Station zu erreichen, aber bevor man wirklich außer Atem gerät, ist es schon geschafft: Zwischen hoch aufragenden Sandstein-Felswänden hindurch gelangt man unversehens an die Höhlenöffnung, die eher ein Felsentor als eine Höhle ist. Oben kann man sogar aus einem schmalen Spalt hinausklettern, wie man häufig live bewundern kann, wenn man bei gutem Wetter herkommt. Nicht umsonst ist die Kleinsteinwand einer der beliebtesten Kletterfelsen der Sächsischen Schweiz mit mehr als 90 Kletterrouten. Ebenfalls schön anzuschauen ist das gegenüber liegende Große Pohlshorn – einer der weniger bekannten Berge im Elbsandsteingebirge.

Von der Kleinsteinhöhle führen einige Treppen und Leitern auf den Aussichtspunkt Kleinstein oben. Von hier aus geht es dem roten Strich folgend nach Norden, wo der Waldweg bald auf sanfte Felder mündet.

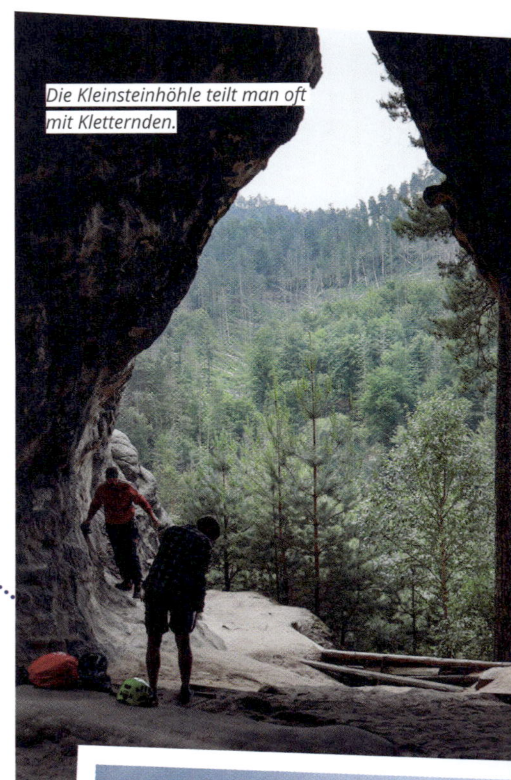

Die Kleinsteinhöhle teilt man oft mit Kletternden.

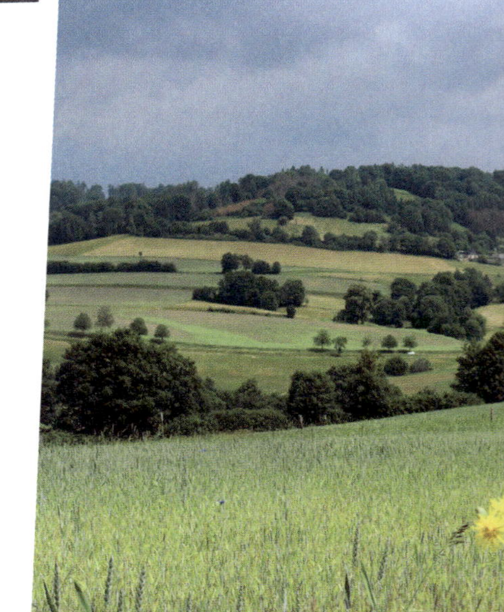

KM 2,1

2 Weifbergblick
Kehrtwende

Nicht nur die Schilder am Wegrand zeigen es an: Wo der Nationalpark Sächsische Schweiz endet, sieht die Landschaft vollkommen anders aus. Raps und Korn wogen im Wind und der Blick schweift weit ins Land: Der einige Kilometer östlich gelegene Weifberg ist ein 478 Meter hoher Gipfel kurz vor der tschechischen Grenze, der geologisch nicht mehr zum Elbsandstein gehört, sondern aus Granodiorit und Basalt besteht. Seine sanfte Kuppe erkennt man von hier aus an dem filigranen, 32 Meter hohen Holzturm, der sie seit dem Jahr 2000 krönt.

An der Wegkreuzung heißt es »kehrtgemacht« – es geht dem gelbem Strich folgend scharf nach links, zurück zu den Sandsteinen und zum Kirnitzschtal. Wer mag, kann noch eine Weile rückwärts laufen …

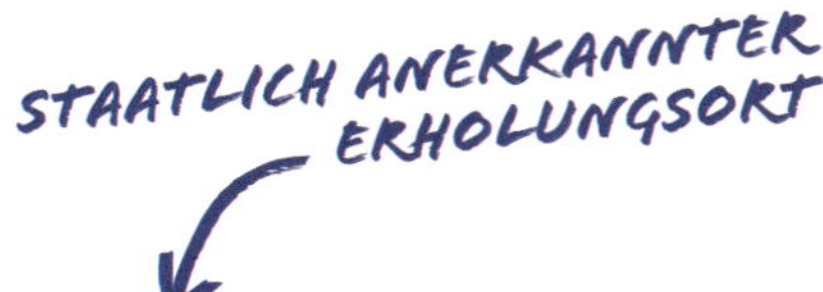

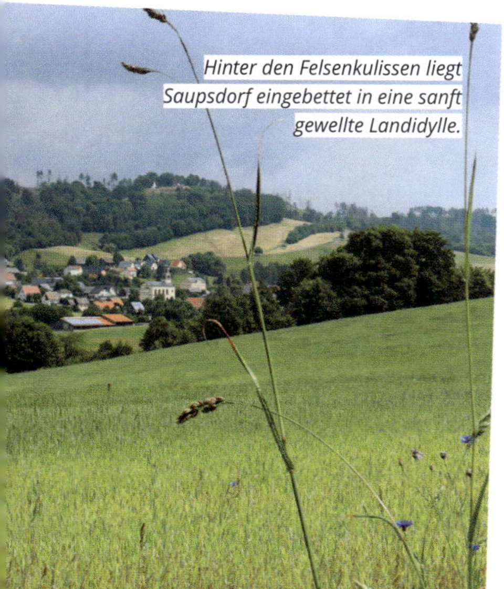

Hinter den Felsenkulissen liegt Saupsdorf eingebettet in eine sanft gewellte Landidylle.

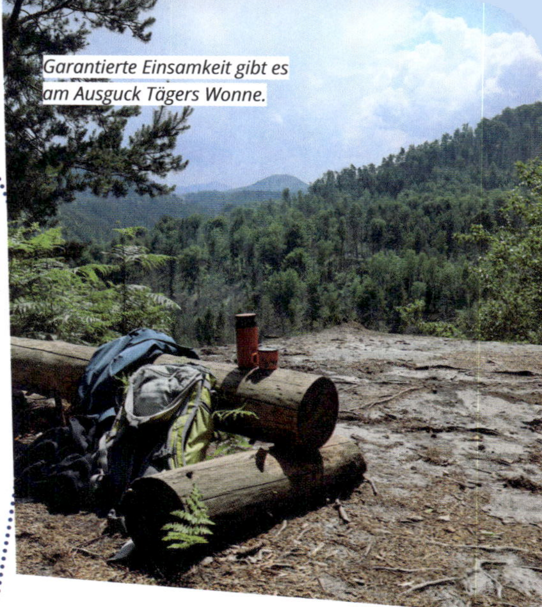

Garantierte Einsamkeit gibt es am Ausguck Tägers Wonne.

KM 4,8

3 Tägers Wonne
Klippenpause

Endlich mal Pause machen und picknicken? Dafür bietet der kleine Aussichtspunkt auf einer Felsenklippe eine wunderbare Gelegenheit; praktischerweise liegt hier immer ein passend zugehauener Baumstamm bereit. Südlich der tief unten fließenden Kirnitzsch kann man hier den Großen Winterberg und den Winterstein, die Lorenzsteine und den Heulenberg sehen, während man den Kaffee einschenkt und an den unbekannten Herrn Täger denkt, der hier ebenso wonnevoll saß.

Der gelb markierte Stellweg führt in einem Bogen nach Westen, bis man eine unscheinbare, kleine Treppe rechts am Wegrand passiert. Dies ist der Abzweig zum Aufstieg auf den Arnstein. Es sind einige Treppen zu bezwingen, am Ende wartet sogar eine schmale Leiter – aber es lohnt sich!

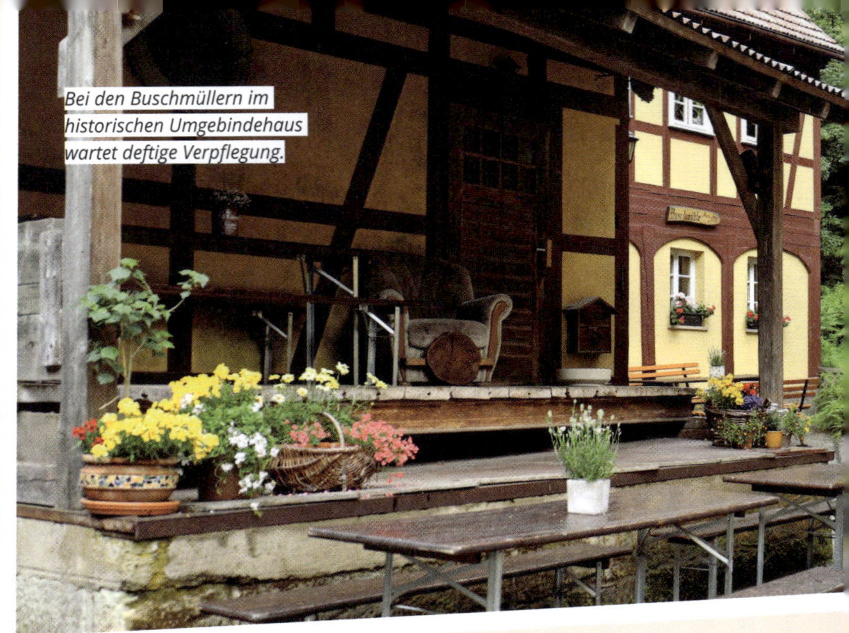

Bei den Buschmüllern im historischen Umgebindehaus wartet deftige Verpflegung.

KM 5,6

4 Arnstein

Rast auf Raubschloss-Resten

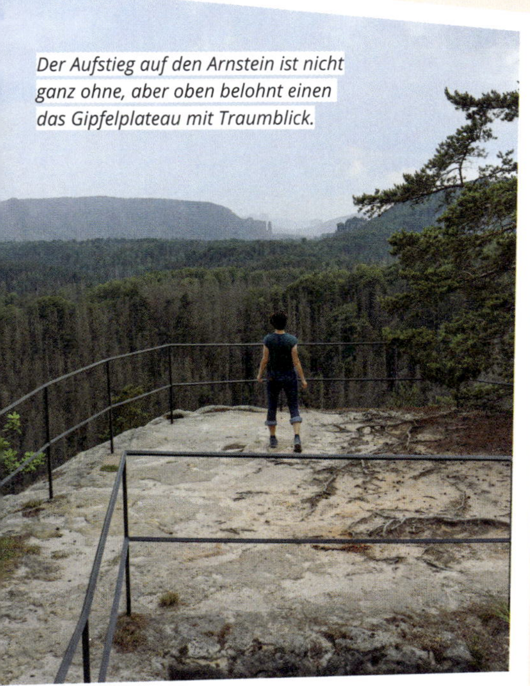

Der Aufstieg auf den Arnstein ist nicht ganz ohne, aber oben belohnt einen das Gipfelplateau mit Traumblick.

Die letzten Meter auf Steiganlagen sind eine kleine Herausforderung, dann betritt man ehrfürchtig das flache Gipfelplateau des Arnsteins, in das eine überraschend tiefe Zisterne gehauen wurde. Die hölzerne Wehrburg ist nicht mehr zu erkennen. Der Sage nach soll der letzte der Raubritter, der hier oben hingerichtet wurde, vor seinem Tod einen Schatz versteckt haben – während der Rastpause kann man danach suchen, wenn man nicht vollends vom Ausblick gebannt bleibt, der sich ganz vorn auf dem Plateau nach Südwesten auf die Felsentürme der Affensteine und den Falkenstein eröffnet.

Auf denselben Treppen und Leitern geht es zurück zum gelb markierten Weg, der nun weiter um den Fuß des Arnsteins herum führt.

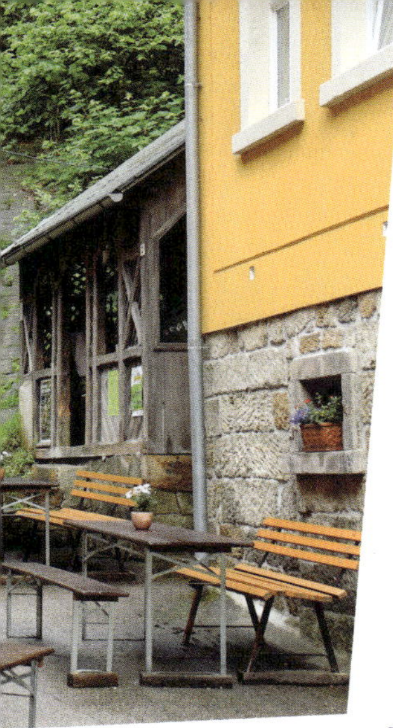

EXTRA INFOS:

Von der Buschmühle sind es nur wenige Minuten an der Straße entlang zur ● **Neumannmühle**, wo ein kleines Museum (www.neumann-muehle.de) mitsamt einer Schauanlage zeigt, wie hier jahrhundertelang Holz verarbeitet wurde. Die historische Holzschleiferei erinnert an Friedrich Keller, dem wir die Massenproduktion von Papier auf der Basis von Holzfasern verdanken. Das Gasthaus Neumannmühle (www.sachsische-schweiz.com) lädt wie die Buschmühle zum Speisen und Übernachten im Matratzenlager ein – als fünfte Station des Malerwegs sieht es zahlreiche Gäste.

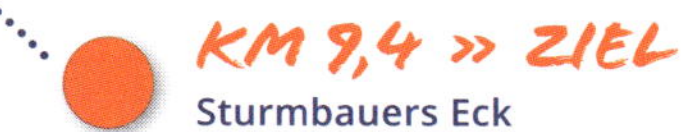

KM 6,6

5 Buschmühle

Zünftige Einkehr

KM 9,4 » ZIEL

Sturmbauers Eck

Die hübsch restaurierte Buschmühle am Ufer der rauschenden Kirnitzsch ist das perfekte Ende der Wanderung – wenn man das möchte. Hier werden seit dem Ende des 18. Jahrhunderts Wandernde bewirtet und beherbergt; schon Wilhelm Götzinger, der Anfang des 19. Jahrhunderts die Sächsische Schweiz als Reiseziel bekannt machte, empfahl die Buschmühle in seinen Büchern. Noch bis 1992 war die Mühle auch als solche aktiv, heute heißt hier Familie Gernert ihre Gäste mit leckerem Essen willkommen. (www.die-buschmuehle.de)

Wer mag, kann die Wanderung hier mit der Mahlzeit beenden und von der Bushaltestelle Buschmühle (Linie 241) heimkehren. Aber wer nach dem Essen lieber 1000 Schritte tun mag, läuft ein Stück zurück und hoch über der Kirnitzsch auf dem rot markierten Neuen Weg an den Ausläufern der Stadelschlüchte vorbei, um nach knapp 3 Kilometern den Ausgangspunkt wieder zu erreichen.

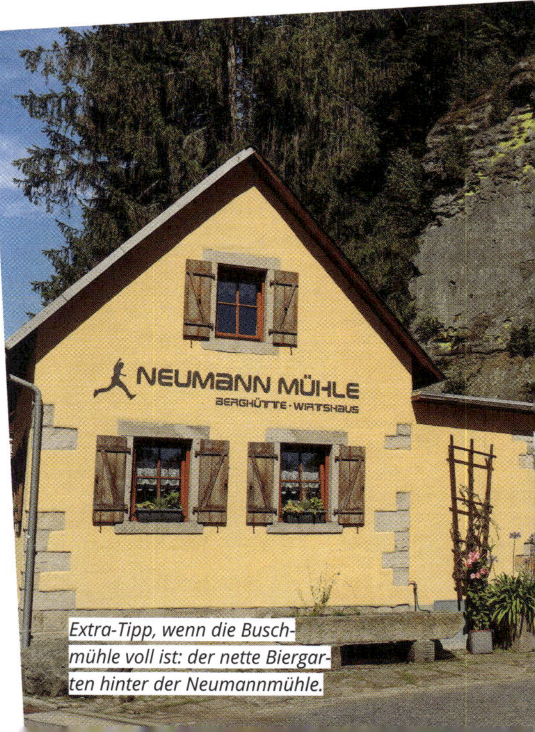

Extra-Tipp, wenn die Buschmühle voll ist: der nette Biergarten hinter der Neumannmühle.

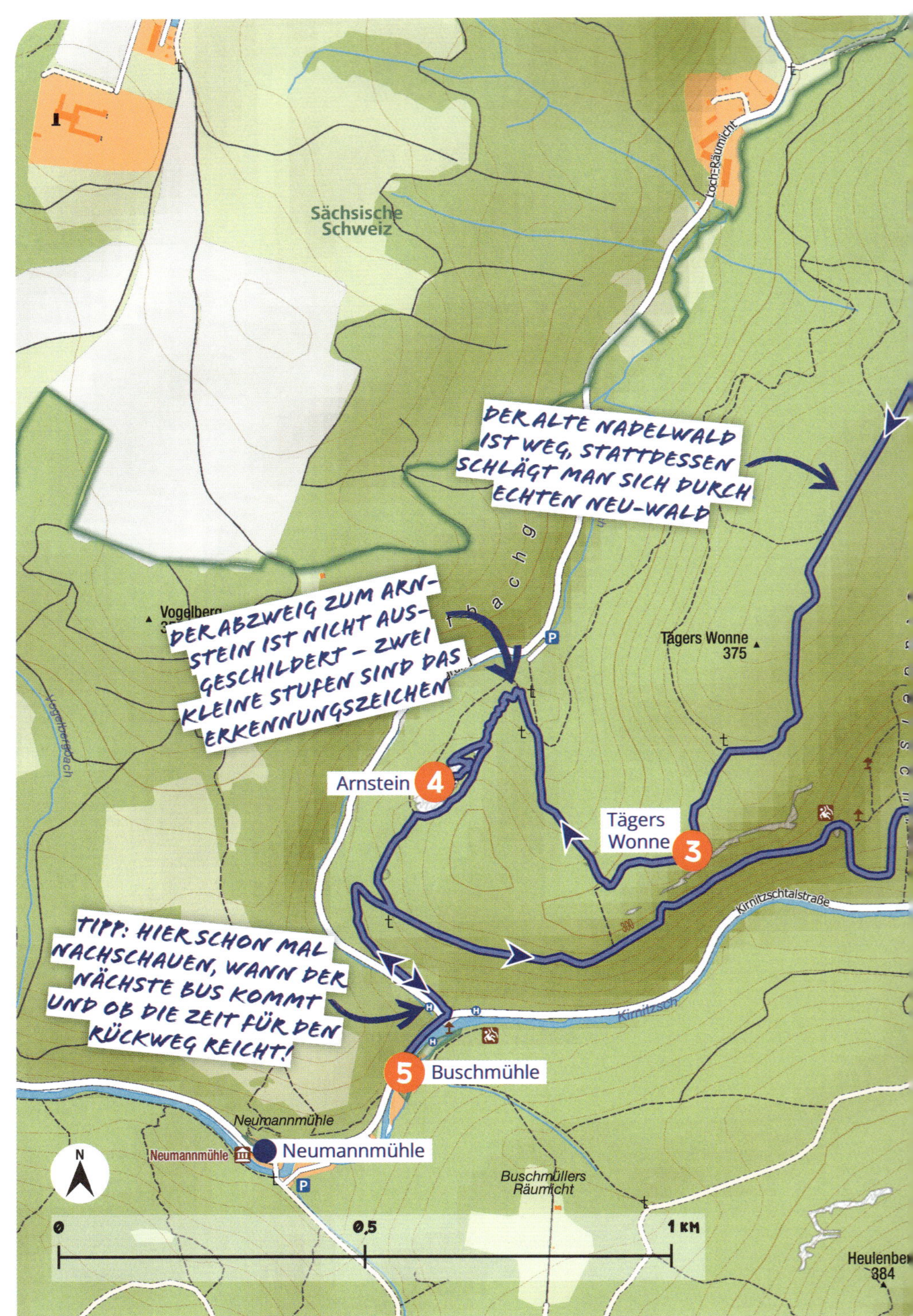

Sächsische Schweiz
Loch-Räumicht
DER ALTE NADELWALD IST WEG, STATTDESSEN SCHLÄGT MAN SICH DURCH ECHTEN NEU-WALD
Vogelberg
DER ABZWEIG ZUM ARNSTEIN IST NICHT AUSGESCHILDERT – ZWEI KLEINE STUFEN SIND DAS ERKENNUNGSZEICHEN
Tägers Wonne 375
Arnstein 4
Tägers Wonne 3
Vogelbergbach
Kirnitzschtalstraße
TIPP: HIER SCHON MAL NACHSCHAUEN, WANN DER NÄCHSTE BUS KOMMT UND OB DIE ZEIT FÜR DEN RÜCKWEG REICHT!
Kirnitzsch
5 Buschmühle
Neumannmühle
Neumannmühle
Neumannmühle
N
Buschmüllers Räumicht
0
0,5
1 KM

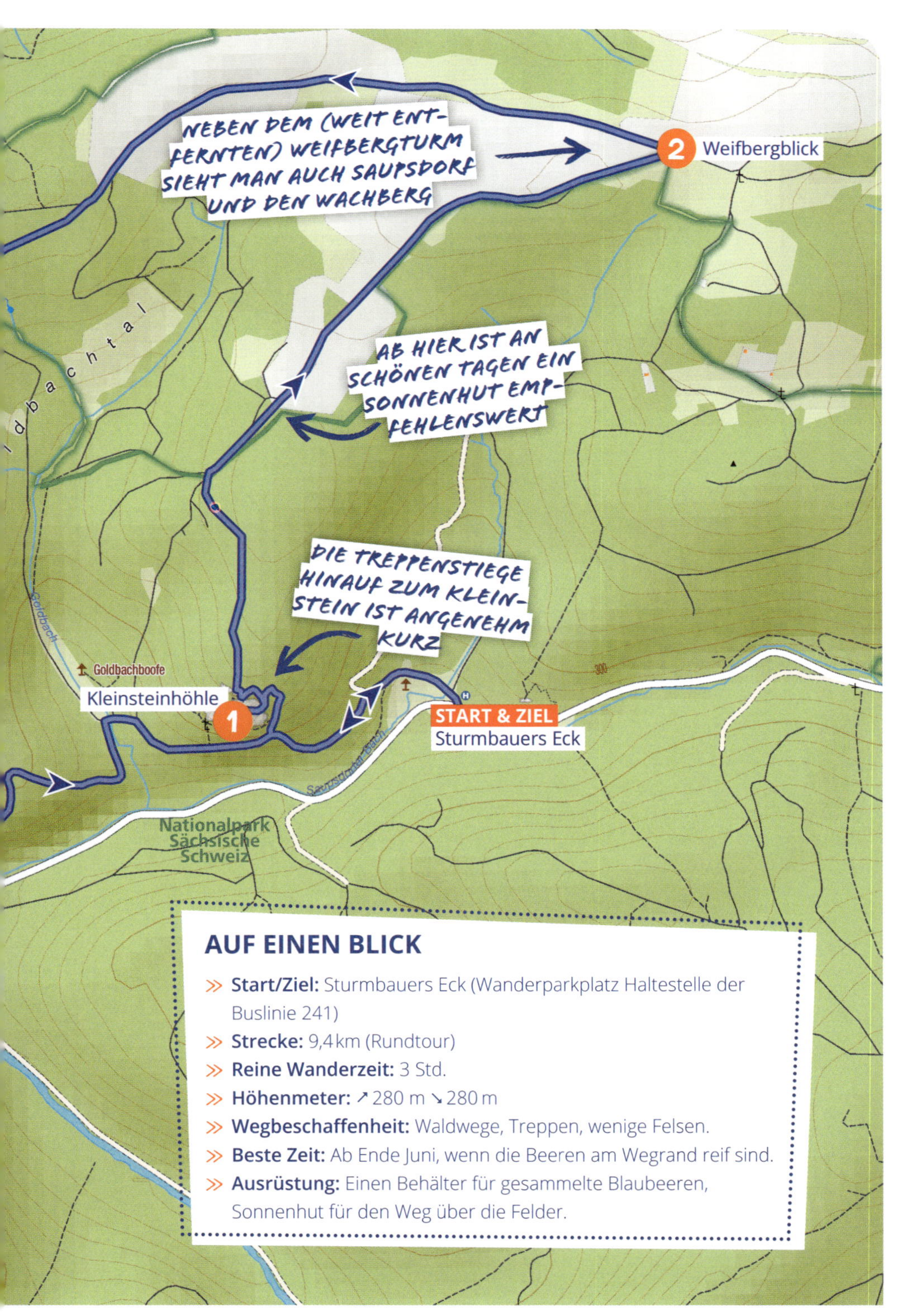

AUF EINEN BLICK

- **Start/Ziel:** Sturmbauers Eck (Wanderparkplatz Haltestelle der Buslinie 241)
- **Strecke:** 9,4 km (Rundtour)
- **Reine Wanderzeit:** 3 Std.
- **Höhenmeter:** ↗ 280 m ↘ 280 m
- **Wegbeschaffenheit:** Waldwege, Treppen, wenige Felsen.
- **Beste Zeit:** Ab Ende Juni, wenn die Beeren am Wegrand reif sind.
- **Ausrüstung:** Einen Behälter für gesammelte Blaubeeren, Sonnenhut für den Weg über die Felder.

AUCH NOCH GANZ NÜTZLICH

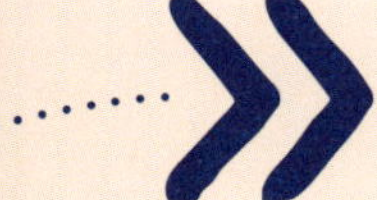

ORTSREGISTER

IMPRESSUM

» **Text:**
Jenny Menzel

» **Cover- und Buchgestaltung:**
Carolin Weidemann, Köln, www.weidemann-design.com

» **Lektorat & Produktion:**
Lucia Rojas, Köln, www.derschoenstesatz.de

» **Projektmanagement:**
Susanne Heimburger, Tamara Siedler

» **Fotos:**
Titelfoto: mauritius images / Günter Gräfenhain
Fotos Innenteil: Jenny Menzel

» **Kartografie:**
©KOMPASS-Karten GmbH, kompass.de unter Verwendung von ©OpenStreetMap Contributors, osm.org/copyright

» **S. 222 / 223:**
Marie Geißler (Illustration), Jens Bey (Text)

Printed in Poland

1. Auflage 2024

ISBN 978-3-616-03268-9

www.dumontreise.de

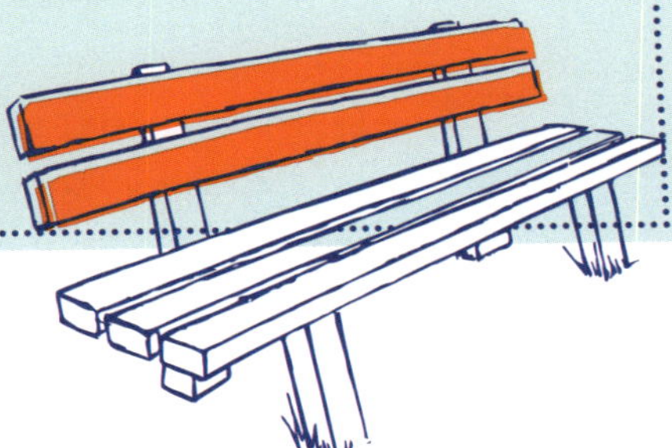

FSC www.fsc.org MIX Paper from responsible sources FSC® C139602

RECHTS ODER LINKS? IMMER WISSEN, WO'S LANGGEHT!

» *TOURENVERLAUF*
GPX-Daten zum kostenlosen Download
www.dumontreise.de/wanderzeit/saechsische-schweiz

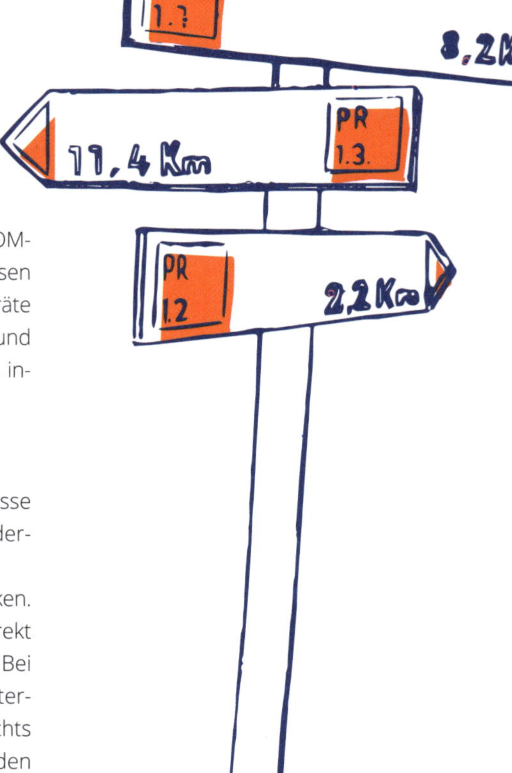

GPX-DOWNLOAD AUFS SMARTPHONE – SO GEHT'S

» Voraussetzung:
Eine Outdoor-App muss installiert sein, z. B. KOMPASS, Outdooractive oder Komoot. Zum Einlesen des QR-Codes benötigen ältere Android-Geräte eine QR-Code-App. Bei neueren Android- und iOS-Geräten ist diese Funktion in der Kamera integriert.

» Daten downloaden:

1. Den QR-Code einlesen oder die Webadresse im Browser eingeben, um auf die Wanderzeit-Website zu gelangen.
2. Die gewünschte Tour zum Download anklicken.
3. Bei iOS-Geräten werden die GPX-Daten direkt mit der vorab installierten App verknüpft. Bei Android-Geräten muss ggf. noch ein Weiterleiten-Button geklickt werden (z. B. rechts oben im Display). Manche Apps zeigen den Tourverlauf starr an, andere haben eine Navigationsfunktion dabei.

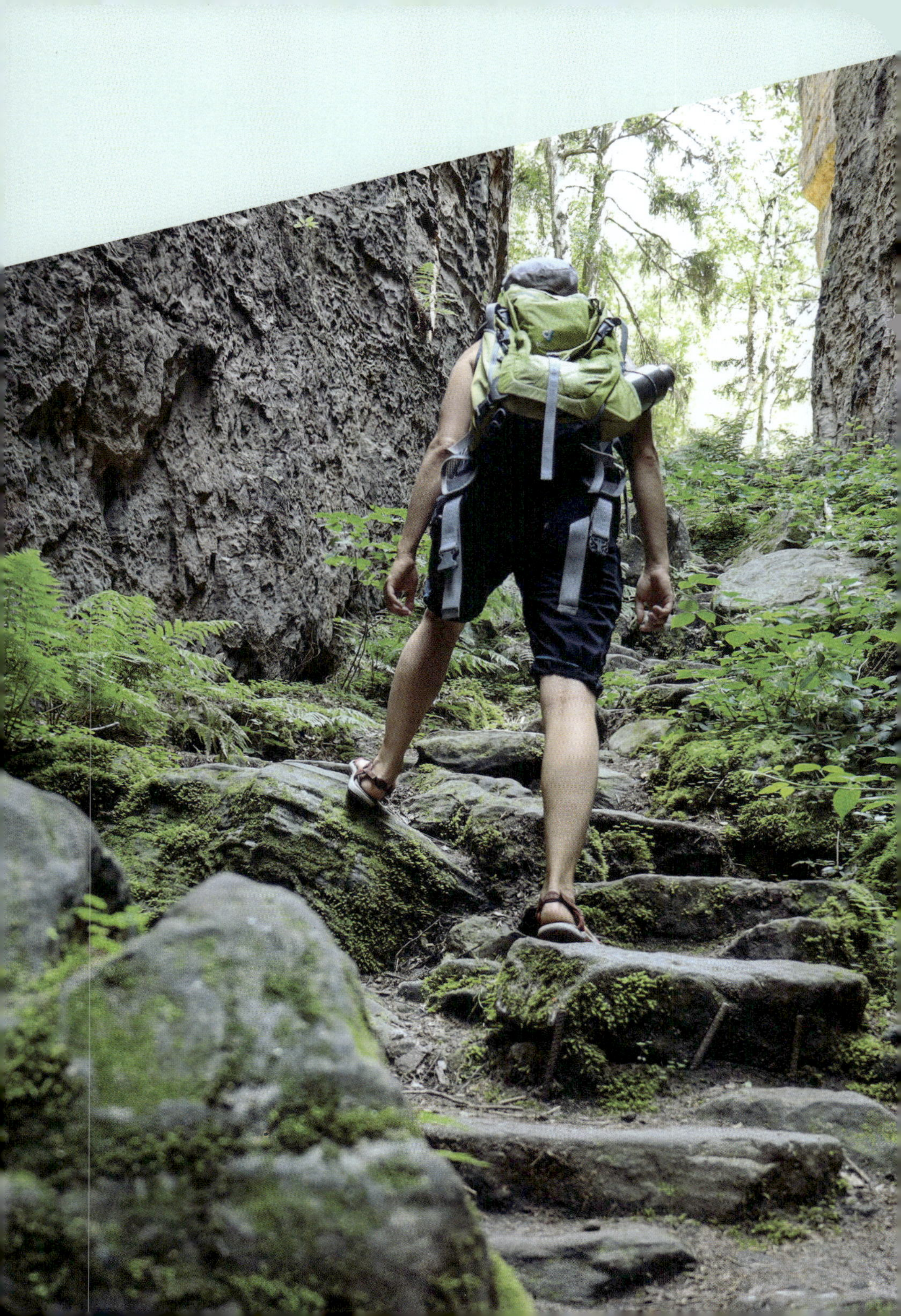

WEITERWANDERN …

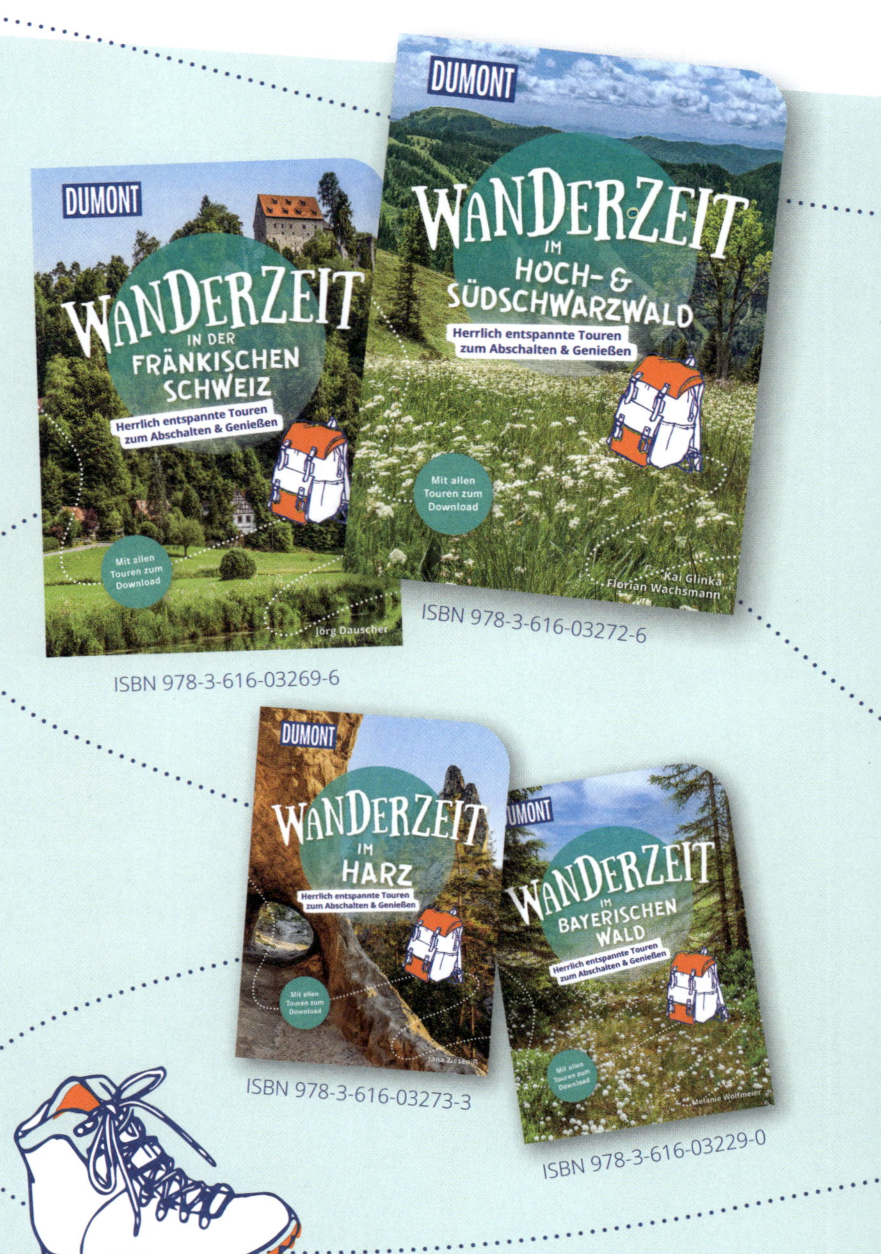

ISBN 978-3-616-03272-6

ISBN 978-3-616-03269-6

ISBN 978-3-616-03273-3

ISBN 978-3-616-03229-0

ANTI-RUCKSACK-AUTSCH-ÜBUNGEN

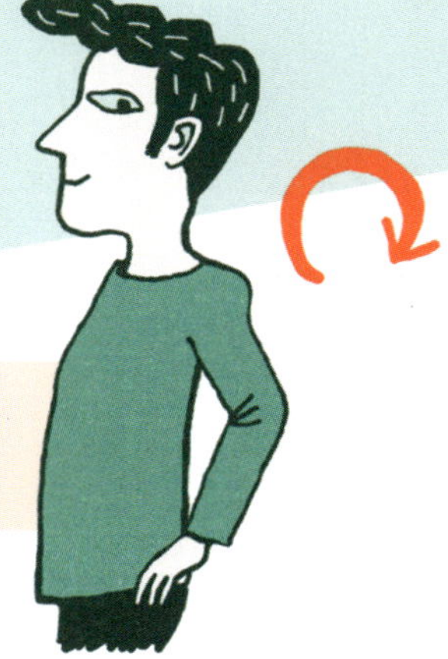

1. Kreise 30 Sekunden mit den Schultern nach hinten und unten.

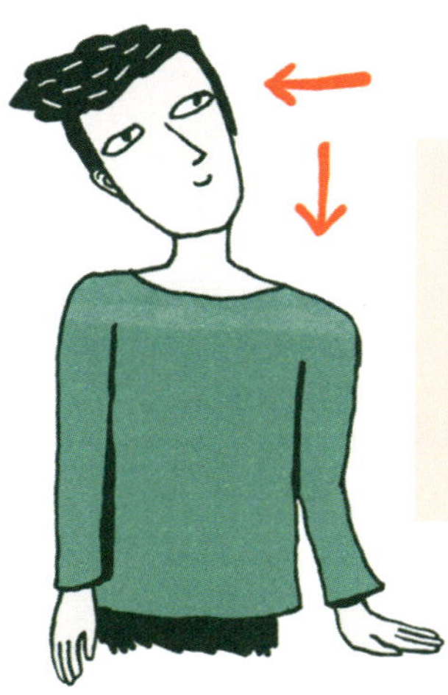

2. Den Nacken ziehst du in Form, indem du den Kopf langsam, ohne ihn zu verdrehen, zur rechten Schulter neigst. Den linken Arm schiebst du dabei langsam nach unten, die Handfläche zeigt zum Boden. Ruhig atmen, 15 Sekunden halten, dann wechselst du die Seite.

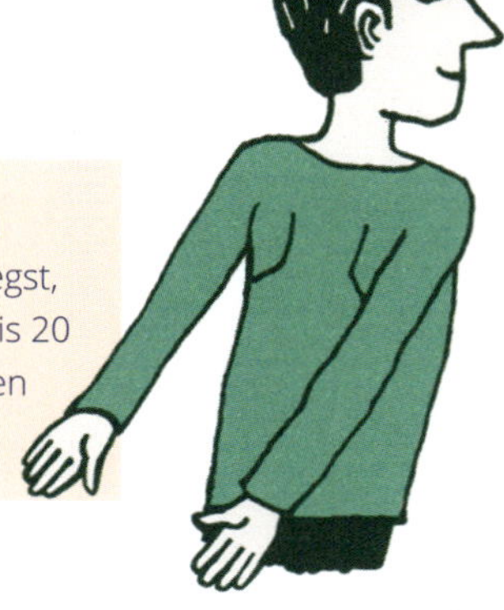

3. Die Brust entspannt sich, wenn du deine Arme seitlich nach hinten bewegst, mit den Handflächen zur Decke. 15 bis 20 Sekunden lang in der Dehnung bleiben und dabei kein Hohlkreuz machen.

4. Die Schulterbrücke stärkt den Rücken. Lege dich auf einer Matte auf den Rücken, stelle die Beine hüftbreit auf, die Arme liegen gerade am Boden. Dann hebst du das Becken an, sodass der Körper eine gerade Linie bildet. Absenken und wieder anheben.

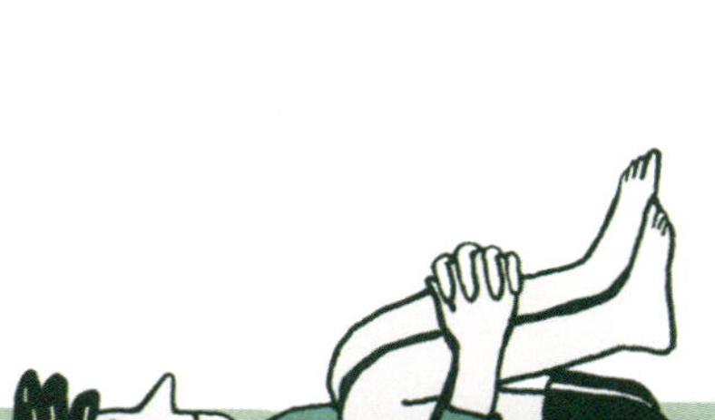

5. Prima Päckchen: Ziehe die Knie zur Brust heran, umfasse sie mit den Händen und atme aus. Lockere die Knie etwas und ziehe sie wieder heran. Das dehnt die Muskulatur an der Wirbelsäule und macht dich wieder beweglicher.

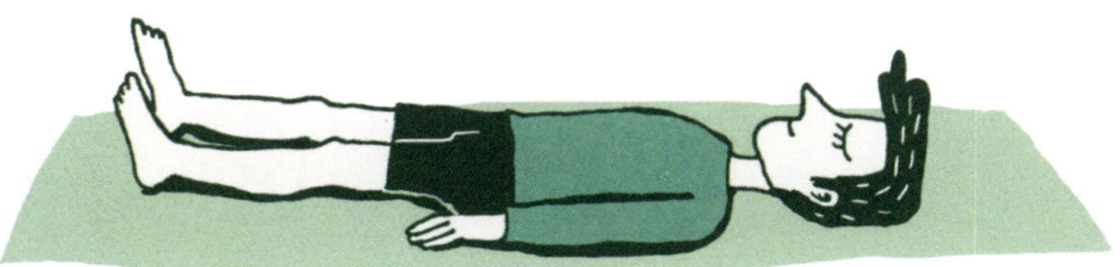

6. Zum Schluss entspannst du ein paar Atemzüge auf dem Rücken, Arme und Beine locker von dir gestreckt.

DIE PERFEKTE TOUR ...

#FÜR SONNENHUNGRIGE

Auf dem Caspar-David-Friedrich-Weg zwischen Krippen und Schöna genießt man neben Rundblicken in alle Richtungen fast durchgängig Sonne satt.

» **TOUR 13, S. 134**

#FÜR NEUGIERIGE

Wer beim Wandern auch noch etwas über Natur und Geschichte erfahren will, der ist mit den vielen Lehrtafeln entlang des Flößersteigs gut versorgt.

» **TOUR 18, S. 184**

#FÜR WASSERRATTEN

Auch an heißen Tagen macht Wandern Spaß, wenn unterwegs ein Badestopp eingelegt werden kann, z. B. im kleinen Freibad von Goßdorf.

» **TOUR 7, S. 74**

#FÜR LECKERMÄULER

Wer Schokolade oder Kaffee mag (und wer tut das nicht?), für den ist die Schokoladenmanufaktur Adoratio in Thürmsdorf ein Pflichtstopp!

» **TOUR 8, S. 84**

#FÜR FAULE

Mit dem Fahrstuhl rauf und dann ganz gemütlich mit Schrammsteinblick hoch über Bad Schandau spazieren – hier gerät man wirklich nicht aus der Puste.

» **TOUR 12, S. 124**

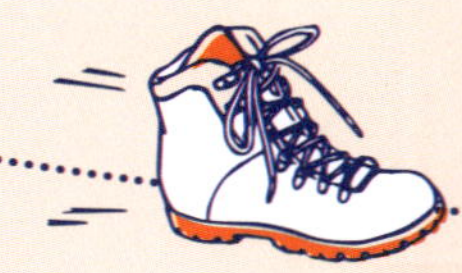